钓鱼岛列屿

之历史与法理研究

郑海麟 著

（最新增订本）

海洋出版社

2014·北京

图书在版编目(CIP)数据

钓鱼岛列屿之历史与法理研究/郑海麟著.—增订本.—北京:海洋出版社,
2014.1

ISBN 978 - 7 - 5027 - 8685 - 4

Ⅰ.①钓… Ⅱ.①郑… Ⅲ.①钓鱼岛问题 - 研究 Ⅳ.①D823

中国版本图书馆 CIP 数据核字(2013)第 243078 号

责任编辑:唱学静

责任印制:赵麟苏

海洋出版社 出版发行

http://www.oceanpress.com.cn

北京市海淀区大慧寺路 8 号 邮编:100081

北京画中画印刷有限公司印刷 新华书店发行所经销

2014 年 1 月第 1 版 2014 年 1 月北京第 1 次印刷

开本:787mm×1092mm 1/16 印张:28

字数:370 千字 定价:68.00 元

发行部:62147016 邮购部:68038093 总编室:62114335

海洋版图书印、装错误可随时退换

图版一　钓鱼岛的南侧,其高处几乎垂直地朝西北方向切断。我国渔民见此峭壁联想其可供垂钓之用,而将该岛命名为钓鱼岛

图版二　钓鱼岛自古即为我国领土之不可分割部分,岛中生长着丰富的野生植物

图版三　钓鱼岛上栖息的信天翁，产卵时身躯皆朝同一方向。岛上鸟卵垂手可拾

图版四　图为钓鱼岛列屿之北小岛，岛上为海鸟信天翁栖息之地，自古以来皆为中国渔民采集或休憩之所

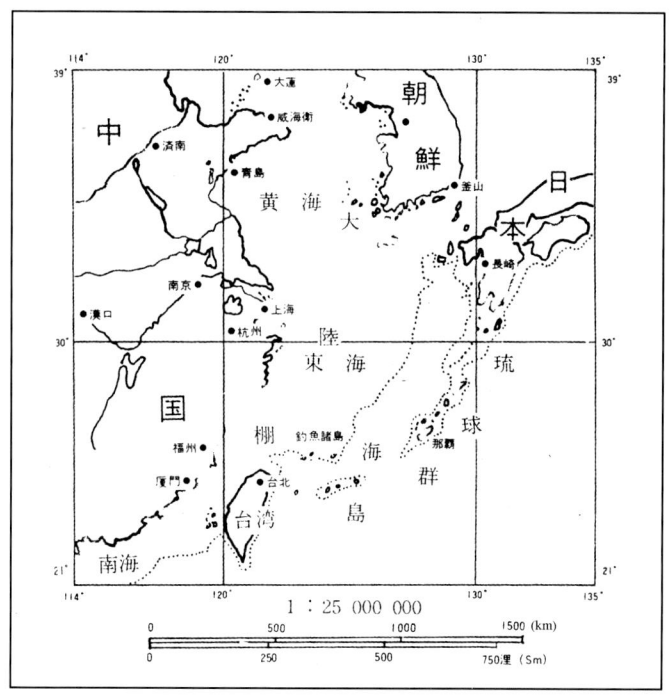

图版五　钓鱼岛列屿位置图

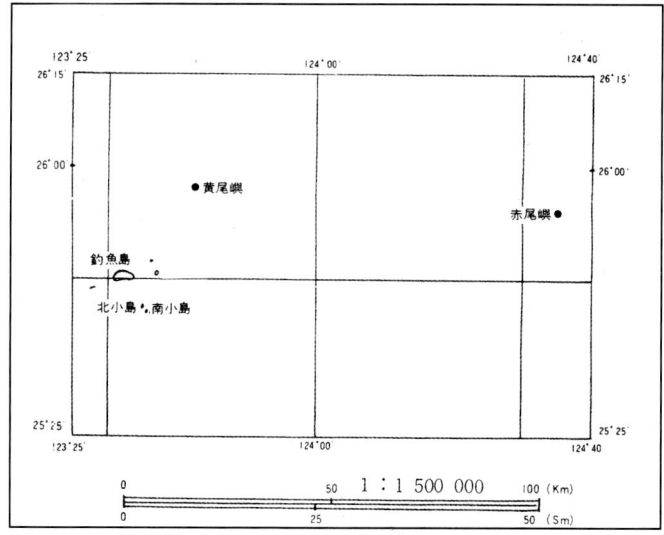

图版六　钓鱼岛列屿经纬度

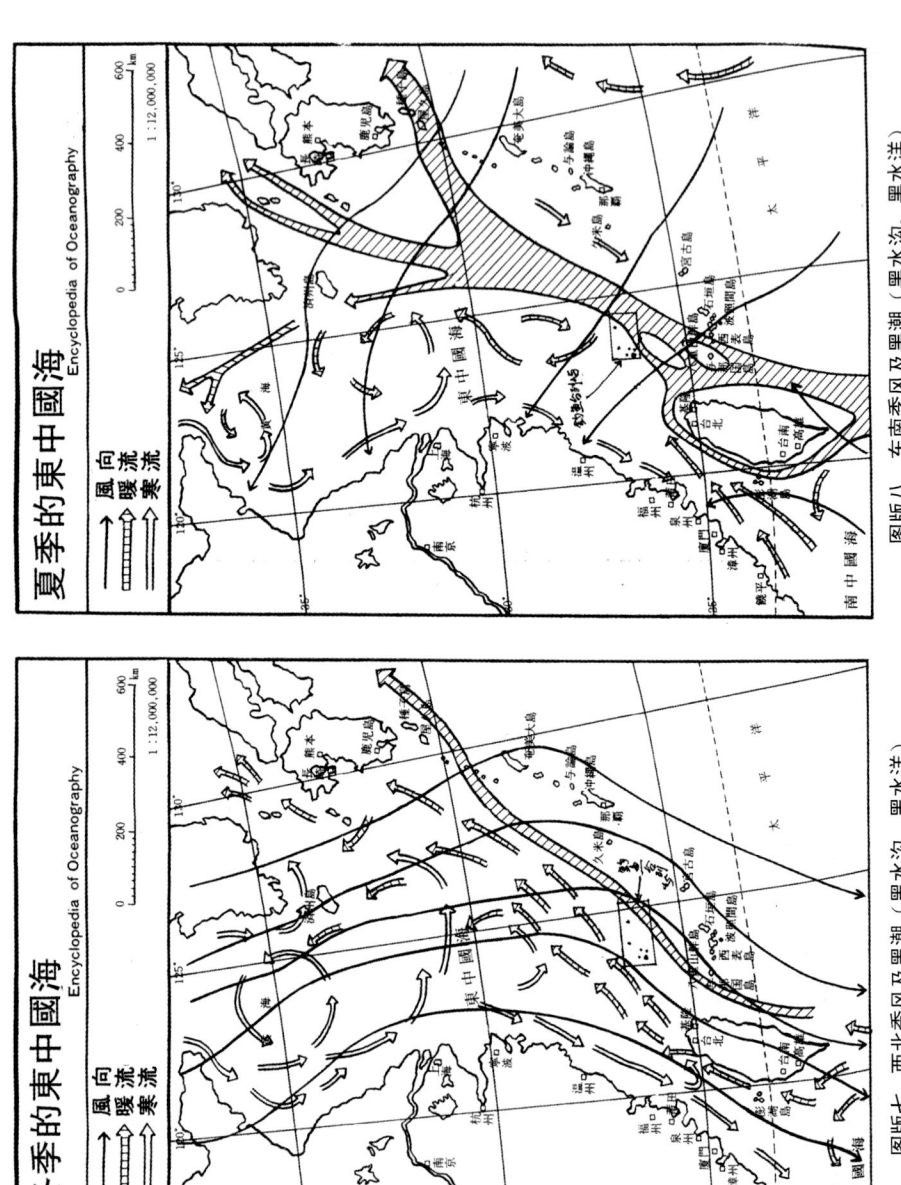

图版八　东南季风及黑潮（黑水沟、黑水洋）

图版七　西北季风及黑潮（黑水沟、黑水洋）

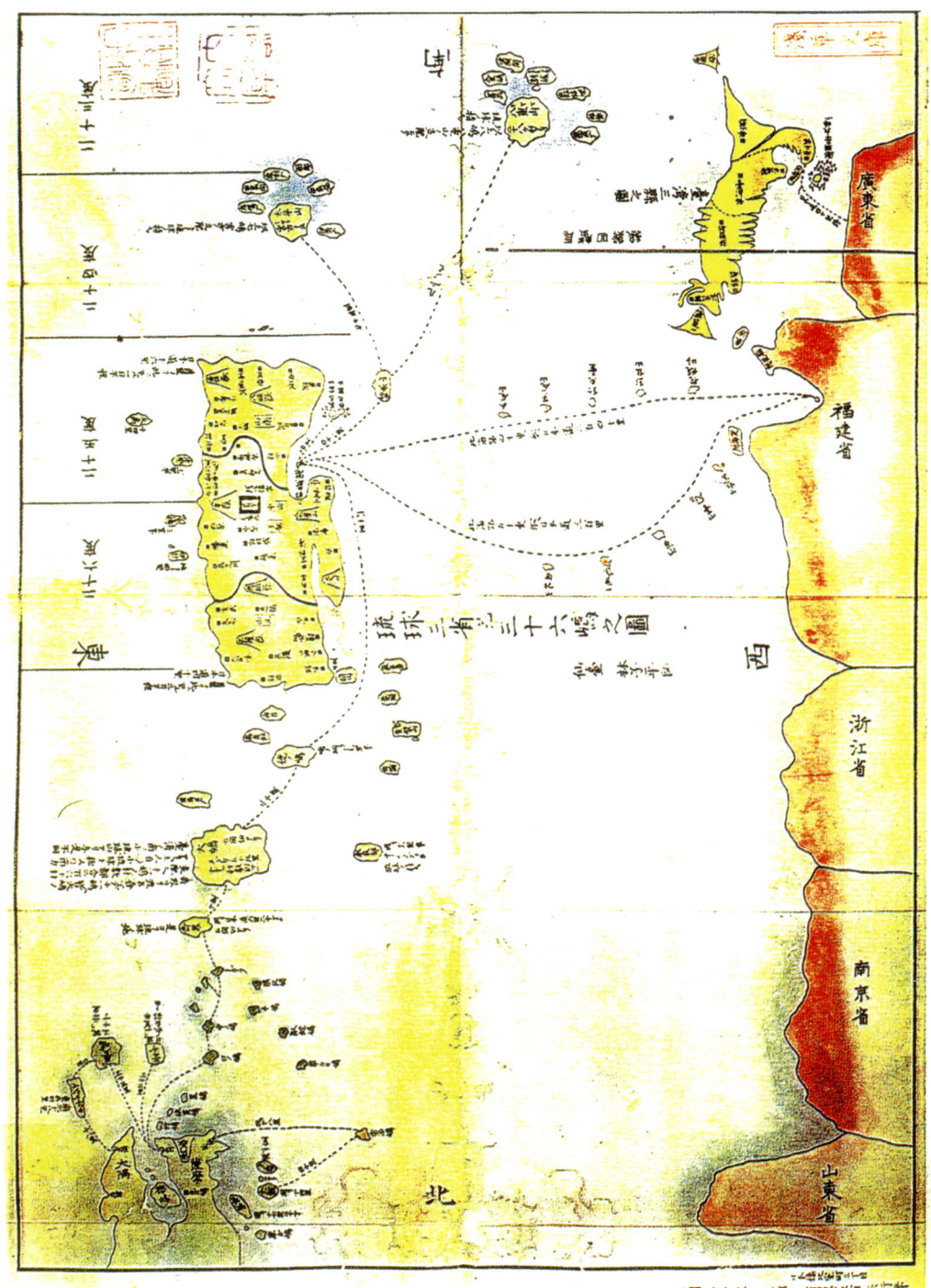

图版九，浅草文库藏林子平《琉球三省并三十六岛之图》（原图复制），将花瓶屿、钓鱼岛、赤尾山等岛屿绘上与中国本土相同的红色，明确标示为中国领土（天明五年即 1785 年）

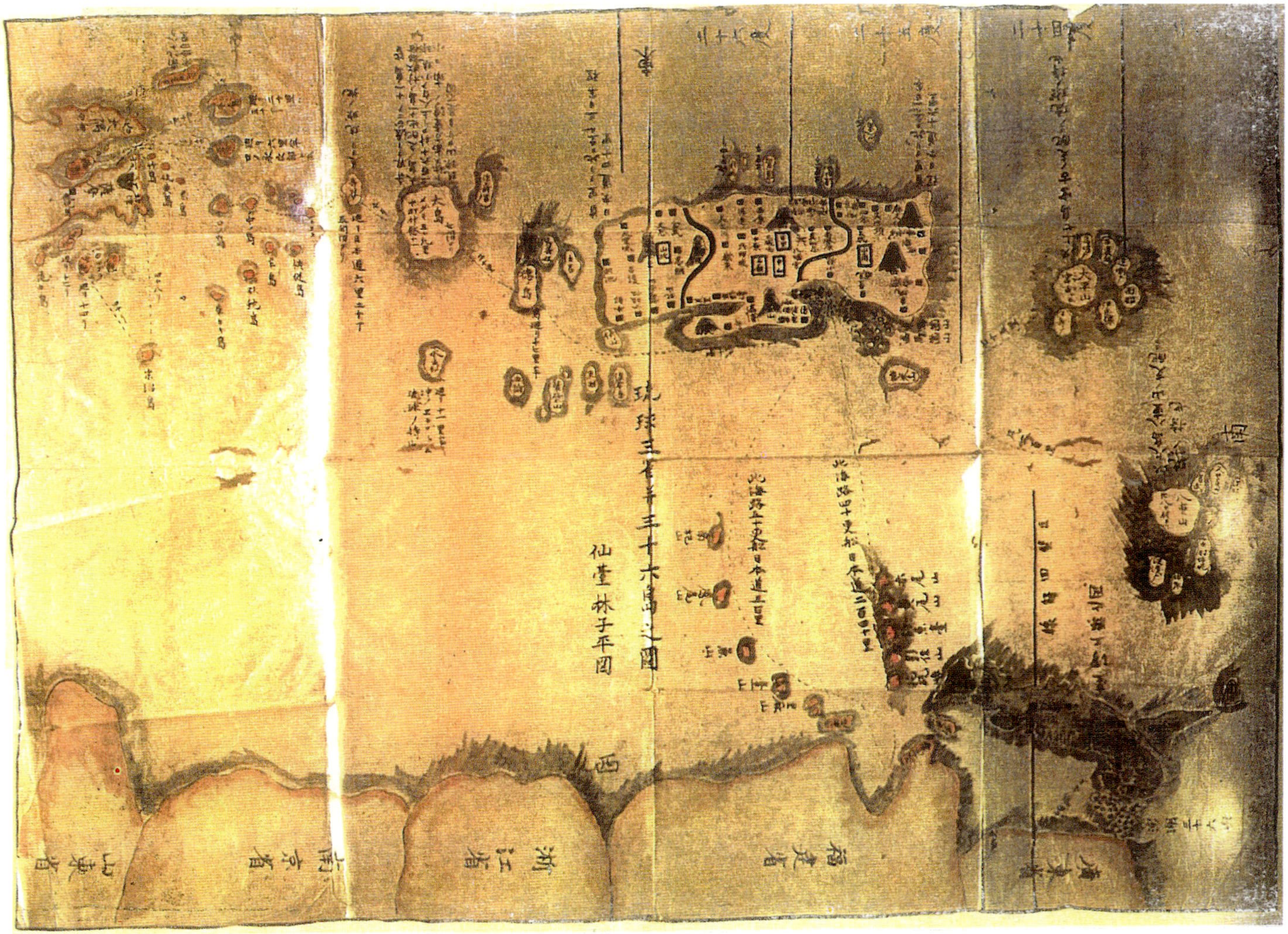

图版十 东恩纳文库藏之林子平《琉球三省并三十六岛之图》（摹本），将赤尾山、黄尾山、钓鱼岛诸岛与中国本土同样涂上红色，明确标示为中国领土

图版十一　这幅以台湾（FORMOSE）为中心的东中国海沿岸图，是由法国出版家暨地理学家皮耶·拉比（1779—1851 年）和亚力山大·拉比（活跃于 1809—1850 年）所绘。此图制于 1809 年，图中将钓鱼岛、赤尾屿绘成与台湾岛相同的红色，将八重山、宫古群岛与冲绳本岛绘成绿色，清楚地标示出钓鱼岛列屿为台湾附属岛屿

图版十二　这幅题为《柯顿的中国》，由约瑟夫·哈金·柯顿（1800—1893年）于1859年绘成的美国制地图，清楚指出钓鱼岛、黄尾山，用的是中国命名，图中显示出该列屿属中国辖区范围

姜义华序

　　1998年9月，应文化更新研究中心之邀在温哥华市进行学术访问时，非常高兴地见到了正在加拿大英属哥伦比亚大学亚洲研究系做研究学者的郑海麟博士，蒙他慨然惠赠8月刚由香港明报出版社出版的新著《钓鱼岛列屿之历史与法理研究》，当夜即匆匆阅读一过。有关钓鱼岛列屿的著述，此前曾陆续读过一些。吴天颖先生曾赠阅他的大著《甲午战前钓鱼列屿归属考——兼质日本奥原敏雄诸教授》，台湾朋友曾热心代为搜集在台出版的有关钓鱼岛列屿的各种史料和研究成果，所以，我对这个问题并不陌生。郑海麟博士的这部新著，在前贤已取得成就的基础上，通过对历史资料更为广泛地搜集，更为深入地发掘，更为缜密地辨析，更为周详地考订，获得了许多新的突破。当时即建议海麟博士将此书交内地以简体字印行，并设法译成多种外文出版。近日得悉本书已由中华书局出版，分外高兴。*

　　海麟博士非常推崇史学大师陈寅恪的治史方法，即陈先生在《王静安先生遗书序》中所说的："一曰取地下之实物与纸上之遗文互相释证；二曰取异族之故书与吾国之旧籍互相补正；三曰取外来之观念与固有之材料互相参证。"细读海麟博士的新著，可以清楚地看到，他在刻意遵循陈寅恪治史之法方面是非常认真的。针对论题的特殊性，他在搜罗中国、日本、朝鲜、琉

---

　　* 编者注：本书曾先后于1998年8月在香港明报出版社，于2007年4月在中华书局出版。此版为本书的最新修订版。

球古代史籍和各国相关地图，研究中、日、琉古今方言读音差异，运用地理学、地质学、气象学、航海学知识辨析疑难等方面，下了特别深的工夫。他的研究与论证过程，他对前贤著述中诸多讹错或失误的辨析疏证，都足以表明，他身体力行陈寅恪治史之法是非常成功的，其成效是非常显著的。

海麟博士的新著，精粹之处甚多，无法一一枚举，读了全书，自能体会。我觉得以下十点，尤值得阅读时注意：

一、明清时期的中、日史籍，确凿无疑地证明钓鱼岛列屿的发现者与命名者都是中国人。

二、古今琉球方言与中国福建方言的比勘证明，琉球及今日本对钓鱼岛列屿的命名，源于中国命名。

三、航海针路记录的考释，足证钓鱼岛列屿早已成为中国使臣出使琉球的航海标识。

四、明清时期中国人所绘钓鱼岛列屿地图的考释，足以证明清时代钓鱼岛列屿属于福建省行政管制范围与海防管制范围。

五、甲午战争以前琉球古地图的考释，足证琉球三十六岛不包括钓鱼岛列屿，许多权威性地图都明确标示钓鱼岛列屿属于中国。

六、明清时期西洋人所绘钓鱼岛列屿地图，包括法国、美国、英国、西班牙人所绘的一些权威性地图，都明示钓鱼岛列屿属于台湾，属于中国。

七、明清中、日、琉等史籍及各种地图，都证明中国与琉球的边界历来明确，钓鱼岛列屿的主权历来归属于中国。

八、琉球本土与钓鱼岛列屿之间东海海槽的地质构造以及它给航海带来的特殊困难，这一海槽走向相似的季风走廊以及它所造成的琉球本土同钓鱼岛列屿航行的障碍，都证实钓鱼岛列屿是大陆架的一个组成部分，在地理、地质、气象、航海联系上，与琉球三十六岛有着天然的阻隔。

九、甲午战争后，钓鱼岛列屿随着台湾被割让给日本而为日本所占领；第二次世界大战结束后，台湾回归中国，钓鱼岛列屿理所当然地应当回归中国。

十、今日钓鱼岛列屿之所以在中日之间引起争端，有美国方面原因，也有日本方面原因，个中是非，按照国际公法，完全可以厘清。

所有以上这些关键点，海麟博士俱以充分的史料，客观的分析，翔实的论证，给予周详的说明，这部著作的科学价值自不待言。

十多年来，海麟博士先后在日本、澳大利亚、加拿大多所大学从事亚洲史特别是中日关系史的研究与教学，是一位很出色的青年学者。他的事业心，历史责任感，严谨的学风，一贯坚持不懈的努力，使他卓然有成。相信海麟博士将会继续以其高水平的研究成果贡献于学术界。

（作者为复旦大学历史系教授）

王 家 俭 序

　　钓鱼岛列屿是继琉球群岛之后在中日两国之间为了领土之争所发生的第二个悬案。琉球原为中国的藩属，1879 年（清光绪五年）为日本所并，改为冲绳县，我国据理力争，毫无结果，最后琉球虽为日本所占，但在法理上中国却始终坚持主权而未尝承认，因而此问题成为中日间的一大悬案。其后，由于国事蜩螗，世局多变，以致琉球竟为日本所有。第二次世界大战之后，由于中国的内战，美国的作梗，非仅琉球未能乘机收回，或令其独立自主，反而使以琉球由美国交还给日本而衍生出钓鱼岛列屿的争端，再度成为中日外交上的一个悬案。鉴于琉球的前车之失，中国绝不可再掉以轻心，而蹈前之覆辙，并让日本的野心得逞。

　　钓鱼岛列屿介于台湾与琉球之间，虽为弹丸之地，但其地位特殊，吾人决不可等闲视之：

　　首先，钓鱼岛列屿本为中国神圣领土，自 15 世纪的明代中叶以来，史书已有明确的记载。寸土必争，不容日本霸占。

　　其次，根据最近地质调查，钓鱼岛列屿海域蕴藏丰富石油，此为我国海底之自然资源，实不容日本加以掠夺。

　　再次，钓鱼岛列屿虽小，但依海洋法规定，其周围 12 海里均可作为其领土的延伸，而成为其领海；如再加上 200 海里的专属经济区，则其面积当属更大，而占有西太平洋上极高的战略价值。设如长期落入日本之手，对于我国东南海防，实不啻一大威胁，关系之巨不言而喻。

不错，目前虽然该地已随琉球经由美国交给日本管辖，但美国所交还者仅为琉球之行政权而非其地之主权。关于此点美国政府已曾一再声明。至于钓鱼岛列屿主权问题，美国无权置喙，应由中日两国会商处理。由此可知钓鱼岛列屿问题迟早必将以其为悬案而由中日外交谈判加以解决。而郑海麟博士的此一皇皇巨著——《钓鱼岛列屿之历史与法理研究》，正可提供我国外交当局未来对日交涉时一个坚强有力的法理依据，也可以说是将来我国外交战场上对敌制胜的一项武器。

郑博士此书的最大优点即是：一是态度客观，不作意气之争；二是言必有据，处处以理服人；三是文献丰富，论证确凿；四是附有大量历史地图，铁证如山，确认钓鱼岛列屿自古即为中国之领土；五是尤其难能可贵者，引用日本对手方面的记载、地图及著述，反证其承认钓鱼岛列屿应当归属于中国而不应由日本所据有。真可以说是"入敌之室，而操敌之戈"，必使日方为之理屈而无法再作狡辩。

（作者为台湾师范大学历史系教授）

增 订 本 自 序

　　钓鱼岛列屿位处东中国海大陆架边缘,为我国东海中部隆起地带,从地质构造体系来看,属于晚近新华夏系,该系以总走向北北东的岛弧形复式沉降地带为其主体,在太平洋西缘大陆架海区甚为发育,并波及东亚大陆,规模十分宏伟。钓鱼岛列屿在东海中部大陆架上的隆起,反映了中国大陆相对向南伸延、东侧太平洋地块相对向北扭动的趋势。

　　习惯上所称的钓鱼岛列屿,它由面积最大的主岛钓鱼岛,其次为黄尾屿、赤尾屿以及位于钓鱼岛周边的南小岛、北小岛、南屿、北屿、飞屿等岩礁组成,总面积约5.69平方公里。钓鱼岛,亦称钓鱼台、钓鱼屿、钓屿、钓鱼山,位于东经123度30分至123度40分、北纬25度至25度50分之间,海拔360米,面积约3.91平方公里,东距台湾的彭佳屿90海里,西距琉球八重山之西表岛88海里。

　　黄尾屿,亦称黄尾山、黄毛山。位于东经123度40分、北纬25度58分,在钓鱼岛东北方约15海里,海拔118米,由大块绿斑岩组成。

　　赤尾屿,亦称赤坎屿、赤屿、赤尾山,位于东经124度30分至124度40分、北纬25度50分至26度之间,海拔81米。该屿位处东中国海浅海大陆架之边缘。濒临东海海槽,与琉球列岛西南边界上的久米岛(枯美山)遥遥相望,为明清册封使船由福建往琉球航行中之望山。

　　在中国的历史文献中,最早出现钓鱼屿的名字是1403年成书的《顺风相送》。之后，钓鱼岛列屿的名字便不断在中国文献上出现。根据明朝嘉靖四十一年（1562）出版的《筹海图编》（郑若曾编纂），包括今之澎湖列岛（澎湖澳）、台湾岛（小琉球）、彭佳山、钓鱼屿、黄尾屿（黄毛山）、赤尾屿（赤屿）等，皆隶属福建省行政版图，纳入军事防卫区域，在中国政府有效控制的领土版图内。

在日本的文献中，最早出现钓鱼岛列屿的名字，当数日人林子平所著《三国通览图说》，该书初版于日本天明五年，即中国清朝乾隆五十年（1785）。是书附图中的《琉球三省并三十六岛之图》，绘有从福建省的福州到琉球本岛的那霸的两条针路，其中南边的一条由西向东相继标出花瓶山、彭佳山、钓鱼岛、黄尾山、赤尾山；北边的一条由西向东相继标出定海所、里麻山、台山、鱼山、凤尾山、南杞山。这些岛屿皆是涂以和中国本土（广东、福建、浙江、南京、山东省）相同的淡红色，与琉球本岛的茶色岛屿有明显区别。很明显，从图的着色来看，林子平是将中国与琉球的边界划定为赤尾山与姑米山之间。之后，日本文化七年（1810）春，由咏归斋主人山田联校修、温其轩藏版的《地球舆地全图》，是由日本人绘制的一幅现代地图。该图的《小东洋》部分，绘有"支那海"（中国海），沿岸各岛屿，其中福建与琉球中间之南边绘有花瓶山、彭佳山、钓鱼岛、黄尾屿、赤尾屿，北边绘有里麻山、台山、鱼山、凤尾山、南杞山。这幅现代地图基本上是参酌林子平图而绘，明显地将钓鱼岛列屿标示为中国领地，表明19世纪初的日本地理学家还是清楚地将钓鱼岛列屿归为中国版图。

在西洋人的文献中，大约在18世纪末叶，英国人的地图中便开始出现钓鱼岛列屿的名字，1790年出版的一张英国地图中（the Empire of China with its Principal Division's London Robert Sayet，1790），便标有彭佳屿、花瓶山、黄尾屿、钓鱼屿、赤尾屿等岛屿的英文名字，而且采用中国名称，表明他们有关钓鱼岛列屿的地理知识，是来自中国人。之后，在19世纪，甚至20世纪初的西洋人（包括英国、法国、西班牙人）绘制的地图上，所记的钓鱼岛列屿皆沿用中国的命名，很明显，他们将这些岛屿视为中国的领地。

综上所述，无论从地理和地质构造、历史文献、国际法理来评判，钓鱼岛列屿皆属中国领土不可分割的部分，主权归属中国。

然而，自从19世纪末叶起，钓鱼岛列屿便被日本政府强行占据（严格地说，日本占据钓鱼岛列屿应由1969年5月5日于钓鱼岛上竖立石碑即国标开始），其持论依据是：钓鱼岛列屿在历史上属于冲绳（琉球），美国托管当局于1952年划定的琉球列岛地理境界包括钓鱼岛列屿，1972年美国托管当局将琉球交还日本时，也包含钓鱼岛列屿，因为该列屿位于琉球列岛地理境界的经纬度内，无疑属日本领土的一部分。

美日私相授受及日本政府强行占据钓鱼岛列屿的行径，激起了全球华人的同仇敌忾，引发了长达40年的保卫钓鱼岛列屿运动。受此风云激荡，笔者于20世纪90年代起便投身保钓运动并潜心研究钓鱼岛列屿问题，遂于1998年写成《钓鱼岛列屿之历史与法理研究》一书，该书于1998年8月由香港明报出版社出版后，社会各界人士反应热烈，海外各地的华文报刊纷纷发表评论并加以报道。不到两个月，初版书即告售罄，同年10月旋出第二版。

2003年1月1日，日本《读卖新闻》透露，日本政府拟以每年2200万日元（约18.35万美元）的租金，向一名声称拥有钓鱼岛列屿中三个小岛的人士租用这三个小岛，以图确保对这个台海两岸和日本都主张是自己领土的钓鱼岛列屿的领土主权。这三个小岛分别是钓鱼岛、南小岛和北小岛。据称日本政府每年向该名在冲绳岛外居住的"岛主"支付2200万日元，租用合约由2004年4月1日起至2005年3月31日止，今后并计划租期届满后续约下去。在租借这些岛屿后，日本政府希望继续控制岛屿间丰富的鱼类和石油资源，并且也想禁止船只靠近和禁止在岛上竖立建筑物，为其永远占有钓鱼岛列屿铺路。

日本政府租借钓鱼岛列屿三个小岛事件曝光后，不仅引起全球华人的严正抗议和同声谴责，中国政府也表达了严重关切的立场。中国外交部发言人章启月表示：钓鱼岛及其附属岛屿自古以来就是中国的固有领土，日本对这些岛屿采取的任何单方面行动都属无效。外交部副部长王毅在召见日本驻中国大使阿南惟茂时指出：钓鱼岛及其附属岛屿自古以来就是中国领土不可分割的一部分，日本对这些岛屿采取的任何单方面行动"都属非法与无效"，中国决不能接受，并且表示中国有维护领土与主权的决心，要求日方"纠正错误做法，杜绝任何损害中国领土主权与中日关系的事端"。

自租借钓鱼岛列屿三个小岛事件曝光后，中日钓鱼岛之争可谓一波未平，一波又起。2010年9月7日上午10时15分，一艘中国渔船在中日两国有主权争议的钓鱼岛海域（日称尖阁群岛）被日本巡逻舰"与那国"号撞击。随后，日本海上保安厅决定以"涉嫌妨碍执行公务"为由，逮捕中国渔船船长，并将其带往石垣市警察署。日本政府高官表示，将中方船长"带到最近的警察机关或检察机构，按照日本的程序加以处理"。

针对这一事件，中国外交部副部长宋涛于9月7日约见日本驻华大使丹羽宇一郎，就日本海上保安厅巡逻船在钓鱼岛海域非法抓扣中方渔船事件提出严正交涉。另一方面，中国外交部发言人姜瑜在7日的例行记者会上也表示，中方已就"撞船事件"提出严正交涉，向日方表示了抗议。姜瑜重申了中国拥有钓鱼岛主权的立场，并要求日本巡逻船"不得在钓鱼岛附近海域进行所谓执法活动，更不得采取任何危及中国渔船和人员安全的行为"。姜瑜表示，中国会密切关注事态发展，保留进一步反应的权利。

　　事件发生的次日（8日），两岸三地（北京、香港、台北）的保钓人士立即作出积极的反应，纷纷前往日本使领馆表示抗议，要求日方立即放人并就撞船事件作出公开道歉。9月11日，来自内地、香港、澳门、加拿大的保钓人士齐集台北，出席由台湾中华保钓协会主办的《保钓论坛》学术研讨会，商讨保钓对日对策。会议由中华保钓协会理事长刘源俊教授主持，马英九特发贺电以示支持。出席会议的有第一波老保钓代表林孝信、钱永祥、胡卜凯、郭誉孚、王津平、毛铸伦、梁国雄、区伯权等以及保钓新生代郑海麟、夏万浪、殷必雄、游嘉文、谢梦麟、张钧凯、高宇惠等。代表们联名发表《两岸四地就9月7日日本撞击大陆渔船事件的共同声明》，要求日本停止对中国领土钓鱼岛的侵占，并无条件释放被扣押的船只和人员。会后由台湾中华保钓协会执行长黄锡麟、内地保钓志愿者团队负责人李义强、香港保钓行动委员会主席陈妙德、澳门保钓行动委员会主席伍锡尧、加拿大温哥华保钓大联盟负责人郑海麟共同签署发起筹组《世界华人保钓大同盟》。9月13日，台湾中华保钓协会执行长黄锡麟与协会理事殷必雄乘台湾渔船"感恩99号"前往钓鱼岛宣示主权，又因日本海上保安厅拦截而被迫返航。日方接二连三的挑衅行为激起全球华人的强烈反弹，于是爆发了"9.18"世界各地大城市的反日示威。

　　由日方扣押中国渔船事件引发的新一波保钓运动，在全球华人社区迅速蔓延，尤其是海峡两岸三地的中国人，站在维护国家民族领土完整的立场，同声谴责日本政府以所谓"国内法"扣押和处置中国渔民的强盗行径。日本政府的所作所为，目的是要落实将钓鱼岛列屿并入其早前宣称的"离岛国有化"政策，也即是将实际控制转化为法理占有钓鱼岛列屿。作为长期关注钓鱼岛问题的研究者，笔者认为有必要将日本政府的这一阴谋及时揭穿并昭告世人。鉴于这种情况，为满足海内外同胞更多地了解钓鱼岛列屿主权归属和事实真相的需要，驳斥日本占据钓鱼岛列屿的种种歪理，维护中国的领土主权，笔者认为有必要在原书的基础上增补新的内容再次出版。承海洋出版社总编辑杨绥华先生之美意，接受书稿并积极推动本书的出版，深表谢忱。本书在增订过程中，蒙香港中文大学金耀基教授、台湾大学历史系陈捷先教授提供许多宝贵意见，前辈学人姜义华教授、王家俭教授赐序，友人董斌先生等提供许多帮助，在此一并致谢。是为序。

郑海麟

2013 年 5 月于香港中文大学亚太研究所

前　言

　　位于东中国海大陆架上的钓鱼岛列屿，自古以来便是中国领土不可分割的一部分，无论从历史文献、地理和地质构造、国际法理等哪个角度来评判，其领土权皆属于中国。自从 20 世纪 70 年代初以来，日本政府却一再以官方见解的方式发表声明，坚称拥有钓鱼岛列屿的领土权。对此，笔者从维护历史事实和坚持国际公理的立场，作出如下说明。

　　钓鱼岛列屿的领土权属于中国，有如下几方面的证据。

一、关于钓鱼岛列屿的发现、命名、使用

　　钓鱼岛列屿的发现、命名、使用，最早见诸中国明朝永乐元年（1403）由朝廷派往东西洋各国开诏的使臣所撰《顺风相送》一书，据该书"福建往琉球"条所记，使臣为查勘航线，校正针路，曾多次前往钓鱼屿，并且将这些岛屿用作通往琉球的航海标识。这在国际法上已构成一种"原始权利"（inchoate title）。

二、关于中、琉两国边界的划分

　　琉球虽然于明朝洪武五年（1372）向中国称臣朝贡列为藩属，但是作为

一个领土主权独立的王国，琉球与中国的边界自明代起便划分得很清楚，既有地方的分界，又有海域的分界，而且这些分界是政府派遣的出使外交官员经实地考察并经琉球当局认可而达成共识的。

（1）有关中、琉地方分界的记载，见诸以下各书。出使琉球册封使陈侃《使琉球录》（1534）记："古米山，乃属琉球者。"郭汝霖《使琉球录》（1561）记："赤屿者，界琉球地方山也。"徐葆光《中山传信录》（1719）记："姑米山（琉球西南方界上镇山）。"以上三则史料清楚记载着中、琉两国的地方分界。从中国方面看，地界是赤尾屿；从琉球方面看，地界是古（姑）米山（即今久米岛）。

（2）有关中、琉海域分界的记载，见诸以下各书。出使琉球册封使谢杰《〈琉球录〉撮要补遗》（1579）记："去由沧水入黑水，归由黑水入沧水（沧水为福建海域，黑水为琉球海域）。"夏子阳《使琉球录》（1606）记："水离黑入沧，必是中国之界（明确指出沧水为中国海域）。"汪楫《使琉球杂录》（1683）记赤屿之外的黑水"沟"即是"中外之界（中国与琉球的海域分界）"。周煌《琉球国志略》（1756）记琉球："海面西距黑水沟，与闽海界。"以上四则史料清楚记载着中、琉两国的海域分界，这个分界线就是位于赤尾屿与古米山之间的黑水沟（即最深达2700米的东海海槽）。由于海槽相隔，位于东中国海浅海大陆架的海水呈绿色，位于海槽的海水呈黑色，这种颜色的鲜明对比，即是中、琉两国的海域分界。

以上的官方记录，已经适合现代国际法中有关一国领土的疆界（boundary）划分"界于两国间的山岭；界于两国间的海域"的标准。对于这种疆界的划分，不但当时的琉球王国官方没有异议，而且也为当时的日本和西洋各国所认同，并有大量的地图文献可作证明。国际上所熟悉的林子平《琉球三省并三十六岛之图》，就是根据当时中、琉两国疆界划分的国际共识而绘制的。

三、关于钓鱼岛列屿划入中国行政管制区域的时间

钓鱼屿、黄尾屿、赤屿最早划入中国行政管制区域的时间，见诸明朝嘉靖四十一年（1562）初刻的《筹海图编》。该书是由当时中国东南沿海防倭抗倭军事指挥部最高指挥官胡宗宪主持，郑若曾执笔编撰的，书成后亦由该军事指挥部刊刻出版。该书卷一《沿海山沙图》之"福七"、"福八"（即福建沿海山沙图）两图，首次将钓鱼屿、黄毛山（即黄尾屿）、赤屿（即赤尾屿）划入福建沿海的军事海防区域，纳入中国防倭抗倭军事指挥部的行政管制范围。根据国际法中关于海岸国的主权是一种"管制"（control）的定义（见 Jessup, *Law of Territorial Waters and Maritime Jurisdiction* [1927]，P. xxxiii.），作为海岸国的中国已构成对钓鱼岛列屿的领有主权。

四、关于钓鱼岛列屿的地理、地质构造

从地理上来看，钓鱼岛列屿属于中国大陆向东南的延伸，为东中国海浅海大陆架之隆起部分。从地质构造来看，钓鱼岛列屿则属于台湾北部大屯山火山带，而琉球诸岛则属于雾岛火山带。况且，琉球诸岛与东中国海大陆架之间，横亘着一条深达 2700 米的海槽，成为中琉之间的天然分界。这种分界也适合国际法意义上的地文疆界标准（一般以自然地理实体作为划界标准）。另外，根据联合国国际法委员会所确立之原则而签订的《大陆架公约》（Convention On the Continental Shelf）第二条规定："海岸国有行使发掘大陆架与利用其天然资源之主权权利（sovereign rights）。"中国对钓鱼岛列

屿的主权权利不容置疑。

综上所述，有关钓鱼岛列屿，由最初的发现、命名、使用而取得"原始的权利"，中经出使官员实地考察划定疆界范围，到划入中国行政管制区域，中国方面皆能拿出适合国际法标准的历史文献作根据，而且这些历史文献的根据的形成又是在琉球政府和日本官方声称"发现"并加以"先占"钓鱼岛列屿之前。另外，从地理和地质构造来看，钓鱼岛列屿也属于中国领土不可分割的部分。因此，钓鱼岛列屿的领土权属于中国，是无可辩驳的事实。

Preface

Situated in the continental shelf of the East China Sea, Daiyutai Islands has been an inseparable part of the territory of China since ancient times. Evidence from the view point of historical documents, international law, geographical and geological formation, its territorial sovereignty should belong to China. Since the ' 70s, the government of Japan declared repeatedly its official position, claiming the territorial sovereignty of the islands.

The territorial sovereignty of Daiyutai Islands belonging to China is supported by the following evidences.

I. Discovery, Naming and Use of Land

The discovery, naming and use of land of Daiyutai Islands was recorded as early as the first year of the reign of Yongle of the Ming dynasty (1403). *Shun Feng Xiang Song (Sailing with a Fair Wind)*, a book composed by envoys sent by the Ming court to proclaim imperial edicts to Japan and Southeast Asia, stated under one of the headings of the book *From Fujian To Liuqiu*, that the envoys, in charting the sea route and verifying the compass positions, had sailed to Daiyutai Islands on numerous occasions. Moreover, these islands served as a landmark in the sea lane from China to Liuqiu (Ryukyu Islands). China justified to claim the inchoate title in accordance with the international law.

II. Delimitation of Boundaries between China and Liuqiu

In the fifth year of the reign of Hongwu (1372) in the Ming dynasty, Liuqiu paid tribute to China and was considered as a vassal state, yet retained its independence. Delimitation of boundaries, including land and sea territories between China and Liuqiu have been clearly marked since the Ming dynasty. Both the land and sea boundaries were established after the sites were surveyed by envoys sent by the Chinese and the Liuqiu governments and recognized by both countries.

(a) Records on delimitation of land boundaries between China and Liuqiu were found in several documents. Chen Kan, an imperial envoy to Liuqiu, expressed in his *Shi Liu-qiu Lu* (*Records of the Mission to Liuqiu*, 1534), "Gumi Mountain is in Liuqiu." Guo Rulin in his *Shi Liuqiu Lu* (*Records of the Mission to Liuqiu*, 1561), recorded, "Chi Island is a mountain situated along the boundary of Liuqiu." Xu Baoguang accounted, "Gumi Mountain is a mountain at the southwest Liuqiu". in his *Zhong-shan Chuan Xin Lu* (*An Outline History of Liuqiu*, 1719). These historical documents explicitly show where China and Liuqiu delimited their boundaries; with Chiwei Island, marking the Chinese side and Gumi Mountain (now known as Jiumi Island), marking the Liuqiu side.

(b) Accounts on delimitation of sea boundaries between China and Liuqiu were found in many writings. Xie Jie, an imperial envoy to Liuqiu, in his publication *Liuqiu Lu Cuoyao Buyi* (*Supplement to the Records of Liuqiu*, 1579), indicated, "going to Liuqiu from China, one travels from Cangshui to Heishui and returning from Liuqiu to China, one sails from Heishui to Cangshui". Xia Ziyang in his *Shi Liuqiu Lu* (*Records of the Mission to Liuqiu*, 1606), recalled, "When water flows from Heishui to Cangshui, it enters the Chinese boundary". (This indicates clearly that Cangshui was the sea territory of China.) Wang Ji, in his *Shi Liuqiu Za Lu* (*Miscellaneous Recouds of the Mission to Liuqiu*, 1683), pointed out that beyond Chi Island was the black water groove and it was the boundary dividing China and Liuqiu. Zhou Huang, in his *Liuqiu Guo Zhi Lue* (*A Short Account of the History of Liuqiu*, 1756), wrote, "Liuqiu is located west of the black groove which is adjacent to the sea boundary of Fujian."

The above four historical documents indicated explicitly that boundary line of the sea territories between China and Liuqiu located between Chiwei Island and Gumi Mountain, in the black groove, a trough in the East China Sea with its maxium depth 2700 meters. Separated from the trough, the sea on the shallower coast of the East China Sea appears groove, while the water in the trough appears black. The striking contrast of colours of the sea water marks the boundary line between the sea territories of China and Liuqiu. These official records meet the criterion of international law regarding delimitation of boundary that a mountain range serves as the boundary line between two countries and sea territories mark the boundary line between two nations. Such delimitation of boundaries not only raised no objection from the Liuqiu government, but was recognized by Japan and other western nations at that time. It was also supported by a large number of atlases or maps, one of which titled *Liuqiu San Sheng Bing San Shi Liu Dao Zhi Tu* (*Maps on Three Provinces and Thirty – Six Islands of Liuqiu*) by Hayashi Shihei. This was well known among nations, and compiled based upon an internationally recognized boundaries between China and Liuqiu of that period.

III. Inclusion of Daiyutai Islands into Chinese Administrative Division

Inclusion of the Daiyutai Islands, Huangwei Island and Chi Island into Chinese administrative division was recorded in the first edition of *Chou Hai Tu Bian*, a book on defence against Japanese pirates in the Ming dynasty, published in the forty – first year of the reign of Jiajing (1562). The publication, written by Zheng Ruoceng, was commissioned by Hu Zongxian, the commander – in – chief in charge of the headquarters in defence against Japanese pirates along the southeast coast of China. It was published by the headquarters upon its completion. On two of the maps in the first chapter of *Yan Hai Sha Shan Tu* (*Maps on Coastal Islands*) Daiyu Island; Huangmao Mountain (that is Huangwei Island) Chi Island (that is Chiwei Island) were recorded for the first time. They were included into the coastal defense zone of Fujian province under the control of the administrative division of the military headquarters in defence against Japanese pirates. In his *Law of Territorial Waters and Maritime Jurisdiction*, Jessup expressed that the sovereignty of a coastal state is a form of control and not jurisdiction. He pointed out that jurisdiction means the power of courts to adjudicate and control means the power of administrative or executive officers to govern the action of individuals or thing. Thus, as a coastal nation, China justified to claim the territrioal sovereignty of Daiyutai Islands.

IV. Geographical and Geological Formation of Daiyutai Islands

From the geographical view point, Daiyutai is the southeast extension of China mainland, a part of the rising of the continental shelf in the shallower waters of the East China Sea. The geological formation of Daiyutai islands indicates that it belongs to Datun Mountain volcano zone in northern Taiwan but Liuqiu is in Wu Island volcano zone. In addition, a trough with a 2700 meters in depth lies between Liuqiu Islands and the continental shelf of the East China Sea, forming a natural boundary between China and Liuqiu. This form of boundary also concurs with the interpretation of international law and land pattern boundary. (In general, boundary is delimited by geographical geography.) In addition, based upon the principles of international law, the Convention on the Continental Shelf was devised. Article number two of the Convention states "a coastal state exercises over the continental shelf sovereign rights for the purpose of exploring it and exploiting its natural resources". It is beyond any doubt that the sovereign rights of Daiyutai Islands belong to China.

In summary, the discovery naming, and use of the name Daiyutai Islands by China justifies her to claim its inchoate rights. In addition, Daiyutai Islands was included into Chinese territory as a result of surveying the site by envoys and later placed under its administrative division. This evidence can be verified by historical documents. The interpretation of them through international laws justifies China's claim. Furthermore, they were recorded long before the offical claims of the governments of Liuqiu and Japan to "discover" and "first to occupy the Daiyutai Islands" . Moreover, evidence from its geographical and geological formation show that Daiyutai Islands is an inseparable part of the Chinese territory and therefore its territorial sovereingty belongs to China. This fact is undisputable.

(Translated by Tse Yim)

目　　录

绪　　论   1

上编　从中日史籍看钓鱼岛列屿的主权归属

第一章　《顺风相送》所记钓鱼岛列屿史实考释   31

第二章　《册封使录》所记钓鱼岛列屿史实考释   47

第三章　明清人杂著所记钓鱼岛列屿史实考释   71

第四章　日本人的"鱼钓岛"、"尖阁群岛"名称之由来   98

第五章　论历史上中琉两国的边界划分   121

中编　中日钓鱼岛列屿之争的法理研究

第六章　日本声称拥有钓鱼岛列屿领土权的论据分析   139

第七章　《旧金山和约》与钓鱼岛列屿问题   152

第八章　中日和平条约与钓鱼岛列屿问题   161

第九章　《中日和平友好条约》与钓鱼岛列屿问题   174

第十章　中日钓鱼岛列屿之争与东海划界问题   182

下编　钓鱼岛列屿相关地图考释

第一部分　钓鱼岛列屿地理构造图考释   195

第二部分　明清时期中国人所绘钓鱼岛列屿地图考释　　198

第三部分　甲午战前琉球古地图考释　　207

第四部分　明清时期西洋人所绘钓鱼岛列屿地图考释　　221

第五部分　甲午战后钓鱼岛列屿地图考释　　233

第六部分　林子平《三国通览图说·琉球三省并三十六岛之图》解说　　252

简短的结论　　259

附录一　"钓鱼岛研究"专著评介

一、井上清《"尖阁"列岛——钓鱼诸岛的历史剖析》评介　　267

二、吴天颖《甲午战前钓鱼列屿归属考》评介　　292

三、马英九《从新海洋法论钓鱼岛列屿与东海划界问题》评介　　304

四、鞠德源《钓鱼岛正名》举正　　313

附录二　《钓鱼岛列屿之历史与法理研究》书评

一、评郑海麟著《钓鱼岛列屿之历史与法理研究》……　陈捷先　　331

二、《钓鱼岛列屿之历史与法理研究》评介　…………　苏吉锐　　339

三、走出保钓流于情绪的阴影

　　　——郑海麟钓鱼岛研究新著显学术分量……　张志业　　347

四、学术保钓　支援激情

　　　——郑海麟《钓鱼岛》新著评介　…………　秦　梦　　351

五、题郑海麟钓鱼台论文　…………………………　陈汝铿　　353

六、海麟博士近成钓鱼台专辑赋　……………………　关殊钞　　354

附录三 钓鱼岛最新动态及其应对之策

一、中日撞船事件的法理分析及其对策   357

二、中日钓鱼岛之争与美国的亚洲战略部署   362

三、驳日本外务省的"尖阁见解"   371

四、亟需加强对钓鱼岛问题的研究   382

参考书目   395

后 记   407

绪　　论

一、缘起

今日的保钓运动，已成为全球华人的共同声音。海峡两岸的中国人，站在维护国家民族领土完整的立场，同声谴责日本政府侵占钓鱼岛的行径。而作为肇事者的日本政府，亦声称自己拥有钓鱼岛的主权，其论据之一是根据1951年签署的《旧金山和约》第三章，把冲绳及钓鱼岛交由美军托管时，中方并没有提出反对。因此，1972年美军将冲绳及钓鱼岛的施政权一并交还给日本。据此，日本认为自己理所当然地拥有对钓鱼岛的主权。显然，钓鱼岛主权归属问题，牵涉到中、日、美三边的关系，中、日双方各执一词，且皆持之有故，而美方表面持"中立"态度，事实上是偏向日本一方。钓鱼岛主权归属问题，为什么会出现上述这样的局面？对此，笔者本着尊重历史事实的立场，持"价值中立"的态度，采用中日双方的历史资料，对当年中日琉球交涉始末及钓鱼岛主权问题作原原本本的叙述。

二、中日琉球交涉与钓鱼岛问题

欲明钓鱼岛的主权归属问题，首先必须从琉球交涉问题谈起，因为从历史上来看，钓鱼岛与日本吞并琉球和侵占台湾有关。钓鱼岛位于台湾与琉球群岛之间，明代的《顺风相送》（1403）便有记载，但钓鱼岛并不在历史上的琉球三十六岛之列。而历史上的琉球王国，却于明朝洪武五年（1372）臣服中国，封王朝贡，列为藩属。不过，明朝对琉球王国并未进行政治统治。入清以后，一依明例，奉中国正朔，并受册封，定二年一贡，从无间断。但这时候，琉球王国本土（即今之日本冲绳县境内）由于不断受到日本势力的侵袭和渗透，事实上已是"两属"。其内政完全受制于日人，民间风俗也逐渐日化。只有每当清使将临时，日本人在琉球者才事先走避。这种明属中国、暗属日本的状态，一直持续到日本明治维新的初年。不过在咸丰三年（1853），琉球与美、法、荷兰订立通商条约时，仍然承认自己是中国的外藩，使用清朝的年号正朔及文字，只把日本称为自己的友邦。（李则芬，《中日关系史》，第 253 页，台湾中华书局，1970 年版）

日本明治维新（1868）后，急于把琉球并为己有，以此作为向中国台湾进犯的基地。1872 年 2 月，日本九州岛鹿儿岛县官奈良原繁前往琉球，向琉球王国政府首脑宣告日本的变革，并命令琉球进行政治改革。（信夫清三郎，《日本外交史》上卷，第 139 页，商务印书馆，1980 年版）早在前一年，因琉球的一些渔船在海上遇难，漂流到台湾，一批渔民被台湾的高山族人误杀。日本政府便借此机会向清政府交涉，硬说是杀害了"日本人"，企图派兵侵占台湾。另一方面又摘引清总理衙门大臣毛昶熙、董恂在交涉答辞中有"番民皆化外，犹贵国之虾夷，不服王化，亦万国所时有"（罗惇曧，《中日兵事本末》；又，左舜生，《中国近百年史资料》下册，第 360 页）一语，日方将这句话曲解为台湾番地不属中国版图。日本政府于 1874 年 4 月派西乡从道率兵三千进攻台湾，最后迫使清朝签署了《台事专条》。其中规定："日本国此次所办原为保民义举起见，中国不指以为不是。"（王芸生，《六十年来中国与日本》第一卷，第 98 页，北京三联书店，1980 年版）并向清

廷索得补偿银 50 万两。这实际上是迫使清廷默认琉球人是日本人，使日本
吞并琉球合法化。于是，日本内务卿大久保利通据《台事专条》中清廷承认
日本出兵台湾为"保民义举"一条，向日本政府提出逐步实现吞并琉球的建
议："今者中国承认我征番为义举，并抚恤难民，虽似足以表明琉球属于我
国版图之实迹，但两国分界仍未断然。"为了进一步确定琉球归属日本，他
建议日本政府首先必须加强琉球的属国化，并割断其与中国的关系，然后对
琉球王国进行体制改革，使其政治制度日本化。具体措施是："先召其重臣，
谕以征番事由及出使中国始末，并使令藩王宜自奋发，来朝觐谢恩，且断绝
其与中国之关系。在那霸设置镇台分营，自刑法、教育以下以至凡百制度逐
渐改革，以举其属我版图之实效。"（东亚同文会编，《对支回顾录》（上
卷），第 148 页）

　　大久保利通这一将琉球属国化然后加以吞并的建议，深得日本政府首
肯。1875 年，日本政府派遣熊本镇台之兵进驻琉球，同时向琉球发布命令：
禁止入贡中国，不准接受中国册封；撤销福州琉球馆；琉球今后与中国的贸
易和交涉概由日本外务省管辖。（同上书，第 149～150 页）日本政府这一加
强琉球属国化（阻贡中国）的命令，揭开了近代中日争端的帷幕——中日琉
球交涉。

　　日本阻贡命令宣布后，琉球举国震惊。国王即命王子归仁至日本"谢
恩"，说明不能停止进贡中国。同时，于 1877 年初派遣紫巾官向德宏来华陈
述日本阻贡经过，乞求清廷援救。负责接见向德宏的浙闽总督何璟和福建巡
抚丁日昌，对日本阻贡的反应还是积极的。他们建议清廷"饬知出使东洋侍
讲何如璋等，予前往日本之便，将琉球向隶藩属，该国不应阻贡，与之剀切
理论，并邀集泰西驻日诸使，按照万国公法，与评直曲。"（《清光绪朝中日
交涉史料》卷一，第 21 页）为此，时充驻日公使何如璋到任之初，即接到

清廷要他对琉球问题"相机妥筹办理"（同上书，第 22 页）的命令。何如璋根据时任参赞黄遵宪的建议，上书总理衙门，提出解决琉球问题的上中下三策："为今之计，一面辩说，一面遣兵舶责问琉球，征其贡使，阴示日本以必争，则东人气慑，其事易成，此上策也。据理与争，止之不听，约球人以必救，使抗东人。日若攻球，我出偏师应之，内外夹攻，破日必矣，东人受创，和议自成，此中策也。言之不听，时复言之，或援公法，邀各使评之，日人自知理屈，球人侥幸图存，此下策也。"（温廷敬，《茶阳三家文钞》卷二，与总署辩论琉球事书）然而，总署对何如璋等的建议并没有引起足够重视，李鸿章在复何如璋书中说："中国受琉球朝贡，本无大利……若再以威力相角，争小国区区之贡，务虚名而勤远略，非惟不暇，亦且无谓。"并指示何如璋，于日本阻贡一案，"自应援引《修好条规》第一第二两款，与相驳难。"（《李文忠公全书·译署函稿》卷八，第 4~6 页）随后，他又在给恭亲王函中说："何如璋请遣兵责问日本……似皆小题大作，转涉张皇。"（同上书，第 1~2 页）可见李鸿章是不同意何如璋的上、中两策，只希望通过外交途径与日方辩明琉球归属问题。总署亦从李鸿章议，主张对琉球问题应"不动声色"，不宜"过于张皇"。他们害怕惹怒日本，恐开边衅，因而不愿与日本武力相角。但又担心默许日本吞并琉球，放弃 500 年来恪守藩服的属邦将会"为清议所不容"。因此，只好选择了"三策"中的下策，教何如璋据《修好条规》与日交涉。

何如璋根据总署指示，援引《中日修好条规》（1871 年签订）第一条："两国所属邦土，亦各以礼相待，不可互有侵越，俾获永久安全"（中日条约研究会编印，《中日条约全辑》，第 1~11 页）的原则，向日本外务卿寺岛宗则就日本阻贡一事提出口头抗议，随后又送去一个措词强硬的照会，力陈琉球称臣朝贡中国的历史，指责日本阻贡一事，有碍两国友谊。照会中提到

"日本堂堂大国，谅不肯背邻交，欺弱国，为此不信不义无情无理之事。"
（《日本外交文书》卷十一，第 271 页）寺岛认为何的照会有辱日本政府，
是一种"暴言"，并且坚持琉球为日本属邦之说："该岛数百年来皆为我国
之邦土，现为我内务省管辖。"（同上书，第 272 页）寺岛要求何如璋作书面
道歉，撤销照会，否则拒绝会谈。结果，琉球交涉陷入僵局；对此，李鸿章
非但不支持何如璋，反而指责何"于交涉事情历练未深，锋芒稍重……转致
激生变端。"（《李文忠公全书·译署函稿》卷九，第 44 页）总署对何如璋
在东京交涉中的强硬态度亦大不以为然，甚至要撤回何如璋，以挽回僵局；
而日本政府知道中国方面无意力争琉球，遂于 1879 年 3 月派兵接管了琉球
藩王居住的首里城，掳国王和王子至东京，改琉球为冲绳县。清廷坐视不
救，听日灭之，断送了隶属中国 500 年的琉球国。

日本吞并琉球，清廷顾虑舆论的压力，感到"如任其废灭而不论，如国
论众论何？"（王芸生，《六十年来中国与日本》第一卷，第 169 页）其时适
值前美国总统格兰忒（Ulysses Simpson Grant）游华，并将赴日访问，清廷遂
托其代为调停。经格兰忒斡旋，结果，还是清廷首先作出让步，总署根据格
兰忒之意，照会日本外务省，表示："本王大臣认为从前所论，可概置勿论，
一一依照美前大总统来书办理。"（同上书，第 175 页）此实即是否定何如璋
先前与日交涉的照会，向日方认错。这种"弱根"的外交，当然使日本
"深表欣慰"。

经格兰忒"调停"之后，琉球交涉不再是何如璋与寺岛宗则之间进行的
照会战，而是由两国互派特使在北京进行"妥商"，日本方面提出"分岛改
约"以解决琉球问题的方案。即以琉球南部邻近台湾的宫古、八重山二岛及
周围各小岛分予中国管辖（条约未提及钓鱼岛，因钓鱼岛不在琉球南部诸岛
之列）；但中国方面则应"举其所许西人者，以及于我商民"（《李文忠公全

书·译署函稿》卷十，第32～33页），实即是以琉球南部群岛的主权换取日本商人得以入内地自由通商和获得与西人"一体均沾"（即同等待遇）的不平等条款。足见日本始终不忘欲将不平等条约强加予中国。

1880年10月，中日双方就"分岛改约"问题达成协议，并预定于翌年正月交割琉球南部诸岛。消息传出后，廷议大哗，有识之士认为是上了日本人的当。于是，清廷乃责成李鸿章统筹全局，速结琉球一案。李因受舆论之压力，采用拖延换约之法，以待当时正在进行的中俄伊犁交涉案结，然后再行推翻"分岛改约"协议。日本驻华公使（当时负责"分岛改约"谈判）宍户玑见清廷迟迟不肯换约，乃愤然离华，琉球一案就此不了了之。日本吞并琉球虽始终未获中国方面的承认，但毕竟已成事实，清廷从此以后再也不曾过问。然"分岛改约"协议虽未履行换约手续，但琉球南部诸岛的主权归属，无疑应该是中国的。由于是日本主动提议"分岛改约"，事实上琉球南部诸岛已由日本政府当局承认属于中国领土，这是有条约可据的。这些条约至今还存于中日两国的档案史料中。（日方之条约档案见《日本外交文书》卷十三；中方之条约档案见《清光绪朝中日交涉史料》卷二）至于日本商人入中国内地通商与西人同等待遇，也是清廷早已兑现了承诺的历史事实。

1895年中日《马关条约》签订后，清廷割让台湾全岛及其所有附属岛屿，琉球南部诸岛，以及钓鱼岛列屿自然成了日本的囊中物。日本重新勘查琉球与台湾之间的沿海各岛屿，将这些用武力吞占的岛屿归为冲绳县管辖。尽管如此，自1880年以后的历届中国政府，都没有表示过放弃对这些岛屿的领土主权。琉球问题于是成为中日之间的一大悬案。

战后，日本无条件将台湾群岛的主权归还中国。如按《开罗会议》宣言所说："日本亦将被逐出于其以武力或贪欲所攫取之所有土地"（参看宋漱石著，《琉球归属问题》，第49页，台北，中央文物供应社出版，1954年版）的规定，日本理应放弃用武力占据的琉球群岛，最起码应按 1880 年 10 月中日双方就"分岛改约"达成协议的条约，将琉球南部诸岛以及钓鱼岛列屿与台湾群岛一并交还中国。因为这些岛屿都是日本以武力和贪欲攫取去的土地，根据历史和国际法，这些岛屿的领土主权都是属于中国的。

三、美国琉球民政府将钓鱼岛划入琉球无国际法效力

据台湾《中国时报》2002 年 10 月 20 日"政治新闻"版载："前总统李登辉日前曾表示钓鱼岛属于日本，引发轩然大波。"李登辉关于钓鱼岛属日本的言论，完全取自 1970 年 9 月 17 日由琉球政府官方名义发表的《关于尖阁列岛的领土权声明》以及日本外务省根据该《声明》的论点，于 1972 年 3 月 8 日发表的《尖阁列岛分明是日本领土》的官式见解。《声明》和《见解》出笼后，成为日本历次官方发言人用来与中国交涉钓鱼岛主权的依据。然而，上述《声明》和《见解》究竟说了些什么，笔者认为有必要向国人略作介绍。

无论琉球政府的《声明》、日本官方的《见解》，抑或是李登辉的"言论"，都是将钓鱼岛归属日本的重要依据，建立在琉球列岛地域境界的划定基础上。

关于琉球地域境界的划定，该《声明》有如下说词："关于琉球列岛的范围，美利坚合众国基本统治法关于管理琉球列岛的行政命令，规定美利坚合众国根据对日和约第三条所指，有管辖琉球列岛及其领海之行政权（本命令所指"琉球列岛"，乃北纬 29 度以南的西南诸岛，并不包括和约同条约所定美国让给日本奄美群岛上一切权利在内）。亦即包括：北纬 28 度，东经 124 度 40 分；北纬 24 度，东经 133 度；北纬 27 度，东经 131 度

50 分；北纬 27 度，东经 128 度 18 分；北纬 28 度，东经 128 度 18 分；诸点联机区域内诸岛、小岛、环礁、岩礁和领海（美国琉球民政府第二十七号布告）。"

这条论据是造成日本目前事实占据钓鱼岛并声称拥有该列屿主权的最重要的理由，其关键点有二：

一是 1951 年 9 月 8 日，美日在旧金山签署的《对日和平条约》第三条所规定的美国行政权管辖下的琉球列岛及其领海范围。该条款内容有"日本国对美国向联合国所作任何将北纬 29 度以南之西南诸岛（包括琉球群岛及大东群岛）、孀妇岩以南之南方诸岛（包括小笠原群岛、西之表岛及硫磺列岛），及冲之鸟岛与南鸟岛，置于托管制度之下，而以美国为其唯一管理当局之建议，将予同意。在提出此次建议并就此建议采取确定性之行动之前，美国有权对此等岛屿之领土（包括水域）及其居民，包括此等岛屿之领水，行使一切行政、立法、司法及管辖之权力。"从条款内容看，并无涉及钓鱼岛列屿或日本所称的"尖阁群岛"、"尖头群岛"。

二是根据美国琉球民政府于 1953 年 12 月 25 日发布并施行的《琉球列岛的地理境界》即二十七号布告，按该布告所划琉球列岛地理境界之经纬度，六点加起来即是包括从北纬 24 度至 28 度，东经 122 度至 133 度之内的琉球群岛。而钓鱼岛、黄尾屿、赤尾屿位于北纬 25 度至 26 度，东经 123 度至 124 度之间，正好在其经纬度内，这便是日本声称钓鱼岛列屿属琉球领土的依据。

在这里必须申辩的是，美国琉球民政府第二十七号布告所划的琉球列岛地界，是美国琉球民政府单方面的作为，它是否具有国际法的效力？则是非常成问题的。因为根据国际法及国际间有关两国边界划分的惯例，涉及两国边界问题，首先，必须尊重历史上形成的自然疆界；如有争议部分，必须取得两国间的协商，单方面的意见是无法律效力的。另外，有关两国边界的划分，一般有四条标准：

（1）地文疆界，一般以自然地理实体作划界标准。

（2）天文疆界，界线与地图经纬线吻合。

（3）几何疆界，指从边界上某一个固定点到另一个固定点划一直线为界。

（4）人类地理疆界。如民族疆界依民族分布划分，宗教疆界按居民宗教信仰区确认，强权疆界由战争和实力确定等。

根据国际间这四条边界划分标准，美国琉球民政府当年所划定的琉球列岛地界范围，乃是根据第（2）项天文疆界、第（3）项几何疆界的划分法，即先划定经纬线，然后用几何法切割之。这种划分法似乎也适合国际法的某些标准，但它忽视了最重要的一条，即地文疆界法，这条疆界划分法乃是根据自然和历史的形成作为基准。这就是横亘于东中国海浅海大陆架与琉球列岛之间，水深达 2700 米的东海海槽（即黑水沟），以及由这一海槽分隔两岸的赤尾屿（属中国）和久米岛（属琉球）这两个地方分界标志。

中、琉两国的地文分界，自明、清以来，不仅有大量历史及官方文献记载，且为当日国际间所接受。就中国方面的文献而言，自 1403 年前后成书的《顺风相送》记钓鱼岛事以来，有关钓鱼岛属中国管辖的文献不下数十种，史实斑斑可考。相对琉球方面的文献来说，无论琉球王国的第一部编年史《球阳》、正史《中山世鉴》，或琉球王国实录《历代宝案》，抑或其他官私记事，皆无提及钓鱼岛属琉球领土。相反，1708 年琉球人程顺则著《指南广义》及其附图，1785 年日本人林子平绘《琉球三省并三十六岛之图》，都明显将钓鱼岛列屿视为中国领地。直至明治十八年（1885），即日本吞并琉球后的第六年，冲绳县（日本吞并琉球后将其改为冲绳县）知事西村捨三在提交内务卿山县有朋的呈文中，才开始注意到钓鱼岛（日称鱼钓岛）、黄尾屿、赤屿的存在，并有意将其划入冲绳县版图。

不过，熟悉琉球历史地理的西村捨三心知肚明，钓鱼岛列屿的发现、命名、使用并不是琉球人，而是中国人，也就是说，列屿的"原始权利"（Inchoate title）属于中国而不属于琉球。从历史文献来看，钓鱼岛等岛屿并非旧琉球王国（中山王国）所辖领地，故对将其并入冲绳版图心存疑惧。到了1895年中国在甲午战争中败局已定，日本内阁才下文，将钓鱼岛列屿划入冲绳县版图。由此足证，钓鱼岛列屿并不属于琉球列岛，日本是利用战争手段和凭借实力将其据为己有，即通过强权疆界所得。因此，1953年美国琉球民政府将钓鱼岛列屿划入琉球列岛地理境界无国际法效力。

四、钓鱼岛主权归属的历史与国际法分析

据日本《读卖新闻》2003年1月1日报道，日本政府以每年约2200万日元（183 500美元）的租金，向一名声称拥有钓鱼岛列屿其中三个小岛的人士租用小岛，以图确保对这个台海两岸和日本都主张是自己领土的钓鱼岛列屿领土主权。这三个小岛分别是钓鱼岛（约3.91平方公里）、南小岛（约0.32平方公里）和北小岛（约0.26平方公里）。据称日本政府每年向该名在冲绳岛外居住的"岛主"支付2200万日元，租用合约由2002年4月1日起至2003年3月31日止，今后并计划租期届满后续约下去。在租借这些岛屿后，日本政府希望继续控制岛内丰富的鱼类和石油资源，并且也想禁止船只靠近，禁止在岛内竖立建筑物，为其永远占有钓鱼岛列屿铺路。（参看《明报》2003年1月1日"中国新闻版"）

日本政府所以用这种私下交易的方式向外界宣示对钓鱼岛列屿的领有

权，其论据无非有二：①钓鱼岛在历史上属于冲绳（琉球），无疑属日本领土的一部分；②日本一直有效行使对钓鱼岛的控制权，换言之，即是按国际法中"事实占据"的原理拥有该岛主权。对此，笔者认为有必要援引历史事实和相关国际法，作出如下反驳。

（一）有关中琉两国边界划分的史籍记载

笔者仔细研查中国、琉球、日本及西洋人的航海记录，发现自明、清以来，中国和琉球的疆界划分十分清楚，既有地方的分界，又有海域分界；这些分界不仅获得中、琉两国的共识，而且也为当时的日本和西洋人士所认同，证据如下：

1. 有关中、琉地方分界的记载

（1）陈侃《使琉球录》。明嘉靖十三年（1534）五月，明朝派遣给事中陈侃为册封使，由福州起航前往琉球。陈侃在《使琉球录》的《使事纪略》中记述这次航程云："五月朔，予等至厂石……五日始发舟，不越数舍而止，海角尚浅。至八日，出海口，方一望汪洋矣。九日，隐隐见一小山，乃小琉球也。十日，南风甚迅，舟行如飞；然顺流而下，亦不甚动。过平嘉山，过钓鱼屿，过黄毛屿，过赤屿，目不暇接，一昼夜兼三日之程；夷舟帆小，不能及，相失在后。十一日夕，见古米山，乃属琉球者；夷人鼓舞于舟，喜达于家。……二十五日，方达泊舟之所，名曰那霸港。"（陈侃《使琉球录》，见台湾银行经济研究室编印《使琉球录三种》，1970 年 12 月出版）

上文值得注意的是，陈侃在叙述册封船由福州闽江口外出洋，途经台湾北端的小琉球、彭佳屿（平嘉山）、钓鱼屿、黄尾屿、赤尾屿，为此次航行的一个阶段，沿途所经各岛屿皆为中国海域范围。然而，册封船到达古米山（久米岛），即进入琉球境界。船上担任导航的琉球水手知道已抵故国家园，于是高兴得手舞足蹈。陈侃在这里清楚地指出，自古米山起，为琉球境界。

（2）郭汝霖《使琉球录》。嘉靖四十年（1561）五月，明朝派遣给事中郭汝霖为册封使前往琉球。郭汝霖在《使琉球录》中记这次航程云："五月二十九日，至梅花开洋……为东涌、小琉球。三十日，过黄茅。闰五月初一日，过钓鱼屿。初三日，至赤屿焉。赤屿者，界琉球地方山也。再一日之风，即可望古米山矣。"（郭汝霖《使琉球录》，见前引《使琉球录三种》第73~76页）

上文值得注意的是，郭汝霖明确地指出："赤屿者，界琉球地方山也"，意谓赤尾屿是（中国）与琉球的地方分界。赤尾屿以西为中国领地，以东为琉球领地。而古米山在赤尾屿以东，因此属琉球领地，故陈侃有"古米山，乃属琉球者"之语。可见陈、郭所述中、琉地方分界是同一意思，即以赤尾屿为中国领地的边界。

（3）徐葆光《中山传信录》。清朝康熙五十八年（1719），翰林院检讨海宝为册封使，翰林院编修徐葆光副之，前往琉球册封中山王尚敬。册封船于五月二十二日自五虎门（福州闽江口）开洋，六月初一日航抵那霸港。徐葆光在琉球旅居八月有余，退食之暇，与其士大夫之通文字译词者相接，披览琉球国《中山世鉴》及山川图籍，查勘其海行针道，编成《中山传信录》六卷；该书出版后，为中、琉、日官方及学者所推崇。周煌辑《琉球国志略》、林子平撰《三国通览图说》皆曾参考是书。该书卷一记"福州往琉球"针路（引自琉球学者程顺则《指南广义》，但经徐氏考订并加注释）云："由闽安镇出五虎门，东沙外开洋，用单（或作乙）辰针十更，取鸡笼头……花瓶屿、彭佳山；用乙卯并单卯针十更，取钓鱼岛；用单卯针四更，取黄尾屿；用甲寅（或作卯）针十更，取赤尾屿；用乙卯针六更，取姑米山（琉球西南方界上镇山）；用单卯针，取马齿；甲卯及甲寅针，收入琉球那霸

12

港。"（徐葆光《中山传信录》，日本明和三年（1766年）刻本）

上文值得注意的是，徐葆光在"姑米山"后加注"琉球西南方界上镇山"，强调姑米山（亦作古米山，即今久米岛）乃是琉球西南边界上之主山，与陈侃"古米山，乃属琉球者"为同一意义，即强调琉球领地之西南方以姑米山为界。

以上三则史料清楚记载着中、琉两国的地方分界，从中国方面来看，地界是赤尾屿；从琉球方面来看，地界是久米岛。

2. 有关中、琉海域分界的记载

（1）前引郭汝霖《使琉球录》又记由那霸回福建途中，因册封使船遭飓风袭击，迷失方向，任其漂流，"至二十六日，许严等来报曰：'渐有清水，中国山将可望乎？'二十七日，果见宁波山。"可见，册封使船在海上迷失方向，无山可望时，是以水为标记的，如见有绿水，则知进入中国海域。而当日中国与琉球的海域分界是在赤尾屿与古米山之间的黑水洋（亦叫黑水沟）。古米山在赤尾屿以东，两屿之间隔着一道最深达2700米的东海海槽。这道海槽因水深之故，使洋面呈深黑色，与赤尾屿以西属东中国海浅海大陆架（水深为50~200米）的绿色海洋，形成鲜明的颜色对比。自明代以来，中、琉之间的海域区分便以黑水洋为界。在福建往琉球途中，至赤尾屿为止，沿途所经花瓶屿、彭佳屿、钓鱼屿、黄尾屿，皆位处于中国海的浅海大陆架上，洋面呈绿蓝色，故又称"清水"或"沧水"，这些海域向来属于中国，为中国海舶活动之区域。据《顺风相送》（1403）记载，位于东中国海浅海大陆架上隆起的各岛屿，因中国海舶经常往来活动其间，故由福建至各岛屿皆有针路可达。（见向达校注《两种海道针经》，第95~96页，中华书局1961年版）但过了赤尾屿，一直至马齿山（即今琉球庆良间列岛），洋面皆呈黑色，属琉球海域范围，而黑水洋面隆起的古米山即属于琉球的领土版图。只有这样解释，才能清楚地理解郭汝霖"赤屿者，界琉球地方山也"的含义；同时，也只有这样解释，才能准确地理解陈侃"古米山，乃属琉球者"的含义。

（2）万历七年（1579），钦差正使户科左给事中萧崇业、副使行人谢杰，前往琉球册封国王尚永。谢杰撰《琉球录》撮要补遗"启行"条引闽中父老言有："去由沧水入黑水，归由黑水入沧水。"（见《使琉球录三种》第276页）意谓由福建往琉球，由绿水进入黑水，则知到达琉球海域；由琉球往福建，则由黑水进入绿水，即知到达中国海域。此与前述郭汝霖一行见有清水，则知中国山可望是同一意思。

（3）夏子阳《使琉球录》。万历三十四年（1606），钦差正使兵科右给事中夏子阳、副使行人王士祯，前往琉球册封中山王尚宁。夏子阳撰《使琉球录》"使事记"记册封使船由那霸回航福州，沿途所过皆为黑水。十月二十二日早，过姑米山（即古米山），不久，便遭飓风，船舱入水。"二十九日早，隐隐望见一船；众喜，谓"有船，则去中国不远"；"且水离黑入沧，必是中国之界；……十一月朔日，舟入五虎门。"（前揭书，第226页）夏子阳明记海水由黑转绿，即是到达中国海域。换言之，即中、琉海域分界当在黑水洋，绿色水域为中国界，黑色水域为琉球界。

（4）汪楫《使琉球杂录》。清康熙二十二年（1683），钦差正使翰林院检讨汪楫、副使内阁中书舍人林麟焻，前往琉球册封中山王尚贞。汪楫撰《使琉球杂录》记福建往琉球有：六月二十三日，自五虎门开洋，"二十四日天明，见山，则彭佳山也。不知诸山何时飞越，辰刻过彭佳山，酉刻遂过钓鱼屿……二十五日，见山，应先黄尾而后赤屿，不知何以遂至赤屿，未见黄尾屿也。薄暮过沟，风涛大作，投生猪羊各一，泼五升米粥，焚纸船，鸣钲击鼓，诸军皆甲，露刃俯舷作御敌状，久之始息。问'沟'之义何取？

曰：'中外之界也'。介于何辩？曰：'悬揣耳'。然顷者恰当其处，非臆度也。"（见周煌辑《琉球国志略》卷十六"志余"；另，北京图书馆善本室藏有《使琉球杂录》）这里值得注意的是，汪楫一行经过赤尾屿后，即行过"沟"祭海神仪式。汪楫问老水手"沟"是什么意思？回答说是中国与外国（当指琉球）的分界。又问怎样识别这一分界，回答说靠猜测。但汪楫又补充说刚才过沟祭海，恰好是在赤尾屿外的黑水洋面举行，恐怕并非仅仅是猜测罢。这里明记赤屿以外为黑水沟，而此沟即是中国与琉球的海域分界。

（5）周煌《琉球国志略》。乾隆二十一年（1756），钦差翰林院侍讲全魁为正使，翰林院编修周煌为副使，前往琉球册封中山王尚穆。周煌归而著成《琉球国志略》凡十六卷，为明清册封使录中的集大成之作，也是研究琉球古代史的重要文书。该书卷五记琉球"环岛皆海也，海面西距黑水沟，与闽海界。福建开洋，至琉球，必经沧水过黑水，古称沧溟，溟与冥通，幽元之义。又曰：东溟，琉地。"（周煌《琉球国志略》，台湾广文书局有限公司翻印本，1968年出版）周煌这段话十分清楚地指出，中国与琉球的海域分界线就在黑水沟。由福建至琉球，必须经过绿色海域而进入黑色海域，黑水沟以西的绿色海洋为福建海域，以东的黑色海洋为琉球海域（东溟、琉地）。这种海域边界的划分法，是当日中、琉官方使节及航海家的共识，明、清册封使录中亦反复提及，这是无法窜改，也无可辩驳的历史事实。

（二）中琉两国边界划分曾获国际公认

以上所述明、清出使琉球册封使录有关中琉地方分界与海域分界的史实，并非仅仅属册封使个人的记录，而是当日国际间公认的共识。下面将援引各国史籍与图志为证。

（1）《琉球历代宝案》。该文书为琉球王国自公元1424年至1867年（即明朝成祖永乐二十二年至清朝穆宗同治六年）间历年对四周诸邻国关系档案之集成，其有关系之国家为中国、朝鲜、日本、东南亚各国及英国、法国等。查《历代宝案》，除内收明、清出使琉球册封使录有提及钓鱼岛列屿外，（《琉球历代宝案》卷四十四至四十五为明萧崇业、谢杰出使琉球录。卷四十六至四十七为夏子阳、王士祯出使琉球录。卷四十八为杜三策、杨抡出使琉球录。卷四十九为清张学礼、王垓出使琉球录。另，有关这方面的研究，参看徐玉虎《琉球历代宝案之研究》，载氏着《明代琉球王国对外关系之研究》一书，台湾学生书局印行，1982 年出版）文书未见钓鱼岛等岛屿名称。唯该文书第二集卷一一七有"福建布政司咨：移知遣发风漂台湾凤山县辖番社难夷宫城等回国"。（嘉庆二十年五月初七日）内中提到"查得台湾府送到琉球漂风难番宫城等七名，又浙江临海县送到琉球漂风难番久场岛等九名"。但此中之"宫城"与"久场岛"皆为人名，而非地名，与日本人声称拥有"尖阁群岛"中之"久场岛"（即日本人所谓"黄尾礁"）完全无关。可见从《琉球历代宝案》看，古代琉球王国与钓鱼岛列屿无丝毫之领土关系，其关于钓鱼岛的知识，完全得自明、清出使琉球册封使录。事实上，也就等于接受了明、清册封使录中有关中、琉两国地方分界和海域分界的观点。（如《琉球历代宝案》第一集卷二十录琉球国中山王尚丰致福建等处承宣布政使司咨文云："照得琉球世守东隅，休戚相关，毗连福建，壤绵一脉，天造地设，界水分遥"这里所说的"天造地设"的"界水"，即是黑水沟，或曰由沧水入溟水之黑水洋）

（2）《球阳》。该书为琉球国中山王府第一部编年史，初编由 1729 年至 1745 年完成，为琉球大学者蔡温领衔执笔。全书二十二卷，另有附卷三，为补前二十二卷之遗漏者。通读《球阳》全书，并无一处提及钓鱼岛列屿名称。内中所记久米岛、宫古、八重山，甚至最南端之与那国岛事甚多，唯独没有记载钓鱼岛等岛屿的名称，即使是琉球派遣前往福建的封贡船，来回之间的记录也没有提到钓鱼岛等岛屿，可见琉球人对钓鱼岛列屿根本无清楚明确之概念。相对来说，他们对久米岛及宫古、八重山岛却十分熟悉，由此足以证明，徐葆光《中山传信录》所记姑米山为"琉球西南方界上镇山"（卷一）；八重山为"琉球极西南属界"（卷四），是与琉球国正史《球阳》所载相符的。

（3）《中山世鉴》。是书为琉球国第一部正史，1650年由琉球国相向象贤监修。该书全文转录陈侃《使琉球录》所记钓鱼岛列屿内容，对陈录中"见古米山，乃属琉球者"这一中、琉地方分界之语亦未提出异议，可见亦接受琉球领地止于古米山的地方分界观点。

（4）《指南广义》。该书为琉球大学者、紫金大夫程顺则所撰（1708），内中记"福州往琉球"针路，与明、清册封使录相同，亦称钓鱼岛、黄尾屿、赤尾屿。尤其值得重视的是，该书附图中，将钓鱼岛、黄尾屿、赤尾屿连为一体，与古米山之间成一明显的分界线，这幅附图，实际上成为陈侃"见古米山，乃属琉球者"及郭汝霖"赤屿者，界琉球地方山也"的最佳注释，同时也是徐葆光"针路图"及林子平"琉球三省并三十六岛之图"之蓝本。

以上史籍足可证明，明、清册封使录所记中、琉两国的地方分界，是当日中、琉两国的官方及学者间的共识。以下所举当日各国绘制的地图，更是中、琉两国当日地方分界与海域分界的铁证。

（1）冲绳县岛尻博物馆藏古《琉球全图》（年代待考），其西北边界为安根呢（即今粟国岛），西南边界为姑米山，极西南边界为八重山群岛之一的由那姑呢（即与那国岛）。

（2）幕府撰元禄国绘图之《琉球图》（1702），共三幅，所标琉球国西南边界为久米岛，极西南边界为八重山群岛之与那国岛。

（3）徐葆光《中山传信录》（1719）附"琉球三十六岛图"，与前述两幅"琉球图"完全一致，标明姑米山为"琉球西南方界上镇山"；八重山为"琉球极西南属界"。

（4）琉球大学者蔡温增订《中山世谱》（1725）附"琉球舆图"，所绘琉球国西南边界为姑米山，极西南边界为八重山群岛之由那姑尼山，与徐葆光《中山传信录》完全相合。

（5）日本史地学家新井白石撰《南岛志》（1719）所绘琉球国全图，亦以最西南端的与那国岛和西南端的久米岛为琉球国边界。并不包括钓鱼岛列屿。

（6）日本史地学家林子平撰《三国通览图说》（1785）附"琉球三省并三十六岛之图"，所绘琉球国西南边界为姑米山，极西南边界为八重山群岛，并在旁加注"以上八岛八重山属琉球统治"。另外，在姑米山相对的西边，绘有赤尾山、黄尾山、钓鱼岛、彭佳山、花瓶屿诸岛屿，所涂颜色皆与中国之福建省、广东省、浙江省等相同之淡红色，明确标示为中国领土。

（7）日本学者高桥景保绘《日本边界略图》（1809）之琉球部分，西南边界为久米岛，极西南边界只标出八重山群岛之入表岛和石垣岛。

（8）法国出版家暨地理学家皮耶·拉比（Pierre Lapie）所绘之《东中国海沿岸各国图》（1809），将钓鱼岛、黄尾屿、赤尾屿绘成与台湾及其附属岛屿包括澎湖列岛相同的红色，而将琉球群岛绘成绿色，明显地将钓鱼岛列屿归为台湾的附属岛屿。

（9）日本大化七年（1810）春，由咏归斋主人山田联校修，温其轩藏版的《地球舆地全图》，是日本人绘制的一幅现代地图。该图的"小东洋"部分，绘有"支那海"（中国海）沿岸各岛屿，其中，福建与琉球中间南边绘有花瓶山、彭佳山、钓鱼岛、黄尾屿、赤尾屿；北边绘有里麻山、台山、鱼山、凤尾山、南杞山；明显标示为中国领地。琉球方面，西南绘以久米岛为界，极西南绘以与那国岛为界；这幅现代地图基本上是参酌林子平图而绘，表明19世纪初的日本地理学家还是清楚地将钓鱼岛列屿归为中国版图。

（10）1859年美国纽约出版的题为《柯顿的中国》（Colton's China）的现代中国地图，在钓鱼岛的位置标上"Hawaping Sun"（花瓶山或译作和平山），在黄尾屿的位置标上"Taiyu Su"（钓鱼屿），虽然位置有错，但毫无疑问，将钓鱼屿与黄尾山划归中国版图。

（11）1876年日本陆军省参谋局绘制的《大日本全图》，其中，琉球中北部诸岛部分，西南端标明以久米岛为界；琉球南部诸岛部分，极西南端以与那国岛为界。

（12）日本史地学家大槻文彦著《琉球新志》（1873）附"琉球诸岛全图"，明确地圈定琉球全岛的版图范围，中部诸岛部分西南端以姑米岛为边界，南部诸岛部分最西南端以与那国岛为界。钓鱼岛列屿并不包括在内。

（13）日本史地学家兼"接管"冲绳县的政府官员伊地知贞馨著《冲绳志》（1877）附"冲绳岛全图"，所划定的冲绳版图，西南端以久米岛为界，最西南端是以与那国岛为界。钓鱼岛列屿并不包括在内。

（14）西班牙人穆尔（J. P. Morales）所绘日本与中国的海域疆界图（1879年由巴塞罗那的曼坦纳赛门公司出版），将日本的版图圈定为北海道、本州、四国、九州及冲绳本岛，同时清楚地将钓鱼岛、黄尾屿、赤尾屿标示为中国海域辖区范围。

（三）钓鱼岛属中国而不属日本

前述史籍和图志表明，在1880年以前，从中国、琉球、日本、西洋各国的资料角度看，钓鱼岛列屿都属于中国的版图范围，也就是说，就历史而言，钓鱼岛列屿主权归属中国而不属日本。而日本政府试图通过租借钓鱼岛，从而将该岛认定为琉球领地也即是今之日本领地的行为，是没有历史与法理根据的，同时也是站不住脚的。因为从历史文献来看，琉球最早记载钓鱼岛列屿的史书《指南广义》、日本最早记载钓鱼岛列屿的史书《三国通览图说》，都明确地将钓鱼岛列屿划归中国领土版图。虽然，当时的中国宣布领有这些岛屿和海域，并不可能按现代国际法的定义，在该岛屿和海域进行立标柱与升旗的仪式；但作为钦差出使琉球册封使，本身便带有代表皇帝也即是国家查勘领土版图和宣示主权之目的，其所著《册封使录》，毫无疑问具有官方文献之性质。正因如此，它才受到中、琉、日以及国际间的重视。如界定琉球国西南边境为古米山，极西南边界为八重山的《中山传信录》，不仅被中、琉两国官方视为经典之作，而且也被国际间看做是研究琉球王国的权威著作。该书于 1722 年刊行后，日本即于 1766 年翻刻，并注上假名。

1781 年，该书又在法国巴黎被翻印出版（见宫城荣昌、高宫广卫编《冲绳历史年表》，载《冲绳历史地图》〔历史编〕第 183 页，日本东京柏书房株式会社，1983 年出版），可见其受国际间重视的程度。而法国出版家暨地理学家皮耶·拉比所绘的《东中国海沿岸各国图》，明确地将钓鱼岛、黄尾屿、赤尾屿划入中国版图，为台湾的附属岛屿，很大程度上是参考了《中山传信录》。这些历史文献难道不可以作为中国在历史上拥有钓鱼岛列屿主权的国际法依据吗？又由于《中山传信录》清楚地记载着钓鱼岛、黄尾屿、赤尾屿不在琉球王国的版图之内，而在福建往琉球途中的中国海域，"不仅为清国册封旧中山王使船所悉，且各附以命名，向为航行琉球之目标"。（编者按：此语见 1885 年 9 月 22 日时任冲绳县令西村捨三提交内务卿山县有朋的呈文。）然据国际法所承认主要取得领土的方式有"先占"这种方式，其中有发现一块土地并对外宣布占领从而取得"原始的权利"一项来看，西村在此承认中国对钓鱼岛列屿有这种"原始的权利"，而日本却不具有这种"原始的权利"。因此，当山县内务卿密令其对钓鱼岛列屿"查勘后即建立国标"时，西村表示"仍有多少顾虑"。（见1950年日本外务省编《日本外交文书》第十八卷，《杂件·版图关系杂件》）不过，必须加以辨明的是，国际法中的"先占"原理并不适合于钓鱼岛，因为"先占"原理的先决条件，是该土地必须是"无主地"，而钓鱼岛列屿自古即归中国版图，并非"无主地"。更为重要的是，中琉两国之间的领地和海域早已有清楚的界限划分，这就是"界琉球地方山"的赤尾屿和界琉球海域的黑水沟。这种疆界的划分，不仅有大量的历史文献资佐证，而且也是完全符合国际法的。论据如下。

按国际法中有关国家领土的定义："一国的领土包括在其疆界及管辖权以内的全部陆地与水域、地下与海下，以及上空。"（Oppenheim's International Law（Ninth Edition），Volume I. 572 – 573. Published1992. London and New York）所以领土包括三部分：①领陆（Territorial Land），指疆界内之陆地，地面及地下都在内；②领水（Territorial Waters），指领海（Territorial Sea）及国内水域（National Waters），前者是国家领陆沿海一带的海，后者是领陆以内不属外海的各种水域；③领空（Territorial Air），指领陆与领水的上空。

国际法中有关一国领土的界限叫做疆界（Boundary）。据奥本海（Oppenheim）所下的定义，那是"地面上的一种想象的线，使一国的领土，与另一国的领土，或无主之地或公海，得以划分。"（Oppenheim's International Law. Volume I. 661 –663）

国际法中有关一国的领土的疆界划分有如下几个标准：

（1）介于两国间的河川。

（2）介于两国间的湖泊或内海。

（3）介于两国间的山岭，通常以分水岭为界。

（4）介于两国间的海域。　　（Oppenheim's International Law. Volume I. Chapter 5. Sec. 226 – 234 "Boundaries of State Territory". 661 – 669）

根据以上国际法原理，历史上中琉两国的边界划分，适合于国际法中有关领土的疆界划分标准的第（3）项与第（4）项，即中琉两国间以赤尾屿为山岭分界，以黑水沟为海域分界。因此，钓鱼岛、黄尾屿、赤尾屿毫无疑问属中国领土的一部分，这些岛屿的附近12海里水域无疑是中国的领海。

五、从国际法看中日钓鱼岛之争

根据数据显示，自从20世纪70年代初中日钓鱼岛之争事起以来，日本声称拥有钓鱼岛主权的论据，大都出自1970年9月17日由琉球政府官方名义发表的《关于尖阁列岛的领土权声明》。之后，日本外务省根据该《声明》的精神，于1972年3月8日发表《尖阁列岛分明是日本领土》的官式见解，坚称钓鱼岛领土权归属日本。《声明》和《见解》出笼后，成为日本历次官方发言人用以与中国交涉钓鱼岛主权的依据。因此，欲明中日钓鱼岛之争，首先必须弄清楚日方的主张和论据。然而，尽管日方在申述自己的主张时提出许多理由和"证据"，但大致可归结为两点：①无主地先占法；②经纬线划分法。现将其略作分析如下。

（一）无主地先占法

日本最初提出拥有钓鱼岛领土权的理由是，该列屿在19世纪80年代之前为无人岛即无主地,然后经日本"发现"(Discovery)并划入版图。其证据有以下四点。

(1)根据日人古贺辰四郎在明治十七年(1884)前后的踏访报告,知为无人岛。

(2)次年 9 月 22 日,政府派遣"出云丸"前往实地调查,发现并无清朝管辖形迹,于是确定为"无主地"。

(3)提交阁议讨论通过,由内阁密令冲绳县知事建立国家标志。

(4)明治二十九年(1896)发布第十三号敕令,完成国内法上的编入措施,正式划入版图。

日方的四条"证据"一环扣一环,似乎颇合逻辑。但问题出在 19 世纪 80 年代以前,钓鱼岛是否属于"无主地"。因为要适合国际法上的"先占"原则,必须是"无主地"。而国际法定义的"无主地",是指尚未被人以国家名义占有的土地。无人岛不等于无主地;无主地不必是无人岛,如有土著居住,而为国际社会尚未承认为国家者,一样视为无主地。日方在此把钓鱼岛定义为"无主地",其一是将无人岛等同于"无主地";其二是"发现并无清朝管辖的形迹"(即建立国家标志如地界之类)。

针对日方的"无主地"定义,中方可提出三点反驳,其证据有以下三点。

(1)钓鱼岛为中国人最早发现、命名和使用(见 1403 年前后成书的《顺风相送》),这已构成国际法上的"原始权利"(Inchoate title)。

(2)钓鱼岛早在明代已划入中国行政管制区域,归福建省管辖(见 1562 年出版的《筹海图编》),这已适合国际法中关于海岸国的主权是一种"管制"(Control)的定义,即已构成对钓鱼岛的领有主权。

(3)中国对钓鱼岛的领土权在 19 世纪 80 年代以前已被国际公认,有日本、法国、英国、美国、西班牙等国家出版的地图为证。

根据以上三条理由，日方的"无主地"定义不能成立。

（二）经纬线划分法

日本提出拥有钓鱼岛领土权的另一理由是，该列屿在日本的经纬度内。其证据是美国琉球民政府于 1953 年 12 月 25 日发布的《琉球列岛的地理境界》（即二十七号命令），所划定的范围包括从北纬 24 度至 28 度；东经 122 度至 133 度之内的琉球群岛，而钓鱼岛、黄尾屿、赤尾屿正好在琉球地界的经纬度内。因此，钓鱼岛无疑属日本领土不可分割的部分。

查日方的经纬线划分法，是根据国际法及国际间有关两国边界划分的惯例，一般有四条标准。

（1）地文疆界，一般以自然地理实体作划界标准。

（2）天文疆界，界线与地图经纬线吻合。

（3）几何疆界，指从边界在线某一固定点到另一固定点划一直线为界。

（4）人类地理疆界，如民族疆界依民族分布划分，宗教疆界按居民宗教信仰区确认，强权疆界由战争和实力确定等。

根据以上四条标准，日方的论据适合第（2）项天文疆界；第（3）项几何疆界的划分法，即先划定经纬度范围，然后用几何法切割之。这种划分法似乎也适合国际间的某些标准，但它忽视了最重要的一条，即第（1）项地文疆界法，这条疆界划分法乃是根据地理上的统一和历史上的形成作为基准。另外，根据《奥本海国际法》，这种天文疆界和几何疆界的划分法，只适用于菲律宾、印度尼西亚、斐济和巴哈马等几个远洋群岛国，并且有一定的限制条件，即按这种划分法划入"群岛基线"内的"这种岛屿、水域和其他自然地形在本质上构成一个地理、经济和政治的实体，或在历史上已被视为这种实体"，也即是"地理上的统一以及政治上完整"（参见《奥本海国际法》第一卷第二分册，第五章第九节"群岛和群岛国"），可见它对钓鱼岛列屿是完全不适用的。相反，从"地理上的统一"来看，钓鱼岛列屿属中国大陆地的自然延伸；从"政治上完整"来看，该列屿从明代起便被划入中国的行政管制区域，隶属福建省的版图。据此，中方对日方的经纬线划分法可提出四点反驳。

（1）中琉两国边境早有地方分界，从中国方面看，地界是赤尾屿；从琉球方面看，地界是古米山（见陈侃、郭汝霖的《使琉球录》）。

（2）位于赤尾屿和古米山之间，水深达 2700 米的东海海槽，即是中琉两国自然形成的边境分界（见汪楫《使琉球杂录》）。

（3）从地理、地质构造来看，钓鱼岛在东中国浅海大陆架上，与隔着东海海槽的琉球列岛自然分离。钓鱼岛列屿属台湾北部大屯山火山带，琉球列岛则属于雾岛火山带。钓鱼岛不属于琉球领土范围。

（4）旧琉球王国的官方历史文献从来没有将钓鱼岛列屿划入领土版图，明治初期琉球废藩置县时划定的冲绳版图经纬度内，亦不包括钓鱼岛列屿；迟至 20 世纪 70 年代初，日本官方才解释为包括钓鱼岛列屿。

根据以上四点理由，日方按经纬线划分法将钓鱼岛列屿划入版图，在国际法上无法律效力。如将中日两方论据综合起来分析，日方的"无主地先占法"已不能成立，日本官方近年以来的声明亦不再强调。被他们反复强调的是"经纬线划分法"，即坚称钓鱼岛列屿是日本领土不可分割的一部分；而事实上钓鱼岛列屿是在 1953 年美国琉球民政府划定的经纬线内，并且在其有效控制之下。对此，中方必须从历史文献、地理和地质构造以及国际法理的整体分析，方能有效推翻日方的"经纬线划分法"，赢得国际舆论的支持。就目前的国际法标准来看，中方对钓鱼岛拥有两项权利是无可剥夺的。

（1）因发现、命名、使用而取得的"原始权利"（inchoate title）。

（2）根据《大陆架公约》第二条规定："海岸国有行使发掘大陆架与利用其天然资源之主权权利（sovereign rights）"而取得的"主权权利"。

以上两项权利已构成对日方所持"经纬线划分法"的本质性否定。

六、结论

大量历史文献表明，最早发现、命名和使用钓鱼岛列屿的是中国人，而不是琉球人或日本人。钓鱼岛列屿并不属于"旧琉球王朝的势力所及范围"。相反，该列屿在明朝便被纳入中国的行政管制区域。1951 年的《旧金山和约》根本没有涉及钓鱼岛列屿的主权问题。1953 年美国托管当局（即"琉球民政府"）将钓鱼岛列屿划入琉球列岛地理境界的经纬度内，这是美国琉球民政府单方面的作为，它不具有国际法的效力。美国托管当局于 1972 年将琉球群岛（包括钓鱼岛列屿）一并交还给日本时，也强调该当局只是按《旧金山和约》规定交还行政、立法、司法等管辖权，并未涉及领土主权。至于声称拥有钓鱼岛列屿主权的日本，如按《旧金山和约》规定，必须有足够充分的证据证明该列屿自古以来即属于"旧琉球王朝的势力所及范围"；否则，日本声称拥有该列屿主权在国际法上不能成立。相反，作为钓鱼岛列屿真正主人的中国，却有大量的文献资料足资佐证钓鱼岛列屿不属"旧琉球王朝的势力所及范围"，而属旧中国王朝的势力所及范围。在这些文献资料里，其中最有力的一份证据便是明朝嘉靖四十一年（1562）初刻的《筹海图编》卷一《沿海山沙图》之"福七"、"福八"（即福建沿海山沙图）两图，该图将钓鱼屿、黄尾屿、赤尾屿划入福建沿海的军事防卫区域，纳入中国防倭抗倭军事指挥部（总督府）的行政管制范围。

在日本方面，1785 年林子平所绘《琉球三省并三十六岛之图》，亦明确标示钓鱼岛列屿属于中国的领土，而不属于琉球的版图。此外，18、19 世纪欧美出版的大量世界地图及航海图，涉及钓鱼岛列屿部分皆用中国命名，并将该列屿标示为中国领土。

上述地图就是钓鱼岛列屿不属"旧琉球王朝的势力所及范围"，而属于旧中国王朝势力所及范围的铁证。

上　编

从中日史籍看钓鱼岛
列屿的主权归属

第一章 《顺风相送》所记钓鱼岛列屿史实考释

一

现存最早记载钓鱼岛列屿岛名的史籍，当推珍藏于英国牛津大学波德林图书馆（Bodleian Library）的《顺风相送》一书（图1－1）。该书系誊写本，每页9行，每行24字，封底有拉丁文题记，言该书为牛津大学校长劳德大主教（Guil Laud）于1639年所赠。据云劳德曾收购到欧洲一所耶稣会大学之藏书，内有中文书籍多种，《顺风相送》即其中之一。该书之流传欧洲，应是16世纪在中国传教之耶稣会教士购带而来，随后辗转流传至英伦牛津大学。

据考《顺风相送》成书之年，最早不能超过明永乐元年（1403）。因为根据该书"序"之末节云："永乐元年，奉差前往西洋等国开诏，累次校正针路，牵星图样，海屿水势山形图画一本山为微薄。"知该书所记始于永乐元年，又因封底有1639年劳德的赠书题记，知最晚不能迟于明崇祯十二年（1639）[①]。

据前引"序"中有"累次校正针路"之语，知《顺风相送》一书乃为明代使臣往（东）西洋各国开诏时查勘航线、校正针路而作。是书"福建

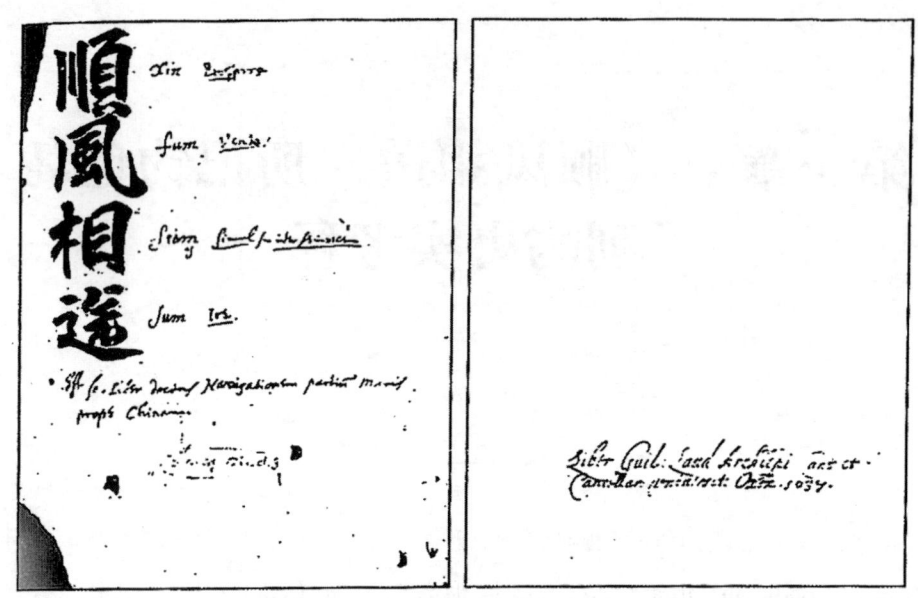

图 1-1 《顺风相送》明抄本封面、封底

往琉球"条记钓鱼岛列屿事云：

"大武放洋，用甲寅针七更船，取乌坵。用甲寅并甲卯针。正南，东墙开洋，用乙辰，取小琉球头。又用乙辰，取木山。北风，东涌开洋，用甲卯，取彭家山。用甲卯及单卯取钓鱼屿。南风，东涌放洋，用乙辰针，取小琉球头，至彭家，花瓶屿在内。正南风，梅花开洋，用乙辰，取小琉球；用单乙，取钓鱼屿南边；用卯针，取赤坎屿；用艮针，取枯美山；南风，用单辰四更，看好风；单甲十一更，取古巴山（即马齿山、是麻山）、赤屿；用甲卯针，取琉球国为妙。"[②]（图 1-2、图 1-3）

上录不仅是目前世界上所存最早记载钓鱼屿属中国海域范围及中国海船活动之领域的文字，同时也是较详细地记载由福建往琉球航线上的各岛屿名称、航向（针位）、里程（更）的珍贵文献。由于该文献涉及许多明代航海

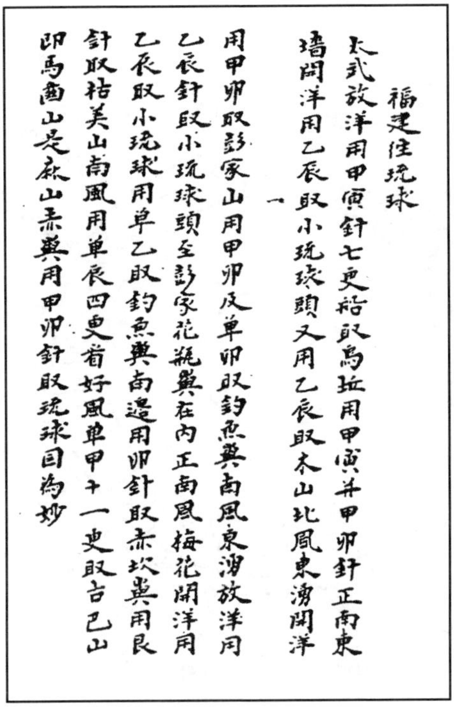
福建往琉球
太武放洋用甲寅針七更船取烏坵用甲寅并甲卯針正南東
墻開洋用乙辰取小琉球頭又用乙辰取木山北風東湧開洋
用甲卯取彭家山用甲卯及單卯取釣魚嶼南風東湧放洋用
乙辰針取小琉球頭至彭家花瓶嶼在內正南風梅花開洋用
乙辰取小琉球用單乙取釣魚嶼南邊用卯針取赤坎嶼用艮
針取枯美山南風用單辰四更看好風單甲十一更取古巴山
即馬齒山是麻山赤嶼用甲卯針取琉球國為妙

图 1-2　《顺风相送》内页影印本

术语和专业名词以及中国与琉球的岛屿名称，因此要准确地理解该文文意有一定的困难。近年出版的有关钓鱼岛列屿的论著和文章，提到或引用《顺风相送》这段文字者不少，但真正解通者至今未见，且往往产生误解者亦复不少。鉴于该文献对我们了解钓鱼岛列屿的主权归属极有帮助，笔者不揣浅陋，试将该文史实略作考释如下。

通观全文，结合前引“序”中“累次校正针路”之语，知这篇文献是对福建往琉球的航线作多次查勘的航海记录，据笔者所考，前后共有五次，最后一次（即第五次）则为直航至琉球国那霸港的记录。

1. 太武放洋[③]，用甲寅针[④]七更船[⑤]，取乌坵[⑥]，用甲寅并甲卯针。

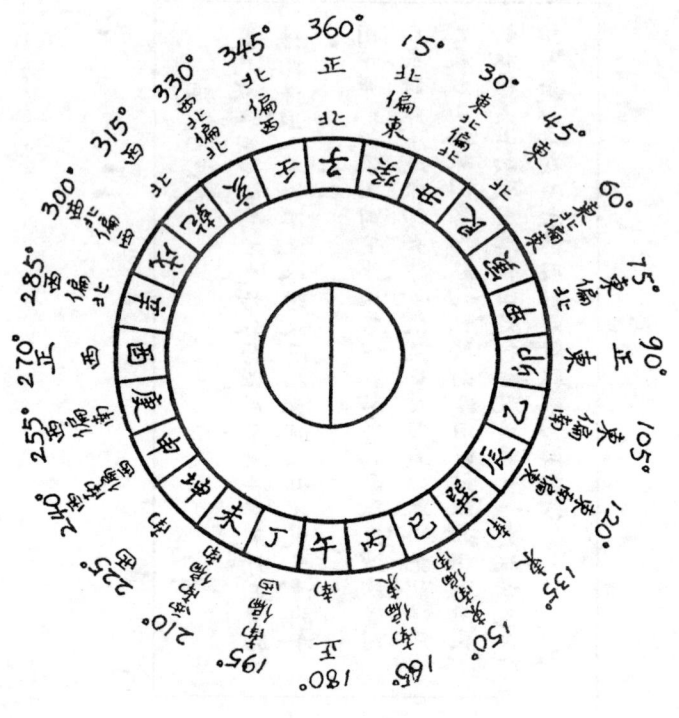

图1-3 针位图

2. 正南，东墙开洋[7]，用乙辰，取小琉球头[8]；又用乙辰，取木山[9]。

3. 北风[10]，东涌开洋[11]，用甲卯，取彭家山[12]，用甲卯及单卯取钓鱼屿[13]。

4. 南风，东涌放洋，用乙辰针，取小琉球头，至彭家[14]，花瓶屿在内[15]。

5. 正南风，梅花开洋[16]，用乙辰，取小琉球[17]；用单乙，取钓鱼屿南边；用卯针，取赤坎屿[18]；用艮针，取枯美山[19]；南风，用单辰四更，看好风[20]；单甲十一更，取古巴山（即马齿山、是麻山）[21]、赤屿[22]；用甲卯针，取琉球国为妙。

兹将以上五次航海查勘记录解释如下。

1. 海船从福建九龙江口外镇海角的太武^㉓山下启碇出海，航向用东北偏东（67.5度），航行十七时半，约四百二十里，船至乌坵屿。海船从乌坵屿继续航行，航向初不变，随后改用东微偏北（82.5度）。

2. 海船从福建湄洲湾的湄洲岛启航，正南风，航向用东南偏东（112.5度），船至台湾北端之基隆屿。如航向不变，由基隆屿继续航行则到达琉球先岛群岛的八重山。

3. 海船从福建三沙湾外东南方之东引山下启航，偏北风，航向用东微偏北（82.5度），航至彭佳屿。由彭佳屿继续航行，航向由东微偏北转正东（90度），即航至钓鱼岛。

4. 东南风，海船从东引山下启航，航向用东南偏东（112.5度），航至基隆屿，由基隆屿继续航行，航向不变，船至彭佳屿，途中经过花瓶屿。

5. 海船从福建闽江口外梅花所启航，航向东南偏东（112.5度），航至基隆屿，航向转东偏南（105度），海船从钓鱼岛南边洋面驶过，航向改用正东（90度），继续航行至赤尾屿，航向转用东北（45度），继续航行至久米岛。海船经久米岛中转停留后继续航行，东南风，航向用东南微偏东（120度），航行九时半，约二百四十里，迷失方向，辨认风向后，航向改用东偏北（75度），继续航行二十六时，约六百六十里，抵达久场岛（即马齿山属岛姑巴甚麻山），然后继续航行至阿嘉岛。航向改用东微偏北（82.5度），海船即顺利抵达琉球国那霸港。

从以上五次航海查勘记录看来，前四次皆为校勘福建海域范围各岛屿针路，目的是要寻找正确通往琉球那霸港的航路。其中第一次只是从厦门到乌坵屿（福州的半途），属福建沿海航行。第三次航程较远，到达钓鱼岛，属福建近海航行。据上可知，明代初期我国海船活动之领域，包括太武山、乌坵、东涌、东墙、小琉球头、彭家山、钓鱼岛等，皆在福建海域的范围之内，且以东涌为中心（稍后移至梅花所），至钓鱼岛各岛屿，皆有针路可达。最后一次是由梅花所直航那霸港，沿途所记各岛屿的名称十分清楚（包括琉球境内由枯美山至那霸途中的各小岛）。所用针位，据笔者对照海图校勘，除第二次由东墙开洋，用乙辰针取小琉球头这段略有偏差外（盖因东墙之准确地点无法考辨，故笔者疑"东墙"为"东涌"之误），其余皆准确无误。这足以证明，《顺风相送》在我国航海史上具有重要之价值。

二

在此必须加以说明，即位于琉球庆良间列岛的古巴山（亦称为古巴甚麻，即今称久场岛）、赤屿（亦称赤岛、今称阿嘉岛），常被琉球舟子（明清册封使船的引航人）误认为即是钓鱼岛列屿中的黄尾屿、赤尾屿。据史籍记载，有关这两岛屿的误称，最早见于清同治册封使赵新撰《续琉球国志略》所记道光十八年（1838）册封使林鸿年针路及同治五年赵新针路。其中林鸿年针路云："道光十八年五月初四日，五虎门放洋，得西南顺风，初六过钓鱼山、久场岛，初七取久米赤岛；初八过姑米、马齿山，酉刻湾泊那霸面；初九辰刻进那霸港……"赵新针路云："同治五年六月初九卯刻放洋，风帆未顺，十二始过久米赤岛。此后风停或转东南风、东风，十五、十六在姑米洋面周转停滞，至二十一日始自马齿山进入那霸港。"[24]

上引林鸿年针路中，在钓鱼山之后，首次出现"久场岛"和"久米赤岛"两个新名词（赵新针路沿用其称）。有些人认为"久场岛"是琉球人对黄尾屿的称呼，"久米赤岛"则是琉球人对赤尾屿的称呼。其实这是琉球舟子的误植，有史为证。琉球学家东恩纳宽惇撰《南岛风土记》云："在冲绳

渔民之间，自夙以"ユクン・クバシマ"之名著闻，ユクン是鱼岛，クバシマ是蒲葵岛之义。《指南广义》所云："出那霸港，用申针放洋，用辛酉针一更半，见古米山并'姑巴甚麻山'之'姑巴甚麻'是也。"[25]又据出身于冲绳县石垣市的乡土历史学家牧野清在《尖阁列岛小史》中说："据八重山的父老云：现在的尖阁列岛，就是前人说的イーグンクバシマ（Yikun kubashima）。这是相互关连的两个岛名，イーグン岛是鱼钓岛，クバ是久场岛，将两个岛连在一起称呼实际上是对尖阁列岛整体表述的一种习惯。"[26]这些史料皆提到在福建往琉球途中有"姑巴甚麻"。

　　从以上所引史料来看，在琉球渔民之间，早就知道有久场岛（琉球语读为クバシマ，按此读音写成汉字则为"姑巴甚麻"，也即是古巴山）的存在，并且知道该岛是在琉球册封使往来于福建与那霸之间的航线上，但具体的位置在什么地方，他们并不清楚。这点可从1885年9月22日冲绳县令提交日本内务省的呈文中获得证明。该呈文如下：

　　第三百十五号

　　呈报有关久米赤岛外二岛调查事宜

　　有关调查散布于本县和清国福州间的无人岛事宜，依先前在京本县大书记官森所接秘令，从事调查，概略如附件（省略）。久米赤岛、久场岛及鱼钓岛为古来本县所用之地方名称，要将此等接近本县所辖之久米、宫古、八重山等群岛之无人岛屿，划归冲绳县下一事，不敢有何异议，但该岛等与前时呈报之大东岛（位于本县和小笠原岛之间）地势不同，恐与《中山传信录》记载之钓鱼岛、黄尾屿、赤尾屿等属同一地方，此事不能无疑。

　　倘属同一地方，则显然不仅为清国册封旧中山王使船所悉，且各附以命名，向为航行琉球之目标。因此，欲援此次大东岛之例，着查勘后即建立国标，仍有多少顾虑。[27]

从以上引文可见，直至 1885 年，琉球人对古来本县所称的久米赤岛、久场岛及鱼钓岛是否即是清国册封琉球使船所记之赤尾屿、黄尾屿、钓鱼岛，并不清楚。因为这些岛屿皆为无人岛之故。但可以肯定，琉球人所称的久场岛（即姑巴甚麻）不是黄尾屿，该岛位于琉球境内的庆良间列岛，而不在钓鱼岛至古米山（即久米岛）之间。对此，前述《顺风相送》针路有明确的记载。《指南广义》的记载也可为佐证。该书明记：由那霸港出发，航向用辛酉针（西微偏北，285 度）一更半（三时半，约九十里），即看到久米岛和久场岛。可知久场岛距那霸港很近。而黄尾屿距那霸却在二十更（四十八小时，约一千二百里）以外（《中山传信录》之《针路图》记："自黄尾屿甲卯针十更取赤尾屿，自赤尾屿乙卯针六更取姑米山，自姑米山单卯针取马齿山、甲卯及甲寅收入。"自姑米山至那霸港通常为六更——郑注）。东恩纳宽惇将《指南广义》所称"姑巴甚麻"比定为黄尾屿，实为失察。牧野清又将"クバ岛"即久场岛置于"尖阁列岛"之中，则更属传讹。1969年 5 月 5 日，琉球政府在钓鱼岛上立的碑石"八重山尖阁群岛"下列八岛为："鱼钓岛、久场岛、大正岛、南小岛、北小岛、冲之北岩、冲之南岩、飞濑。"将钓鱼岛称为鱼钓岛，黄尾屿称为久场岛，赤尾屿称为大正岛。这样，在日本冲绳县的地图上便有两个久场岛，即"尖阁列岛"的久场岛和庆良间列岛的久场岛（有心人一眼便可看出，琉球政府有意将庆良间列岛之一的久场岛移作为钓鱼岛列屿之一的黄尾屿，从而又将它说成自古即为琉球领土的一部分，这岂不是偷梁换柱、移花接木的做法）。于是，在 1970 年讲谈社出版的冲绳地图中，又将"尖阁诸岛"之一的"久场岛"改为黄尾屿，而庆良间列岛之一的久场岛则沿用旧称（图 1-4，图 1-5）。

概括地说，《顺风相送》所说"古巴山"即是《指南广义》所记"姑巴甚麻山"，与"赤屿"同属庆良间列岛（即马齿山附属小岛）（见图 1-6），

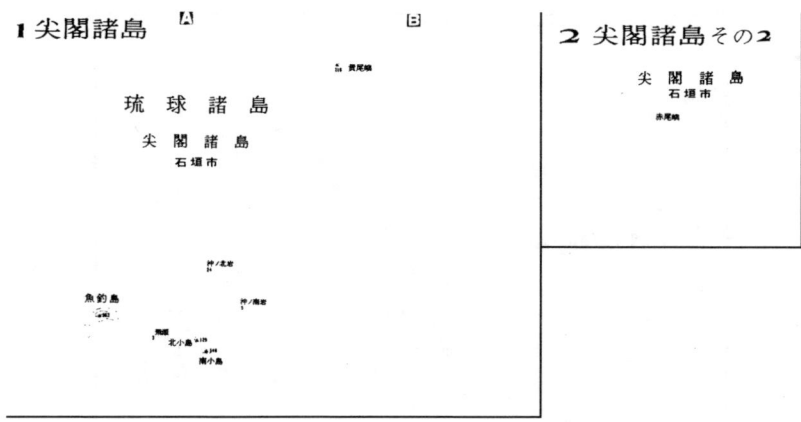

图 1-4　1970 年讲谈社版冲绳图之"尖阁诸岛"部分

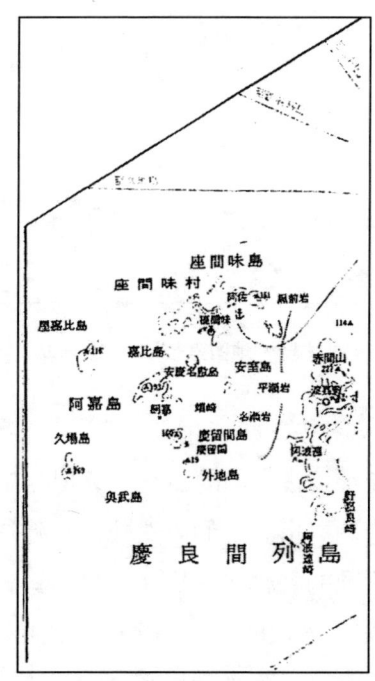

图 1-5　1970 年日本讲谈社版冲绳图之庆良间列岛部分

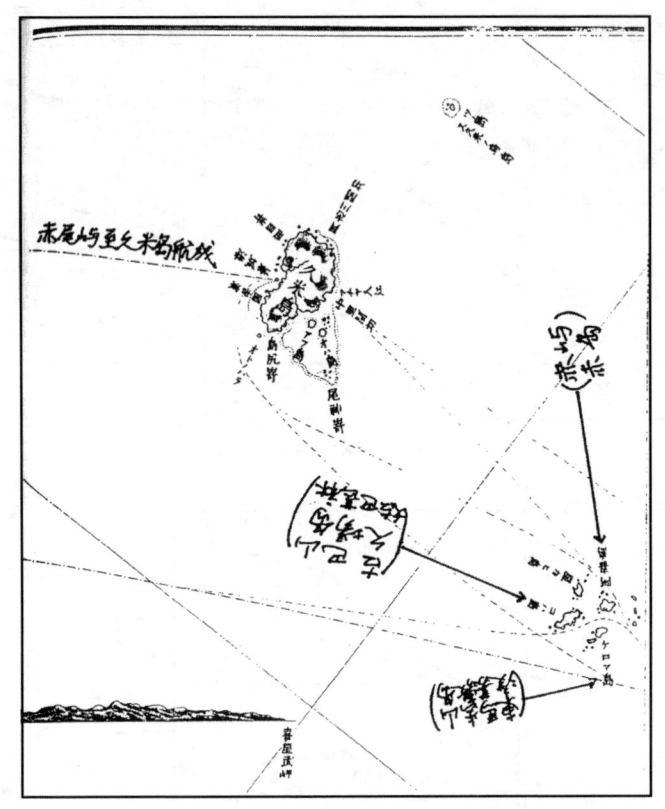

图1-6 伊地知贞馨《冲绳志》"地图第七"之"久米岛"与庆良间列岛部分

现在的冲绳地图称为"久场岛"和"阿嘉岛",在明治时代还属于无人岛,自古即为琉球辖地,且在福建往那霸的航线上,但与中国福建海域范围的钓鱼屿、黄尾屿、赤尾屿为两码事。它们虽然同在福建往那霸的航线上,但属于不同的区域,且各有不同的名称(见图1-7)。这一点,《顺风相送》一书写得十分清楚,钓鱼屿、赤坎屿(赤尾屿)为中国领海范围,以枯美山(久米岛)为分界线,继续往东航行至那霸,中经古巴山(久场岛)、赤屿

（阿嘉岛）为琉球领土范围，其间岛屿名称也出现了琉球语发音，与枯美山前的钓鱼屿、赤坎屿明显有别。这是1403年中国明朝永乐皇帝派出的使臣经多次航海查勘的结果，而《顺风相送》即为该使臣的航海报告。㉘

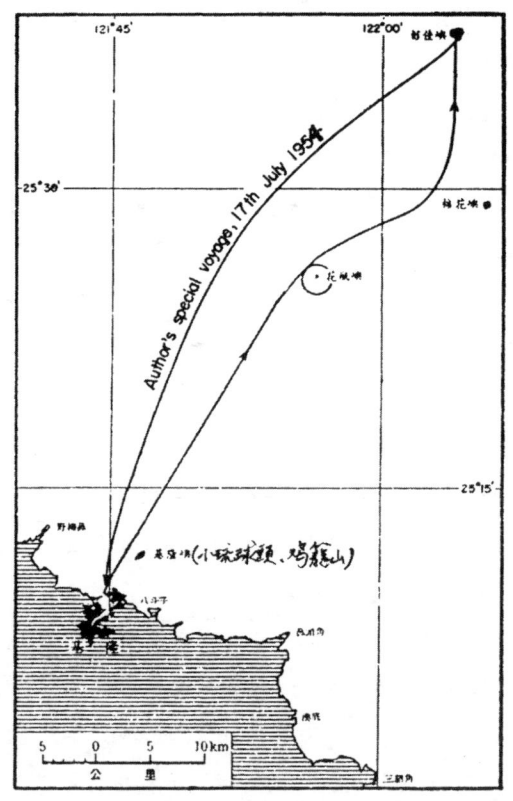

图 1-7 基隆屿（小琉球头、鸡笼山）、花瓶屿、棉花屿、彭佳屿（彭佳山、彭嘉山）位置图

注释：

① 关于《顺风相送》成书年代之考定，可参看向达《两种海道针经序言》（中华书局1961年版）；徐玉虎著《明代郑和航海图之研究》第85页（台湾学生书局1976年

版）及《明代琉球王国对外关系之研究》第 71 页（台湾学生书局 1982 年版）；吴
天颖著《甲午战前钓鱼列屿归属考——兼质日本奥原敏雄诸教授》第 25－27 页（社
会科学文献出版社 1994 年版）。

② 《顺风相送》之向达校注本，系根据牛津大学藏本抄出，与另一部航海书《指南正
法》合成一书，题为《两种海道针经》，由北京中华书局出版。另有何毓衡氏自美
国国会图书馆抄出《顺风相送》，由台湾中国文化学院海洋研究所海洋汇刊第一号
刊出（据徐玉虎前揭书）。

③ 太武，即太武山。在福建金门岛为北太武山，镇海角为南太武山，为海船启碇出航
之港口。放洋（或作开洋），指海船从某港口启碇出洋。

④ 甲寅针，系指罗盘针上的一个方位。考针位图之绘制，系根据罗盘针之方位而定。
该方位又根据我国之地支（十二支）、天干（取八干，除去居中央的戊、己不计）、
八卦（取乾、坤、艮、巽四卦，坎、离、震、兑不计），配合而成二十四向，即子
（正北 360 度）、癸（北偏东，同 15 度）、丑（东北偏北，30 度）、艮（东北，45
度）、寅（东北偏东，60 度）、甲（东偏北，75 度）、卯（正东，90 度）、乙（东偏
南，105 度）、辰（东南偏东，120 度）、巽（东南，135 度）、巳（东南偏南，150
度）、丙（南偏东，165 度）、午（正南，180 度）、丁（南偏西，195 度）、未（西
南偏南，210 度）、坤（西南，225 度）、申（西南偏西，240 度）、庚（西偏南，255
度）、酉（正西，270 度）、辛（西偏北，285 度）、戌（西北偏西，300 度）、乾
（西北，315 度）、亥（西北偏北，330 度）、壬（北偏西，345 度）。每向相隔，合圆
周 15 度。据张燮《东西洋考》卷九"舟师考"云：指南针"或单用，或指两间"。
所谓"单用"，即单针方位，如"单甲针"，即为东偏北，75 度；所谓"指两间"，
即取其两针间方位是也。如"甲寅针"，即为东北东，67.5 度。由此类推（见图 1－
3）。

⑤ 七更，更，系我国航海的计时方法，一般用沙漏，上筒沙尽，下筒沙满，其时间恰
是一昼夜十分之一，称为一更，一日二十四时为十更，每更合两小时半弱（144 分
钟），大约行程六十里。但这也不是绝对定数，要视流水顺逆、风汛急慢而定。陈伦

炯《海国闻见录》上卷"南洋记"云："以风大小顺逆较更数，每更约水程六十里，风大而顺则倍累之；潮顶风逆则减退之。"《指南正法》"定船行更数"条亦云："凡行船，先看风汛顺逆，将片柴丢下水，人走船尾，此柴片齐到，为之上更，方可为准。每更二点半约有一路，诸路针六十里，心中能明此法，定无差误。"黄叔璥《台海使槎录》卷一"水程"则云："船在大洋，风潮有顺逆，行使有迟速，水程难辨；以木片于船首投海中，人从船首速行至尾，木片与人行齐至，则更数方准。若人行至船尾而木片未至，则为下上更；或木片反先人至船尾，则为过更，皆不合更也。"可知每更约为水程六十里，只是一个大概的平均数，实际上在行船时往往根据风潮顺逆而有倍累或减退的情况。

⑥ 乌坵，即乌坵屿，亦作乌龟屿，在福建湄洲湾外湄洲岛之东，南日岛之东南，为闽海航线上之重要岛屿。《海国闻见录》上卷"天下沿海形势录"云："闽之海……外有南日、湄洲；再外乌坵、海坛。所当留意者，东北有东永，东南有乌坵。"按东永即东涌，与乌坵同为闽海屏障及开洋之所。

⑦ 东墙，地点不详。萧崇业《琉球过海图》绘有东墙山，位于梅花所与平佳山（笔架山）之间。章巽《古航海图考释》"图五十九"亦绘有东墙，位于菜屿之东。查《海国闻见录》下卷《沿海全图》之福建沿海部分绘有菜屿，其东侧为湄洲，故疑东墙即为福建湄洲湾之湄洲岛。此岛自宋以后建有妈祖祀庙，知历来皆为海船启碇出航之港口。又，《郑和航海图》绘有东墙，位于乌坵及南日岛北。

⑧ 小琉球头，或称小琉球（如陈侃《使琉球录》有"九日，隐隐见一小山，乃小琉球也"），为福建往琉球必经之望山，位于台湾北端基隆港外。据梁嘉彬《小琉球考》云："小琉球在台湾，南北皆有之，其南者位屏东县东港外西南海中，有小岛曰琉球屿。昔属凤山县，称小琉球社，今属屏东县，称琉球乡，俗称小琉球。此外在台湾北端，别有名小琉球者，为明代自福建，或广东，开往琉球，或日本船只，所必经处，与屏东小琉球迥异。明人记录称之曰'山'、'屿'不一。其地望盖指鸡笼头山也。"（载《台湾文献》第19卷第1期）向达校注《两种海道针经》（第213页）"小琉球"条云："小琉球、小琉球头以及十一画之琉球仔，当指今台湾南部西海岸

枋寮口外之琉球屿而言。"此说与梁嘉彬相左。对此，笔者曾求证于台湾师范大学历史系王家俭教授，云现今基隆港外仍有一小屿名小琉球，为旅游点。笔者近日又见1981 年台湾"内政部地政司"编绘的《中华民国台湾区地图集》之基隆市图部分，在基隆港外花瓶屿旁，有一小屿名基隆屿（Chilung Yu），即当日所称小琉球头也。知梁嘉彬、王家俭所说为确。（又，笔者于二○○六年曾由台北基隆港乘旅游船（约半小时）登基隆屿，环岛巡视，见全岛由乔木覆盖，岛中无淡水，无居民。）

⑨ 木山，当指琉球南部之八重山，又称北木山。据徐葆光《中山传信录》云："八重山，一名北木山，土名彝师加纪，又名爷马，在太平山西南四十里，去中山二千四百里。由福建台湾彭家山，用乙辰针至八重山。……山较太平尤饶裕，多樫木、黑木、黄木、赤木、草席。"又前引向达校注本"木山"条云："木山在福建海上东涌即东引附近。"查《郑和航海图》、陈伦炯《海国闻见录·沿海全图》、章巽《古航海图考释·福建地方图》，东涌附近皆无木山，不知向达之说何所据？

⑩ 此处"北风"，如用甲卯针取彭家山，当系逆风。由东涌至彭家山必须南风方可达。

⑪ 东涌，即福建三沙湾外东南方之东引山，《海国闻见录》作"东永"。

⑫ 彭家山，亦作彭佳山、彭嘉山，即今台湾北端之彭佳屿，位于东经122°至122°30′、北纬25°30′至26°之间，为福建往琉球必经之望山。

⑬ 钓鱼屿，亦作钓鱼岛、钓屿、钓鱼山，位于我国东海中部隆起地带，位于东经123°30′至123°40′、北纬25°至25°50′之间。海拔363 米，面积约4.139 平方公里。东距彭佳屿90 海里，西距琉球八重山之西表岛88 海里。

⑭ 彭家，即彭家山。

⑮ 花瓶屿，在小琉球头至彭家山之中途，位于东经25°26′、北纬121°56′处。

⑯ 梅花，即梅花千户所，简称梅花所，明时设，位于福建闽江口，为明册封使船启碇航海之港口，入清后因水浅沙积，改由五虎门外东沙岛开洋（程顺则《指南广义》云"福州往琉球，由闽安镇出五虎门，东沙外开洋"）。

⑰ 小琉球，即前述之小琉球头。又明代有称台湾为小琉球、那霸为大琉球者。明代西洋人的海图往往以 Lequio Mayor 称琉球，以 Lequio Menor 称台湾（详参中村拓《御

朱印船航海图》第471页，原书房1979年）。

⑱ 赤坎屿，即今我国东海中部隆起地带之赤尾屿，为钓鱼岛列屿之一小屿。在东经124°30′至124°40′、北纬25°50′至26°之间。海拔81米。陈侃《使琉球录》、郭汝霖《使琉球录》、郑若曾《筹海图编》、萧崇业《使琉球录》皆作"赤屿"；郑舜功《日本一鉴》、郑若曾《日本图纂》作"赤坎屿"。另，《郑开阳杂著》、《指南广义》又作"赤屿"。

⑲ 枯美山，亦作古米山、姑迷山，即今琉球之久米岛，为琉球西南边界上之主山，亦是福建往琉球必经之望山。

⑳ 此处之"看好风"，即海船在迷失方向后辨认风向以定针位（航向）。据《中山传信录》附《针路图》记，"自姑米山单卯针取马齿山"。此处用单辰，显然偏离航向，后改单甲，十一更后始达马齿山。据伊地知贞馨《冲绳志》"地理志"云："久米岛在那霸之西四十八里。"此处的"里"为海里。又据周煌《琉球国志略》卷四上"姑米山"条云："久米岛在国西四百八十里。"此为旧航海里，正常情况下六更可达。盖因枯米山下礁多水急，如遇风向不对，多迷失航向，颇费周折。陈侃《使琉球录》记，海船经古米山，遇逆风退航，又迷失针路，飘流至冲绳岛以北之伊平屋岛（熱壁山），费时十四天后始辗转抵达那霸港，萧崇业《使琉球录》记，由枯美山用乙卯针，六更取马齿山，为针路正确下顺利抵达。

㉑ 古巴山，即《指南广义》所记之"姑巴甚麻山"，亦即是今日琉球庆良间列岛之久场岛，为福建往琉球航路上之望山（由古米山至那霸中途）。《指南广义》"琉球归福州"条云："由那霸港用申针放洋，辛酉针一更半，见姑米山并姑巴甚麻山"，知该山距那霸只有一更半路程。古巴山、姑巴甚麻、姑场岛、久场岛，用琉球语发音皆作"くばしま"（Kubashima），故名称常相杂用。姚文栋《琉球地理小志》（照日本明治八年官撰地书译出）记："姑场岛在赤岛之西南三十町余，东西十五町、南北二十町，高九百十六尺。"久场岛为庆良间列岛中最高峰。查1970年日本讲谈社版《日本の文化地理》(17)附图"冲绳"之庆良间列岛中最高峰为久场岛，海拔269米。且位于赤岛（即阿嘉岛）之西南，可知姑场岛即为久场岛。另，伊地知贞

馨《冲绳志》之"地图第七"绘有"コハ島",位于"阿嘉島"之西南,按即是久场岛。但此久场岛绝非今日本政府所称"尖阁列岛"之一的久场岛(即黄尾屿),因前者在钓鱼岛与古米山之间,且海拔为118米;而后者却在古米山与那霸港之间,属庆良间列岛(即东西马齿山),海拔为269米。按东马齿山即今庆良间列岛之渡嘉敷岛(见图1-6)。

㉒ 赤屿,在古巴山东北、往西马齿山(今座间味岛)途中,亦名赤岛、阿嘉岛。因"赤"的琉球语发音为"あか"(Aka),音读即为"阿嘉"。属庆良间列岛,海拔193米。大槻文彦《琉球新志》(1873年)附图绘有赤岛,位于计罗摩岛ケラマ(即庆良间列岛);1876年日本陆军参谋局绘制的《大日本全图》亦标作"赤岛";伊地知贞馨《冲绳志》、讲谈社1970年版冲绳图皆作"阿嘉岛"。此处"赤屿"与钓鱼岛列屿之"赤屿"(即赤尾屿)因同在福建往琉球的航线上,故常被混而为一,如吴天颖《甲午战前钓鱼列屿归属考》将此"赤屿"等同于"赤坎屿"也即是"赤尾屿",实误(见吴氏书第26页)。

㉓ 此处的"太武"应指位于九龙江口外镇海角的南太武山(见《郑和航海图》)。另徐玉虎将太武山误作位于闽江口外(见徐著《明代琉球王国对外关系之研究》第70页),实则是将梅花所的地点误作太武山。前者在福州,后者在厦门,相隔二百海里。

㉔ 引自梁嘉彬著《琉球及东南诸海岛与中国》第322页(1965年3月东海大学初版),据梁氏云,此段史料系抄自美国夏威夷大学东西文化技术交换中心(文中梁氏补注衍字概删去)。

㉕ 东恩纳宽惇《南岛风土记》《冲绳·奄美大岛地名辞典》第455页,冲绳文化协会1950年3月出版。

㉖ 井上清《"尖阁"列岛——钓鱼诸岛の史的解明》,第60页,1996年10月,日本第三书馆出版。

㉗ 《日本外交文书》卷十八"杂件·版图关系杂件",1950年日本外务省编。

㉘ 本文原载加拿大《文化中国》第13期,2010年6月重新修改。

第二章 《册封使录》所记钓鱼岛列屿史实考释

一、陈侃《使琉球录》

明出使琉球州封使陈侃《使琉球录》"使事纪略"云：

嘉靖丙戌冬[①]，琉球国中山王尚真薨。越戊子[②]，世子尚清表请袭封。越甲午[③]……四月十八日，舟先发于南台[④]。南台距海百余里，大舟畏浅，必潮平而后行。五月朔，予等至厂石[⑤]，大舟亦始至。二日，祭海登舟，守、巡诸君设宴为饯。是日，北风大作，昼昏如夕。舟人皆疑，予等亦有惧心。有爱之者，劝迟迟其行。五日始发舟，不越数舍[⑥]而止，海角尚浅。至八日，出海口，方一望汪洋矣。九日，隐隐见一小山，乃小琉球[⑦]也。十日，南风甚迅，舟行如飞，然顺流而下，亦不甚动。过平嘉山[⑧]、过钓鱼屿[⑨]、过黄毛屿[⑩]、过赤屿[⑪]，目不暇接，一昼夜兼三日之程；夷舟帆小[⑫]，不能及，相失在后。十一日夕，见古米山[⑬]，乃属琉球者，夷人鼓舞于舟[⑭]，喜达于家[⑮]。夜行彻晓，风转而东，进寸退尺，失其故处。又竟一日，始至其山，有夷人驾小舠来问[⑯]，夷通事与之语而去[⑰]。十三日，风少助顺，即抵其国。奈何又转而北，逆不可行……二十五日，方达泊舟之所，名曰那霸港[⑱]。计厂石登舟，至此几一月矣。

兹将上录文意解释如下：

明嘉靖五年（1526），琉球国中山王尚真去世。二年后，其子尚清上表明廷，请求继承王位。嘉靖十三年（1534）四月十八日，册封琉球国中山王的使船从福建闽侯县的南台山启航，由于南台山距浅海百余里，大船怕遭搁浅，必须等待涨潮后才能开船。五月初一日，我等来到厂石，恰好大船亦到。次日，拜祭天妃后即登船，地方官员设宴饯行。不巧，当日北风大作，天昏地暗，水手与我等皆畏惧，有关心的人劝晚些时候再启航。至初五日才开船。然使船航行不过数十里，即遭搁浅。至初八日，出到闽江口外的洋面，方一见汪洋。初九日，隐约见一小山，是小琉球。初十日，南风劲吹，船行如飞。不过，因顺风之故，使船平稳如地。途经彭佳山、钓鱼岛、黄尾屿、赤尾屿，目不暇接，一昼夜的航程相当于以往册封使船的三日行程。琉球的接封船因风帆小，追赶不上，皆落在后头。十一日傍晚，望见古米山（久米岛），此山属琉球境界。琉球水手知道过了久米岛即抵达自己的家乡，于是高兴得手舞足蹈。夜行彻晓，由于风向转东，使船逆风而行，进寸退尺，一时之间迷失方向（盖因赤尾屿与古米山之间隔着一道黑水洋即东海海槽，古称"沟"或"郊"，当风向转东，日本海海流经过黑水洋面即波涛翻滚，使航船进退失据——郑注）。次日，又几乎航行了一日，才抵达久米岛。当地琉球人驾小船来问讯，使船上的琉球译员告知为册封船后离去。十三日，如风向转东南，即可抵达那霸港，无奈中途又刮北风，使船逆风不能前行……直至二十五日，使船才驶抵那霸港。计由厂石登船，至那霸港几乎花了近一个月的时间。

值得注意的是，陈侃所述册封使船由福建闽江口外出洋，途经台湾北端之小琉球、彭佳屿、钓鱼岛、黄尾屿、赤尾屿，为此次航行的一个阶段，这段航程，沿途所经各岛屿皆为中国海域范围，又由于这些岛屿皆位处东中国海大陆架内，较为风平浪静，不像古米山下、黑水洋面那样波涛汹涌。驶近古米山，使船即进入航程的另一阶段。在陈侃的笔下，我们清楚地理解到，他是要告诉世人，古米山为中、琉之交界，山前（西面）为中国海域，山后（东面）为琉球海域。这种疆界划分的意识，在琉球水手中亦有明确的反映，这就是他们"鼓舞于舟，喜达于家"的原因。可见在陈侃的《使录》中，中、琉之间的疆界划分是很清楚的。

二、郭汝霖《使琉球录》

明出使琉球册封使郭汝霖《使琉球录》记钓鱼岛列屿事云：

嘉靖三十四年六月[19]，琉球国中山王尚清薨。三十七年正月，世子尚元差正议大夫[20]、长史[21]等官到京，请乞袭封王爵。

越嘉靖四十年[22]……五月二十九日，至梅花[23]开洋。幸值西南风大旺，瞬目千里，长史梁炫舟在后[24]，不能及，过东涌、小琉球。三十日，过黄茅[25]。闰五月初一日，过钓鱼屿。初三日，至赤屿焉。赤屿者，界琉球地方山也[26]。再一日之风，即可望古米山矣。奈何屏翳绝驱，纤尘不动，潮平浪静，海洋大观，真奇绝也。舟不能行，住三日。初六日午刻，得风乃行，见土纳己山[27]。时东南风旺，用舵者欲力驾而东。至申刻，乃见小古米山[28]。夷人望见船来，即驾小艒来迎……初七日未刻，望见王城那霸港焉。然东风为多，相隔仅五十里，不能辄近。初九日辰刻，遂达岸焉。

兹将上录文意解释如下：

嘉靖三十四年（1555）六月，琉球国中山王尚清去世。三十七年（1558）正月，世子尚元派遣正议大夫、长史等官到京，请求袭封王位。

嘉靖四十年（1561）……五月二十九日，册封使船从福建闽江口的梅花所起航，正好西南风劲吹，使船乘风如飞，琉球国长史梁炫所乘的接封船追赶不上，落在后头。使船经福建三沙湾外的东引山，随即航至台湾北端的基隆屿。三十日，使船经黄茅（疑为彭佳屿之误——郑注）。闰五月初一日，又经钓鱼屿。初三日，使船来到赤尾屿。赤尾屿即是中国与琉球分界的地方山。如风向不变，再航行一日，便可望见久米岛了。无奈风平浪静，水波不兴，万里洋面有如平地。使船不能航行，在赤尾屿洋面停留了三日。至初六日中午，得风乃行。见到久米岛以北的渡名喜岛。当时正值东南风劲吹，水手努力将使船朝东（那霸港方向）行驶，到黄昏时刻，使船来到久米岛外靠近久场岛和座间味岛的奥武岛。琉球人见有使船到来，便驾小艇前来迎航……初七日下午时分，已望见琉球首都那霸港。然而，东风甚劲，相隔虽只有五十里，使船不能靠近。直至初九日早晨时分，使船才得靠岸。

值得注意的是，郭汝霖清楚地说出了"赤屿者，界琉球地方山也"这句具有明确的边界划分与领土意识的话。中琉之间以赤尾屿为分界线，以东为琉球海域，以西为中国领土。这与陈侃《使录》中所云"古米山，乃属琉球者"的领土划分意识是相一致的。古米山在赤尾屿以东，两屿之间隔着一道深达2700米的东海海槽。这道海槽因水深之故，洋面呈黑色，与赤尾屿以西的蓝色海洋形成鲜明的对比。自明代以来，中琉之间便以黑水洋为分界线。在福建往琉球的途中，以赤尾屿为界，在此以西沿途皆为东中国海的浅海大陆架，洋面呈蓝色，故又称"清水"或"沧水"，其中隆起的岛屿皆属中国领土版图，因为这些海域向来为中国船舶活动之场所。但过了赤尾屿，洋面呈深黑色，则知进入琉球海域范围，黑水洋对面的久米岛（古米山）则属于琉球的领土版图。只有这样解释，才能清楚地理解郭汝霖"赤屿者，界琉球地方山也"的含义；同时，也只有这样解释，才能准确地理解陈侃"古米山，乃属琉球者"的含义。在陈侃与郭汝霖的《使录》中，当时，中、琉两国之间的边境分界的意识是十分清楚明白的。

在中琉航线上，两国领土边界的划分，不但以山为界，同时也以水为界，这点在陈侃、郭汝霖以及日后的夏子阳、汪楫、徐葆光的记录中都有清楚的反映。从陈、郭的《使录》大致可以看出，由福建往琉球，途中往往以山为记。如东南风顺，由小琉球头经彭佳山、钓鱼岛、黄尾屿、赤尾屿，沿途各岛屿皆可见到（但经钓鱼岛后，如风力过强，又用卯针即正东指向，将直取赤尾屿而见不到黄尾屿，《顺风相送》与郭汝霖《使录》所记皆如是）。但过了赤尾屿即进入琉球海域之后，由于受到日本海海流的影响，航程往往出现许多波折，顺利情况下是取古米山往那霸（航程一日可达）；如遇风向不对，使船往往漂至古米山以北（郭汝霖漂到渡名喜岛，陈侃漂到伊平屋岛），费时十日半月始辗转抵达那霸港。因此，册封使船的航程，往往以赤尾屿为分界线，在此之前为东中国海内大陆架上的浅海航行，往往十分顺利，费日无多（陈侃启航至赤尾屿仅三日，郭汝霖为五日）。但过了赤尾屿，航程则进入另一阶段。本来，由赤尾屿至那霸港，顺利的情况下只有不到两日的航程（赤尾屿至久米岛为五更程，久米岛至马齿山为六更程），但由于这段航程为深海航行，又受黑水潮的影响，因此颇费周折，所以册封使将这段航程看作是在琉球海域内的航行。

关于中、琉之间的这种海域划分，《使录》也有明确的记载。如郭汝霖《使录》记由那霸港回航福建途中，因使船遭飓风袭击，舵折，任其漂流，"至二十六，许严等来报曰：'渐有清水，中国山将可望乎？'二十七日，果见宁波山"。由此可见，册封使船在海上迷失方向，无山可望时，是以水为标记的，如见有清水，则知进入中国海域，不久将可望见中国的岛屿。类似这样的记载，在夏子阳等的《使录》中亦有所反映（详后）。

三、萧崇业《使琉球录》

明万历七年（1579），钦差正使户科左给事中萧崇业、副使行人谢杰前往琉球中山国敕封国王尚永。

萧崇业《使琉球录》虽未记钓鱼岛列屿事，但该《使录》卷前有《琉球过海图》，前后相连共七幅，记有自厂石梅花头（所）至那霸港入琉球城天使馆的针路、更数甚详。兹将其抄录如下：

梅花头，正南风，东沙山[29]，用单辰针六更船；又用辰巽针二更，取小琉球头；乙卯针四更船，彭佳山；单卯针十一更船，取钓鱼屿；又用乙卯针四更船，取黄尾屿；又用卯针五更船，取赤屿；用单卯针五更船，取粘米山[30]；又乙卯针六更船，取马齿山[31]直到琉球大吉。

现将上录文意解释如下：

册封使船从福建闽江口外梅花所启航，风向正南，航行至东沙岛。从东沙岛继续航行，航向用东南偏东（120度），航行十五时，约三百六十里，航向改用东南微偏东（127.5度），继续航行五时，约一百二十里，使船抵达台湾北端的基隆屿。由基隆屿继续航行，航向改用东微偏南（97.5度），航行九时半，约二百四十里，抵达彭佳屿。由彭佳屿继续航行，航向改用正东（90度），航行二十六时半，约六百六十里，抵钓鱼屿。由钓鱼屿继续航行，航向用东微偏南（97.5度），航行九时半，约二百四十里，抵达黄尾屿；由黄尾屿继续航行，航向改用正东（90度），航行十二时，约三百里，抵赤尾屿。由赤尾屿继续航行，航向不变，航行十二时，约三百里，抵达粘米山。由久米岛继续航行，航向改用东微偏南（97.5度），航行十四时半，约三百六十里，抵达庆良间列岛之后，则直航到达那霸港。

　　萧崇业所记由梅花所至琉球的针路、更数，皆为正常情况下所需的航程，尤其是从古米山经马齿山入琉球这段，只用了六更船程。值得注意的是，过海图所记钓鱼岛列屿各岛屿名称十分明白清楚，航向与更数亦颇准确，与实际距离相吻合，足以证明朝使臣对钓鱼岛列屿的地理概念极为熟悉。

四、夏子阳《使琉球录》

　　夏子阳《使琉球录》"使事记"云：

　　万历二十有八年正月㉜，琉球国中山王世子尚宁遣长史等官表请袭封，距其故中山王尚永之薨已十二年矣。

　　丙午三月㉝，船工告竣，遂卜以五月初四日启行。十四日，藩司㉞吴君至；十七日，同抵厂石。封舟重大，内河水浅，兼值北风，难行。十九日，行谕祭海神礼，吴君同与焉。次日，别吴君登舟，已而抵梅花所。

　　二十四日黎明，开洋。南风迅发，一望汪洋，渺渺连天……二十六日，过平佳山㉟、花瓶屿。二十七日午后，过钓鱼屿。次日，过黄尾屿。是夜，风急浪狂，舵牙连折。连日所过水皆深黑色㊱，宛如浊沟积水，或又如靛色；忆前《使录补遗》㊲称"去由沧水入黑水"，信哉言矣！二十九日，望见粘米山㊳，夷人喜甚，以为渐达其家。午后，有小艕乘风忽忽而来；问之，为粘米山头目，望余舟而迎者。三十日，过土那奇山㊴，复有一小夷舟来迓，即令导引前行。午后，望见琉球山㊵，殊为欢慰。次日，始达那霸港。

　　兹将上录文意解释如下：

　　明万历二十八年（1600）正月，琉球国中山王世子尚宁派遣长史等官入明，上表请求册封，继承其父王位。时距其父中山王尚永去世已有十二年了。

三月，册封使船建造完工。于是择以五月初四日启航。五月十四日，福建布政使吴君前来。十七日，与吴君同抵闽江口内之南台山。因内河水浅，使船既重且大，兼台北风，不利启航。十九日，与吴君同往天妃庙行祭海仪式。次日，与吴君话别，登舟，不久，使船抵达梅花所。

二十四日黎明，使船由梅花所启航，南风劲吹，船行如飞，水天一色，一望无际……二十六日，使船经过彭佳屿、花瓶屿。二十七日午后，航经钓鱼屿。次日，过黄尾屿。当晚，风急浪涌，船舵毁坏。出黄尾屿后，使船经过之处海水皆呈深黑色，有如污沟积水，或者又像深蓝黑靛，令人想起前册封副使谢杰《〈琉球录〉撮要补遗》记载："去由沧水入黑水"之语，深信不疑。二十九日，望见粘米山。琉球水手欢欣鼓舞，知道离家乡不远了。下午，海面有小艇乘风划来，询问之下，知为粘米山天使馆的住持人，望见册封使船而前来迎接。三十日，使船经过土那奇山，又有一琉球小船来迎，即令其导引前行。下午，琉球本岛遥遥在望，深觉欢慰。次日，使船方抵达那霸港。

值得注意的是，册封使船经过黄尾屿后，"连日所过水皆深黑色"，即进入黑水洋。而这个黑水洋，是在"望见粘米山"之前，接着，《使录》又引前使谢杰"去由沧水入黑水"之语，借以证实自己所见，同时表达中、琉之间海域分界的意识。另外，《使录》提到"望见粘米山，夷人喜甚，以为渐达其家"，是连接"连日所过水皆深黑色"而言的。如果黑水洋是中、琉之间的海域分界，那么，粘米山（久米岛）则为中、琉之间的地方分界。只有到达久米岛，才算进入琉球国境界，于是琉球水手知道离家乡不远了，高兴得载歌载舞。

附　夏子阳《使琉球录》之《琉球过海图》
所记针路考释

梅花头开洋，过白犬屿[①]，又取东沙屿[②]。丁上风[③]，用辰巽针八更船，取小琉球山[④]；未上风，乙卯针二更船，取鸡笼[⑤]；申酉上风，甲卯针四更船，取彭佳山；亥上风，用乙卯针三更船；未上风，用乙卯针三更船，取花瓶屿；丁未上风，用乙卯针四更船，取钓鱼屿；丙午上风，用乙卯针四更船，取黄尾屿；丙上风，用乙卯针七更船；丁上风，用辰巽针一更船，取粘米山；又辰巽针六更船，取土那奇、翁居里山[⑥]；又辰巽针一更，取马齿山，直到琉球那霸港大吉。

兹将该针路解释如下：

册封使船从福建闽江口梅花所启航，经白犬屿，航抵东沙岛。时风向为南微偏西，航向用 127.5 度，航行十九时，约四百八十里，船抵小琉球山。时风向为南偏西，航向用 97.5 度，使船从小琉球山继续航行五时，约一百二十里，船取基隆屿。时风向转为西南，航向取 82.5 度，继续航行九时半，约二百四十里，船抵彭佳屿。时风向转为西北，航向取 97.5 度，使船由彭佳屿继续航行七时半，约一百八十里，风向转为西南，航向不变，继续航行七时半，约一百八十里，航至花瓶屿（此处花瓶屿疑与彭佳屿调错位——郑注）。从花瓶屿继续航行，时风向为南偏西，航向不变，航行九时半，约二百四十里，船抵钓鱼屿。从钓鱼屿继续航行，时风向为南微偏东，航向不变，航行九时半，约二百四十里，船抵黄尾屿。从黄尾屿继续航行，时风向为南偏东，航向不变，航行十七时，约四百二十里。风向转为南偏西，航向改用 127.5 度，继续航行二时半，约六十里，船抵久米岛。从久米岛继续航

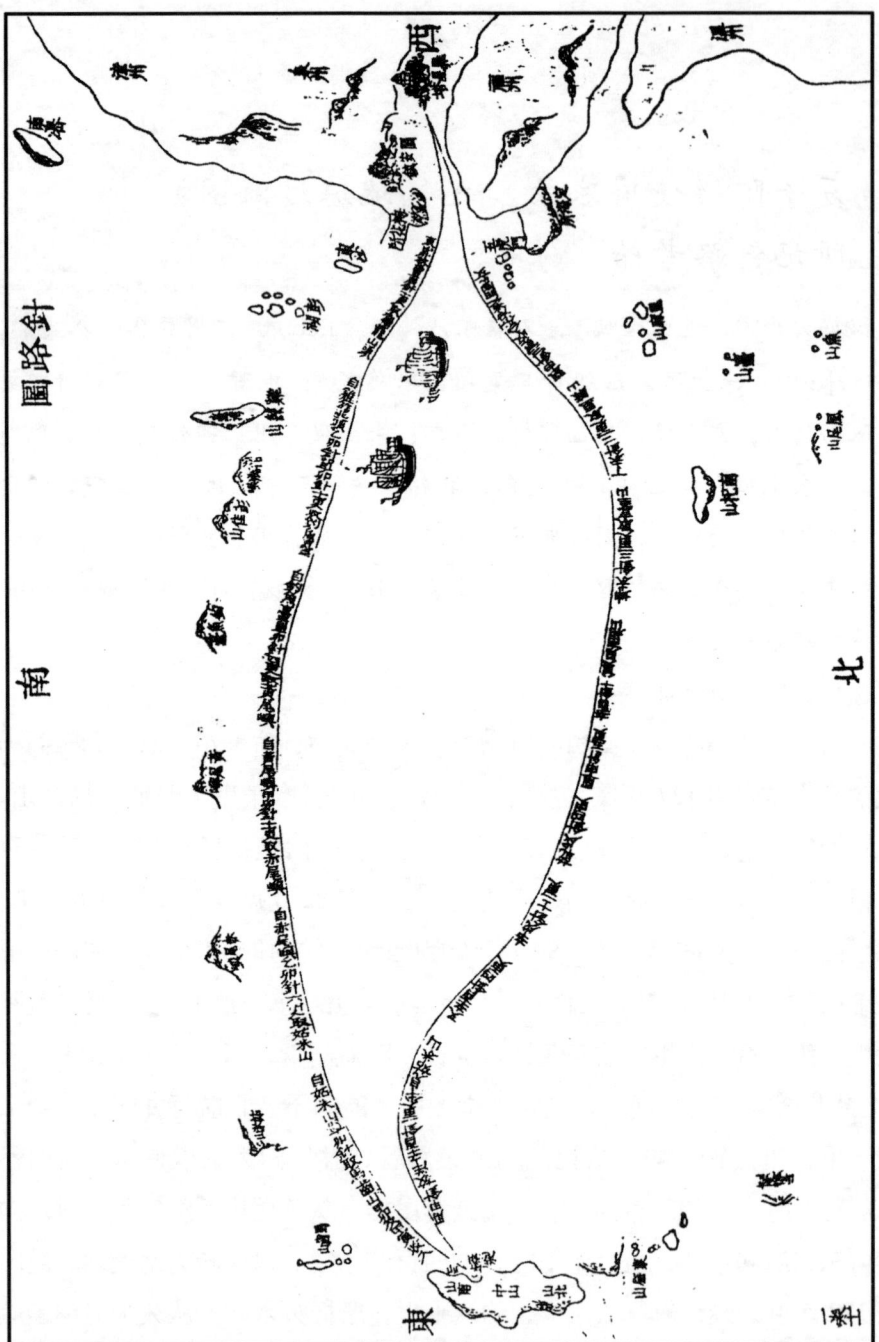

图2-1 明清册封使所记福建往琉球《针路图》

56

行，航向不变，航行十四时半，约三百六十里，船从土那奇山与翁居里山中间穿过。航向不变，继续航行二时半，约六十里，使船顺利抵达那霸港。

"附"小注：

① 白犬屿，或作白犬山，即今白犬列岛，在福建闽江口外马祖岛南。

② 东沙屿，或作东沙山，即今东沙岛，位于白犬屿之东南。

③ 古时航海，以罗盘针定风向，丁上风即为正南微偏西风，罗盘针指195度。

④ 小琉球山，此处的"小琉球山"与前使录所记之"小琉球头"不同，当指今之台湾岛。

⑤ 鸡笼，即鸡笼山，也就是前述使录所记之"小琉球头"，今称基隆屿者。

⑥ 翁居里山，或作安根呢山，即今粟国岛，琉球语读作アグニ（Aguni），翁居里、安根呢皆为其音读，位于土那奇（渡名喜）北。

五、汪楫《使琉球杂录》

清朝第二次册封使汪楫于康熙二十二年（1683）使琉，回国后著有《使琉球杂录》、《册封疏抄》及《中山沿革志》。其中《使琉球杂录》共五卷，分别为使事、疆域、俗尚、物产、神异五类。内有记钓鱼岛列屿及"中外之界"事云：

（六月二十三日，自五虎门开洋）……二十四日天明，见山，则彭佳山也。不知诸山㊶何时飞越？辰刻㊷过彭佳山，酉刻㊸遂过钓鱼屿……二十五日，见山，应先黄尾而后赤屿，不知何以遂至赤屿，未见黄尾屿也㊹。薄暮过郊（或作"沟"——郑注）㊺，风涛大作，投生猪羊各一，泼五斗米粥，焚纸船，鸣钲击鼓，诸军皆甲，露刃俯舷作御敌状，久之始息。问："'郊'之义何取？"曰："中外之界也㊻"；"'界'于何辨㊼？"曰："悬揣耳。"然

顷者恰当其处，非臆度也。食之复兵之，恩威并济之义也。（引据国家图书馆善本室藏清抄本《使琉球杂录》）

兹将上录文意解释如下：

（六月二十三日，册封使船从五虎门启航）……二十四日清早，使船航至彭佳屿。沿途所经之小琉球、鸡笼山、花瓶屿等不知何时飞越。上午八时，船经彭佳屿后继续航行，至下午六时左右，船经钓鱼屿……二十五日，使船由钓鱼屿直接航至赤尾屿，按理应先经黄尾屿然后才到赤尾屿，不知何故直航赤尾屿而未见黄尾屿。当日黄昏，使船开始进入黑水洋，时风急涛涌，水手立即将准备好的生猪、生羊各一头投入洋中，然后又将煮好的五斗米粥泼在洋面，继而焚烧纸船，鸣锣击鼓以祭海神。当时船上的兵士皆披甲执戈，俯伏在船舷上做好战斗准备，过了许久风涛方息。问："'沟'是什么意思？"回答说："这是中国与琉球的分界。"又问："'界'是怎样区分的？"回答说："靠猜测。"不过，刚才进入黑水洋即行祭沟仪式，并非仅靠猜测罢。在祭沟仪式中，先投之于食物，然后又以兵戎相向，乃是取恩威并济之义。

值得注意的是，汪楫明记赤屿以外为黑水沟，而此沟即是中国与琉球的海域分界（"中外之界"）。

六、徐葆光《中山传信录》

徐葆光为清康熙五十八年（1719）册封琉球国中山王尚敬之副使（正使为海宝）。此次册封使于当年五月二十二日自五虎门开洋，六月初一日抵那霸港。复于次年二月十六日由那霸港启碇回航。徐葆光一行在琉球逗留八月有余。在此期间，徐于"封宴之暇，先致语国王，求示《中山世鉴》及山川图籍，又时与其大夫之通文字译词者，遍游山海间"，除研究其典籍，查勘其地理外，复"考其制度礼仪，观风问俗，下至一物异状，必询名以得其实，见闻互证，与之往复，去疑存信，固并海行针道，封宴诸仪，图状并列，编为六卷"，即为徐之传世之作《中山传信录》。该书出版后，极受中、琉、日官方及国际间学者之推崇。周煌撰《琉球国志略》（1756）称其"较为赅备"，日本于明和三年（1766）即行翻刻并注以假名，1781 年，法国巴黎又有翻刻本，随后在学者中广为传播，林子平撰《三国通览图说》就曾参考是书。这部被日本人称誉为"世之所传，信而有征"（服天游伯和文《重刻〈中山传信录〉序》）的典籍，曾有数处提及钓鱼岛列屿事，其中卷一《针路图》，是参考萧崇业、夏子阳的《琉球过海图》及琉球学者程顺则《指南广义》附图绘制而成，随后即被中外学者及航海家奉为圭臬。该书所记"福州往琉球"针路云（该针路系引自《指南广义》，但经徐氏考订并加上自己的意见、注释）：

由闽安镇出五虎门[48]，东沙外开洋。用单（或作乙）辰针[49]十更，取鸡笼头（见山，即从山北边过船，以下诸山皆同）、花瓶屿、彭家山；用乙卯并单卯针十更，取钓鱼岛；用单卯针四更，取黄尾屿；用甲寅（或作卯）针[50]十（或作一）更[51]，取赤尾屿；用乙卯针六更，取姑米山（琉球西南方界上镇山）[52]；用单卯针，取马齿[53]；甲卯及甲寅针收入琉球那霸港。

兹将上录文意解释如下：

册封使从闽安镇出五虎门登船，使船自东沙岛外启碇开航，航向用东南偏东（120度），航行一昼夜，约六百里，经过台湾北端的鸡笼头（船从山北驶过，以下诸山皆同）、花瓶屿、彭佳屿。由彭佳屿继续航行，航向用东微偏南（97.5度）或正东（90度），航行一昼夜，约六百里，船抵钓鱼岛。由钓鱼岛继续航行，航向不变，航行九时半，约二百四十里，船抵黄尾屿。

从黄尾屿继续航行，航向用东微偏北（82.5度），航行一昼夜，约六百里，船抵赤尾屿。从赤尾屿继续航行，航向用东微偏南（97.5度），航行十四时半，约三百六十里，抵达粘米（琉球西南方边界上的主山）。从久米岛继续航行，航向用正东（90度），船抵马齿山。从马齿山继续航行，航向用东微偏北（82.5度）或东偏北（67.5度），即顺利抵达琉球那霸港。

值得注意的是，徐葆光在姑米山（久米岛）后面加注"琉球西南方界上镇山"之语，与前述陈侃《使琉球录》中"古米山，乃属琉球者"为同一意义，皆在强调琉球王国版图之西南方以姑米山为界。

附 《中山传信录》"后海行日记"

徐葆光在《中山传信录》之"后海行日记"中记有自琉球那霸至福州（即回航）"针路"云：

二月十六日癸丑巳刻，封舟自琉球那霸开洋……是日晴明，南风送帆，用乾亥针一更半，单乾针四更半，过马齿、安根呢、度那奇等山，海水沧黑色。日入，见粘米山二点……二十日丁巳，日出，转艮寅东北顺风……日入，转乙辰风，大雨。船共行二十六更半，是日海水见绿色，夜过沟祭海神，转巽巳风，用辛酉三更半，至明……

兹将上录文意解释如下：

二月十六日上午十时，册封使船从琉球那霸启碇回航……当天晴明，南风劲吹。航向用西北偏北（322.5度），航行三时半，约九十里；航向转用西北微偏北，继续航行十一时，约二百七十里，使船经马齿、安根呢、度那奇等岛，沿途海水呈青黑色。使船继续向西航行，当天日落之际，远远望见粘米山如两黑点……二十日早晨，继续往西航行，航向转东北微偏北（52.5

度)，风向为东北顺风……当天日落之际，风向转东偏南，降大雨。使船继续航行六十四时，约一千五百六十里，当天见海水呈绿色，知已由琉球海域进入中国海域，是夜过沟祭祀海神。使船继续向西航行，时风向转为东南风，航向改用西微偏北，航行八时，约二百一十里，天色转明。

值得注意者有两点。其一，册封使船航经庆良间列岛。粟国岛、渡名喜岛一带，海水呈青黑色，即为琉球海域。其二，当册封使船过粘米山后继续航行(因风向转东南，又值下大雨，费时两日半)二十六更，即见海水呈绿色，知进入中国海域，当晚即行过沟祭海神仪式，这与谢杰所记"归由黑水入沧水"、夏子阳《使录》"水离黑入沧，必是中国之界"是同一意思。盖由那霸归福州，出粘米山后，绵延上千里皆无山可望，唯有认水为标，以水辨界。黑水为琉球界，绿水为中国界，这是明清册封使录屡次提到的，也是当时的渔民或老水手、航海家的共识。

以上所引徐葆光《中山传信录》，清楚地指明：中、琉之间的分界，既有粘米山这一地方分界，亦有黑水洋与绿水洋的海域分界，这些领土分界的观念，获得当日中、琉两国的官方与学者的共识，随后又取得国际社会的公认。《中山传信录》出版后，不但被中、琉两国公认为信史，而且为日本、法国争相翻印，这便是最好的证明。

七、周煌《琉球国志略》

周煌为清乾隆二十一年(1756)出使琉球册封副使(正使为全魁)，于同年六月初十日出五虎门开洋，七月初八日抵那霸港。翌年正月三十日由那霸回航，二月十三日抵定海所，在琉球前后半年，回国后著成《琉球国志略》凡十六卷，为明清册封使录中的集大成之作。该书记钓鱼岛列屿事，除卷首所附《针路图》系参酌徐葆光《中山传信录》之《针路图》所绘针图外，卷五"山川"条述钓鱼岛事甚多。其中记福建往琉球针路云：

初十日早，潮，出五虎门，过官塘进士门开洋，单午风，乙辰针，至日入，行船六更，夜，单午风，单乙针行船五更，见鸡笼山头。十一日上午，坤来风，单乙针二更，下午，单酉风，单乙针，至日入，行船四更，见钓鱼岛……夜，单丙风，单乙针，行船四更。十二日，单午风，单乙针一更，见赤洋⑤转单丁风，单乙针，至日入，行船五更，夜，单午风，单乙针四更，是夜过沟祭海。十三日，丁午风，甲卯针，行船二更，见姑米山，风轻，转单午、单乙针，日入，行船一更，夜，丁午风，乙卯针二更，姑米人登山举火为号，舟中以火应之。十四日，单甲风，姑米头目率小舟数十，牵挽至山西下碇……七月初四、初五日，王世子连拨国中海舶迎载……初八至那霸港（自遭风登岸易海舶至那霸计二十三日）。

兹将上录文意解释如下：

初十日早，涨潮，册封使船由闽江口之五虎门启航，经官塘进士门出海，时风向正南，航向取东南偏东（112.5度），至日落，共航行十五时，约三百六十里。当晚，吹正南风，航向用东偏南（105度），继续航行十二时半，约三百里，望见台湾北端的基隆屿。十一日上午，时风向西南，航向不变，航行五时，约一百二十里，至下午，风向转正西，航向不变，至黄昏，续航九时半，约二百四十里，船抵钓鱼岛，当晚风向转南偏西，航向不变，续航九时半，约二百四十里。十二日，风向正南，航向不变，续航二时半，约六十里，见赤（黑）水洋，时风向转南偏西，航向不变，至黄昏，使船航行十二时半，约三百里，当晚，吹正南风，航向不变，继续航行九时半，约二百四十里，是夜举行过黑水洋的祭海神仪式。十三日，风向南微偏西，航向取东微偏北（82.5度），继续航行五时，约一百二十里，见姑米山，时风力转弱，风向转正南，航向取东偏南（105 度），至黄昏，航行二时半，约六十里，当晚，风向南微偏西，航向取东微偏南（97.5 度），续航五时，约一百二十里，见姑米人登山举火为号，向使船呼叫，使船亦举火响应。十四日，风向转东偏北，姑米山公馆派人驾小船数十艘为使船作导航，将使船引至姑米山西向下碇……七月初四、初五两日，琉球国王太子接连派出本国之海船前来迎载……初八日，使船航抵那霸港（自久米岛附近遭飓风袭击，然后换琉球海船前往那霸，共费时二十三日）。

　　上述周煌"针路"，由钓鱼岛继续航行五更，即至黑水洋，盖因当时风向为南微偏东，航向又取东偏南（黄尾屿、赤尾屿皆在钓鱼岛之东偏北，如风向吹南微偏东，航向应取东偏北，方可经黄尾屿、赤尾屿），故使船由钓鱼岛南面海外即进入黑水洋（漂入东海海槽）。然后，继续往东航行九更，始行过沟祭海仪式。使船继续往东航行至次日，始见姑米山。据此知过沟祭海仍在赤尾屿与姑米山之间的黑水洋面举行，而过沟祭海仪式，即意味着由中国海域进入琉球海域。对此，周煌在同书卷五"山川"条中有清楚的补充说明："（琉球）环岛皆海也，海面西距黑水沟，与闽海界。福建开洋，至琉球，必经沧水过黑水，古称沧溟，'溟'与'冥'通，幽深之义。又曰'东冥琉地'。"这段话清楚地指出，在琉球的西海面，以黑水沟作为与福建海域的分界，这是就琉球往福建方向航行（即回程）而说的。但如果从福建往琉球方向航行，则必须经由绿色海洋进入黑色海洋，这种海水分色古称"沧溟"。所谓"溟"也就是"冥"，即深黑色之意。因此，前人又说：黑色海洋的东面即是琉球国的属地，中国与琉球的海域分界线就在黑水沟，上述周煌的记录说得再清楚不过了。这种海域疆界的划分法，在前引的明清《册封使录》中亦被一再提及。这是当时中、琉之间的官方便臣及航海家共同的共识。

八、李鼎元《使琉球记》

李鼎元为清嘉庆五年（1800）出使琉球册封副使（正使为赵文楷），该册封使船于五月初七日由福州五虎门启航，十二日抵琉球那霸港，并于同年十月二十日出那霸港回航，计在琉球前后五月有余。归而著《使琉球记》六卷，内中卷三之福建往琉球航程记钓鱼岛列屿事云：

（初七日）丁未风，乘潮出五虎门，日入，过官塘尾越进上门，水浅，起舵尺许乃过。初八日，日落，计又行三更船，颗长⑤云鸡笼山、花瓶屿去船远，不应见。初九日庚寅，晴，卯刻见彭家山，山列三峰，东高而西下，计自开洋行船十六更矣。由山北过船。辰刻，转丁未风，用单乙针，行十更船。申正，见钓鱼岛，三峰离立如笔架，皆石骨。入夜，星影横斜，月光破碎，海面尽作火焰浮沉出没……舟人禀："祭黑水沟。"按汪舟次《杂录》，过黑水沟投生羊豕以祭，且威以兵。今开洋已三日，莫知沟所。琉球颗长云伊等往来，不知有黑沟，但望见钓鱼岛，即酬神以祭海。随令投生羊豕，焚帛奠酒以祭……初十日辛卯，晴，丁未风，仍用单乙针，东方黑云蔽日，水面白鸟无数。计彭家至此，行船十四更。辰正，见赤尾屿，屿方而赤，东西凸而中凹，凹中又有小峰二。船从山北过。……十一日壬辰，阴，丁未风，仍用单乙针。计赤尾屿至此，行十四更船，午刻见姑米山，山共八岭，岭各一二峰，或断或续，舟中人欢声沸海……十二日祭巳，晴，辰刻过马齿山，山如犬牙相错，四峰离立，若马行空，计又行七更船，再用甲寅针，取那霸港。

兹将上录文意解释如下：

（初七日）风向南偏西，册封使船乘潮涨自五虎门启航，日落之际，驶经官塘尾过进士门，因水浅之故，将船舵扯起尺余，船乃得继续向前行驶。初八日黄昏，计又航行七时半，约一百八十里，琉球水手长说鸡笼山、花瓶屿因离船太远，故没有看见。初九日，天晴，凌晨六时望见彭佳山，山列三峰，东高而西低。计由五虎门启航至此，共航行三十九时，约九百六十里。使船由彭佳山北边驶过。上午八时左右，风向转南偏西，航向东偏南（105度），继续航行一昼夜，约六百里（此处的更数与时辰有差误，由彭佳山至钓鱼岛为十更船程，则时辰应为初十日卯刻，即凌晨六时，但此处作初九日正申刻，即下午四时，合只有四更船程——郑注）。下午四时，望见钓鱼岛，三峰分立如笔架，山势嶙峋。入夜，星影横斜，破碎的月光照在海面上，有如火焰浮沉出没……水手禀报："该是祭黑水沟的时候了。"按汪楫册封使《杂录》记载：过黑水沟投生羊生猪以祭，并且示之以兵威。今起航已三日，不知黑水沟在何处。据琉球水手说：他们往来福建与琉球之间，不知有黑水沟，只是当望见钓鱼岛时，即举行祭海神仪式。于是下令投生羊生猪，烧纸宝洒酒以祭……初十日，天晴，风向南偏西，航向仍用东偏南。时东方黑云蔽日，水面白鸟无数。计由彭佳山至此，航行有三十四时，约八百四十里。上午八时，望见赤尾屿，岛呈方形，带赤色，东西方凸起，中间凹陷，凹陷处有两个小峰尖。使船从赤尾屿北边驶过。……十一日，阴天，风向南偏西，航向保持不变，由赤尾屿继续航行三十四时，约八百四十里。中午时分，望见姑米山。该岛共有八座山岭，每座山岭各有一二峰，各峰之间或断或连。使船中的琉球人望见姑米山后欢声雷动……十二日，天晴，上午八时航经马齿山。该山状如犬牙交错，四峰林立，有如天马行空。由姑米山至马齿山共计又行十七时，约四百二十里。然后航向改用东北偏东（67.5度），使船航抵那霸港。

　　值得注意的是，当册封使船驶近久米岛（粘米山）之际，船上的琉球水手即欢声雷动，知离家乡不远了。这与陈侃《使录》中记"见古米山，乃属琉球者；夷人鼓舞于舟，喜达于家"的情形是一致的。这也从侧面证明中、琉之间以久米岛为地方分界。另外，《使记》对钓鱼岛和赤尾屿的形状描述，也可作为中国人对该列屿进行实地考察的证明，说明中国人（官方使臣）在航行中一直都在使用钓鱼岛列屿，并且留下使用的记录，而这种官方使臣（明清册封使）所作的有关中、琉两国地方分界和海域分界的记载，即是古代中国王朝向国际社会宣示领土主权的一种方式。

注释：

① 嘉靖丙戌，即嘉靖五年，公元 1526 年。

② 戊子，即嘉靖七年，公元 1528 年。

③ 甲午，即嘉靖十三年，公元 1534 年。

④ 南台，又名南台山，位于福建闽侯县南九里处。

⑤ 厂石，位于福建闽江口内南台岛。

⑥ 舍，古时行军以三十里为一舍。

⑦ 小琉球，亦称小琉球头，即今称基隆屿者，位于台湾北端基隆港外。

⑧ 平嘉山，亦作彭家山，即今彭佳屿。

⑨ 钓鱼屿，亦作钓鱼岛，即今钓鱼岛。

⑩ 黄毛屿，亦作黄尾山，即今黄尾屿。

⑪ 赤屿，亦作赤坎屿、赤尾山，即今赤尾屿。

⑫ 夷舟，当指琉球国中山王派往迎接册封使并兼领航的琉球官船。

⑬ 古米山，亦作枯美山，即今琉球久米岛，为琉球西南边界上之主山。明代起，中、琉疆域以此山为界，故陈侃有"古米山，乃属琉球者"之语。"古米"、"久米"用琉球语发音皆作"くめ"（Kume），知为琉球地。

⑭ 夷人，即册封使船上充领航员之琉球水手，多为久米岛或庆良间列岛的琉球人。周

　　煌《琉球国志略》卷四上"舆地"条云："西马齿山（大小四岛），属间切一，座间味（地极硗瘠，人多黑色，善泅水，久久乃出，出产海松、鱼、螺、鹿）。别有姑巴汛麻山（近姑米山，无人居，产鹿）。"又大槻文彦著《琉球新志》卷上"地志"条云："计罗摩岛在那霸西海，属岛十余。岛人色黑能泅，多役舟子。"按计罗摩岛即今之座间味岛，旧称东马齿山。

⑮　家，即琉球舟子（水手）之故乡。由此亦可证明，当日的琉球水手，知道过了古米山（久米岛）即是抵达自己的故国家园。

⑯　舠，一种形状如刀的小船，琉球人多用于近海航行。

⑰　夷通事，即在册封使船上充翻译的琉球闽籍华裔。据谢杰《〈琉球录〉撮要补遗》"原委"条云："每科、司出使，必以河口土著人充通事，谓之'土通事'；七姓充者，谓之'夷通事'。"所谓"七姓"，即琉球闽籍三十六姓移民之后裔。

⑱　那霸港，即今冲绳岛之那霸港。

⑲　嘉靖三十四年，公元 1555 年。

⑳　琉球官制，正议大夫加耳目官衔，从三品；正议大夫，正四品。

㉑　长史，琉球官名，从四品。

㉒　即公元 1561 年。

㉓　梅花，即梅花千户所，简称梅花或梅花所，位于福建闽江口。

㉔　梁炫于戊午（1558 年）冬受琉球国中山王世子所遣入明，请乞袭封王爵，并迎接郭汝霖入琉。又，徐玉虎《明代琉球王国对外关系之研究》（第 57 页）将梁炫误作梁炫舟，按梁炫舟当指梁炫所乘的琉球接封船，并非人名，梁炫才是人名。

㉕　黄茅，梁嘉彬《琉球及东南诸海岛与中国》（第 316 页）作黄尾屿；徐玉虎《明代琉球王国对外关系之研究》（第 57 页）亦作黄尾礁，实有不当。考该黄茅在小琉球之后、钓鱼屿之前，过黄茅后再行一日始过钓鱼屿，而黄尾屿（礁）却在钓鱼屿之后约四更航程，由此可知，此处的"黄茅"决非黄尾屿，我疑即是彭佳山之误植。

㉖　赤屿，即赤尾屿。界，指接界、分界。此句意为，赤屿为中国与琉球分界的地方山。

㉗　土纳己山，又作度那奇（徐葆光《中山传信录》）或户无岛（大槻文彦《琉球新

67

志》），即今琉球之渡名喜岛，位于久米岛之北，处于久米岛与那霸之间。

㉘ 小古米山，又名奥武岛，为久米岛属岛之一。

㉙ 东沙山，又作东沙岛，在福建闽江口外白犬列岛东南。

㉚㊳ 粘米山，即古米山（今久米岛）。

㉛ 马齿山，即今琉球庆良间列岛。古分东、西马齿山；东马齿山即今渡嘉敷岛，西马齿山即今座间味岛。此处的马齿山，当指西马齿山即渡嘉敷岛。

㉜ 万历二十八年，即公元 1600 年。

㉝ 丙午，即万历三十四年，公元 1606 年。

㉞ 藩司，即布政使。明洪武九年（1376）改行中书省为承宣布政使司。宣德以后，全国的府、州、县等分统于两京和十三布政使司，每司设左、右布政使各一人，为一省最高行政长官。布政使相当于今之省长职。

㉟ 平佳山，按即彭佳屿。夏子阳《使琉球录》卷前有《琉球过海图》，标作"彭佳山"，位于小琉球（台湾）、鸡笼屿之后，花瓶屿之前。按今彭佳屿之位置，当在花瓶屿之后。又萧崇业《使琉球录》之《琉球过海图》，在梅花所至钓鱼屿沿途，分别绘有"三礁、东墙山、平佳山、小琉球、鸡笼屿、花瓶屿、彭佳山"，此处将平佳山与彭佳山作两个地方。按萧所指平佳山应为福建沿海之笔架山。录此供参考。

㊱ 此处所指盖乃黑水洋，即东海海槽。查近年出版的中、日所绘东中国海地质构造图，知自钓鱼岛起，包括黄尾屿、赤尾屿，皆在东海海槽边缘的东中国海大陆架上，濒临水深由 1000 米至 2700 米的深海槽。如使船针路稍微偏南，由钓鱼岛起便有可能进入黑水洋，这也是为什么李鼎元《使琉球记》（卷三）有"但望见钓鱼岛即酬神以祭海"的道理（详后）。

㊲ 《使录补遗》，按指前册封副使谢杰所撰《〈琉球录〉撮要补遗》，内中"启行"条引闽中父老（老水手）言："去由沧水入黑水，归由黑水入沧水。"可见在明代，闽中父老已知用海水的颜色来辨别航向和边界。沧水为中国海域，由黑水入沧水，即知由琉球海域进入中国海域；相反，由沧水入黑水，则知由中国海域进入琉球海域。这也正是郭汝霖《使琉球录》中记"渐有清水，中国山将可望乎"之意。

㊴ 土那奇山，亦作度那奇山、户无岛，用琉球语读音皆作"卜ナキ"（Tonaki），即今渡名喜岛，位于久米岛与琉球那霸之间。

㊵ 琉球山，即琉球（冲绳）本岛，分北山、中山、南山。

㊶ 诸山，按指由五虎门至彭佳屿沿途所经之小琉球（台湾）、鸡笼山（基隆屿）、花瓶屿等。

㊷ 辰刻，当指二十四日上午七时至九时。

㊸ 酉刻，当指二十四日下午十七时至十九时。按册封使船由彭佳山至钓鱼屿仅航行十时，约合四更。

㊹ 此处各种版本略有出入。周煌《琉球国志略》卷五"山川"条引汪楫《疏抄》云："六月二十三日开洋，双鱼导引，万鸟回翔。二十四日酉刻过钓鱼岛，二十五日过赤屿。薄暮祭沟。二十六日过马齿山至那霸港。"此说与《杂录》相同。但同书又引洋舶针簿载汪楫海行云："乙辰八更，取鸡笼头，用辰多（此处疑为衍字——郑注）辰巽三更，取梅花屿（疑即花瓶屿之笔误——郑注）。单卯十更，取钓鱼岛北边过。乙辰四更，过黄尾屿。甲卯十更，取姑米山。乙卯七更，取马齿山。甲寅并甲卯取那霸港。"此处言汪楫使船经黄尾屿而未见赤尾屿。又，李鼎元《使琉球记》卷六引《汪录》云："自五虎开洋，乙辰八更，取鸡笼头，辰巽三更，取梅花屿，单卯十更，取钓鱼岛。乙辰四更，过黄尾屿。甲卯十更，取姑米山。乙卯七更，取马齿山。甲寅并甲卯取那霸港。"此处所说与洋舶针簿所载相同。但《杂录》（清抄本）则与《疏抄》所述相同，且为汪楫自著，故从之。

㊺ 周煌《琉球国志略》卷十六"志余"条引《汪录》云："过沟，风涛大作，投生猪羊各一，泼五斗米粥，焚纸船，鸣钲击鼓，诸军皆甲，露刃俯船作御敌状。问沟之义，曰：'中外之界也'。食之复兵之，恩威并济之义也。"此处引文"过沟"、"问沟"之"沟"并无作"郊"。所谓"沟"者，即今称东海海槽，按指黑水洋也。

㊻ 中外之界，当指中国与琉球之分界。此处以黑水洋为界，盖为中国海域与琉球海域之分界也，与前引《使录》之清水为中国海域，黑水为琉球海域之义同。

㊼ 办，疑即"辨"字之笔误。

㊽ 五虎门，在福建闽江口北，为清琉球册封使船启航之所。

㊾ 《传信录·针路图》作“单辰针”。

㊿ 《传信录·针路图》作“甲卯针”。

(51) 《传信录·针路图》作“十更”。

(52) 《指南广义》原书无此注语，盖为徐葆光所加，突出强调姑米山乃为琉球西南边界上之主山（镇山）。

(53) 《传信录·针路图》作“马齿山”。

(54) 赤洋，按即黑水洋，因海水呈深黑色，在日光或月光下，海面尽作火焰浮沉隐现，故称赤洋。李鼎元《使琉球记》卷三有记其事。

(55) 颗长，即册封使船上担任导航的琉球水手长，多为久米岛或庆良间列岛之琉球本地人。

第三章 明清人杂著所记钓鱼岛列屿史实考释

一、郑舜功及其《日本一鉴》

明嘉靖年间，倭寇屡犯我国东南边境，朝廷下诏招聘"御侮平倭"人才，郑舜功于嘉靖三十四年（1555）"赴阙陈言"，嘉靖帝准其所请，下"移谕日本国王"朱书，交由兵部派遣郑舜功前往日本。于是有郑舜功"奉使宣谕日本国"之行，目的为"采访夷情，随机开谕，归报施行[①]。临行之际，兵部尚书杨博告"以'国客'之名，先之以忠信之言，晓之以仁义之道，要之以文德之教，使蛮貊之民，乐生于化日之下，自谓用夏变夷之一端耳。[②]"可见郑舜功此行之目的，一是作为特使向日本宣文德之教，布仁义之道；二是为采访夷情，归报以定防倭抗倭之策略作参考。郑于嘉靖三十五年仲夏启航，同年六月，"舟至日本丰后国"；次年正月，"惟时布衣郑舜功使日本还[③]"，在日本前后六阅月[④]，归而著《日本一鉴》[⑤]（见图3－1）。该书第三部分即《桴海图经》卷一之《万里长歌》有记钓鱼岛诗云（见图3－2）：

或自梅花东山麓，鸡笼上开钓鱼目（梅花，所名，约去永宁[⑥]八十里，自所东山[⑦]外，用乙辰缝针或辰巽缝针，约至十更取小东岛[⑧]之鸡笼山。自

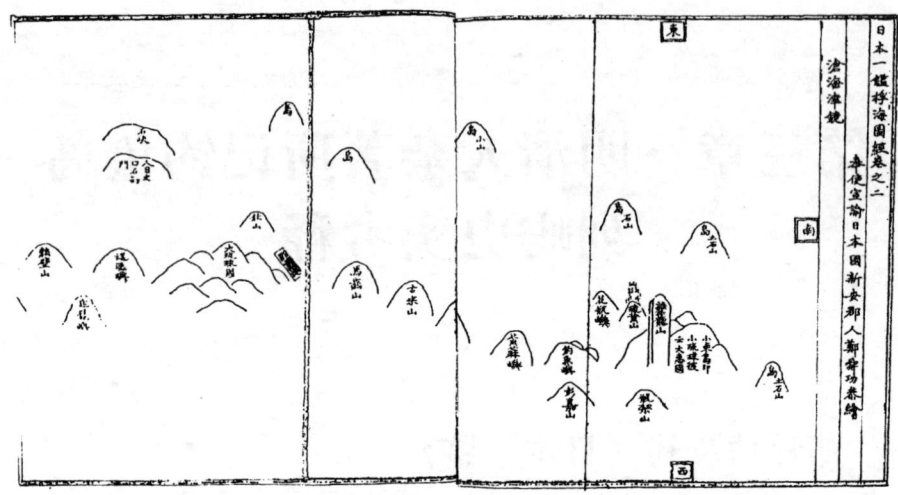

图 3-1　郑舜功所绘台湾（小东岛）与大琉球国间诸岛屿图

图 3-2　郑舜功《日本一鉴·桴海图经·万里长歌》局部

山，南风，用卯乙缝针，西南风，正卯针或正乙针，约至十更，取钓鱼屿……自梅花渡彭湖、之小东、至琉球、到日本，为昔陈给事出使琉球时，从其从人得此方程也。一自彭湖、次高华⑨、次鼋鼊⑩、次大琉球，亦使程也。而彭湖岛在泉海中，相去回头⑪百六十里。钓鱼屿，小东小屿也。尽屿，南风，用正卯针，东南风，卯乙缝针，约至四更，取黄麻屿）。

黄麻赤坎古米巅，马齿琉球逻迤先（黄麻、赤坎、古米、马齿、琉球、逻迤，皆海山也⑫。尽黄麻屿，南风，用甲卯缝针；西南风，正甲针；东南风，正卯针，约至十更，取赤坎屿。尽屿，南风，用正卯针，或寅甲缝针；西南风，艮寅缝针；东南风，甲卯缝针，约十五更，取古米山。……尽古米，南风，用寅甲缝针或正卯针，约至五更，取马齿山。尽山，南风，用甲卯缝针，或寅甲缝针，约至五更，取大琉球）。

以上为《万里长歌》诗四句，括号内为自注，现将注文大概内容解释如下：

由福建闽江口梅花所外的东沙山启航，航向用东南偏东（112.5度）或东南微偏东（127.5度），航行一昼夜，约六百里，船抵台湾北端之鸡笼山。由鸡笼山继续航行，风向正南，航向取东微偏南（97.5度），风向转西南，航向用正东（90度）或东偏南（105度），约航行一昼夜，六百里，船抵钓鱼屿……从梅花所启航至澎湖，前往台湾，经琉球，到日本，这是昔日陈侃出使琉球时所走的航线。另外，则由澎湖、经高华、过鼋鼊至那霸，亦是昔日出使琉球使臣走过的航线。而澎湖列岛在泉州海域，距离回头岛一百六十里。钓鱼屿则属台湾岛的小屿。由钓鱼屿继续航行，风向正南，航向取正东（90度），风向转东南，航向改用东微偏南（97.5度），航行九时半，约二百四十里，船抵黄尾屿。由黄尾屿继续航行，风向正南，航向取东微偏北（82.5度），风向转西南，航向改用东偏北（75度），风向转东南，航向则改用正东（90 度），航行一昼夜，约六百里，船抵赤尾屿。由赤尾屿继续航行，风向正南，航向取正东（90 度），或东北偏东（67.5 度），风向转西南，航向改用东北微偏东（52.5 度），风向转东南，则航向用东微偏北（82.5 度），航行一日半，约九百里，船抵古米山。……由古米山继续航行，风向正南，航向用东北偏东（67.5 度）或正东（90 度），航行半日，约三百里，船抵马齿山。由马齿山继续航行，风向正南，航向取东微偏北（82.5 度）或东北偏东（67.5 度），航行半日，约三百里，船抵琉球那霸港。

最值得注意的是，郑舜功清楚地指出：钓鱼屿属台湾岛的小屿，这是郑此次出使日本沿途考察所得的结果。又因郑氏此行乃是为了"采访夷情"，其中很多地理知识是得自当时的日本人，如将台湾称为"小东"、"小琉球"、"大惠国"等，这些概念是当时的中国、琉球、日本人对台湾的不同称谓。因此，将钓鱼屿视为台湾（小东）附属小屿的认识，亦即是当日中、琉、日人士的共识。通览《日本一鉴》，特别是其中的《桴海图经》，我们并不难得出这一结论。此外，从《桴海图经》卷二之《沧海津镜》所绘台湾至琉球沿途岛屿来看，台湾（即小东）为中国东南海域之大岛（主山），花瓶屿、彭嘉山、钓鱼屿皆置于台湾（小东）之旁，亦表明属台湾之小岛。

二、郑若曾及其《郑开阳杂著》、《筹海图编》

有明一代，倭寇猖獗，东南沿海，祸患尤烈。俊彦之才，有识之士，莫不以筹海戍边、防倭抗倭为要务，边疆史地，沿海岛屿，皆在其考究之列，有关东南沿海及周边国家之史地著述，一时成为经国之大业。此类著述，前有薛俊《日本考略》[13]、郑舜功《日本一鉴》[14]创其始，后有郑若曾《郑开阳杂著》、《筹海图编》集其成，然这些经世之作，莫不将钓鱼岛、黄尾屿、赤尾屿划入我国东南沿海版图，归入防倭抗倭之海防区域，其中以郑若曾《郑开阳杂著》及《筹海图编》最具代表性。

郑若曾字伯鲁，号开阳，昆山人，嘉靖初贡生，注意时事。倭患事发后，留心海防，绘制了一些沿海地图，并以著论解说，由苏州府镌刻刊行。后胡宗宪见其书，遂延聘入幕，专事《筹海图编》之编纂。郑于入幕之前所撰著述，即为今日所见《郑开阳杂著》内容。据《四库全书总目提要》云："是书旧分《筹海图编》、《江南经略》、《四隩图论》等编，本各自为书。国朝康熙中，其五世孙起泓及子定远，又删汰重编，合为一帙，定为《万里海防图论》二卷、《江防图考》一卷、《日本图纂》一卷、《朝鲜图说》一卷、《安南图说》一卷、《琉球图说》一卷、《海防一览图》一卷、《海运全图》一卷、《黄河图议》一卷、《苏松浮粮议》一卷。其《海防一览图》即《万里海防图》之初稿，以详略互见，故两存之。若曾尚有《江南经略》一书，独缺不载，未喻其故，或装缉者偶佚欤……此十书者，江防、海防、形势皆所目击；日本诸考，皆咨访考究得其实据，非剽掇史传以成书，与书生纸上之谈，固有殊焉。"

值得注意者有二。其一，《杂著》诸书所述东南沿海江防、海防区域各岛屿，皆为著者据亲身考察所得资料而绘。其二，有关日本诸岛屿图说，皆得之前往日本考察者之"实据"而绘[15]。因此，《杂著》的可信程度极高。另，《四库全书总目提要》在"《郑开阳杂著》十一卷"下有双行夹注"浙江巡抚采进本"字样，此足以说明《杂著》并非仅仅为私家著述，在当日实属防倭抗倭的官方文献。《杂著》有关钓鱼岛列屿的记载，分别见于卷七《琉球图说》及卷八《海防一览图》。《琉球图说》卷首有《琉球国图》一幅（见图3－3），从图中可以看出，郑若曾是将小琉球（台湾）与大琉球（冲绳）合绘为一，列入中国海防区域之版图，其原由在《琉球图考》中曾加

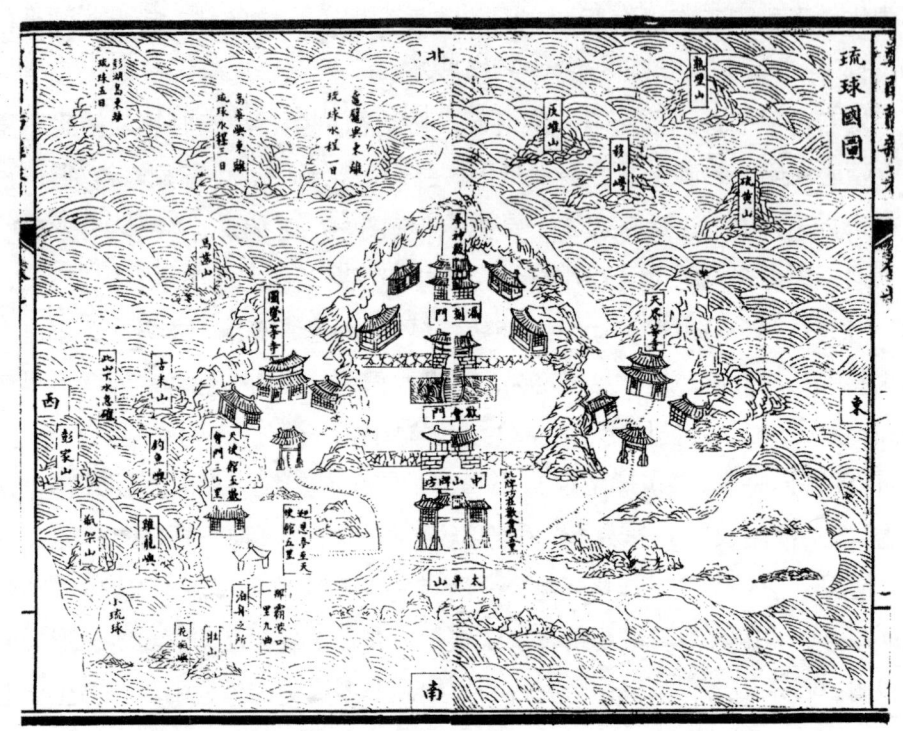

图 3-3　郑若曾《郑开阳杂著》卷七之"琉球国图"

以说明。盖因自明"洪武初，行人杨载使日本归道琉球，遂招之。其王首先归附，率子弟来朝……永乐以来，其国王嗣立，皆请于朝，受册封。"至于小琉球，则地"近泉州，霁日登鼓山可望可见"，为东南沿海防倭抗倭之要塞重镇，虽"入明未尝朝贡"（正因如此，郑若曾才将大、小琉球合绘一图），实乃为中国海防区域，无疑属中国版图。据此，郑若曾才将小琉球之附属岛屿如鸡笼山、花瓶屿、彭家山、钓鱼屿等置于古米山、那霸港左侧。对于这点，徐葆光在《中山传信录》中已提出批评[16]，然必须辨明的是，郑若曾所绘《琉球国图》，目的在防倭抗倭。诚如柳诒徵先生指出："明人措意倭患，实兼规及海上诸小国，不仅仅就倭言倭，是则恢复旧属扶翼小邦、张辅车之势，以挫虎狼之锋。"⑰基于这样的原因，郑若曾才将大、小琉球及其附属岛屿合绘一图的。但并不能以此认为，小琉球（台湾）属于大琉球（冲绳）国之领土⑱，这点郑氏在《琉球图考》中有清楚的说明。属于大琉球的为鼋鼊屿、高华屿、彭湖岛、古米山等，这些岛屿在卷八之《万里海防图》中皆用长方形标注，而中国海域岛屿（包括彭湖岙、小琉球、鸡笼山、彭加山、钓鱼屿、黄毛山、赤屿等）则用椭圆形标注，以示区别（详后）。

细考郑氏《琉球国图》，其资料来源实采自陈侃《使琉球录》。陈书有"群书质疑"一项，其中引《大明一统志》所记琉球国山川云："鼋鼊屿，在国西，水行一日；高华屿，在国西，水行三日；彭湖岛，在国西，水行五日。"陈氏在后作补注云："山川，则南有太平山，西有古米山、马齿山，北有硫黄山、熟壁山、灰堆山、移山、七岛山；盖不止鼋鼊等屿、彭湖等岛而已。"又曰："昨见古米山水急礁多，闻舟有至此而败者，亦不亚于落漈之险矣。"显然，郑若曾是将《大明一统志》与陈氏补记之琉球国属岛合而为一，然后又将小琉球及其附属各岛屿（即图中的北山、花瓶屿、鸡笼屿、瓶架山、彭家山、钓鱼屿）并在一起绘成琉球国图的。如果我们明了该图的资料来源，再结合其《琉球图考》及《万里海防图》来考察，就不难分辨出郑氏《琉球国图》所绘之琉球国（大琉球）属岛部分与台湾（小琉球）属岛部分之区别（小琉球及其属岛部分的资料来源系采自陈侃《使录》中的《使事纪略》及郑舜功《日本一鉴》中的《万里长歌》所记）。

《郑开阳杂著》卷七又有"福建使往大琉球针路"（见图3-4）一条，记由福建往那霸沿途各岛屿之针路、更程，现抄录如下：

梅花东外山开船，用单辰针、乙辰针，或用辰巽针，十更船，取小琉球；小琉球套北过船，见鸡笼屿及花瓶屿，至彭嘉山。彭嘉山北边过船，遇正南风，用乙卯针，或用单卯针，或用单乙针，西南风，用单卯针，东南风，用乙卯针，十更船，取钓鱼屿。钓鱼屿北边过，十更船，南风，用单卯针，东南风，用单卯针，或用单卯针，四更船，至黄麻屿。黄麻屿北边过船，便是赤屿。五更船，南风，用甲卯针，东南风，用单卯针，西南风，用单甲针，或单乙针，十更船，至赤坎屿。赤坎屿北边过船，南风，用单卯针及甲寅针，西南风，用艮寅针，东南风，用甲卯针，十五更，至古米山。古米山北边过船，有礁宜知避，南风，用单卯针及甲寅针，五更船，至马岛山。马岛山，南风，用甲卯针，或甲寅针，五更船，至大琉球那霸港泊船。

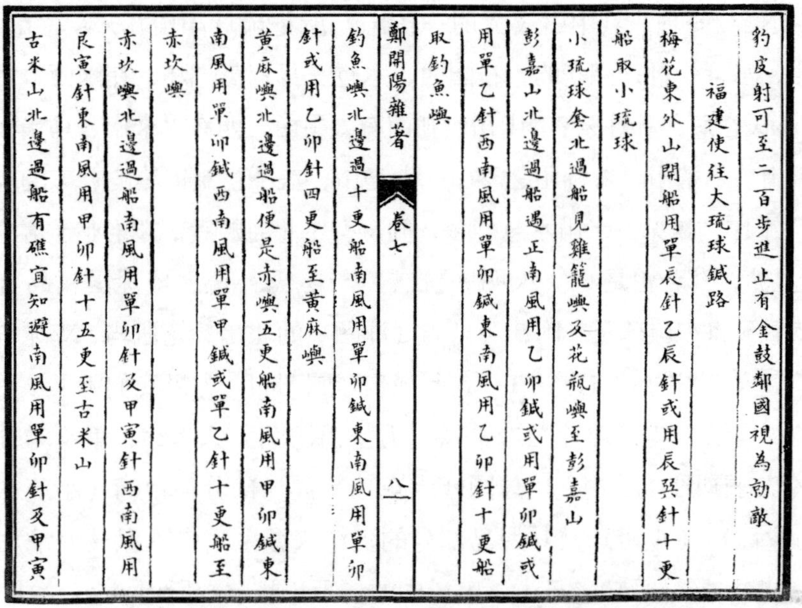
釣皮射可至二百步進止有金鼓鄰國視為勍敵
福建使往大琉球鍼路
梅花東外山開船用單辰針乙辰針或用辰巽針十更
船取小琉球
小琉球套北過船見雞籠嶼及花瓶嶼至彭嘉山
彭嘉山北邊過船遇正南風用乙卯鍼或用單卯鍼或
用單乙針西南風用單卯鍼東南風用乙卯針十更船
取釣魚嶼
鄭開陽雜著　卷七　八
釣魚嶼北邊過十更船南風用單卯鍼東南風用單卯
針或用乙卯針四更船至黃麻嶼
黃麻嶼北邊過船便是赤嶼五更船南風用甲卯鍼東
南風用單卯鍼西南風用單甲鍼或單乙針十更船至
赤坎嶼
赤坎嶼北邊過船南風用單卯針及甲寅針西南風用
艮寅針東南風用甲卯針十五更至古米山
古米山北邊過船有礁宜知避南風用單卯針及甲寅

图 3-4　郑若曾《郑开阳杂著》卷七所记“福建往琉球针路”局部

细考以上所记针路，完全采自郑舜功《日本一鉴》之《万里长歌》，唯在黄麻屿与赤坎屿之间衍出一赤屿，盖因陈侃《使录》在黄毛屿（即黄麻屿）后为赤屿（即赤尾屿），而郑舜功《万里长歌》则作赤坎屿（与《顺风相送》所记同名），以至郑若曾误作两屿。另，《万里长歌》之“东山外”，

《杂著》误作"东外山";"马齿山"则误作"马齿山",不过,这些皆为无伤大雅之笔误。真正值得重视的是,郑若曾在这里所记钓鱼岛列屿,皆用中国名,以"名从主人"之史例,无疑属中国海域岛屿。又由于该针路系取材《万里长歌》,郑舜功有关"钓鱼屿,小东小屿也"的地理概念,无疑亦被《杂著》作者所接受,并且在他的《万里海防图》中得到清晰的反映。

《郑开阳杂著》卷八为《海防一览图》(原书将"一"作"二"),该图"即《万里海防图》(见图3-5)之初稿",两者实为一图二刻,故该图题头亦作《万里海防图》,下有小注云:"嘉靖辛酉年浙江巡抚胡宗宪序,昆山郑若曾编摹"。按嘉靖辛酉年即嘉靖四十年(1561),而《筹海图编》刻于嘉靖四十一年,知该图早于《图编》之《沿海山沙图》(详后)。

《万里海防图》第五、第六幅东南向分别绘有彭湖屿、小琉球、东沙山、瓶架山、鸡笼山、彭如(加)山、钓鱼屿、黄毛山、花瓶山、黄茅屿、赤屿等岛屿,这些岛屿的位置虽有错乱,个别岛屿亦出现衍名(如黄毛山及黄茅屿),但作者清楚地标明这些岛屿皆在闽地海域,属中国版图。而对于属琉球国之岛屿,作者则用长方形框加注以示区别(如古米山、元辟屿等),领土意识十分明确。同理,在该图第十一幅中国与朝鲜国交界的"鸭绿江",亦是用长方形格,以示区别于椭圆形格内的中国属岛。

另外,从《万里海防图》中可以看出,福建沿海岛屿,包括彭湖岙(即澎湖列岛)、小琉球(台湾)以及彭加山,钓鱼屿,一直至赤屿,皆属闽海海域岛屿。而古米山则不同,图中用表示领土分界的长方形框标示,这正好与陈侃《使琉球录》中"古米山,乃属琉球者"的领土地方分界为同一意思。由此亦可证明,由福建往琉球,从梅花所经小琉球一直到赤尾屿,皆为中国领地,中间并不存在"不属于两国中任何一方的情况"[19],即所谓"无主地"。如果说,陈侃《使录》只是界定琉球领地起自古米山;那么,

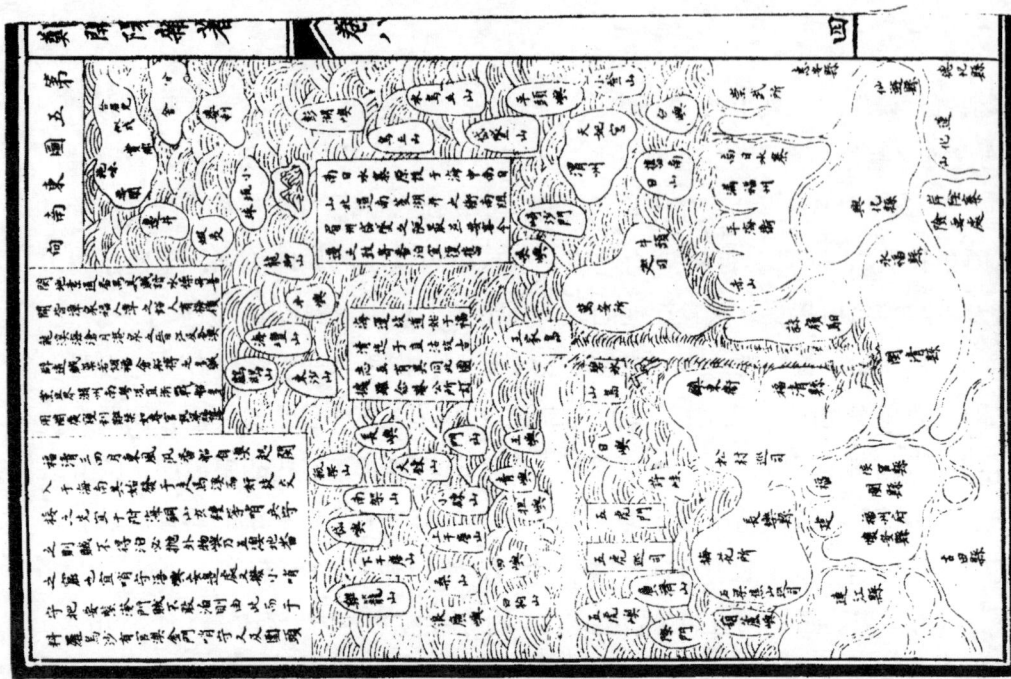

图3-5 郑若曾《郑开阳杂著》卷八"万里海防图"局部

《万里海防图》则注明赤屿乃属中国领土，中琉两国的分界线在赤屿与古米山之间。

　　《筹海图编》是郑若曾在以上所述《郑开阳杂著》诸书基础上修订，补充，综合而成的一部以抗倭防倭为目的，系统讨论海防的经世之作。在未入正题之前，首先必须辨明的是有关《筹海图编》的作者与版本，因为《四库全书总目提要》卷六十九史部地理类中写着：《筹海图编》十三卷，明胡宗宪撰。"这是根据明天启刻本所书"明少保新安胡宗宪辑议、曾孙庠生胡维极重校、孙举人胡灯、举人胡鸣冈阶庆同删"而来。此后，不少学者皆依据《四库全书总目提要》及天启刻本（因天启本印数最多，流传最广）所书，认《筹海图编》为胡宗宪撰。事实上此书并非胡撰，而是完全由郑若曾所作。

　　据笔者所见武汉大学图书馆善本室藏《筹海图编》嘉靖四十一年（1562）初刻本明明写着："昆山郑若曾辑，男应龙、一鸳校。"该刻本为蓝印本，缺第十三卷，以天启刻之墨印本补之。按蓝印本当为作者试印以赠达官贵人及知友审阅者，印数不会多，故流传不广，但较诸以士大夫为对象大量印刷的墨印本，当更为珍贵。据汪向荣先生所考，嘉靖初刻本现在存世的仅五部，即北京图书馆藏本、美国普林斯顿大学葛思德图书馆藏本、复旦大学图书馆藏本、日本内阁文库藏本及武汉大学藏本。《筹海图编》在明代凡三刻，即嘉靖、隆庆和天启本，但万历间曾用嘉靖初刻版重印过一次，至天启版重印次数更多。此书在康熙年间，又重刻刊印了一次[20]。根据数次刊刻本综合起来考察，知嘉靖初刻本署郑若曾辑；至万历印本时改为胡宗宪辑议，郑若曾编次；天启刻本更将郑若曾名字删除；康熙刻本又改回郑若曾著[21]（见图3-6）。

　　《筹海图编》著者署名的数次更改，完全是胡宗宪后人作伪的缘故。

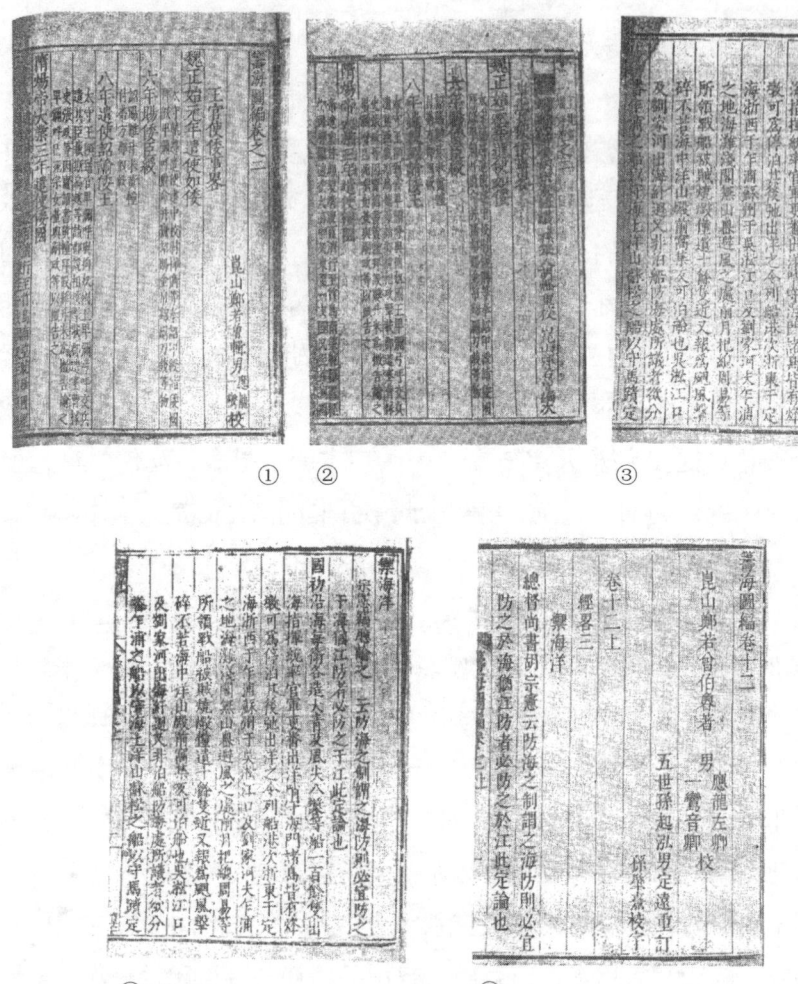

图 3-6　《筹海图编》各种刻本

①《筹海图编》嘉靖原刻本，署名为"昆山郑若曾"。
②《筹海图编》改动例（嘉靖原刻本）。
③《筹海图编》嘉靖刻万历印本，署名已经剜改，天启本更将郑若曾名字全部删除，
　至康熙刻本又改回。
④《筹海图编》改动例（嘉靖刻万历印本）。
⑤《筹海图编》改动例（康熙刻本）。

胡宗宪，字汝贞，号默林，绩溪人。嘉靖十七年（1538）进士，三十三年出按浙江。嘉靖三十六年正月，阮鹗改抚福建，即命胡宗宪兼浙江巡抚事。以后累官至兵部尚书、总督江浙等地剿倭军务，是当时负责防倭御倭的最高军事指挥官[②]。郑若曾就是在胡总督江浙时被征聘入幕的。如前所述，郑在入幕之前，便著有《日本图纂》、《万里海防图论》等书。入幕之后，受胡宗宪之命，利用当时总督府中的官方资料和文献档案，将原撰《杂著》诸书修订增补，综合编撰成《筹海图编》十三卷，在胡宗宪主持、资助下刊刻出版。这就是嘉靖四十一年《筹海图编》初刻本之来由。故郑若曾在该书自序中说："是编也，肇意于荆川，玉成于郡守，而少保胡公实主之。"这里所说的"胡公实主之"，意谓胡宗宪主持、资助刊刻出版《筹海图编》，并非指该书由胡宗宪主编。对此，我们只要将《杂著》诸书与《图编》十三卷内容相比照，然后结合嘉靖初刻本的署名及各家序（笔者所见《筹海图编》武汉大学藏本，除郑自序外，尚有胡松、唐枢、茅坤、范惟一、徐师曾序）便不难究明了。胡氏后人将"胡公实主之"、"胡综其成"（茅坤序）理解为由胡宗宪主编或主撰，因而将郑若曾之名剟去改为胡宗宪，实属瞒天过海、欺世盗名。四库全书馆臣未加考究以此为据，结果贻误后人，笔者在此谨为郑若曾寻回公道，还历史本来面目。

《沿海山沙图》（见图3－7）共分六个地区，即广东、福建、浙江、直隶（江苏）、山东、辽东六省的沿海，也就是整个中国沿海的舆图。内中之"福七"、"福八"两幅图，由右至左也即由西向东分别标有鸡笼山、彭加山、钓鱼屿、花瓶山、黄毛山、橄榄山、赤屿等岛屿。郑若曾将这些岛屿归属"自粤抵辽，延袤八千五百余里"的边海岛屿之列，划入中国海防区域。这些图的绘制，正如郑若曾在《凡例》中所说，是根据实测地形而绘，"形或凸于海中，或海凹入内地"，并不整齐划一，有些岛屿甚至发生错列（如

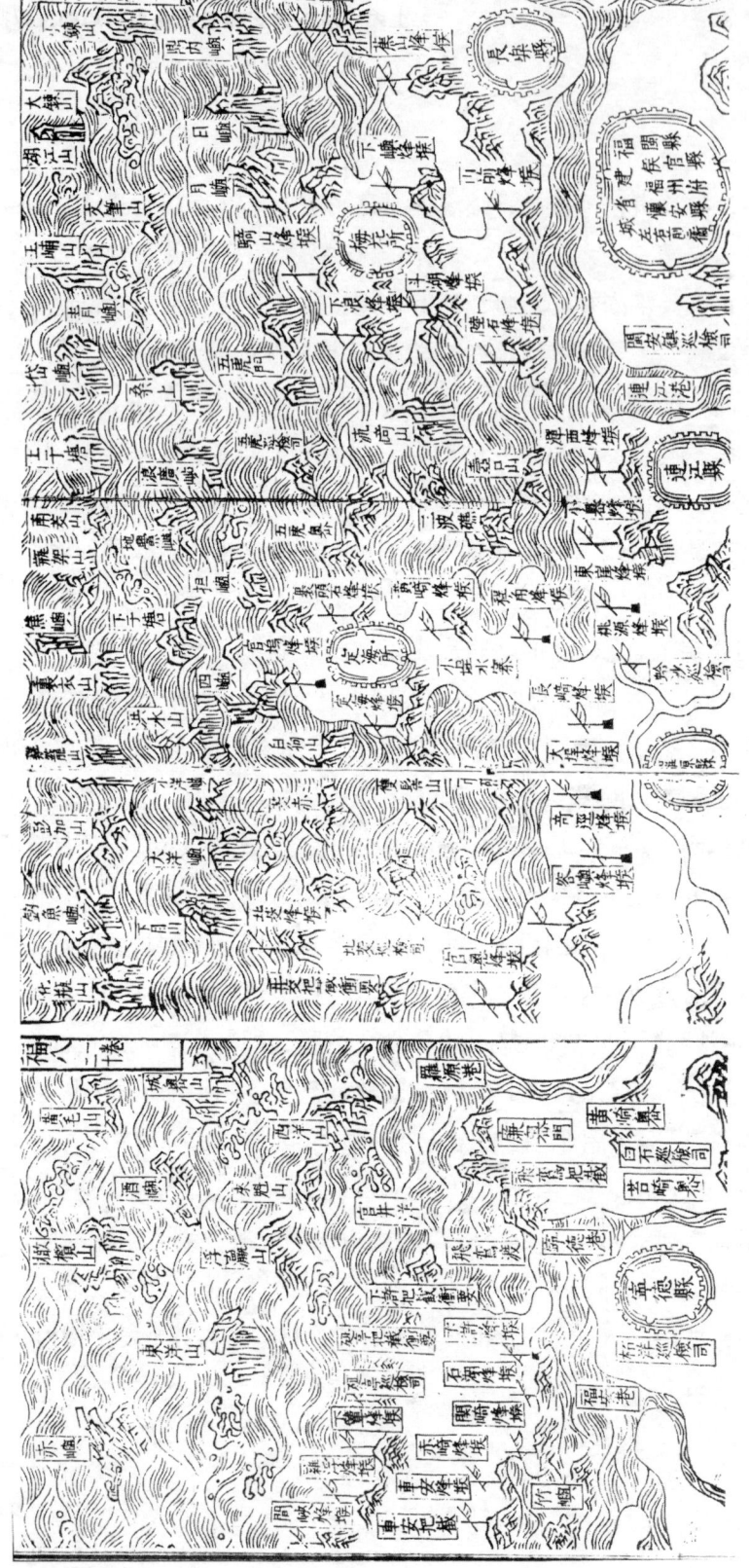

图 3-7 1562 年由东南沿海防倭抗倭军事指挥部（总督府）出版的《筹海图编》，清楚地将钓鱼屿、黄尾屿、赤屿划入福建的行政管制范围（海防区域）。此图为《筹海图编》卷一《沿海山沙图》（明嘉靖四十一年初刊本）

将花瓶山置于钓鱼屿之后），但目的乃是为"备倭之制"，即配合防倭御倭的设防策略。对此，郑作了如下解释："世之图此者，类齐直划一，徒取欢美，不知图与地别，策缘图误，何益哉！"因此，郑图与过去所见的一些舆地图略有不同，含有防倭抗倭的军事目的，它实际上是一种军用地图。诚如郑若曾指出："不按图籍，不可以知扼塞；不审形势，不可以施经略。"㉓该图乃是为军事指挥官"知扼塞"而"施经略"之用。这些地图当然是根据官方资料绘制的。所谓实地测绘地形，即是根据前述郑舜功、蒋洲、陈可愿宣谕日本时考察所得资料，又因郑、蒋、陈皆为钦命宣谕特使，其所得资料无疑具官方文献性质。

不过，如果将《沿海山沙图》与《郑开阳杂著》中的《万里海防图》相较，明显可见《山沙图》是在《海防图》基础上，加以所得资料校订修正而绘。《海防图》之第五、第六幅，即是《山沙图》之"福七"、"福八"的蓝本。其中由右至左自鸡笼山起校订修正的有：将彭如山改正为彭加山，删去彭加山与钓鱼屿之间的北山，将黄毛山与赤屿之间的黄茅屿改为橄榄山，删去琉球海域部分的岛屿。也就是说，《山沙图》所标示的全属中国海域岛屿，故该图用"福七"、"福八"标题，明确地将钓鱼屿、黄毛山、赤屿等岛屿划入福建海域，这与陈侃《使录》中所记中琉两国地方分界的领土意识是完全相合的。

《筹海图编》是明代谈海防的集大成之作，也是有明一代边疆史地研究的最高成就，不但在明代一刻再刻，被谈海防者奉为圭臬，就是到清康熙中期，该书还被重刻再印。诚如缪凤林所说："明末防倭要籍，颇多删节《图编》而成书。……清代自陈梦雷以下，征引倭事，亦悉以是书为主。盖自16世纪后半至19世纪末，国人论倭事书，流传之普遍，未有及此书者矣。"㉔查《古今图书集成》论倭事，征引《筹海图编》最夥，其次为《明外史·日本传），再次为《江南经略》（郑若曾撰，该书未收入《郑开阳杂著》）。考明天启元年（1621 年）茅元仪撰《武备志》，其中"海防"卷一之《福建沿海山沙图》（见图 3 - 8），即是以《筹海图编》之《沿海山沙图》为祖本而绘制；另，明末施永图辑录之《武备秘书》卷二之《福建防海图》（见图 3 - 9），亦是参考《筹海图编》之《沿海山沙图》而绘。以上海防图，皆将钓鱼屿、黄毛山、赤屿划入福建海域版图，置于中国海防区域，绝非偶然，而是当时的一般地理常识。据此钓鱼岛列屿的主权归属，难道还不够清楚吗？

三、《指南正法》所记钓鱼岛列屿

《指南正法》为清初言航海针经之书，作者不详。该书在清初已有抄本流传。据向达参证，《指南正法》附在清初卢承恩和吕磻辑的《兵钤》一书后面，开花纸旧抄本，钤有"曾存定府行有耻堂"的图章。卢承恩是清康熙时广东总督卢崇俊之子，《兵钤》一书有康熙八年（1669）何良栋的序。《指南正法》成书或附入《兵钤》在时间上可能比何良栋的序晚一些，因此，向达推断《指南正法》的成书当在清康熙末年即 18 世纪的初期㉕。英国牛津大学波德林图书馆（Bodleian Library）藏有抄本。向达将该书抄回，与《顺风相送》合为一书，以《两种海道针经》为题，由中华书局于 1961 年出版，本文所据《指南正法》，即为中华书局本。《指南正法》之"福州往琉球针路"记钓鱼岛列屿事云：

梅花开船，用乙辰七更，取圭笼长㉖。用辰巽三更，取花矸屿㉗。单卯六更，取钓鱼岛北边过。用单卯四更，取黄尾屿北边。甲卯十更，取枯美山。看风沉南北用甲寅，临时机变。用乙卯七更，取马齿北边过。用甲卯

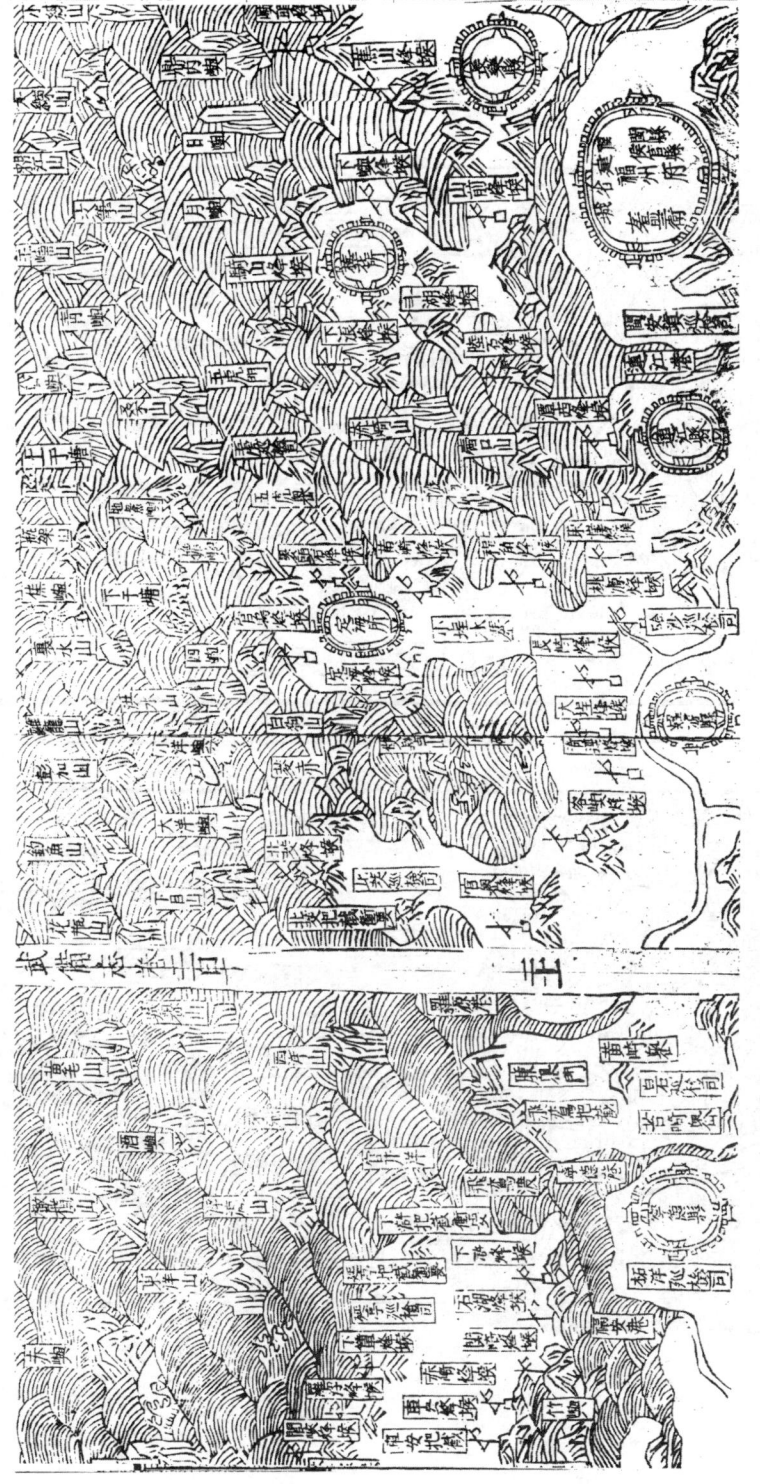

图 3-8 1621年出版的中国军事海防地图《武备志·海防二·福建沿海山沙图》(茅元仪)，清楚地将钓鱼山、黄毛山、赤屿划入福建的行政管制区域

87

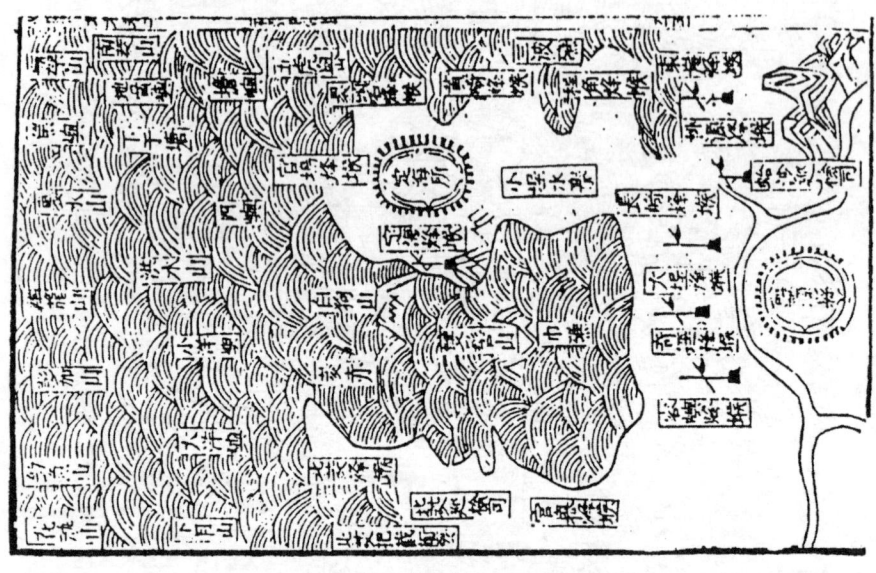

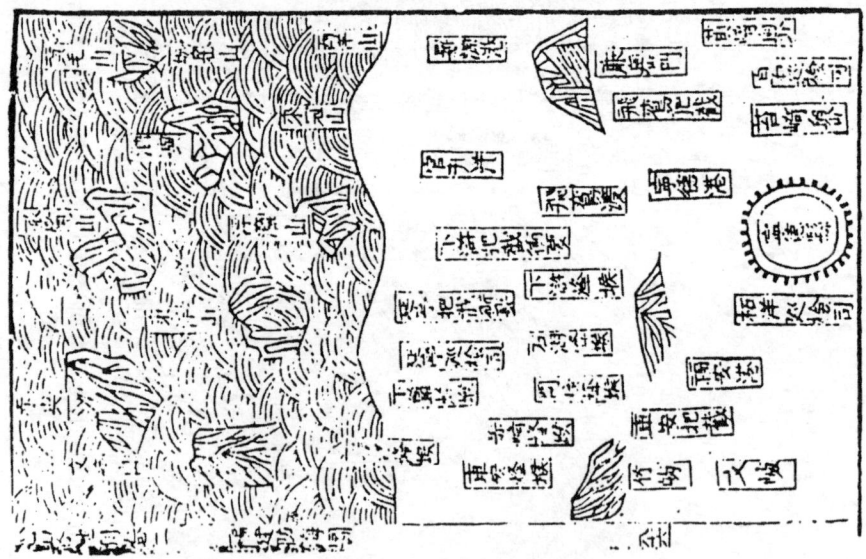

图3-9 施永图《武备秘书·福建防海图》

寅，取濠灞港㉒，即琉球也。

兹将上录文意解释如下：

海船从福建闽江口梅花千户所启航，航向用东南偏东（112.5度），航行十七时，约四百二十里，船抵台湾北端之鸡笼山。由鸡笼山继续航行，航向取东南微偏东（127.5度），航行七时半，约一百八十里，船抵花瓶屿。海船由花瓶屿继续航行，航向用正东（90度），航行十五时，约三百六十里，船从钓鱼岛北边经过。由钓鱼岛北边继续航行，航向不变，航行九时半，约二百四十里，船从黄尾屿北边驶过。海船从黄尾屿继续航行，航向取东微偏北（82.5度），航行一昼夜，约六百里，船抵枯美山。海船继续航行，必须仔细辨认风向（航向亦需根据风向的变换而调整），然后航向用东微偏南（97.5度），船从马齿山北边驶过。由马齿山北边继续航行，航向大致保持东偏北（60度至90度之间），即可航至琉球那霸港。

上文虽没有明确表示中、琉之间的领土分界，但还是有迹可循的，值得注意的是，作者记钓鱼岛、黄尾屿清楚准确地使用了中国名称。而记琉球方面的久米岛，则用"枯美山"，其写法不同于前册封使录所记之"古米山"或"姑米山"，显然是作者根据琉球舟子或当地琉球人的读音书写而来的。由此亦可看出，在《指南正法》的作者笔下，"枯美山"乃属琉球者。

四、潘相《琉球入学闻见录》（附徐继畬《瀛环志略》）

潘相为清乾隆年间京师国子监教习㉓，与琉球国王派遣的"入学陪臣"郑孝德、蔡世昌同居四年。郑、蔡俱为闽籍三十六姓移民后裔，汉学根底颇佳，在琉球国艺文界颇有声名。潘相任教习期间，穷究琉球史地、政教、习俗，博览前人有关著述，尤推许徐葆光之《中山传信录》、周煌之《琉球国志略》，赞其"留心考证，颇称详明"，并以徐、周两书为底本，利用与郑、蔡朝夕相处之便，"逐条核问，又参阅其国人程顺则等所编诸本，颇多同异，用是频加考订，别为义例"，撰成《琉球入学闻见录》四卷（1764），其目的在"以志昭代声教无处之盛，俾来学之士不昧于其自也"[30]。

《闻见录》所记钓鱼岛事，见诸卷首《针路图》及卷一"星土"、"星槎"条。

《针路图》系采自徐葆光《中山传信录》，图上所记由福州五虎门至琉球姑米山沿途各岛屿针路，则是录自周煌《琉球国志略》，即卷五"山川"条所记福建往琉球针路："自五虎门开洋，乙辰针六更，单乙针五更，见鸡笼山；又单乙针七更，见钓鱼岛；又单乙针五更，见赤洋；又单乙针九更，过沟；甲卯针二更，见姑米山；单乙针一更，又乙卯针二更，至姑米山南。"[31]查该针路将"赤洋"（按即黑水洋）置于钓鱼岛与黄尾屿之间，盖因周煌等人此行偏离针位（航向），在钓鱼岛外即进入与琉球南边先岛群岛相对的东海海槽，因此航程中未见到黄尾屿、赤尾屿。当册封使船经十四更航程后驶入与姑米山南边相对的黑水沟时，即行过沟祭海仪式，继续航行两更后，即见姑米山，在《闻见录》"星土"条中，潘相清楚地记载姑米山为琉球界："自福州至琉球姑米山，四十更计二千四百里；自琉球姑米山回福州，五十更计三千里。"这里明确地将"琉球姑米山"作为航程中的一个阶段标志，到达姑米山即进入琉球境界；而自福州至姑米山这段航程则又是一个阶段标志，这一阶段不言自明即是闽海境界的航程。相对来说，由"琉球姑米山"回航福州亦然。潘相在这里反复提到"琉球姑米山"这个概念，目的是要强调陈侃《使录》中"古米山，乃属琉球者"的中、琉地方分界意识。这与茅瑞征《皇明象胥录》所记"望见古米山即其境"为同一意思[32]。明确指出古米山始为琉球境，由福州至古米山，沿途所历如钓鱼岛、黄尾屿、赤尾屿无疑即中国境。

在《闻见录》"星槎"条中，潘相更为清楚地指出，中琉之间的海域以黑水沟为界："（琉球）环岛皆海也。海面西距黑水沟，与闽海界。由福建开洋至琉球，必经沧水过黑水，古称沧溟，溟与冥通，幽元之义。又曰：东溟，琉地，固异方实符其号。而黑水沟为中外界水，过沟必先祭之。"

上文前面一大段皆引自周煌《琉球国志略》卷五"山川"条，但最后一句"而黑水沟为中外界水，过沟必先祭之"则为潘相所加。很明显，潘相此语亦源之于汪楫《使琉球杂录》有关"中外之界"与"过沟"的记载。潘相在这里只不过是综合了前人有关中、琉海域分界的说法，然后加以强调突出，使后人更加明了。不过，更值得重视的还在于，潘相在《闻见录》所强调的"琉球姑米山"和"黑水沟为中外界水"等中、琉领土分界意识，是在陈侃、汪楫、徐葆光、周煌等人的实地考察之记录基础上，然后又参阅琉球大学者程顺则等所编诸书"频加考订"，最终是经过与琉球国王派遣的"官生"郑孝德、蔡世昌共同研究，"逐条核问"而得，其结论之严谨和可信程度，应是无可怀疑的。因为它经过中国官方代表（册封使）的多次实地考察和验证，同时又为琉球官方、学者所认同。

有关姑米山为琉球边界的地理概念，在清人的著述中屡被提及，如道光三十年（1850）镌徐继畬撰《瀛环志略》[33]（见图3-10），卷一之"亚细亚东洋二国""琉球"条记云："琉球在萨峒马之南，东洋小国也。周环三十六岛。……由福州之五虎门放洋，用卯针约四十余更，至孤米山，其国之大岛也。再东即至其国。"这里所说"至孤米山，其国之大岛"，有两层意思：第一，由福州至孤米山，航程四十余更，沿途所历皆为中国领土；第二，到达孤米山即进入琉球境，因为孤米山属琉球国（边境上）的大岛，再往东航

图 3-10 乾隆"坤舆全图"局部，中国第一历史档案馆藏

行即到达琉球国本土。

如果将他的"至孤米山，其国之大岛也。再东即至其国"整句话连起来考察，实即徐葆光《中山传信录》中"姑米山（琉球西南方界上镇山）"一语的另一表达方式。按"大岛"即是"镇山"（主山）之意，"再往东即至其国"，无疑意味着该"大岛"是在"其国"（琉球本土）之边陲。

注释

① 郑舜功《日本一鉴·穷河话海》卷一"引言"及卷八"评议"。

② 《日本一鉴·桴海图经》卷一《万里长歌》之"嗟彼狂愚郑国客"句自注。又《桴海图经》共分三卷：卷一《万里长歌》；卷二《沧海津镜》；卷三《天使纪程》。其中《万里长歌》系用诗歌体裁记由广东至日本针路，每两句诗下面用双行夹注作诠释。

③ 《日本一鉴·穷河话海》卷七"奉贡"。

④ 有关郑舜功旅日时间，方豪撰《〈日本一鉴〉和所记钓鱼屿》（载台湾《东方杂志》第 5 卷第 6 期，1971 年 10 月云：郑氏"到日本是三十五年丙辰（1556），到过丰后，谒见丰后大友义镇；三年后，携带所搜集的资料而归国"。井上清氏从其说，谓《日本一鉴》是郑舜功"在九州滞留三年，归国后写成的著作"（见氏著《"尖阁列岛"——钓鱼诸岛の史的解明》第 149 页，东京第三书馆，1996 年）。高桥庄五郎则说："胡宗宪的前任杨宜，派郑舜功为使者，郑在日本停留达二年之久……写了《日本一鉴》一书。"（见氏著《尖阁列岛ノート》第 134 页，东京青年出版社，1979 年）；另，中村拓《御朱印船航海图》一书又谓："《日本一鉴》为 1555 年来日的郑舜功于 1564 年间所著"（见该书第 11 页，东京原书房，1979）。然据郑氏自述不过"馆彼六月"，即在日本丰后（今九州）仅滞留了半年而已。有关这方面的考证，可参看吴天颖《甲午战前钓鱼列屿归属考》第 75 – 77 页。

⑤ 《日本一鉴》虽成书于嘉靖四十三年（1564），但该书之撰写应起自嘉靖三十六年（1557），即郑舜功归国之后，并在全书完成之前部分内容有抄本流传，如郑若曾于

嘉靖四十年（1561）撰《日本图纂》引前使所记"福建使往大琉球针路"，内容和文字与郑舜功《万里长歌》完全一样，而与陈侃《使琉球录》不同，知《日本图纂》实采自郑舜功所记针路。

⑥ 永宁，即永宁卫，洪武二十五年（1392）设，位于泉州港口。

⑦ 东山，即梅花所外之东沙山，在今福建闽江口外白犬列岛东南。

⑧ 小东岛，即台湾岛。据《万里长歌》"一自回头定小东，前望七岛白云峰"句自注云："小东岛，岛即小琉球，彼云大惠国。"按当日有称台湾为小琉球，那霸琉球国为大琉球者（日人又称小东岛为大惠国），即 Lequio menor（台湾）、Lequio Mayor（琉球）。

⑨ 高华，即高华屿。据梁嘉彬氏考为今彭佳屿或附近一屿（见氏著《琉球及东南诸海岛与中国》第 319 页）。然据徐葆光《中山传信录》卷四"琉球三十六岛"条指出："前《明一统者》云：'鼋鼊屿，在国西，水行一日；高华屿，在国西，水行三日'。今考二屿皆无有。"和鼋鼊屿与高华屿皆不在福建往琉球的海行针路线上。目前学术界较一致的看法认为高华屿和鼋鼊屿都在澎湖列岛。

⑩ 鼋鼊，即鼋鼊屿，据梁嘉彬氏考为今琉球之久米岛（见氏前揭书）。然据近人所考该屿在澎湖列岛中。详参张崇根著《台湾四百年前史》第 311 页，九州出版社，2005 年版。

⑪ 回头，地名，约去金门四十里。即今福建围头湾之围头屿，位于金门岛东北。

⑫ 这里的黄麻、赤坎、古米、马齿、琉球，分别是黄尾屿、赤尾屿、古米山、马齿山、琉球国那霸。

⑬ 薛俊《日本考略》，初刻于嘉靖二年（1523）；嘉靖九年（1530）重刊。此后翻刻者甚多，如高丽明宗二十年（嘉靖四十四年，1565）的金骥刻本，道光十一年（1831）得月簃丛书刊本等。

⑭ 郑舜功《日本一鉴》虽成书于嘉靖四十四年（1564），但其初稿之撰写应起自郑使日归国后（1557），因郑若曾《郑开阳杂著》（1561）卷七"福建使往大琉球针路"条与《日本一鉴·万里长歌》所记针路完全相合，而郑若曾并无出使日本或琉球之

经历，又因当年胡宗宪所遣出使日本招降海寇王直的蒋洲、陈可愿两人归国后（1557）并无留下著述，知《郑开阳杂著》所记针路实得自郑舜功之出使记录，由此推知《日本一鉴》之初稿应在《郑开阳杂著》之前。

⑮ 这些日本考察者，即郑舜功及其同一时期往日的蒋洲、陈可愿等人，据郑若曾在刊刻《日本图纂》自序中说：“日本地方甚大，限隔山海。……惟日本诸岛，讯之长年火掌，不知也；讯之擒获倭党，不知也；讯之贡臣，不知也；讯之通事，不知也；讯之被掳去之人，不知也。归质所疑，总督大司马胡公谓予曰：于识是也何，有鄞弟子员蒋洲、陈可愿，志士也，宣谕日本，能道其山川远近风俗强弱之详，其言不诬。”（见《郑开阳杂著》卷四）

⑯ 徐葆光《中山传信录》卷四“琉球三十六岛”条指出：“旧传岛屿，误谬甚多，前人使录，多已辨之。前《明一统志》云：‘鼍鼊屿在国西，水行一日；高华屿在国西，水行三日。’今考二屿皆无有。又云：‘彭湖岛在国西，水行五日。’按彭湖与台湾、泉州相近，非琉球属岛也。昆山郑子若曾所绘《琉球图》一仍其误；且以针路所取彭家山、钓鱼屿、花瓶屿、鸡笼、小琉球等山去琉球二三千里者，俱位置在姑米山、那霸港左近，舛谬尤甚；太平山远在国南二千里，郑图乃移在中山之巅欢会门之前作一小山，尤非是。”

⑰ 见“壬申夏六月陶风楼印行”之《郑开阳杂著》“压卷”。按壬申年即1932年。

⑱ 如冲绳教育出版社1984年出版的《冲绳の历史》（第一卷）前近代编第202页的《琉球国之图》，显然系根据《郑开阳杂著》卷七之“琉球国图”摹绘。该图左下角有日文加注：“西南福建，梅花所ヨリ大洋顺风七日ソ可到琉球。”即系抄自《郑开阳杂著》卷七《琉球图考》中“自福建梅花所开洋，顺飙利舶七日可至其地”一语。

⑲ 奥原敏雄《尖阁列岛の领有权问题——台湾の主张とその批判》，载《冲绳》季刊1971年第56号《尖阁列岛特集》。

⑳ 参看汪向荣著《中日关系史文献论考》第163页，岳麓书社1985年版。

㉑ 有关《筹海图编》的版本及作者的考证，可参看后藤肃堂《关于倭寇史料〈筹海图

编）》，载《东洋文化》第 42~44 号；大友信一《〈日本图纂〉及〈筹海图编〉之各种版本及其情况》，载《日本历史》第 132 号，1959 年；梁容若《〈筹海图编〉的版本》，收入《谈书集》，台北艺文印书馆版 1978 年版。

㉒ 参看《明史》卷二百五，《胡宗宪传》，中华书局校点本。

㉓ 《筹海图编·凡例》，嘉靖原刻本，武汉大学图书馆善本室藏。

㉔ 转引自汪向荣前揭书，第 195 页。

㉕ 参看向达校注《两种海道针经》第 4 页，中华书局 1961 年版。

㉖ 圭笼长，即鸡笼。按闽南语中"圭"与"鸡"发音相同。

㉗ 花矸屿，即花瓶屿。按闽南语中"矸"即是"瓶"，如酒瓶作酒矸。

㉘ 濠灞港，即琉球那霸港，亦称濠港。

㉙ 据《琉球入学闻见录》卷三"师生"条载："潘相，湖南安乡县人。乾隆六年（1741），拔贡生，二十三年，考充武英殿校书。二十五年，琉球官生郑孝德等入学，经国子监奏充教习。本年应顺天乡试，中式四十一名。二十八年会试，中式三十五名。二十九年郑孝德等还国，教习事竣。"又，有关郑孝德等还国日期，据《中山世谱》卷十"乾隆二十七年冬"条记："并令官生郑孝德、蔡世昌，随贡使归国。"此处将郑、蔡归国日期系于乾隆二十七年冬。然查《清史稿·琉球传》亦作二十九年。考潘相记郑、蔡于二十五年入学、二十九年返国，又云与之"同居四年"，以此相勘，知《中山世谱》所载有误，郑、蔡归国当以乾隆二十九年为确。对于《中山世谱》与《清史稿》所记郑、蔡归国日期之相左，野口铁郎《中国と琉球》（东京开明书院 1976 年版）一书第 271 页亦提出疑问，然野口氏未见潘相《闻见录》，故不得其解。

㉚ 《琉球入学闻见录》"凡例"，台湾文海出版社翻印本。

㉛ 有关该"针路"之考释，见前述"周煌《琉球国志略》"条。

㉜ 茅瑞征于明崇祯二年（1629）撰成《皇明象胥录》，该书卷一之"琉球"条记由福州往琉球云："往以西南风，期孟夏；归以东北风，期季秋；望见古米山即其境。东去三百里为叶壁山；又东即日本。"

㉝　徐继畬撰《瀛环志略》十卷。卷一至卷三为亚洲各国，卷四至卷七为欧洲各国，卷八为非洲各国，卷九、卷十为南、北美洲各国。每卷所述各国皆有附图，然后加以文字解说。其中卷一之首为"皇清一统舆地全图"，台湾及东中国海域皆包括在版图之内。

第四章 日本人的"鱼钓岛"、"尖阁群岛"名称之由来

关于日本人的"鱼钓岛"、"尖阁群岛"名称之由来，台湾学者杨仲揆、美国华人学者丘宏达、日本学者井上清皆作过考证。杨仲揆根据中国史籍考证日本人的"鱼钓岛"、"尖阁群岛"之称谓系由中国人的"钓鱼岛"、"尖阁群岛"转译而来①，但杨说因为没有拿出有力的文字证据，现在看来以猜测的成分居多②。丘宏达亦指出"日本则将我国所用名称依日文法改为鱼钓岛"③。但丘著对该名称的由来没做仔细的考证，故语焉不详。井上清则根据中、琉、日、英的有关文献，对"鱼钓岛"与"尖阁群岛"称谓之来由，作了较深入的考究，并有所斩获，但必须指出的是，由于所接触的资料和方言（特别是琉球语和闽语）的局限，井上先生对一些关键性的问题还是没有讲清楚④。笔者认为，考证日本人的"鱼钓岛"与"尖阁群岛"名称之由来，对了解钓鱼岛列屿的主权归属极有帮助，因为它涉及国际法中有关发现、命名、使用从而取得一种"原始权利"（inchoate title）问题。因此，笔者不揣浅陋，在前人考证所取得的成果的基础上，运用自己所接触到的资料及所掌握的语言知识，秉承史学大师陈寅恪先生之家法⑤，试图对日本人的"鱼钓岛"与"尖阁群岛"名称之由来，作较深入的考证，以求还钓鱼岛列屿的历史本来面目，让世人明了该列屿的主权谁属。

一、日本人的"鱼钓岛"名称之由来

日本声称拥有钓鱼岛列屿主权的论据之一，便是说钓鱼岛最早是由他们发现的一个无人荒岛，并且举出钓鱼岛在日本史籍（严格说来应是琉球史籍）中称"鱼钓岛"，用的是邦语（即日语），该岛"虽被多种历史文献记载，其名称皆因人而异"[⑥]等。又查 1970 年 12 月 24 日出版的《熊本·宫崎·鹿儿岛·冲绳》大型地图册记"鱼钓岛"、"尖阁群岛"事云："尖阁诸岛系以鱼钓岛为中心的无人岛，最近被发现海底油田，期待将来开采。"[⑦]在该条记事中，"鱼钓岛"的日语注音是"うおフリしま"（Uotsurishima），"尖阁诸岛"的日语注音是"せんかくはとう"（Senkakushotō）。这是现代日本人用现代日语对"鱼钓岛"和"尖阁群岛"（日语中"群"与"诸"同义）的称谓，但历史上的"鱼钓岛"并不是采用这样的读音。

据笔者所考，琉球史籍中"鱼钓岛"一词，最初写作"鱼钓台"，它确是由中国人的"钓鱼台"演变而来，而不是依日文文法而改称的。"鱼钓台"一词最早出现在明治九年（1876）琉球士大夫（伊计亲云上）兼诗人蔡大鼎所撰《闽山游草》中的一首诗："十幅蒲帆风正饱，舟痕印雪迅如梭。回头北木白云里，鱼钓台前瞬息过。"诗中的"北木"，即是"北木山"（今称八重山），"鱼钓台"即是钓鱼台。为何诗人要将钓鱼岛改写成"鱼钓台"呢？是否"鱼钓台"即为琉球人对钓鱼台的专有名称呢？非也。诗人将钓鱼台写作鱼钓台，完全是为了适合汉诗的平仄音律而改。试析"回头北木白云里，鱼钓台前瞬息过"二句，其平仄音律为：平平仄仄仄平仄，平仄平平仄仄平。如果写作"钓鱼岛"，则诗便出现平仄不调之现象。从"钓鱼台"改作"鱼钓台"可知，蔡大鼎深谙汉诗格律，但绝无将"鱼钓台"视为琉球领地之用意。而诗中的"北木"、"鱼钓台"等名词，亦是取材于徐葆光《中山传信录》。徐著有"钓鱼台"名。查蔡大鼎为闽籍三十六姓移民后裔，明治政府宣布废藩置县后，蔡与林世功等亲中派士大夫曾多次前往北京请愿，要求清廷出面帮助恢复琉球中山国，这首诗即是他前往清朝请愿途经八重山、钓鱼台时所作⑧。

继蔡大鼎之后，明治十八年（1885）九月二十二日，时任冲绳县令的西村捨三⑨在上内务卿山县有朋书（第三百十五号）中使用了"鱼钓岛、久场岛、久米赤岛"来分别对称中国人命名的钓鱼岛、黄尾屿、赤尾屿。其中"鱼钓岛"一词，显然是由蔡大鼎"鱼钓台"脱胎而来，至于"久场岛"和"久米赤岛"的称谓，最早出现在清同治五年（1866）出使琉球册封使赵新撰《续琉球国志略》中引清道光十八年（1838）出使琉球册封使林鸿年所述针路："初六过钓鱼山、久场岛，初七取久米赤岛，初八过姑米、马齿山，酉刻湾泊那霸面，初九辰刻进那霸港……"西村的报告书所述钓鱼岛列屿各岛屿名称，显然是来自蔡大鼎《闽山游草》和赵新《续琉球国志略》的用语。不过，西村对于"鱼钓岛、久场岛、久米赤岛"是否即等同《中山传信录》所记之"钓鱼岛、黄尾屿、赤尾屿"一事，并无把握。对于山县内务卿"着查勘后即建立国标"的指令，更是心存顾虑。因为熟悉琉球历史地理的西村捨三心知肚明，钓鱼岛、黄尾屿、赤尾屿根本不属琉球领地，而且早已被中国人命名和使用。另外，在旧琉球国境内所用之地方名称中，久场岛和久米赤岛却在庆良间列岛之内，而不是在鱼钓岛与久米岛之间，这也是西村认为"此事不能无疑"⑩之处。然而，自西村的报告书正式使用"鱼钓岛、久场岛、久米赤岛"来对称钓鱼岛、黄尾屿、赤尾屿之后，明治时期日本的政府官方文书几乎都采用这些名称，特别是其中的"鱼钓岛"一词，此后便成为日本官方对钓鱼岛地方名称的专用语，同时也被用作日本声称"发现"该列屿的证据之一。在这里，我们必须清楚地指出：中国人发现并命名钓鱼台见载于 1403 年成书的《顺风相送》，琉球人使用"鱼钓台"一词是在 1876 年蔡大鼎的《闽山游草》中，至于"鱼钓岛"一词的使用，则首见于 1885 年西村的报告书。这些都是 19 世纪后半叶的事。

到了 20 世纪 50 年代，冲绳县出身的琉球学大家东恩纳宽惇（Higashio-na Kanjun）在其所撰《南岛风土记》中，对钓鱼岛和黄尾屿做了如下注释："在冲绳渔民之间，自夙以'ユクン·クバシマ'之名著闻，ユクン是鱼岛，ユバシマ是蒲葵岛之义。《指南广义》所云'出那霸港，用申针放洋，用辛酉针一更半，见古米山并姑巴甚麻山'之'姑巴甚麻'是也。"⑪这里的"姑巴甚麻"，用琉球语读为"くばしま"（Kuba Shima），即今之"久场岛"，它的位置在琉球庆良间列岛，靠近古米山，因其峰高达 269 米，为列岛之冠，向为航海琉球之望山，故《指南广义》将它与古米山相提并论。由那霸港航行一更半（约旧里九十里）便可望见。但它绝不是距离那霸港有二十更之遥的黄尾屿。对此，笔者曾作过详细考证⑫。继东恩纳宽惇之后，出身于冲绳县石垣市的乡土历史家牧野清在《尖阁列岛小史》中亦提到："据八重山的父老云，现在的尖阁列岛，就是前人说的イーグンクバシマ，这是相互关联的两个岛名，イーグン岛是鱼钓岛，クバ岛是久场岛，将两个岛连在一起称呼实际上是对尖阁列岛整体表述的一种习惯。"⑬牧野清在这里明确地把"クバシマ"指定为久场岛，这是对的。但イーグン是否即为鱼钓岛，イーグン岛与クバシマ岛连在一起是否即为今之尖阁列岛，则大成问题，因为久场岛距那霸港只有九十里，而鱼钓岛或黄尾屿却离那霸港上千里（一旧里相当于今 0.14 海里），这在逻辑上很难说得通，况且无论东恩纳宽惇或牧野清所言皆属渔夫之传闻，并无确凿的文字记载，似不可作为信史看待。另外，日本《地学杂志》第 12 辑第 140 - 141 卷（1900 年 8—9 月）载冲绳县师范学校教谕黑岩恒的《尖阁列岛探险记事》一文所引冲绳县美里间切诘山方笔者大诚永常于明治十八年九月十四日向冲绳县厅提出的实地调查报告书说："ユク岛与申所是在久米岛靠午未之间，岛长一里七八合程，横八九合程，距离久米岛一百七八里程。"⑭这里所说的"ユク岛"，按里程来换算，倒是与钓鱼岛相合。

在以上所引的日文资料中，有关传闻中的"鱼钓岛"的琉球语读音便出现两种：一是ユクン（Yukun）；二是イーグン（Yikun）。不过，这两种读音皆极为相近。据东恩纳宽惇的解释，"ユクン是指鱼岛"。但据牧野清的解释："イーグン在琉球语中是指一种叫钻（モリ）的捕鱼工具，形状如钩，故因此来形容该岛的地形。"⑮根据两位出身琉球的学者的解释，ユクン与イーグン两个词合起来，似乎含有"鱼钓"的意思。然而，传闻中的琉球人为什么并没有用"ユクンイーグン"来称呼"鱼钓"岛。对此，专门研究钓鱼岛列屿的井上清教授亦觉得不得其解，说自己因不懂琉球语而无法作出判断。起初，笔者也颇感疑惑，认为这些都是传闻，不足为据。但是，既然琉球政府拿它作为拥有钓鱼岛主权的论据⑯，则我们不得不加以辨明。

笔者通过仔细研读陈侃、萧崇业、夏子阳等撰的不同时期的三种《使琉球录》，发现这些"使录"的后面皆附有"夷语"、"夷字"。原来，这些使臣在出使琉球期间，皆请当地琉球人教习琉球语，他们将所学的琉球语单词用汉语发音标注。又由于琉球语的读音与日语相近，我用自己掌握的日语知识，很容易便将这些用汉字注音的琉球语用日语对译出来⑰。原来，这些琉球语即是明清时期在琉球国通用的语言。不过，到了今天，由于许多琉球本土方言逐渐被"日化"（或曰"和化"），很多单词在近年出版的《琉球语大辞典》已经查不出来（但大部分还是可以查到，有些发音则是略有不同），幸得中国古人的《使琉球录》，将部分古代的琉球语保存了下来。

在上述三种《使琉球录》的"夷语"中，对"鱼"字的注音分别是：

（1）鱼（中国语）→亦窝（琉球语）→—イウオ（对译回日语）。见陈侃《使录》。

（2）鱼（中国语）→游（琉球语）→ユ或ヨ（对译回日语）。见萧崇业《使录》。

（3）鱼（中国语）→游（琉球语）→ユ或ヨ（对译回日语）。见夏子阳《使录》。

在以上三个时期的琉球语与"鱼"字的对译中，第一种似略有些不同，但懂日语的人皆知道，日语发音中有一种叫"促音节"或"拗促音"，即两个或三个音节合起来读作一个音。根据这一语言规律，"亦窝"（イウオ）的读音亦作"ヨ"或"ユ"。可见在琉球语中，"鱼"字的发音皆作"ユ"（Yu）或"ヨ"（Yo）读，"クン"即是岛。东恩纳宽惇将"ユクン"解作"鱼岛"，与《册封使录》中所记"夷语"完全相合。"ユクン"写作汉音即为"游困"。至于牧野清所说的"イーグン"，用日语发音中拗长音的规律写成汉音即为"亦窝棍"，实即是"ユクン"的变音，或者是八重山渔民用当地方言对"鱼岛"（ユクン）的读音。这无论从音源和词义上都是解得通的。即如牧野清的解释，"イーグン"为一种捕鱼的工具，亦与"鱼"字有关联，将"イーグン"解读为"鱼岛"，虽不中亦不远矣。

这里必须特别提出的是，明治十八年（1855）大城永保的踏访报告，只是证明传说中的"ユクン"确有其地，位置即在今之钓鱼岛附近。但他并无提及在"ユクン"附近有"クバシマ"，如果按东恩纳宽惇和牧野清的解释，"クバシマ"为久场岛即今黄尾岛的话，大城永保一定会有所记述。这也是"クバシマ"非黄尾岛的一个注脚。

从以上的研究报告可以看出，在琉球的历史文献中，琉球人有关钓鱼岛的知识有两个来源，一是得自中国人的著述《册封使录》，二是得自渔民的传闻。但无论如何，在明治十八年大城永保证实"ユクン"的存在以前，琉球人对钓鱼岛列屿的概念是十分模糊的，原因是他们缺乏亲临其境的观察体验，因从琉球本土到钓鱼岛列屿，必须面对两重险阻。首先是季风走廊的相逆，由福建、台湾到钓鱼岛为顺季风走廊，极容易前往钓鱼岛（见陈侃等《册封使录》）；由琉球至钓鱼岛则为逆季风走廊，极不容易前往钓鱼岛。从明清《册封使录》的记载来看，册封使由那霸回航中国，从来没有途经钓鱼岛的记录，即使在迷失航向的情况下，也漂流不到钓鱼岛。另外，从琉球方面的史籍来看，在19世纪70年代琉球被日本吞并以前，除抄录明清《册封使录》外，几乎完全没有关于钓鱼岛的记载（笔者认为，如果不是19世纪以后蒸汽轮船的使用，日本人根本无法染指钓鱼岛，该列屿只能是福建、台湾渔民的活动场所）。其次是赤尾屿与久米岛之间横亘着一条深达2700米的东海海槽，其间因海底深沟或岩洞形成的大旋涡即"落漈"，往往使"船百无一回"[⑱]。对于过沟之际惊险万状的情景，在陈侃等人的各种《使琉球录》中皆有极逼真的描写。以上两重险阻，对于19世纪以前航海技术落后的琉球渔民来说，恐怕是颇难逾越的。因此，在此之前的琉球人，与钓鱼岛列屿关系淡薄，概念模糊，不像中国人，对钓鱼岛、黄尾屿、赤尾屿的概念十分清楚。

　　另外，就中国人的"钓鱼岛"之得名来看，亦可证明中国人与钓鱼岛的渊源极深且曾亲临考察。从历次册封使的记录来看，中国人从梅花所或五虎门出洋，所经有鸡笼山、花瓶山、彭佳山、钓鱼岛、黄尾山、赤尾山，沿途所遇岛屿形状的命名皆用"山"，唯独钓鱼岛用"台"（有时也写作钓鱼屿。在汉语世界的地理概念里，有岛、屿、山、台四种分类，按其浮出水面的面积大小和形状高低而分别命名。一般说来，面积较大者为岛，较小者为屿；

浮出水面较尖者为山，较平者称台。但命名没有绝对分明的界限，岛、屿、山皆可杂用，唯独"台"较具形状特征），知此岛屿定较其他岛屿平坦，且临海处必有一峭壁，可供垂钓之用（以下我将引用英国人的测量考察报告证实这一推论）。可见中国人在为该岛起名之前，必曾登临此台作实地观察。相对中国人来说，琉球人的传说中，起初对钓鱼台并无一定之命名，故时而用"ユクン（鱼岛），时而用"イーグン"（鱼钩），且这些概念的含义皆与中文的"钓鱼"有关，很可能是从传闻中得知钓鱼岛的名称，从而会意得来的。按琉球语中的"イーグン"一词，用中文来解读应作"形状如捕鱼之钩"，与中国人的"钓鱼"一词中含有"可供垂钓之地"的意思是有所不同的。而现代的日本人不了解琉球的古语，将"鱼钓"一词注上"うおつり"（uothuri，即垂钓之意），一方面是曲解了琉球人"イーグン"一词的含义，另一方面则正好是对中国人的"钓鱼"一词的意译。可见日本语的"鱼钓"一词，与琉球人为同字异音（即同采"鱼钓"之汉字，但读音全异），与汉语则为异音同义（即读音相异而意义相同）。质言之，日本的"鱼钓岛"名称之由来，是取琉球语中的字形、取中国语中的字义综合而成。不过，即便是琉球语中的字形，其根源也是脱胎于汉语。

二、日本人的"尖阁群岛"名称之由来

在琉球人的传闻中，虽用琉球语称钓鱼岛为"ユクン"或"イーグン"，但在他们的历史文献中，对钓鱼岛列屿也即是后来日本人说的"尖阁群岛"并没有一个清晰明确的地理概念，他们只是知道在今天所称的"尖阁群岛"位置上有"ユクン"或"イーグン"罢了。至于"尖阁群岛"这个词及其地理概念，在19世纪以前的琉球或日本史籍中，都没有出现过。事

实上，日本人对于"尖阁群岛"的较清晰较完整的知识，是从西洋人那边得来的，而"尖阁群岛"这个词，最早也是从英文翻译过来的。大约在 18 世纪末叶，英国人的地图中便开始出现钓鱼岛列屿的名字。在 1790 年出版的一张英国地图中（The Empire of China with its Principal Division's, London Robert Sayer, 1790[19]）中（见图 4 - 1），便列有彭佳屿、花瓶屿、黄尾屿、钓鱼屿、赤尾屿的英文名字，而且都采用中国名称。不过，从地图上看来，名称与岛屿略有错乱，因为当时的英国人还没有亲临其境作实地勘测，他们所得到的关于钓鱼岛列屿的地理知识，主要来源于中国出使琉球的册封《使录》及福建、台湾和广东沿海的渔民。其中有三份文献最值得重视。第一是《顺风相送》，该书抄本于 1639 年前已流传到英国。第二是徐葆光的《中山传信录》，1781 年在巴黎刊行[20]。第三是林子平的《三国通览图说》，1832年被译成法文在巴黎出版[21]。这些文献所记钓鱼岛列屿皆用中国名称且标明属中国领土。因此，18、19 世纪，甚至 20 世纪初，西洋人地图上所记钓鱼岛列屿皆沿用中国的命名。例如，在 19 世纪中期，部分西洋人的地图，有将钓鱼岛称为"HOAPIN – SAN"或"HOAPIN – SU"、黄尾屿称为"TIAU – SU"者。不过，其中有一幅 1861 年出版的英国地图（Crnchley's China〔Map〕, London, 1861[22]），又明白用中文钓鱼屿（Tia – yu – su）名称（见图 4 - 2）。在西洋人的地理概念中，他们将由花瓶山到钓鱼岛列屿的大小岩礁群统称为 Pinnacle Groups 或 Pinnacle Islands，日本人的"尖阁群岛"一词，便是从这一英文名称译过来的（见图 4 - 3）。

据井上清的考证，日本人有关钓鱼岛列屿的地理知识，最早是得自英国军舰沙马朗（SAMARANG）号于 1845 年 6 月对该列岛作的测量报告。沙马朗号舰长爱德华（Sir Edward Balcler）对这次航海过程作有详细的记录。

1845 年 6 月，该军舰从琉球国的八重山群岛与那国岛出发，14 日到达

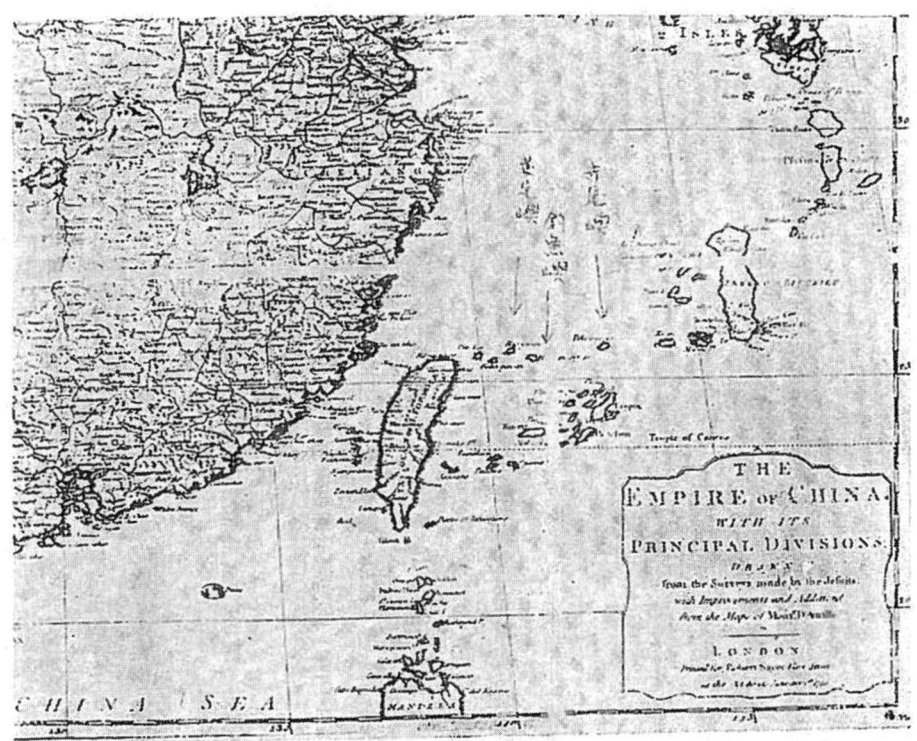

图4-1　The Empire of China with its Principal Division's, London Robert Sayer,1790.这幅1790年的英国地图，钓鱼台列屿及台湾附近各岛都是中国名称，Pon-Kia指彭佳屿，Hoan-Pin-Su指花瓶屿，Hao-yu-su指皇尾屿，Hoan-oey-su指钓鱼屿，Tshe-oey-su指赤尾屿（采自丘宏达《中国对钓鱼台列屿主权的论据分析》；载《明报月刊》1972年6月第78期）

石垣岛。当晚，舰长爱德华打开航海图寻找 HOAPIN‑SAN（花瓶山）群岛以定航路。这次的航海目的是要测量由花瓶山到钓鱼岛诸岛屿的水文地理。15 日，他们来到钓鱼岛，舰长误以为就是 HOAPI‑SAN。次日，前往黄尾屿，舰长以为即是 TIAU‑SU（钓鱼屿）。这次测量的结果，由爱德华舰长写成详细记录，于 1848 年在伦敦出版（Narrative of the Voyage of HMS Samarang During The Years 1843‑46，by Captain Sir Edward Balcler；London，1848），这大概是世界上最早对钓鱼岛列屿所作的一份科学调查报告。1855 年，英国

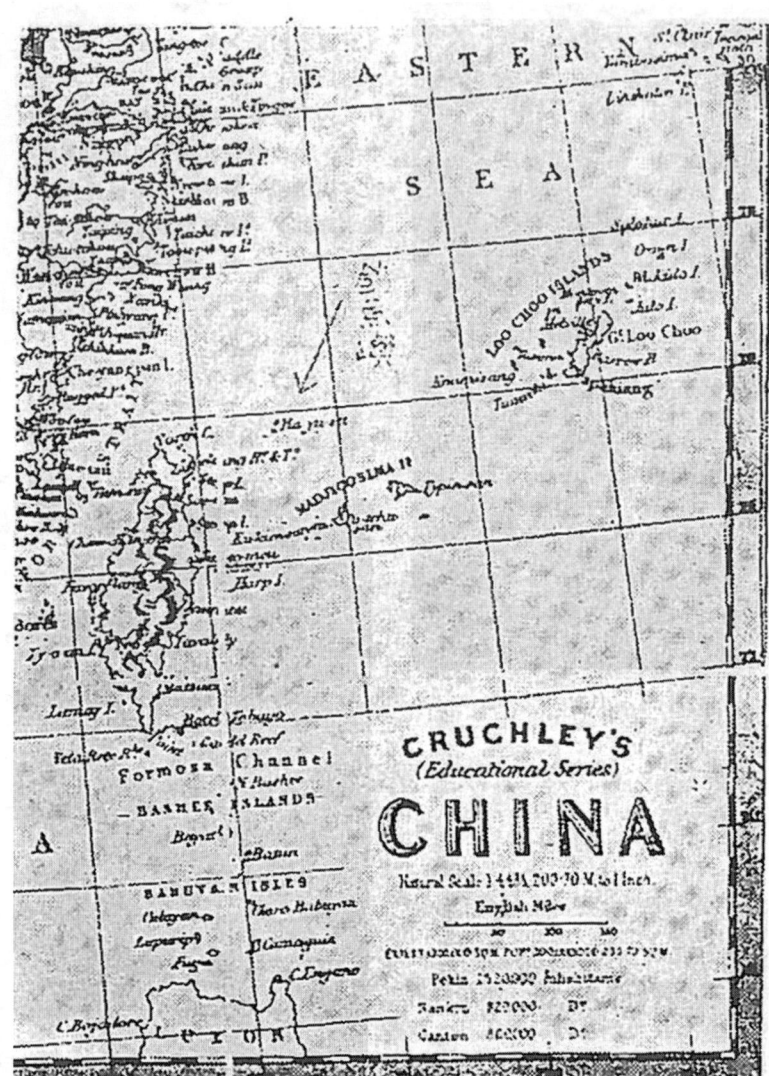

图4-2　Crnehley's China (Map), London; 1861。这幅1861年的英国地图，明确用中文钓鱼屿（Tia-yu-Su）名称（采自丘宏达文）

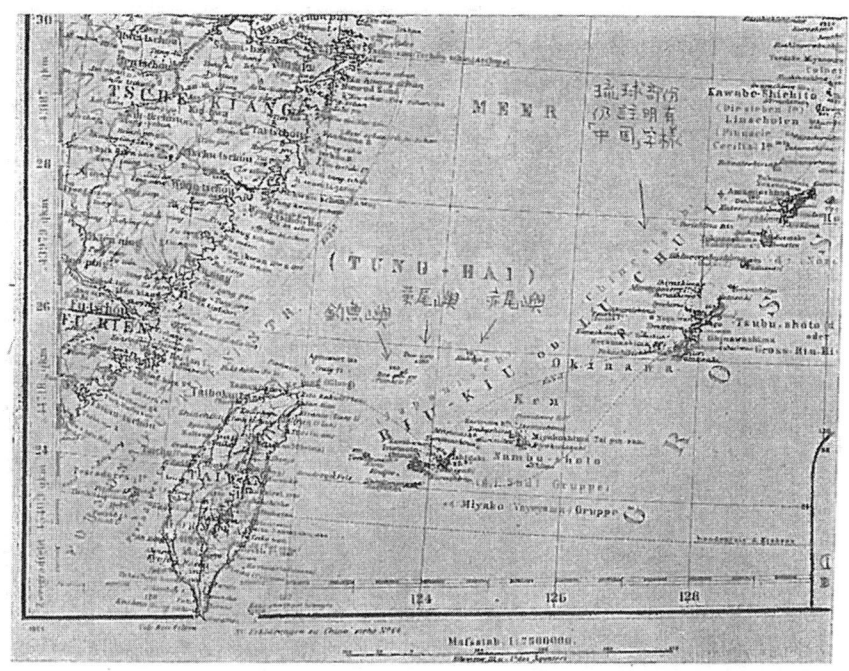

图4-3 Stielers Hand‐Atlas，Gotha：Justus Perthes，1906，No.65. 在日本窃据钓鱼岛后十年（1906），其所用的尖阁列岛（译为英文 Senkaku）的名词，几均未被各国地图普遍接受，本图即为一例。在图中，黄尾屿译为 Hoa-Pin-Su（Pinnadle Is.），赤尾屿译为 Raleigh R. 甚至在琉球部分，仍旧注明中日共有。采自丘宏达文。

海军根据这份记录制成海图出版，收入《台湾与日本间的岛屿及其邻近海岸》（The Islands Between Formosa and Japan with the Adjacent Coast of China，1885）一书㉓。

据笔者所考，爱德华舰长根据海图中所记"HOAPIN‐SAN"，即是闽语的花瓶山，查花瓶山的英文名为 Pinnacle，该词原意为"教堂尖塔形屋顶"，花瓶山浮出水面的形状恰如其形，而"TIAU‐SU"即是闽语的钓鱼屿。由此亦可看出，爱德华舰长所依据的海图知识是得自福建语系的人。不过，爱德华将"HOAPIN‐SAN"与"TIAU‐SU"两个名词对错了号，实际上他测量的是钓鱼岛和黄尾山。因为根据《沙马朗号航海记录》第一卷第九章第318 页所说："花瓶山（HOAPIN－SAN）最高点为1181 英尺，岛的南侧，其高处几乎垂直地从朝西北方向切断，其他部分则向东倾斜，其倾斜处，有很多良质之水涓涓流出，但绝没有居住者和来访者之痕迹。""从舰上可见到该岛的上部地层，显示出向东北深度倾斜的层理纹，因此，水流很容易向东北方向的海岸流去。岛上有天然的淡水和鱼池，水可饮用，亦可见有鱼在淡水池中游弋。这些池几乎与海连结，池上草木茂盛。"[24]

上文提到该岛海拔最高点为1181 英尺，合360 米，这与1970 年日本讲谈社版"尖阁诸岛"中"鱼钓岛"的海拔高度363 米相合；又查台北南天书局1993 年版的《台湾地志》下册第1278 页所记"花瓶山"的海拔高度为51 米，知沙马朗号所测乃为钓鱼岛而非花瓶山。此外，该报告提到朝西北方向有垂直切断之峭壁，与中国人见此峭壁联想可供垂钓之用而将岛名命为钓鱼台的情况相合。

日本人关于钓鱼岛和黄尾屿的知识，就是从沙马朗号的测量报告中得来的。例如明治二十七年（1894）六月版的《日本水路志》第二卷（见图4－4）中有关钓鱼岛的记载云："从此岛的南侧最高处（1181 英尺）向西北方向，呈切削状，此岛之淡水不绝，诸天然池中可见有淡水鱼生育，而池皆连海，水面浮萍丰盛，岛中无人居住。"如果将日本人的这段文字与前引爱德华的报告相对照，明显可以看出，《日本水路志》的记述"大致上是对沙马朗号航海记录的缩写式翻译"[25]。事实上，在该书记述钓鱼岛之前，日本人已注意到沙马朗号的航海纪录的价值。例如明治十九年（1886）三月刊行的海军省水路局编纂的《寰瀛水路志》第一卷下（见图4－5），第十篇有关钓鱼岛列屿的记述，几乎完全照抄1884 年出版的《英国海军水路志》（该书有关钓鱼岛列屿的记述亦取材于沙马朗号的航海记录）[26]。在《寰瀛水路志》中，钓鱼岛是用汉字"和平山岛"来标示，后附英文"HOAPIN"，黄尾屿则用"低牙吾苏岛"（即英文"TIAU－SU"的和读发音），赤尾屿是"尔勒里岩"（即英文"RALEIGH ROCK"的和读发音），这些名称与沙马朗号航海记录中用的岛屿名称完全相同。

图4-4 《日本水路志》第一卷，水路部编，明治廿五年（1982）刊。该书是根据《寰瀛水路志》改编增补而成。第二卷刊于明治廿七年（1984年）

明治二十七年（1894）七月，为配合日本海军的南侵计划（这年即是中日甲午战争之年），日本出版了《日本水路志》第二卷，其中有关钓鱼岛列屿的名称则分别用"ホアピンス岛"（即英文"HOAPIN－SU"的日语片假名书写），"チヤウス岛"（即英文 TIAU－SU），"ラレー岩"（即英文RALELGH ROCK）。日本人在这里改用专记外来语的片假名分别记钓鱼岛、

图4-5 《寰瀛水路志》第一卷（下）日本海军水路部编，明治十九年（1886年）刊。内容取自有关船舶航行时应注意的港湾、沿岸地理状况及气象、海象等情报，与海图一并使用该书系译自《英国水路志》。书名取自"寰瀛"，即包含世纪海洋之意。第一卷内容以日本的太平洋沿岸为中心

黄尾屿、赤尾屿，明白表示有关这些岛屿的知识来自外国人，此亦足以证明后来日本人说自己首先发现钓鱼岛列屿完全是撒谎。明治时期，明白表示来自外国人的知识，到了昭和时代却说成是自己的创造发明，这岂不正是自欺欺人吗？

明治四十一年（1908）十月，日本人出版了修订本《日本水路志》，在第二卷有关钓鱼岛列屿的记述则写上了"鱼钓岛（HOAPIN－SU）"、"黄尾屿（TIAU－SU）"、"赤尾屿（RALELGH ROCK）"的名称。也即是将钓鱼岛换上了琉球名称"鱼钓岛"，黄尾屿、赤尾屿则用汉字书写的中国旧有名称，

下面附有英文名称，但在黄尾屿后面没有附上"久场岛"，赤尾屿后面也没有附上"久米赤岛"这两个琉球名称。大概这时日本的官方才确认出英国人记录的"HOAPIN - SAN"即是中国人说的钓鱼岛，而"TIAU - SU"即是黄尾屿，"RALELGH ROCK"则是赤尾屿。同时明确表示自己有关这方面的知识是来自英国人，而英国人的知识又得自中国人。日本除将钓鱼岛易名外，黄尾屿、赤尾屿则沿用中国名。然而，为什么日本人在此时此际会用回中国人的旧称呢？原因是经《马关条约》割让台湾后，钓鱼岛列屿早已成为囊中之物（列屿从地缘上虽附属于台湾岛，但在行政版图上并未标明这种隶属关系）㉗。日本随着对台湾领土主权的占有而获得对钓鱼岛列屿的自然取得（从而也可反证台湾岛与钓鱼岛列屿是互为进退的。随着战后日本对台湾领有主权的解除，对钓鱼岛列屿的领有主权也就自然解除。这在国际法的法理上是完全成立的），到这时候，日本人已不会再考虑中国政府方面的因素了。

大正八年（1919）七月出版的《日本水路志》第六卷，有关钓鱼岛列屿只写上"鱼钓岛"、"黄尾屿"、"赤尾屿"，在这里没有再用英文名字了。

昭和十六年（1941）三月出版的《台湾西南诸岛水路志》也写有"鱼钓岛"、"黄尾屿"、"赤尾屿"，但在赤尾屿后面附有日语片假名注音"セキゼ"。

昭和二十五年（1950）三月出版的《南岛风土记》，其中"尖阁列岛"一节标明包括"钓鱼屿"、"黄尾屿"、"尖头诸屿"。该书是战后日本重新查勘琉球列岛后所编，具官方文献性质，书的副标题作《冲绳·奄美大岛地名辞典》。书中有关"钓鱼岛"的记述云："（钓鱼屿）位于列岛中的南端，依其耸立的形状而被称为钓鱼岛。在《指南广义》附图中特别标示其形状。这张地图是根据三十六姓移民时的航海图而绘。"㉘在这里，著者明确指出琉球人程顺则《指南广义》中有关钓鱼岛的地理知识是出自福建的三十六姓移民入琉球岛时携带的航海图。查中、琉史书记载，明洪武二十五年（1392）有遣闽人三十六姓一事。即当年的明朝政府曾选闽人三十六姓的优秀人才，到琉球担任文教、翻译及航海工作，以发展琉球的文化。这三十六姓中，又以金、梁、郑、林、蔡五家宗族最为繁盛[29]。《南岛风土记》的著者东恩纳宽惇为出身那霸的琉球学大家，所言琉球人有关钓鱼岛列屿的知识出自闽籍三十六姓移民，应当是可信的。

关于"黄尾屿"的记述云："（该岛）位于鱼钓屿的东北方约十五海里，岛由大块绿斑岩组成，从海面约六十英尺至六百英尺的岛顶皆为灌木遮蔽，更无树木，此岛亦有无数海鸟栖息，岛的中心约在北纬 25°58′、东经 123°40′之间。"（著者引自《日本水路志》——郑注）

关于"尖头诸屿"的记述云："（该岛）位于钓鱼岛的东方六海里处，岛上有尖岩突起多处，形状恰似尖塔。这也是'尖阁'又叫'尖头'的名称之来由。"著者在书中声明，上述有关"尖阁列岛"的知识，系取材于明治三十三年（1900）冲绳县师范学校教谕黑岩恒氏的踏访报告以及《日本水路志》。关于《日本水路志》前面已经指明，其有关钓鱼岛列屿的知识，系照抄英国军舰沙马朗号的航海记录。至于黑岩恒氏的踏访报告，似有作进一步解释之必要。

据东恩纳宽惇《南岛风土记》和井上清《"尖阁"列岛——钓鱼诸岛の史的解明》等书揭示，日本人将钓鱼岛、黄尾屿、尖头诸屿总称为"尖阁群岛"或"尖阁列岛"，并被反复使用，是从 1900 年黑岩恒氏的踏访报告开始的。查琉球历史文献，知黑岩恒在冲绳县师范学校任职期间，曾多次踏访"尖阁群岛"采集动植物标本，对该列岛的生物和地质作过调查[30]。黑岩恒将调查报告以《尖阁列岛探险记事》为题，发表在明治三十三年（1900）出版的《地学杂志》第 8、9 期上。他在《记事》中写道："这里所称的尖阁列岛，是位于我国冲绳岛和中国福州的中间的一列小屿，北距八重山列岛的西表岛大约九十英里，从列岛到冲绳岛距离约二百三十英里，与到福州的距离大约相当，隔台湾岛的基隆仅二百二十余英里。据帝国海军省出版的海图（明治三十年刊行），本列岛是由钓鱼屿、尖头诸屿及黄尾屿组成，渺如苍海之粟。……然而，此列岛至今还未有统一的名称，为在地理学上的使用方便起见，我姑且以尖阁列岛这一新创名词命之。"[31]黑岩恒的文章发表后，"尖阁列岛"这一名称首先是在地理学界广为人知，随后即被官方文书所采用。不过，黑岩恒当年所见的"尖阁列岛"，系指钓鱼屿、尖头诸屿（即今日本地图上位于"鱼钓岛"附近的"飞濑"、"北小岛"、"南小岛"、"冲之北岩"、"冲之南岩"诸屿）及黄尾屿，却不包括赤尾屿。这也是英国军舰沙马朗号的测量报告中提到的"HOAPIN – SAN"、"TIAU – SU"及"RALELGH ROCK"[32]。英国人将这一列岛屿统称为"PINNACLEISLANDS"，日本人则将它们对译成"尖阁群岛"。

以上所述，即是日本人的"鱼钓岛"、"尖阁群岛"名称之由来。概括地说，日本人关于钓鱼岛列屿的知识最初得自英国人，而英国人的知识又得自闽语系的中国人。钓鱼岛列屿最早实为福建、台湾渔民的活动场所这一事实，大致可成定论。基于此，日本人称钓鱼岛列屿（日称"尖阁群岛"）是由他们最早发现的无人荒岛之说不攻自破。

三、结　语

本文结束之际，有两点是必须着重提出来的。一是琉球学之父东恩纳宽惇在《南岛风土记》中清楚地指出，清初琉球紫金大夫程顺则所著《指南广义》（1708）中的附图，所载钓鱼岛列屿绘图乃是依据闽籍三十六姓移民的航海图。这是一则十分重要的史料。它说明了两个问题：其一，说明中国人在 1392 年起便发现、命名钓鱼岛列屿，并开始利用它们来作为通往琉球的航海标识；其二，说明琉球人对钓鱼岛列屿的知识得自闽籍三十六姓移民。以上两项皆证明最早发现、命名、使用钓鱼岛列屿的"原始权利"（inchoate title）属于中国。二是本文运用册封使录中残存的古代琉球语知识去解读一些现代冲绳人（包括日本人）感到棘手的难题，这是一种大胆的尝试。同时也说明了两个问题：其一，说明运用比较语言考证学的方法去解答历史学上的疑难问题，是学术研究的一种新途径，所得结论虽不一定完全准确，但方向是对的，正所谓虽不中亦不远矣；其二，说明册封使录所附"夷语"、"夷字"是一笔值得珍视的文化遗产。这些用汉文注音的琉球语，实际上是从明初中、琉交通后开始积累下来的，后经历次出使琉球册封使不断补充修订，它是古代中国人学习琉球语的一种字典，对我们研究琉球历史问题、钓鱼岛问题乃至中日关系史问题皆具一定的参考价值。

注释：

①　见杨仲揆《琉球古今谈——兼论钓鱼岛问题》中"壹、尖阁群岛问题"。杨著根据中国琉球册封使记录中提到"花瓶山、钓鱼屿、黄尾屿"，认为这就是日本人所谓尖阁群岛地区。杨先生似乎并没有看过日本人有关"尖阁群岛"的著述，也就是说没有弄懂日本人所谓"尖阁群岛"的范围。

②　杨仲揆先生在前揭论文中又提到，日本人"所谓'尖阁群岛'（或称尖头群岛），自古即为中琉海上航路指标，最早见诸中国史籍"。在这段文字里，杨先生出现了两个错误：①"尖阁群岛"与"尖头群岛"是两个不同的概念，"尖阁群岛"包括"钓鱼岛、飞濑、北小岛、南小岛、冲之北岩、冲之南岩、黄尾屿、赤尾屿"这八个岛屿，而日本人所称"尖头群岛"，即是"飞濑、北小岛、南小岛、冲之北岩、冲之南岩"的统称。②杨先生说"尖阁群岛"最早见诸中国史籍（另一处又说日本人的

"尖阁群岛"概念是从台湾渔民的"尖头群岛"演变过来的），这些说法也是不确的。据笔者查考历朝册封使录及南海史地典籍，并无"群岛"之概念，只有"岛、屿、台、山"四种分类，"群岛"一词应是舶来品，且是近代传入之事。至于"尖头群岛"一词，最早是由日本人黑岩恒对英国军舰沙马朗号航海记录中"RALEIGH ROCK"一词的对译。杨先生说出自中国史籍或台湾渔民，但又没有援引文字资料证明。这些都是杨著欠严谨之处，笔者以前亦曾采用过杨说（见《琉球交涉始末及钓鱼岛主权归属考》，载《明报》加西版 1996 年 9 月 22 日），故在此略作检讨。

③⑲㉒　见丘宏达《中国对于钓鱼岛列屿主权的论据分析》，载香港《明报月刊》第 78 期，1972 年 6 月。

④　见井上清《"尖阁"列岛——钓鱼诸岛の史的解明》第八章"所谓'尖阁列岛'无一定之岛名和区域。"（日本现代评论社 1972 年 10 月出版）

⑤　笔者所据陈寅恪先生之家法，系指陈先生在《王静安先生遗书序》中提出的："一曰取地下之实物与纸上之遗文互相释证；二曰取异族之故书与吾国之旧籍互相补正；三曰取外来之观念与固有之材料互相参证。"（见《陈寅恪史学论文选集》，上海古籍出版社 1992 年版）

⑥⑯　见 1970 年 9 月 17 日琉球政府《关于尖阁列岛的领土权》声明。

⑦　见《日本の文化地理》第 17 卷，第 298 页（东京讲谈社 1970 年 12 月出版）。

⑧　引自东恩纳宽惇《南岛风土记》第 456 页。另，有关蔡大鼎的记事，可参看赤岭守《琉球复旧运动の考察》，载《琉球·冲绳——その历史と日本史像》（地方史研究协议会编，东京雄山阁 1987 年出版）。

⑨　西村捨三原官日本内务省土木局长，1883 年转任冲绳县令，次年著有《南岛记事》刊行。参看金城朝永。《冲绳研究史——冲绳研究の人とその业绩》，载《民族学研究》第 5 卷第 2 期（昭和二十五年出版）

⑩　日本外务省编纂《日本外交文书》卷十八第 573－574 页，昭和二十五年（1950）十二月三十一日出版。

⑪　东恩纳宽惇《南岛风土记》第 455 页。

⑫　参看拙著《"顺风相送"所记钓鱼岛列屿史实考释》，载《文化中国》第 13 期，加拿大文化更新研究中心 1997 年 6 月出版。

⑬　井上清《"尖阁"列岛——钓鱼诸岛の史的解明》，第 60 - 61 页，第三书馆 1996 年 10 月出版（东京）。

⑭　东恩纳宽惇《南岛风土记》第 455 页，或井上清前揭书第 58 - 59 页。

⑮　井上清前揭书第 62 - 63 页。

⑰　我这种解读琉球语的方法，实际上是与陈寅恪先生通过梵文与中文、藏文对勘而学习藏文的方法相似的。陈先生在《与妹书》（1923）中写道："我今学藏文甚有兴趣。因藏文与中文是同一系文字……藏文数千年已用梵音字母拼写，其变迁源流较中文为明显，如以西洋语言科学之法为中藏文比较之学，则成效当较乾隆诸老更上一层。"引自《陈寅恪史学论文选集》"前言"第 27 - 28 页，上海古籍出版社 1992 年版。

⑱　关于"落漈"的记载，最早见诸《元史·外国列传》中的《琉求传》。随后，《大明一统志》（1461）中"琉球国"亦有记此事。陈侃《使琉球录》"群书质异"即引自《大明一统志》，云："落漈，水至彭湖渐低，近琉球，谓之落漈——漈者，水趋下不回也。凡两岸渔舟至彭湖，遇飓风作，漂流落漈，回者百无一二。"按《元史》所记之"琉求"，据考为今之台湾，并非今之冲绳；所记"落漈"，当在今澎湖列岛与台湾之间。另据梁嘉彬氏所考，琉求当指今之冲绳而非台湾（见梁著《琉球及东南诸海岛与中国》，1965 年台湾东海大学出版），则"落漈"之事当发生在赤尾屿与那霸之间，这与该地的地理环境（即黑水沟或曰东海海槽）相合。另，陈侃《使录》提到，他曾将"落漈"一事询之当地的琉球人，"皆不知有其水"，此可作为"琉求"非冲绳说之注脚，但也可作为琉球人并无出姑米山过赤尾屿之经验的说明。笔者认为，"落漈"为海底深沟或岩洞形成的大旋涡，航海各处常遇之，并不必拘泥于台澎或那霸两地。陈侃《使录》"山川"条记"昨见古米山水急礁多，闻舟有至此而败者"，此即是"落漈"的最好注脚。

⑳　宫城荣昌、高宫广卫编《冲绳历史地图》（历史编）第 183 页，东京柏书房株式会

社 1983 年出版。

㉑　林 子 平 著《三 国 通 览 图 说》，J. klaproth 译，Apeacu General des Trois Royaumes. Paris. 1832 年。参看中村拓《御朱印船航海图》，东京原书房1979年出版。

㉓　有关英国军舰"沙马朗号"前往八重山及钓鱼岛列屿测量之事，《球阳》卷二十一亦有记载，并写明该舰舰长为此事特向琉球驻福州琉球馆官员提交申请，允准后始得前往测量。现将其译述如下：

　　尚育王十一年（1845）五月初二日，一艘异国船在与那国岛的祖纳村洋面出现，大船放下舢板，乘载十三人前来古保良浜。初三日至初五日，有五人上岸来到山野间到处巡看，然后插上白旗，用望远镜视察四方，至黄昏始回舢板寝宿。初六日，有异人十一名，华人一名，坐驾舢板上岸。时有与那国岛人，其人曾学官话（即中国语——郑注）者，问其来历，据华人口称，该船为大英国之船只，全船人数共二百员……至初九日复向八重山岛属下崎枝村洋面驶去。（此记事用阴历，如换算成阳历，则与沙马朗号航海记录的日期相合，知即为该舰——郑注）

㉔　井上清前揭书第 72－73 页。

㉕　参看东恩纳宽惇《南岛风土记》第 455－456 页。

㉖　井上清前揭书第 69－74 页。

㉗　据明嘉靖四十一年（1532）出版的《筹海图编》，澎湖澳（即今澎湖列岛）、小琉球（台湾岛）、彭佳山、钓鱼屿、赤屿等皆隶属福建省行政版图，纳入军事防卫区域。但入清后台湾改置行省，钓鱼岛列屿并未从福建省行政版图内划归台湾省，这也是造成台湾省行政版图并无标注钓鱼岛列屿的原因，但这并不能因此否定钓鱼岛属中国固有领土的事实，同时也不能否定钓鱼岛在地缘上为台湾附属岛屿的事实，因为钓鱼岛属台湾北部大屯山火山带。参看东京富山房出版（1937 年 4 月 25 日发行）的《国民百科辞典》第三卷。

㉘　东恩纳宽惇《南岛风土记》第 455 页。

㉙　中国史籍见谢杰《〈琉球录〉撮要补遗》："（三十六姓）多闽之河口人，合之凡三十六姓，并居彼国之营中。子孙之秀者，得读书南雍；俟文理稍通，即遣归为通事，

得累升长史、大夫……每科、司出使，必以河口土著人充通事，谓之'土通事'；七姓充者，谓之'夷通事'。土通事能夷语，夷通事能华语。"琉球史籍见《球阳》卷一"察度王四十三年（1392年）"条："太祖……更赐闽人三十六姓，始节音乐，制礼法，改变土俗，致文教同风之盛。太祖称'礼义之邦'（或曰：三十六姓，或老返国，或留嗣，现仅存者，唯蔡、郑、林、梁、金五家耳）。"

㉚ 参看中山盛茂编《琉球史辞典》第261页，琉球文教图书1969年出版。

㉛ 井上清前揭书第75页。

㉜ 英国军舰沙马朗号测量报告中提到的"RALEIGH ROCK"，应当是位于钓鱼岛与黄尾屿之间的南小岛、北小岛等五个小岩礁，但在日本人的《寰瀛水路志》和《日本水路志》中，一直将它误作中国册封使录记载中的赤尾屿，直至明治三十年日本海军省出版的海图，才将其改称"尖头诸屿"，这是钓鱼岛列屿中唯一由日本人命名的诸小屿。由此可见，日本人在20世纪以前，对钓鱼岛列屿的概念一直是模糊不清的，因此才会将钓鱼岛侧的岩礁误作赤尾屿。对此，最早发现、命名和使用钓鱼岛列屿的"原始权利"（inchoate title）谁属便不辩自明了。

第五章　论历史上中琉两国的
边界划分

　　纽约《世界日报》1997 年 2 月 26 日要闻版载：前任联合国秘书长加利
的一份有关海洋法的报告，引发北京、东京就钓鱼岛主权归属强烈争议。中
国常驻联合国代表秦华孙、日本常驻联合国代表小和田恒先后致函加利与现
任秘书长安南，各自强调拥有钓鱼岛主权。沉寂一时的中日钓鱼岛列屿主权
之争，再度燃起外交战火。而小和田恒在致联合国的信中，称钓鱼岛就历史
与相关国际法而言，"无疑是日本领土的一部分"，东京也一直"有效行使
对钓鱼岛的控制权"，因此日本拥有钓鱼岛领土主权"不应有疑问"，等等。

　　就以上小和田恒的言论来看，日本声称拥有钓鱼岛列屿主权的持论有
二：一是钓鱼岛列屿在历史上是日本领土的一部分；二是日本一直有效行使
对钓鱼岛的控制权，换言之即是按国际法中"事实占有"的原理拥有该岛主
权。在以上两点理由中，前者是后者的依据。也就是说，历史上拥有主权是
目前日本按相关国际法"事实占有"钓鱼岛列屿的依据。对此，笔者作出如
下反驳。

一、有关中琉两国边界划分的史籍记载

　　笔者近来仔细研查中国、琉球、日本及西洋人的航海记录，发现自明、

清以来，中国和琉球的疆界划分十分清楚，既有地方的分界，又有海域的分界。这些分界不仅获得中琉两国的共识，而且也为当时的日本和西洋人士所认同。

（一）有关中琉地方分界的记载

（1）陈侃《使琉球录》。明嘉靖五年（1526），琉球国中山王尚真去世。二年后，世子尚清上表明朝，请求继承王位。嘉靖十三年（1534）五月，明朝派遣给事中陈侃为册封使，由福州启航前往琉球。陈侃在《使琉球录》"使事纪略"中记述此次航程云："五月朔，予等至厂石……五日始发舟，不越数舍而止，海角尚浅。至八日，出海口，方一望汪洋矣。九日，隐隐见一小山，乃小琉球也。十日，南风甚迅，舟行如飞；然顺流而下，亦不甚动。过平嘉山、过钓鱼屿、过黄毛屿、过赤屿，目不暇接，一昼夜兼三日之程；夷舟帆小，不能及，相失在后。十一日夕，见古米山，乃属琉球者；夷人鼓舞于舟，喜达于家。……二十五日，方达泊舟之所，名曰那霸港。"①上文值得注意的是，陈侃在叙述册封船由福州闽江口外出洋，所经台湾北端的小琉球、彭佳屿、钓鱼屿、黄尾屿、赤尾屿，为此次航行的一个阶段，沿途所经各岛屿皆为中国海域范围。然而，册封船到达古米山（久米岛），即进入琉球境界。船上担任导航的琉球水手知道已抵故国家园，于是高兴得手舞足蹈。陈侃在这里清楚地指出，自古米山起，为琉球境界。

（2）郭汝霖《使琉球录》。嘉靖三十四年（1555）六月，琉球国中山王尚清去世。三十七年正月，世子尚元遣使上表明廷，请求册封王位。嘉靖四十年（1561）五月，明廷派遣给事中郭汝霖为册封使前往琉球。郭汝霖在《使琉球录》中记这次航程云："五月二十九日，至梅花开洋……过东涌、小琉球。三十日，过黄茅②。闰五月初一日，过钓鱼屿。初三日，至赤屿焉。赤屿者，界琉球地方山也。再一日之风，即可望古米山矣。"③上文值得注意的是，郭汝霖明确地指出"赤屿者，界琉球地方山也"，意谓赤尾屿是（中国）与琉球的地方分界。赤尾屿以西为中国领地，以东为琉球领地。而古米山在赤尾屿以东，因此属琉球领地。故陈侃有"古米山，乃属琉球者"之语。可见陈、郭所述中琉地方分界是同一意思，即以赤尾屿为中国领地的边界。

（3）徐葆光《中山传信录》。清朝康熙五十八年（1719），翰林院检讨海宝为册封使，翰林院编修徐葆光副之，前往琉球册封中山王尚敬。册封船于当年五月二十二日自五虎门（福州闽江口）开洋，六月初一日航抵那霸港。徐葆光在琉球旅居八月有余。退食之暇，与其士大夫之通文字译词者相接，披览琉球国《中山世鉴》及山川图籍，查勘其海行针道后，编成《中山传信录》六卷。该书出版后，为中、琉、日官方及学者所推崇。周煌辑《琉球国志略》、林子平撰《三国通览图说》皆曾参考是书。该书卷一记"福州往琉球"针路（引自琉球学者程顺则《指南广义》，但经徐氏考订并加注释）云："由闽安镇出五虎门，东沙外开洋，用单（或作乙）辰针十更，取鸡笼头……花瓶屿、彭家山；用乙卯并单卯针十更，取钓鱼岛；用单卯针四更，取黄尾屿；用甲寅（或作卯）针十（或作一）更，取赤尾屿；用乙卯针六更，取姑米山（琉球西南方界上镇山）；用单卯针，取马齿，甲卯及甲寅针，收入琉球那霸港。"④上文值得注意的是，徐葆光在"姑米山"后加注"琉球西南方界上镇山"，强调姑米山（亦作古米山，即今久米岛）乃是琉球西南边界上之主山，与陈侃"古米山，乃属琉球者"为同一意义，即强调琉球领地之西南方以姑米山为界。

以上三则史料清楚记载着中、琉两国的地方分界，从中国方面来看，地界是赤尾屿；从琉球方面来看，地界是久米岛。

（二）有关中琉海域分界的记载

（1）郭汝霖《使琉球录》。《使琉球录》记由那霸回福建途中，因册封使船遭飓风袭击，迷失方向，任其漂流之事："至二十六，许严等来报曰：'渐有清水，中国山将可望乎?'二十七日，果见宁波山。"可见，册封使船在海上迷失方向，无山可望时，是以水为标记的，如见有绿水，则知进入中国海域。而当日中国与琉球的海域分界是在赤尾屿与古米山之间的黑水洋（亦叫黑水沟）。古米山在赤尾屿以东，两屿之间隔着一道深达 2700 米的东海海槽⑤。这道海槽因水深之故，使洋面呈深黑色，与赤尾屿以西属东中国海浅海大陆架（水深为 50～200 米）的绿色海洋形成鲜明的颜色对比。自明代以来，中琉之间的海域区分便以黑水洋为界。在福建往琉球途中，至赤尾屿为止，沿途所经花瓶屿、彭佳屿、钓鱼屿、黄尾屿，皆位处于中国海的浅海大陆架上，洋面呈绿蓝色，故又称"清水"或"沧水"，这些海域向来属于中国，为中国海舶活动之区域。据《顺风相送》（1403）记载，位于东中国海浅海大陆架上隆起的各岛屿，因中国海舶经常往来活动其间，故由福建至各岛屿皆有针路可达⑥。但过了赤尾屿，一直至马齿山（即今琉球庆良间列岛），洋面皆呈黑色，属琉球海域范围，而在黑水洋面隆起的古米山，即属于琉球的领土版图。只有这样解释，才能清楚地理解郭汝霖"赤屿者，界琉球地方山也"的含义；同时，也只有这样解释，才能准确地理解陈侃"古米山，乃属琉球者"的含义。

（2）谢杰《〈琉球录〉撮要补遗》。明万历七年（1579），钦差正使户科左给事中萧崇业、副使行人谢杰前往琉球册封国王尚永。谢杰撰《〈琉球录〉撮要补遗》"启行"条引闽中父老言有："去由沧水入黑水，归由黑水入沧水。"⑦意谓由福建往琉球，由绿水进入黑水，则知到达琉球海域；由琉球回福建，则由黑水进入绿水，即知到达中国海域。此与前述郭汝霖一行见有清水，则知中国山可望是同一意思。

（3）夏子阳《使琉球录》。明万历三十四年（1606），钦差正使兵科右给事中夏子阳、副使行人王士祯，前往琉球册封中山王尚宁。夏子阳撰《使琉球录》"使事纪"记册封使船由那霸回航福州，沿途所过皆为黑水，十月二十二日早，过粘米山（即古米山）。不久，便遭飓风，船舱入水。"二十九日早，隐隐望见一船。众喜，谓有船，则去中国不远；且水离黑入沧，必是中国之界；……十一月朔日，舟入五虎门"⑧。夏子阳明记海水由黑转绿，即是到达中国海域。换言之，即中琉海域分界当在黑水洋，绿色水域为中国界域，黑色水域为琉球界域。

（4）汪楫《使琉球杂录》。清康熙二十二年（1683），钦差正使翰林院检讨汪楫、副使内阁中书舍人林麟焻，前往琉球册封中山王尚贞。汪楫撰《使琉球杂录》记福建往琉球航程：六月二十三日，自五虎门开洋，"二十四日天明，见山，则彭佳山也。不知诸山何时飞越。辰刻过彭佳山，酉刻遂过钓鱼屿……二十五日，见山，应先黄尾而后赤屿，不知何以遂至赤屿，未见黄尾屿也。薄暮过沟，风涛大作，投生猪羊各一，泼五斗米粥，焚纸船，鸣钲击鼓，诸军皆甲，露刃俯舷作御敌状，久之始息。问'沟'之义何取？曰：'中外之界也。'"界"于何辨？曰：'悬揣耳。'然顷者恰当其处，非臆度也"⑨。这里值得注意的是，汪楫一行经过赤尾屿后，即行过"沟"祭海神仪式。汪楫问老水手，"沟"是什么意思，回答说是中国与外国（当指琉球）的分界。又问怎样识别这一分界，回答说靠猜测。但汪楫又补充说，刚才过沟祭海，恰好是在赤尾屿外的黑水洋面举行，恐怕并非仅仅是猜测罢。这里明记赤屿以外为黑水沟，而此沟即是中国与琉球的海域分界。

（5）周煌《琉球国志略》。乾隆二十一年（1756），钦差翰林院侍讲全魁为正使、翰林院编修周煌为副使，前往琉球册封中山王尚穆。周煌归而著成《琉球国志略》凡十六卷，为明清册封《使录》中的集大成之作，也是研究琉球古代史的重要文书。该书卷五记琉球："环岛皆海也，海面西距黑水沟，与闽海界。福建开洋，至琉球，必经沧水过黑水，古称沧溟。'溟'与'冥'通，幽元之义。又曰：东溟，琉地。"⑩周煌这段话十分清楚地指出，中国与琉球的海域分界线就在黑水沟。由福建至琉球，必须经过绿色海域而进入黑色海减。黑水沟以西的绿色海洋为福建海域，以东的黑色海洋为琉球海域（东溟，琉地）。这种海域边界的划分法，是当日中琉官方使节及航海家的共识，明、清册封使录中亦反复提及，这是无法篡改也是无可辩驳的历史事实。

二、中琉两国的边界划分曾获国际公认

以上所述明、清出使琉球册封使录有关中琉地方分界与海域分界的史实，并非仅仅属册封使个人的记录，而是当日国际间公认的共识。下面援引各国史籍与图志为证。

（1）琉球《历代宝案》（见图 5 - 1）。该文书为琉球国 1424 年至 1867 年（即明朝成祖永乐二十二年至清朝穆宗同治六年）间历年对四周诸邻国关系档案之集成，其有关之国家为中国、朝鲜、日本、东南亚各国及英国、法国等。查《历代宝案》，除内收明、清出使琉球册封使录有提及钓鱼岛列屿外⑪，文书未见钓鱼岛等岛屿名称。唯该文书第二集卷一百十七有"福建布政司咨：移知遣发风漂台湾凤山县辖番社难夷宫城等回国"（嘉庆二十年五月初七日）内中提到"查得台湾府送到琉球漂风难番宫城等七名，又浙江临

海县送到琉球漂风难番久场岛等九名"。但此中之"宫城"与"久场岛"皆为人名，而非地名，与日本人声称拥有"尖阁群岛"中之"久场岛"（即日本人所谓"黄尾礁"完全无关。可见从《历代宝案》看，古代琉球王国与钓鱼岛列屿无丝毫之领土关系，其关于钓鱼岛的知识，完全得自明、清出使琉球册封使录。事实上也就等于接受了明、清册封使录中有关中琉两国地方分界和海域分界的观点[12]。

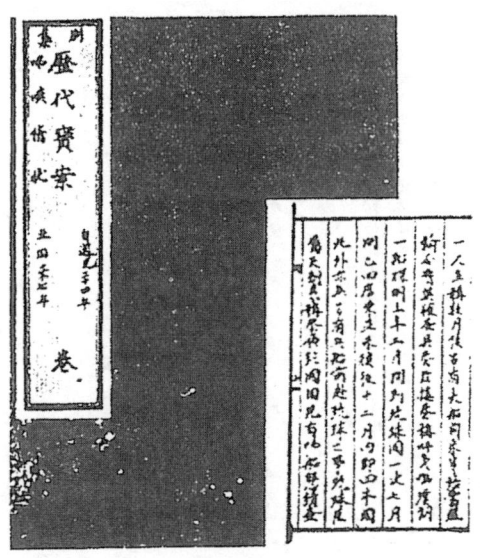

图5-1　琉球王国的《历代宝案》

　　（2）《球阳》（见图5-2）。该书为琉球国中山王府第一部编年史，初编于1729年，至1745年完成，为琉球大学者蔡温领衔执笔。全书二十二卷，有年代可考者，起自舜马顺熙王（神号其益美）即位元年，即宋嘉熙二年（1238），止于尚泰王二十九年，即清光绪二年（1876）。别有附卷三，为补前二十二卷之遗漏者。通读《球阳》二十二卷并附录三卷，并无一处提及钓鱼岛列屿名称。内中所记久米岛、宫古、八重山，甚至最南端之与那国岛事甚多，唯独没有记载钓鱼岛等岛屿的名称，即使是琉球派遣前往福建的封贡船，来回之间的记录也没有提到钓鱼岛等岛屿，可见琉球人对钓鱼岛列屿根本无清晰明确之概念。相对来说，他们对久米岛及宫古、八重山岛却十分熟悉。由此足以证明，徐葆光《中山传信录》所记姑米山为"琉球西南方界上镇山"（卷一）、八重山为"琉球极西南属界"（卷四），是与琉球国正史——《球阳》所载相符的。

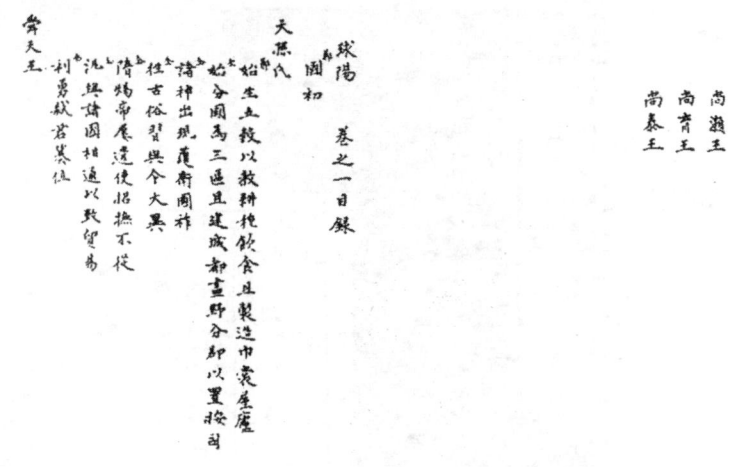

图5-2　琉球国中山王府第一部编年史《球阳》

　　（3）《中山世鉴》（见图5-3）。是书为琉球国第一部正史，1650年由琉球国相向象贤监修，该书全文转载陈侃《使琉球录》所记钓鱼岛列屿内容，对陈录中"见古米山，乃属琉球者"这一中琉地方分界之语亦未提出异议，可见亦接受琉球领地止于古米山的地方分界观点。

　　（4）《指南广义》（见图5-4）。该书为琉球大学者、紫金大夫程顺则所撰（1708），内中记"福州往琉球"针路，与明、清册封《封使录》相同，亦称钓鱼台、黄尾屿、赤尾屿。尤其值得重视的是，该书附图中，将钓鱼

图5-3　琉球国第一部正史《中山世鉴》

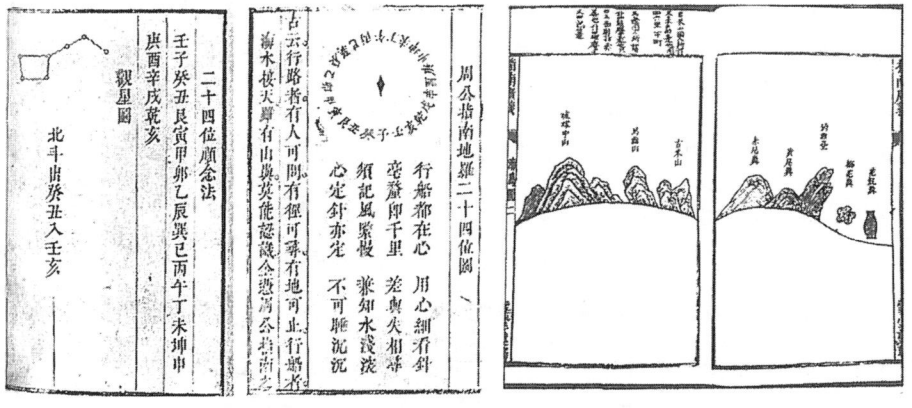

图5-4　程顺则《指南广义》及其附图（1708）所记钓鱼台列屿为中国命名

台、黄尾屿、赤尾屿连为一体，与古米山之间成一明显的分界线。这幅附图，实际上成为陈侃"见古米山，乃属琉球者"及郭汝霖"赤屿者，界琉球地方山也"的最佳注释，同时也是徐葆光《针路图》及林子平《琉球三省并三十六岛之图》（见后）之蓝本。

以上史籍足可证明，明、清册封使录所记中琉两国的地方分界，是当日中、琉两国的官方及学者间的共识。以下所举当时各国绘制的地图，更是中琉两国当时地方分界与海域分界的铁证。

（1）朝鲜人申叔舟撰《海东诸国纪》（1471）所收《琉球国之图》，是目前笔者所见最早的琉球古图。该图所绘与中国交界岛屿分别是西北方向的鸟岛，西南方向的九米岛（即古米山、今之久米岛），极西南方向的花岛（即八重山，按八重山诸岛地形状如樱花之八重瓣，故称花岛）。此图所绘琉球国边界与徐葆光《中山传信录》所述姑米山为"琉球西南方界上镇山"，八重山为"琉球极西南属界"完全相合。

（2）冲绳县岛尻博物馆藏《琉球全图》（年代待考），其西北边界为安根呢（即今粟国岛），西南边界为姑米山，极西南边界为八重山群岛之一的由那姑呢（即与那国岛），与前述朝鲜人所绘《琉球国之图》相近。

（3）幕府撰元禄国绘图之《琉球图》（1702），共三幅，所标琉球国西南边界为久米岛，极西南边界为八重山群岛之与那国岛。

（4）徐葆光《中山传信录》（1719）附《琉球三十六岛图》，与前述岛尻博物馆藏《琉球全图》及元禄国绘图之《琉球图》完全一致。

（5）琉球大学者蔡温增订《中山世谱》（1725）附《琉球舆图》，所绘琉球国西南边界为姑米山，极西南边界为八重山群岛之由那姑尼山。

（6）日本史地学家新井白石撰《南岛志》（1719）所绘琉球国全图，亦以最西南端的与那国岛和西南端的久米岛为琉球国边界。

（7）日本史地学家林子平撰《三国通览图说》（1785）附《琉球三省并三十六岛之图》，所绘琉球国西南边界为姑米山，极西南边界为八重山群岛，并在旁加注"以上八岛八重山属琉球统治"。另外，在姑米山相对的西边，绘有赤尾山、黄尾山、钓鱼岛、彭佳山、花瓶屿诸岛屿，所涂颜色皆与中国之福建省、广东省、浙江省等相同之淡红色，明确标示为中国领土（参见卷首彩图）。

（8）日本学者高桥景保绘《日本边界略图》（1809）之琉球部分，西南边界为久米岛，极西南边界只标出八重山群岛之入表岛和石垣岛。

（9）法国出版家暨地理学家皮耶·拉比（Pierre Lapié）所绘《东中国海沿岸各国图》（1809），将钓鱼岛、黄尾屿、赤尾屿绘成与台湾及其附属岛屿相同的红色，而将琉球群岛绘成绿色，明显地将钓鱼岛列屿归入台湾的附属岛屿（参见卷首彩图）。

（10）日本文化七年（1813）春，由咏归斋主人山田联校修，温其轩藏版的《地球舆地全图》，是日本人绘制的一幅现代地图，该图的"小东洋"部分，绘有"支那海"（中国海）沿岸各岛屿，其中福建与琉球中间南边绘有花瓶山、彭佳山、钓鱼岛、黄尾屿、赤尾屿，北边绘有里麻山、台山、鱼山、凤尾山、南杞山，明显标示为中国领地。琉球方面，西南以久米岛为界，极西南以与那国岛为界。这幅现代地图基本上是参酌林子平图而绘，表明19世纪初的日本地理学家还是清楚地将钓鱼岛列屿归为中国版图。

（11）1859年美国纽约出版的题为《柯顿的中国》（Colton's China）的现代中国地图，在钓鱼岛的位置标上"Hawaping sun"（黄尾山的闽语发音），在黄尾屿的位置标上"Taiyu Su"（钓鱼屿），虽然位置有错，但毫无疑问将钓鱼屿与黄尾山划归中国版图（参见卷首彩图）。

（12）1876年日本陆军省参谋局绘制的《大日本全图》（陆军少佐木村信卿编次、陆军十二等出仕涩江信夫绘图），其中琉球中北部诸岛部分，西南端标明以久米岛为界；琉球南部诸岛部分，极西南端以与那国岛为界。

（13）日本史地学家大槻文彦著《琉球新志》（1873）附《琉球诸岛全

图》，明确地圈定琉球全岛的版图范围，中部诸岛部分西南端以姑米岛为边界，南部诸岛部分最西南端以与那国岛为界。

（14）日本史地学家兼"接管"冲绳县的政府官员伊地知贞馨著《冲绳志》（1877）附《冲绳岛全图》，所划定的冲绳版图，西南端以久米岛为界，最西南端以与那国岛为界。

（15）西班牙人莫拉雷斯（J. P. Morales）所绘日本与中国的海域疆界图（1879 年由巴塞罗那的曼坦纳赛门公司出版），将日本的版图圈定为北海道、本州、四国、九州及冲绳本岛，同时清楚地将钓鱼岛、黄尾屿、赤尾屿标示为中国海域辖区范围。

三、从历史与相关国际法看钓鱼岛列屿属中国而不属日本

以上所引史籍和图志表明，在 1885 年以前，从中国、琉球、日本及西洋各国的资料角度看，钓鱼岛列屿都属于中国的版图范围，也即是说，就历史而言，钓鱼岛列屿主权属中国而不属日本，而小和田恒所谓钓鱼岛在历史上是日本领土的一部分的观点是没有根据的，同时也是站不住脚的。因为从历史文献来看，琉球最早记载钓鱼岛列屿的史书《指南广义》、日本最早记载钓鱼岛列屿的史书《三国通览图说》，都明确地将钓鱼岛列屿划归中国领土版图。虽然，当时的中国宣布领有这些岛屿和海域，并不可能按现代国际法的定义在该岛屿和海域进行立标柱与升旗的仪式；但作为钦差出使琉球册封使，本身便带有代表皇帝也即是国家查勘领土版图和宣示主权之目的，其所著《册封使录》，毫无疑问具有官方文献之性质。正因如此，它才受到中、琉、日以及国际间的重视。例如，界定琉球国西南边境为古米山，极西南边

界为八重山的《中山传信录》，不仅被中、琉两国官方视为经典之作，而且也被国际间看做是研究琉球王国的权威著作。该书于 1722 年刊行后，日本即于 1766 年翻刻并注上假名，1781 年该书又在法国巴黎被翻印出版⑬。可见其在国际间受重视的程度。而法国出版家暨地理学家皮耶·拉比所绘的《东中国海沿岸各国图》，明确地将钓鱼岛、黄尾屿、赤尾屿划入中国版图，为台湾的附属岛屿，很大程度上是参考了《中山传信录》。这些历史文献难道还不可以作为中国在历史上拥有钓鱼岛列屿主权的国际法依据吗？

《中山传信录》清楚地记载着钓鱼岛、黄尾屿、赤尾屿不在琉球王国的版图之内，而在福建往琉球途中的中国海域，"不仅为清国册封中山王使船所悉，且各附以命名，向为航行琉球之目标。"（按：此语见 1885 年 9 月 22 日时任冲绳县令的西村捨三提交内务卿山县有朋的呈文。然从国际法所承认的主要的取得领土的方式有"先占"这种方式，其中有发现一块土地并对外宣布占领从而取得"原始权利"一项⑭来看，西村在此承认中国对钓鱼岛列屿有这种"原始权利"，而日本却不具有这种"原始权利"。因此，当山县内务卿密令其对钓鱼岛列屿"查勘后即建立国标"时，西村表示"仍有多少顾虑"⑮。不过，必须加以辨明的是，国际法中的"先占"原则并不适合于钓鱼岛，因为"先占"原则的先决条件是该土地必须是"无主地"，而钓鱼岛列屿自古即归中国版图，并非"无主地"）更为重要的是，中琉两国之间的领地和海域早已有清楚的界限划分，这就是"界琉球地方山"的赤尾屿和界琉球海域的黑水沟。这种疆界的划分，不仅有大量的历史文献可资佐证，而且也是完全符合国际法的。

国际法中有关国家领土的定义是："一国的领土包括在其疆界及管辖权以内的全部陆地与水域、地下与海下，以及上空。"⑯据此，一国领土包括三部分：① 领陆（Territorial Land），指疆界内之陆地，地面及地下都在内；②

领水（Territorial Waters），指领海（Territorial Sea）及国内水域（National Waters），前者是国家领陆沿海一带的海，后者是领陆以内不属外海的各种水域；③ 领空（Territoral Air），指领陆与领水的上空。

国际法中有关一国领土的界限叫做疆界（Boundary）。据奥本海（Oppenheim）所下的定义，那是"地面上的一种想象的线（imaginary lines），使一国的领土，与另一国的领土，或无主之地，或公海，得以划分。"⑰

国际法中有关一国的领土的疆界划分有如下几个标准：

（1）界于两国间的河川；

（2）界于两国间的湖泊或内海；

（3）界于两国间的山岭，通常以分水岭为界；

（4）界于两国间的海域⑱。

根据以上国际法原理，历史上中琉两国的边界划分，适合于国际法中有关领土的疆界划分标准的第三项与第四项，即中琉两国间以赤尾屿为山岭分界，以黑水沟为海域分界。因此，钓鱼岛、黄尾屿、赤尾屿毫无疑问属中国领土的一部分，这些岛屿的附近十二海里水域无疑是中国的领海。而小和田恒的持论是没有历史和国际法根据的，因此从国际法上说亦属无效。

注释：

① 陈侃《使琉球录》，见台湾银行经济研究室编印《使琉球录三种》，1970 年 12 月出版。

② 此处的"黄茅"，梁嘉彬《琉球及东南诸海岛与中国》（第 316 页）作黄尾屿，徐玉虎《明代琉球王国对外关系之研究》（第 57 页）亦作黄尾礁，实有不当。考该"黄茅"在小琉球（鸡笼山）之后，钓鱼屿之前，过黄茅后，再行一日始过钓鱼屿。而黄尾屿却在钓鱼屿之后约四更船程处。据此可知，此处的"黄茅"决非黄尾屿，我以为即是彭佳山之误植。

③　郭汝霖《使琉球录》，见《使琉球录三种》第 73—76 页。

④　徐葆光《中山传信录》，日本明和三年（1766）刻本。

⑤　此处的"黑水沟"，杨仲揆《琉球古今谈——兼论钓鱼岛问题》（第 520 页）作"琉球海沟"；吴天颖《甲午战前钓鱼列屿归属考——兼质日本奥原敏雄诸教授》（第 58 页）亦作"琉球海沟"。然按《中华人民共和国地质构造图》及日本近年出版的《地质图》，皆作"东海海槽"；而"琉球海沟"位于冲绳本岛之后（东面）与太平洋交接处。

⑥　见向达校注《两种海道针经》（第 95—96 页），中华书局 1961 年版。

⑦　见《使琉球录三种》第 276 页。

⑧　见《使琉球录三种》第 226 页。

⑨　见周煌辑《琉球国志略》卷十六"志余"及国家图书馆善本室藏《使琉球杂录》（清抄本）。

⑩　周煌《琉球国志略》，台湾广文书局有限公司翻印本。

⑪　《琉球历代宝案》卷四十四至卷四十五为明萧崇业、谢杰出使琉球录，卷四十六至卷四十七为夏子阳、王士祯出使琉球录，卷四十八为杜三策、杨伦出使琉球录，卷四十九为清张学礼、王垓出使琉球录。另，有关这方面的研究，参看徐玉虎《琉球历代宝案之研究》，载氏著《明代琉球王国对外关系之研究》一书，台湾学生书局 1982 年版。

⑫　如《琉球历代宝案》第一集卷二十录琉球国中山王尚丰致福建等处承宣布政使司咨文云："照得琉球世守东隅，休戚相关，毗连福建，壤绵一脉，天造地设，界水分遥。"这里所说的"天造地设"的"界水"，即是黑水沟，或曰由沧水入溟水之黑水洋。

⑬　见宫城荣昌、高宫广卫编《冲绳历史年表》，载《冲绳历史地图》《历史编》第 183 页，日本东京柏书房株式会社 1982 年版。

⑭　参看杜蘅之著《国际法》上册第 170—173 页，台北文星书店 1966 年版。

⑮　见 1950 年日本外务省编《日本外交文书》卷十八，"杂件·版图关系杂件"。

⑯ 杜蘅之著前揭书第 165 页。

⑰ 杜蘅之著前揭书第 167 页。

⑱ 杜蘅之著前揭书第 168 页。

中　编

中日钓鱼岛列屿之争的法理研究

第六章　日本声称拥有钓鱼岛列屿领土权的论据分析

自从 20 世纪 70 年代初中日钓鱼岛事起以来，日本声称拥有钓鱼岛列屿主权的论据，大都出自 1970 年 9 月 17 日由琉球政府官方名义发表的《关于尖阁列岛的领土权声明》。据笔者初步研究，该"声明"主要提出"八点理由"，作为日本拥有钓鱼岛列屿主权的论据。之后，日本外务省根据该"声明"的精神，于 1972 年 3 月 8 日发表"尖阁列岛分明是日本领土"的官式见解，进一步提出"四点根据"，坚称钓鱼岛列屿主权归属日本。"声明"和"见解"出笼后，成为日本历次官方发言人用来与中国交涉钓鱼岛列屿主权的依据。因此，欲明中日钓鱼岛列屿之争，首先必须弄清楚日方的主张和论据，然后根据国际法理加以驳斥，只有这样才能制胜对方和赢得国际舆论的支持，为中国政府捍卫钓鱼岛列屿领土权提供有力的依据。以下，笔者将上述"声明"和"见解"的主要论据分别列出，加以综合研究并予以批驳，借以辨明钓鱼岛列屿之主权归属。

一、琉球列岛地理境界的划定

关于琉球地域的划定，该"声明"有如下说法：

关于琉球列岛的范围，美利坚合众国基本统治法关于管理琉球列岛的行政命令，规定"美利坚合众国根据对日和约第三条所指，有管辖琉球列岛及其领海之行政权"（本命令所指"琉球列岛"，乃北纬29度以南的西南诸岛，并不包括和约同条约所定美国让给日本奄美群岛上一切权利在内）。亦即包括：北纬28度、东经124度40分，北纬24度、东经122度，北纬24度、东经133度，北纬27度、东经131度50分，北纬27度、东经128度18分，北纬28度、东经128度18分诸点连线区域内诸岛、小岛、环礁、岩礁和领海。（美国琉球民政府第二十七号布告）

以上这条论据是日本目前事实占据钓鱼岛并声称拥有该列屿主权的最重要的理由，其关键点有二：一是1951年9月8日美日在旧金山签署的《对日和平条约》第三条所规定的美国行政权管辖下的琉球列岛及其领海范围。该条款内容有"日本国对美国向联合国所作任何将北纬29度以南之南西诸岛（包括琉球群岛及大东群岛）、孀妇岩以南之南方诸岛（包括小笠原群岛、西之岛及琉璜列岛）及冲之鸟岛与南鸟岛，置于托管制度之下，而以美国为其唯一管理当局之建议，将予同意，在提出此项建议并就此项建议采取确定性之行动以前，美国有权对此等岛屿之领土（包括水域）暨其居民，包括此等岛屿之领水，行使一切行政、立法、司法及管辖之权力"①。但从条款内容来看，并未涉及钓鱼岛列屿或"尖阁群岛"、"尖头群岛"。二是根据美国琉球民政府于1953年12月25日发布并施行的《琉球列岛的地理的境界》即第二十七号布告②，按该布告所划琉球列岛地理境界之经纬度，六点加起来即是包括从北纬24度至28度，东经122度至133度之内的琉球群岛。而钓鱼岛、黄尾屿、赤尾屿等列屿正好在其经纬度内。在这里必须申明的是，美国琉球民政府第二十七号布告所划的琉球列岛地界，是否具有国际法的效力。因为根据国际法及国际间有关两国边界划分的惯例，涉及两国边界问题，首先必须尊重历史上形成的自然疆界，如有争议部分，必须取得两国间的协商，单方面的意见是无法律效力的。另外，有关两国边界的划分，一般有四条标准：

（1）地文疆界。一般以自然地理实体作划界标准。

（2）天文疆界。界线与地图经纬线吻合。

（3）几何疆界。指从边界线上某一固定点到另一固定点划一直线为界。

（4）人类地理疆界。如民族疆界依民族分布划分，宗教疆界按居民宗教信仰区确认，强权疆界由战争和实力确定等。③

根据国际间这四条边界划分标准，美国琉球民政府当年所划定的琉球列岛地界范围，乃是根据其中天文疆界、几何疆界的划分法，即先划定经纬线，然后用几何法切割之。这种划分法忽视了最重要的一条，即地文疆界法，这条疆界划分法是以自然和历史的形成作为基准。这就是横亘于东中国海浅海大陆架与琉球列岛之间水深达 2700 米的东海海槽（即黑水沟），以及由这一海槽分隔两边的赤尾屿和久米岛这两个地文分界标志。中、琉两国间的地文分界，不仅有大量历史及官方文献记载，且为当时国际间所接受。而美国琉球民政府所划定的疆界，只是美日间单方面的行为，并无中国方面的参与协议，也没有提交国际间共同组织的划界委员会审查通过，因此不具备国际法的效力。中国指其私相授受钓鱼岛列屿，完全是合理的。

以上由美国琉球民政府按经纬度（即天文疆界和几何疆界法）划定的"版图"，便是日本声称拥有钓鱼岛列屿的最重要的论据。正是基于这一"论证"，日本方面才开始着手寻找历史文献和"证据"，以证明其所划的琉球列岛地界的合理性。然而，在寻找"证据"的过程中，日本方面亦发现，从历史文献看，钓鱼岛列屿的发现、命名、使用并不是琉球人，而是中国人，也就是说，列屿的"原始权利"属于中国而不属于琉球④。不过，日本也知道，在国际法上，拥有成这种"原始权利"的国家，如果在一定期间内对它所发现的土地一直没有采取任何有效控制的措施，就无权阻止其他国家占领这块土地⑤。因此，日本首先从中国没有采取任何有效控制的措施入手，继而将钓鱼岛列屿定性为"无主土地"，然后用国际法中的"先占"原则加于占领。在这里，关键点在于列屿是否属于"无主土地"，因为"先占"的原则只适合于"无主土地"。日本学者所作的种种努力，就在于论证钓鱼岛列屿属"无主土地"；相反，中国学者所作的种种努力，则在于证明列屿不属"无主土地"，而主人一直以来就是中国。

二、"无主土地"的论证

关于钓鱼岛列屿是否属于"无主土地"，日本方面有如下几条论据。

（一）历史上，自 14 世纪后叶即知有尖阁列岛的存在。在 1372—1866 年这五百年间，因琉球中山王朝和中国的朝贡册封关系，朝贡船、册封船频频往来中国大陆福州和那霸之间。尖阁列岛位于此类船只航路之间，而列岛中钓鱼岛及其附近小岛、岩岛，因有岩石突出，是为理想的航海标志。故此，历代册封使录如《中山传信录》、《琉球国志录》、《指南广义》及其附图、《中山世鉴》之类，都有尖阁列岛名称的记载。

在以上这段话中，琉球政府故意偷换概念，即将钓鱼岛列屿各岛屿命名笼统用"尖阁列岛"称之，从而抹杀中国人最早发现、命名和使用钓鱼岛列屿之史实。因为按国际法，即使被认为是一块无主土地，当一个国家首先发现（discovery）这块土地并命名（把发现土地的事实通告其他国家），即可取得一种"原始权利"。中国人发现并命名钓鱼岛列屿，有典籍可考者见诸 1403 年成书的《顺风相送》⑥，而日本人宣称"发现"并命名"尖阁列岛"，

142

则是 19 世纪末 20 世纪初的事。另外，"声明"中所谓《中山传信录》等书"都有尖阁列岛名称的记载"，这种提法也是欠准确的，事实上这些典籍用的是钓鱼岛、黄尾屿、赤尾屿等中国命名。

（二）诸岛虽有钓鱼岛、黄尾屿、赤尾屿诸名称，但在冲绳，有人分别叫钓鱼岛、黄尾屿为 Yukun、Kubashima。而赤尾屿因距久米岛近，故又叫久米赤岛。此外，也有人叫久场岛做 Tiau Su（岛）、鱼钓岛为和平山。据此可知，尖阁列岛各岛之名称，虽被多种历史文献记载，其名称皆因人而异。直到明治二十八年（1895），尖阁列岛并非属于任何国家所有。换言之，该列岛是国际法上之无主土地。

14 世纪以来，琉球和中国有关尖阁列岛的文献，没有一种表明尖阁列岛是其国领土。这类文献无非把列岛当作航海标志，仅在航海日志和航海图中，约略提示，或是咏叹旅情的汉诗中，为方便计，给尖阁列岛取上一个名称罢了。

上文值得注意的有两点：一是钓鱼岛列屿的名称问题。钓鱼岛、黄尾屿、赤尾屿为中国发现和命名的岛屿，在 15—19 世纪，无论中国、琉球、日本的典籍，都采用这一固定名称。至于将钓鱼岛称为鱼钓岛、和平山、Yukun，将黄尾屿称为 Kubashima、久场岛、TiauSu（岛）等，都是 19 世纪以后的事，这对中国拥有钓鱼岛列屿的"原始权利"毫无影响[⑦]。二是钓鱼岛列屿为"国际法上之无主土地"。这种说法实际上是漠视史实的不负责任言论。我们只要翻检明清时期的《册封使录》或官方著述，就会发现有关列屿属中国版图的记载比比皆是。就以"声明"中提到的《中山传信录》，便记有"古米山，琉球西南方界上镇山"，即意谓古米山为琉球西南方边界上之主山。位于古米山之外，与东海海槽相隔的钓鱼岛列屿，当然属于中国版图。这点在"声明"中提到的《琉球国志略》则记载得更清楚：琉球"海面西距黑水沟，与闽海界"，"东溟琉地"。明确指出中琉疆界以"黑水沟"（即东海海槽）为界，"黑水沟"以东为琉球境地，以西则为中国境地。另外，明代东南沿海防倭抗倭最高军事指挥官胡宗宪主持，由海防专家郑若曾编撰的《筹海图编》，清楚地将钓鱼屿、黄毛山（即黄尾屿）、赤屿划入福建沿海海防区域，这就是国际法上所说的"采取有效控制的措施"，也即是向其他国家宣示主权的行为。看看这些史实难道还可以说钓鱼岛列屿是"国际法上之无主土地"吗？

钓鱼岛列屿在明、清时期为中国领土而非无主土地，并非仅仅见诸中国官方册封使的文献，而是国际（包括日本人在内）公认。日本史地学家林子平的《三国通览图说》（1785）附《琉球三省并三十六岛之图》，将钓鱼岛、黄尾山、赤尾山涂上与中国福建省相同之颜色，明确标示为中国领土。这一事实为国际间所熟知，即使在"声明"中也是承认了的。此外还有很多欧洲国家当年出版的地图，也是将钓鱼岛列屿标为中国领土。因此，日本方面有关钓鱼岛列屿为"无主土地"的论据，是不符合历史事实的，是站不住脚的。

三、"先占"的事实与经过

既然钓鱼岛列屿并非"无主土地"，那么日本试图以国际法中的"先占"原则作为拥有钓鱼岛列屿领土权的论据便不能成立。然而，在琉球政府的"声明"中，却不厌其烦地列举了大量的文献资料，借以论证其"先占"的事实与经过及其法理基础，借以误导其国民，蒙骗国际舆论，因此不能不加以驳斥，以正视听。

（一）琉球王国在日本明治五年（1872），改称琉球藩，明治七年直隶

144

于内务省，明治十二年改称琉球县。在明治十四年刊行、十六年改订，内务省地理局编纂的《大日本府县分割图》中，尖阁列岛已在没有标注名称下划入。直至明治半期（1877—1882），尖阁列岛还是无人岛。大约在明治十七年前后，古贺辰四郎才开始以钓鱼岛、久场岛等地为中心，采集信天翁羽毛、绵毛、玳瑁、贝类等。为了适应事态变迁，冲绳县知事于明治十八年九月二十二日，开始向内务卿呈报建立国家标志，及派遣'出云丸'，作实地调查事宜。

上文中，关键有两点：一是日本声称明治十四年（1881）出版的《大日本府县分割图》，已将"尖阁列岛"在没有标注名称下划入。是否真有其事姑且不论，即便将钓鱼岛列屿划入地图，也不能构成"先占"的事实，因为在此之前，中国明朝嘉靖四十一年（1562）出版的官方军事地图《筹海图编》，已清楚地将钓鱼屿、黄毛山（黄尾屿）、赤屿划入版图。这岂不比日本地图中"没有附录名称"含混其词的划入更有说服力吗？二是日本以直至1882 年前，"尖阁列岛还是无人岛"这一事实，作为其"先占"的论据，在这里，日本方面有意将"无人岛"等同于"无主土地"。事实上，在国际法中这是两个不同的概念。"无人岛"是指不适合人类生存居住而没有人常住的土地中，类似这样的无人岛，在中国或日本的版图内多得不计其数。而"无主土地"是指尚未被人们以国家的名义占有的土地。无主土地不必是无人的荒土，如有土人居住，而为国际社会尚未承认为国家者，一样视为无主土地⑧。钓鱼岛列屿虽为无人岛，但在明代起，便被中国以官方的名义划入版图，列入军事海防区域。因此，日本官方将无人居住的钓鱼岛列屿视为"无主土地"，是不合国际法定义的。严格说来，至今为止，列屿还属无人岛。

（二）明治二十六年（1893）十一月，冲绳县知事以同样理由，再度向内务、外务两大臣呈述该列岛应为冲绳县所辖，及设立标志事宜。内务大臣于明治二十七年十二月二十七日征询外务大臣意见，谓拟提出阁议讨论，而外务大臣并无异议。明治二十八年一月十四日，阁议遂正式批准，位处八重山群岛西北的鱼钓岛及久场岛为冲绳县所辖，且于该月二十一日发出指令，传达阁议决定，并密令该岛知事建立标志。

由于日本方面将无人岛误作"无主土地"，于是开始实施其"先占"计划。其步骤如下：① 根据古贺辰四郎在明治十七年前后的踏访报告，知为无人岛。② 然后派遣"出云丸"作实地调查，发现并无清朝管辖形迹（如标柱或地界等），于是确定为"无主土地"。③ 提交阁议讨论通过，由内阁密令冲绳县知事建立标志。

值得注意的是，以上三个步骤都是日本单方面秘密进行，原因是怕当时的清朝政府知晓引起争议。冲绳县知事西村捨三心知肚明，这些岛屿早已被中国人发现、命名和使用，虽没有在岛上建立标志，但已经构成国际法意义上的"原始权利"，这也是他心存疑忌的原因⑨。然而，即使已通过内阁决议密令冲绳县知事建立标志，该知事并没有落实执行。直至 1969 年 5 月 5 日止，日本政府仍没有在钓鱼岛列屿建立任何具有"管辖形迹"或曰领土意识的标志。也就是说还没有构成国际法意义上的"先占"（尽管这种"先占"是不成立的）。

（三）明治二十九年四月一日，基于阁议决定，借发布第十三号敕令到冲绳施行之便，我国对该列岛已完成了国内法上的编入措施。第十三号敕令所指的"八重山诸岛"，据冲绳知县解释，理应包括尖阁列岛，故在划分地方行政区域时，将该列岛编入八重山郡。把列岛编入八重山郡的措施，并非纯是地方行政区域划分编入，且亦是国内法编入领土的措置。

如前所述，明朝政府已于 1562 年以东南沿海最高军事指挥部的官方名义，将钓鱼岛列屿划入海防区域，隶区福建省的行政管制范围，即是国际法上所说的"采取有效控制的措施"，也就是向其他国家宣示主权的行为。根据国际法中关于海岸国的主权是一种"管制"（control）的定义⑩，作为海岸国的中国已构成对钓鱼岛列屿的领有主权。在这一前提下，国际法意义上的"先占"原则已不适合用于钓鱼岛列屿。因此，日本政府声称于明治二十九年四月一日发布的第十三号敕令⑪，对该列岛已完成了国内法上的编入措施，在国际法上已变得毫无意义。也即是说，日本政府背着中国政府和国际舆论秘密地将钓鱼岛列屿划入版图的措施，既不适合国际法中"先占"的原则，也没达到"采取有效控制"（即向其他国家宣示主权的行为）的标准，因此是没有任何国际法效力的。

根据以上的分析，日本提出有关"先占"的事实与经过的三条论据，按国际法的标准来评判，都是不能成立的。那么，日本声称于 1895 年 4 月 1 日之后据有钓鱼岛列屿的行为（事实上直至 1969 年为止都没有采取有效控制措施），就只能归诸国际划界标准中的"强权疆界"一途。而 1895 年正好是中日《马关条约》签订的年头，这就不能不将《马关条约》一并加以分析和讨论。

四、日本占据钓鱼岛列屿与《马关条约》的关系

关于日本占据钓鱼岛列屿是否与《马关条约》有关，日本外务省于1972 年 3 月 8 日发表的官式见解曾力加否认，其理由如下："该列岛向来是构成我国领土南西诸岛的一部分，而根据明治二十八年五月生效的'马关条约'第二条，该列岛并不在清朝割让给我国的台湾、澎湖诸岛之内。"

上文有两点必须注意：一是日本声称钓鱼岛列屿向来是构成琉球南西诸岛的一部分，这是没有历史事实根据的。从历史上来看，无论中国、琉球或日本的文献，根本找不出钓鱼岛列屿划入琉球王国版图、构成南西诸岛的一部分的证据。相反却有大量的文献证明，钓鱼岛列屿属于中国版图。然而，日本政府为何提出这条理由呢？据笔者所考，其一是根据1953年美国琉球民政府发布的第二十七号布告所划定的经纬度线，其二即是利用《马关条约》割让台湾、澎湖诸岛时没有提到钓鱼岛列屿这点来反推该列屿属于南西诸岛。二是有关该列岛不在《马关条约》割让台、澎诸岛之内的推论，日本政府的逻辑是：既然中国声称拥有钓鱼岛列屿的主权，并且说该列屿为台湾附属岛屿，那么理应包括在《马关条约》割让之列，而该条约第二条规定割让台湾、澎湖及其附属岛屿，并无提及钓鱼岛列屿，可见该列屿不在台、澎诸岛及其附属岛屿之内；既然不属台、澎附属岛屿，那么无疑是南西诸岛的一部分。日方的这种推论，在逻辑上似乎并无悖理，但如仔细推究，这种推论并不能成立。理由如下：

其一，《马关条约》第二条第二款规定割让"台湾全岛及所有附属各岛屿"，第三款规定割让"澎湖列岛"。条款中虽未提及钓鱼岛列屿，但并不能推出该列屿属于西南诸岛的一部分。因为条款中"台湾全岛及所有附属各岛屿"所涵盖的许多岛屿都没有提及，如接近台湾本岛的兰屿、琉球屿、花瓶屿、彭佳屿等。

其二，钓鱼岛列屿由于台湾渔民经常出没作业的关系，习惯上将该列屿视为台湾附属岛屿，这是一种历史的自然形成，对于这种地理概念的历史形成，中日的文献资料皆有反映。如明朝嘉靖帝派遣的"宣谕日本国"的特使郑舜功所撰《日本一鉴》（1564）便记有"钓鱼屿，小东（即台港——郑注）小屿也"；又如明治二十八年日本海军省所撰《日清战史稿本》之《别记·台湾匪贼征讨》记载的尖阁岛位置，是在"台湾淡水港北方约九十海里（小基隆之海面）"⑫，也是将列屿视为台湾附属岛屿。

其三，在《筹海图编》及《武备志》⑬、《武备秘书》⑭等官方文献中，已将台湾、澎湖澳（澎湖列岛）、彭佳山、钓鱼屿、黄毛山（黄尾屿）、赤屿等作为福建沿海岛屿划入海防区域，置于东南沿海军事指挥部的行政管制之内。至于入清以后，台湾府仍隶属福建省，光绪十一年（1885）始改行省，而钓鱼岛列屿是否在台湾改行省时一并将其行政管制权转移（transfer），虽没有明文记载，但这并没有改变列屿领土权属于中国的性质。又因钓鱼岛列屿位处台湾基隆之海面，且为台湾渔民经常使用，在台湾改行省后，自然便将其视作台湾的当然附属岛屿。这种地理概念的形成，由来已久，并有中日历史文献可资佐证。而日本政府这种不是建立在历史资料基础上的逻辑推论（非A即B），是站不住脚的。

其四，从地理位置来看，钓鱼岛列屿与台湾岛皆处于东中国海的大陆架上，为中国大陆向东南的延伸；从地质构造来看，钓鱼岛列屿属于台湾北部大屯山火山带，而南西诸岛则属于雾岛火山带⑮。况且，南西诸岛与钓鱼岛列屿之间，隔着一道深达2700米的东海海槽。因此，钓鱼岛列屿为台湾附属岛屿，不但有历史文献佐证，而且获得了现代科学的验证，这是任何逻辑游戏皆不能推翻的。

根据以上的分析，《马关条约》第二条第二款规定割让的"台湾全岛及所有附属各岛屿"，理应包括钓鱼岛列屿。所以，日本占据钓鱼岛列屿的法律依据，应该至少是部分地根据《马关条约》中的"台湾附属各岛屿"一并割让之规定⑯。

以上即是琉球政府"声明"和日本外务省"见解"中声称拥有钓鱼岛列屿领土权的主要论据。概括地说只有两条，即经纬线疆界划分法和无主土地先占法。然而，这些都是经不起辩驳的。

注释：

① 每日新闻社刊《对日平和条约》第 4－5 页，东京，1952 年 5 月。

② 参看岗仓古志郎等编《资料冲绳问题》第 199 页，东京劳动旬报社 1969 年版。

③ 参看杜蘅之著《国际法》第 165－170 页，台北文星书店 1966 年版；左大康主编《现代地理学辞典》第 720 页，商务印书馆，1990 年版。

④⑨ 关于这点，可参看冲绳县知事西村捨三于明治十八年九月二十二日提交内务卿山县有朋的呈文，载 1950 年日本外务省编《日本外交文书》卷十八"杂件·版图关系杂件"。

⑤⑧ 见杜蘅之著《国际法》第 170－173 页。

⑥ 该书抄本珍藏于英国牛津大学波德林图书馆（Bodleian Library）。中华书局 1961 年出版向达校注本，与另一部航海书《指南正法》合成一书，题为《两种海道针经》。

⑦ 据笔者所考，琉球典籍中"鱼钓岛"一词最早出现在冲绳出身的诗人蔡大鼎撰《闽山游草》（1876 年）里的一首诗："十幅蒲帆风正饱，舟痕印雪迅如梭。回头北木白云里，鱼钓台前瞬息过。"诗人将钓鱼岛改作鱼钓台，完全是为了适合汉诗的平仄音律，绝无将鱼钓台视为琉球领地之意。有关"鱼钓岛"和"尖阁群岛"名称之来由，可参看本书第四章。

⑩ Jeessup：Law of Territorial Waters and Maritime Jurisdiction（1927），P. xxxiii；又，杜蘅之著《国际法》第 190 页。

⑪ 查第十三号敕令所划定之冲绳县版图，计为下列五郡：岛尻郡、中头郡、国头郡、宫古郡、八重山郡，内中根本未提到钓鱼岛或尖阁列岛的名字。参看井上清《"尖阁"列岛——钓鱼诸岛の史的解明》，第 128－129 页，东京第三书馆 1996 年版。

⑫ 《日本陆海军及其他政治机构档案精选复制缩微胶卷目录》Checklist of Microfilm Reproductions of Selected Archives of The Japanese Army，Navy and Other Government Agencies，1868－1945. Georgetown University Press，Washington D. C.，1959，R 34. 参看吴

天颖著《甲午战前钓鱼列屿归属考——兼质日本奥原敏雄诸教授》第 116 – 120 页，社会科学文献出版社 1994 年版。

⑬ 见明天启元年（1611 年）茅元仪撰《武备志·海防》卷一之《福建沿海山河图》。

⑭ 见明施永图辑录《武备秘书》卷二之《福建防海图》。

⑮ 见东京富山房出版（1937 年 4 月 25 日发行）的《国民百科辞典》第三卷。转引自明报出版社《钓鱼岛——中国的领土!》第 175 页，香港 1996 年 9 月。

⑯ 丘宏达《日本对于钓鱼岛列屿主权问题的论据分析》一文亦作出这样的推断，见明报出版社《钓鱼岛——中国的领土!》第 93 页。

第七章 《旧金山和约》与
钓鱼岛列屿问题

一、《旧金山和约》

日本外相池田行彦在 1996 年 9 月 19 日的美、日外长华盛顿会谈中公开重申：根据 1951 年美日签署的《旧金山和约》，钓鱼岛列屿是日本领土不可分割的一部分，而美国政府已经根据有关条约在 1972 年将钓鱼岛交还给日本。次日，池田又补充说：1972 年美国政府将琉球归还日本时，一并将钓鱼岛交给日本，并指称钓鱼岛是在琉球的纬度之内[①]。

池田的这两段话，揭开了中日钓鱼岛主权之争的症结所在。日本坚称拥有钓鱼岛列屿主权的依据有二：其一是根据 1951 年美日签署的《旧金山和约》；其二是钓鱼岛列屿在琉球群岛的经纬度之内。笔者根据长期研究《旧金山和约》与钓鱼岛列屿问题所集资料，得出与池田外相完全相反的结论，现将研究结果报告如下。

按池田的说法，似乎 1951 年美日签署的《旧金山和约》，有明文规定钓鱼岛列屿属日本领土，实际并无此事。查《旧金山和约》，全文共七章二十七条，正文用英语、法语、西班牙语、日语作成，在条约上签字的国家包括荷兰、法国、澳大利亚、加拿大、美国、日本等四十九个国家（中国被排除在外)。其中第二章"领域"部分涉及中日疆界问题,明确规定:"日本国业已放弃对于台湾及澎湖列岛以及南沙群岛、西沙群岛之一切权利、权利名义与要求。"②同章第三条(西南诸岛及南方诸岛)又规定:"日本国对于美国向联合国所作任何将北纬二十九度以南之西南诸岛(包括琉球群岛及大东群岛),孀妇岩以南之南方诸岛(包括小笠原群岛,西之岛及琉璜列岛),及冲之鸟岛与南鸟岛,置于托管制度之下,而以美国为其唯一管理当局之建议,将予同意,在提出此项建议并就此项建议采取确定性之行动以前,美国有权对此等岛屿之领土(包括水域)暨其居民,包括此等岛屿之领水,行使一切行政、立法、司法及管辖之权力。"③

以上条约于 1951 年 9 月 8 日签字,次年 4 月 28 日生效。但其中并无涉及钓鱼岛列屿或"尖阁群岛"、"尖头群岛"之内容。当年,日本政府对该条约作了极为详细的"解说"。其中在解释该"条约第三条的地域"时,明确指出:"历史上的北纬二十九度以南的西南群岛,大体是指旧琉球王朝的势力所及范围。"④其中亦无涉及钓鱼岛列屿。这一"解说"清楚地表明,《旧金山条约》规定交由美军托管的范围,不含钓鱼岛列屿,因为大家知道,钓鱼岛列屿并非"旧琉球王朝的势力所及范围"。对此,日本政府当局也是清楚的。池田外相说根据该条约,钓鱼岛列屿是日本领土,完全属无稽之谈。此其一也。

其二,池田外相指称钓鱼岛列屿是在琉球的纬度之内,并以此为据,声称钓鱼岛列屿属日本领土不可分割的一部分。笔者在此仅作如下辨析。

查池田指称钓鱼岛列屿是在琉球的纬度之内的根据,最早见诸 1952 年 2 月 29 日接管琉球之美军司令部所颁布有关琉球领域之第六十八号指令(即《琉球政府章典》第一章第一条)。该令详定琉球列岛之地理境界为:

A——北纬 28 度、东经 124 度 40 分;

B——北纬 24 度、东经 122 度；

C——北纬 24 度、东经 133 度；

D——北纬 27 度、东经 131 度 50 分；

E——北纬 27 度、东经 128 度 18 分；

F——北纬 28 度、东经 128 度 18 分⑤。

以上六点，加起来即是包括从北纬 24 度至 28 度、东经 122 度至 133 度之内的琉球群岛，而钓鱼岛、黄尾屿、赤尾屿等，正好在其内。据笔者所考，美军司令部划定之琉球群岛范围，所据乃是日本人伊地知贞馨于明治十年（1877）所著《冲绳志》一书中对琉球范围的界定。该书卷一《地理志》之"地理部"写道："琉球诸岛坐落于鹿儿岛之南洋中，在北纬 24 度至 28 度 40 分、东经 122 度 50 分至 132 度 10 分。"⑥此书乃是明治维新废藩置县后，日本政府为吞并琉球群岛而作的。从该书将琉球群岛改为冲绳岛看来，日本吞并琉球蓄谋已久，且是在有计划、有步骤地进行，对琉球群岛的地理状况作了相当精细的查勘，并将琉球大小三十七岛全部注上日语文字。但是，就在这部类乎官方文献的《冲绳志》中，所绘"冲绳岛全图"并没有钓鱼岛列屿，而著者并不是不知道钓鱼岛列屿的存在。书中也曾提到钓鱼岛、黄尾屿、赤尾屿、姑米马齿等岛屿，但著者只是将"姑米马齿"（即久米岛与庆良间列岛）划入冲绳岛版图，而没有将钓鱼岛、黄尾屿、赤尾屿归入冲绳岛之列，足证废藩置县后的明治政府，并没有把钓鱼岛列屿归入冲绳岛领土范围尽管这些岛屿皆在明治政府划定的冲绳岛的经纬度之内。又《冲绳志》的著者伊地知贞馨，就是明治政府当年派往琉球宣布藩内改革的政府官员。据《琉球史辞典》载："明治八年，内务大丞松田道之、六等出仕伊地知贞馨来岛，宣布藩内改革的命令书于首里城。"⑦作为主导琉球藩内改革的政府官员的伊地知贞馨，所划琉球领土范围应当是精确的，至于其所著

《冲绳志》，应当作为政府的官方文书看待。而伊地知贞馨的《冲绳志》之所以没有将钓鱼岛列屿划入冲绳岛领土范围，道理非常清楚，即钓鱼岛列屿并非"旧琉球王朝的势力所及范围"。这与1952年出版的《旧金山和约》的"解说"是相一致的，即钓鱼岛列屿虽位于琉球民政府划定之冲绳岛的经纬度之内，但它并不归琉球王国管辖，即非"旧琉球王朝的势力所及范围"。经纬度线并不等同于领土主权，这对明治时代的政府官员、甚至昭和时代的某些政府官员（如《美日旧金山和约》的解说者）都是明白的，但到了平成时代的政府官员（如池田外相）却变得糊涂起来了。

二、《美日安全保障条约》

据报载，美国政府不愿澄清美国与日本签署的《安全保障条约》所涵盖的范围是否包括有主权争议的钓鱼岛列屿在内（1996年10月3日）。美国国务院发言人伯恩斯说，《美日安全保障条约》不在他眼前，而且他最近并没有查阅过此一条约中的条款，因此无法回答美国的条约义务是否涵盖钓鱼岛这一问题[⑧]。美国官方拒绝澄清《美日安全保障条约》涵盖范围是否包括钓鱼岛列屿，显然是一种不负责任的行为。同时也表明美方对1972年将钓鱼岛列屿交给日本一事有愧于心。如果美方确认自己的行为是正确的话，将会清楚地援引《美日安全保障条约》加以说明。事实上，该条约并非十分繁复难记。据笔者所查，《美日安全保障条约》共五条，正文用英语、日语作成，由美日双方于1951年9月8日在美国旧金山签字。该条约的第一条规定："在《和平条约》生效的同时，经日本国许可、美国接受，美国的陆、海、空军有在日本国内及其领海驻扎的权利，因这些军队有助于维持远东国际和平与安全。并且，当外部武力攻击危及日本国的安全以及为镇压由一或两个外国干涉、煽动而引起在日本国的大规模内乱及骚扰时，日本国政府有理由明确请求美国驻军之援助。"⑨

上引第一条为《日本国与美国之间的安全保障条约》的主要内容，其余四条为第一条的附加及解释条款。很明显，《美日安全保障条约》是附属在《旧金山和约》之下，并与该条约同时生效的。既然《旧金山和约》无涉钓鱼岛列屿，《美日安全保障条约》无疑不涵盖钓鱼岛列屿。对此，美国务院发言人伯恩斯是心知肚明的，他之所以拒绝明确回答，目的是想保留对以上两项条约的最后解释权。因为这两项条约皆将中国政府排除在签字国之外，拥有解释权者唯美日两国。日方的资料显示，日本政府对以上条约，1952 年的解说是不包含钓鱼岛列屿，1996 年的解说则包含钓鱼岛列屿，前后自相矛盾，无异当众说谎，因此美国必须对条约的解说持慎重态度。这也从侧面表明，美国对日本坚称拥有钓鱼岛列屿主权并不完全赞同（美国于 1972 年将琉球群岛包括钓鱼岛列屿一并交给日本，只是按《旧金山和约》规定交还行政、立法、司法等管辖权，并未涉及领土主权），否则，美国将会根据签约国的义务和责任，明确地指出条约所涵盖的内容。从另一方面也可看出，美国不愿意在因中、日双方坚称拥有钓鱼岛列屿主权而引发的冲突中承担任何责任。

以上分析表明，无论《旧金山和约》，抑或《美日安全保障条约》，都没有涉及钓鱼岛列屿的主权问题；而作为声称拥有该列屿主权的日本，如按以上条约精神，必须有足够充分的证据证明钓鱼岛列屿自古以来即属于"旧琉球王朝的势力所及范围"，否则，日本声称拥有该列岛主权在国际法上不能成立。

相反，自古以来即拥有钓鱼岛列屿主权的中国，却有大量的文献资料足资佐证钓鱼岛列屿不属"旧琉球王朝的势力所及范围"而属旧中国王朝的势力所及范围⑩。在这些文献资料中最有力的证据便是明嘉靖四十一年（1562）初刻的《筹海图编》卷一《沿海山沙图》之"福七"、"福八"两图（即福建沿海山沙图），它首次将钓鱼屿、黄毛山（黄尾屿）、赤屿（赤尾屿）划入福建沿海的军事海防区域，纳入中国防倭抗倭军事指挥部的行政管制范围；另一份证据则是1875年日本人林子平所绘制的《琉球三省并三十六岛之图》，该图明确标示钓鱼岛列屿属于中国的版图。此外，京都大学附属图书馆的谷村文库、冲绳县东恩纳文库皆藏有《琉球三省并三十六岛之图》的彩色摹本（江户时代），这两张图皆明确标示钓鱼岛、黄尾山，赤尾山属于中国领土。以上地图，就是钓鱼岛列屿不属"旧流球王朝的势力所及范围"而属旧中国王朝的势力所及范围的铁证⑪。

三、《旧金山和约》与钓鱼岛列屿问题之关系

笔者认为，中日钓鱼岛列屿主权之争，《旧金山和约》与《美日安全保障条约》与其具有重要的关系。这两个条约也是日本用以压制中国的"王牌"。由于该两项条约的解释权在美日两国手中，他们可以随时作出修改或重订，因而带有很强的讹诈性质，故屡次为日本政府援引来作为坚称日本拥有钓鱼岛列屿主权的依据。因此，我们如欲在钓鱼岛列屿主权之争上做到有理有利有节，除要清楚明白钓鱼岛列屿主权归属的历史外，还必须对该两项条约有透彻之了解；不但要弄清楚该两项条约每一章、条、节、目的内容及其所涵盖的意义范围，而且还要充分了解该两项条约产生的历史背景及其修订条约之来龙去脉。该两项条约出台之后，日本政府曾作有一部长达六百多页的"解说"文字，即由每日新闻社刊行的《对日平和条约》（TREATY OF PEACE WITH JAPAN，1952年5月出版），对条约的内容及其所涵盖的意义

范围作过极为详细的解释，笔者认为透彻研究这部"解说"文字，对我们分析日本声称拥有钓鱼岛列屿主权的论据极有帮助。

笔者一贯坚持自己的立场，即保钓必须知己知彼，彻底弄清楚对方的论据和主张，然后才能作出有理有据的反驳，只有这样才能说服对方和友邦，赢得国际舆论的支持。

另外，从该两项条约内容及其"解说"文字来看，钓鱼岛列屿主权之争的症结在于，该列屿在历史上是否属于"旧琉球王朝的势力所及范围"，笔者遍查中、琉、日史籍，结果证明列屿不属琉球王朝而属中国，历史文献毫无疑问对我们有利。但也有不利的方面，即钓鱼岛列屿在1952年美军接管琉球群岛时，被美辖琉球民政府划入了琉球列岛的经纬线内，日本以此为据提出钓鱼岛列屿属于琉球列岛范围，从而采用事实占有的方法"有效控制"该列屿。对此，笔者认为必须从历史文献、地理和地质构造以及国际法理的综合研究与评判来加以反驳。据笔者的研究分析，美国不会太深地卷入中国钓鱼岛列屿主权之争，因为这对它不会有很大的利益。而日本声称拥有钓鱼岛列屿主权的"王牌"即是带有军事讹诈性质的两项条约。因此，钓鱼岛列屿问题的解决关键在于中国。解决之道为何？一曰阻止美日将重新修订的安保条约的涵盖范围扩大至钓鱼岛列屿；二曰通过外交途径尽快解决钓鱼岛列屿主权纷争（详见本书"简短的结论""三、解决钓鱼岛列屿问题的三点建议"）。

注释:

① 参看《明报》（加西版），1996年9月20日A4版；《星岛日报》（加西版），1996年9月21日A23版。

②③④⑨分见每日新闻社刊《对日平和条约》第4页、第5页、第36页、第115－117页，东京，1952年5月。

⑤　冈仓古志郎等编《资料冲绳问题》第 224 页，东京劳动旬报社，1969 年。

⑥　伊地知贞馨《冲绳志》，明治十年（1877）刻，笔者手头所据乃为东京国书刊行会昭和四十八年四月刊本。

⑦　中山盛茂编《琉球史辞典》第 891 页，琉球文教图书 1969 年版。

⑧　参看《星岛日报》（加西版），1996 年 10 月 4 日 A23 版。

⑩　关于这方面的考证，华人学者如杨仲揆（《中国·台湾·钓鱼岛》，香港友联出版社 1972 年版）、沙学浚（《钓鱼岛属中国不属琉球之史地根据》，载台湾《学粹杂志》第 14 卷第 2 期，1972 年 2 月 15 日出版）、丘宏达（《日本对于钓鱼岛列屿主权问题的论据分析》，载香港《明报月刊》第 77 期，1972 年 5 月出版）、吴天颖（《甲午战前钓鱼列屿归属考——兼质日本奥原敏雄诸教授》，社会科学文献出版社，1994 年版），日本学者井上清（《"尖阁"列岛——钓鱼诸岛の史的解明》，日本现代评论社，1972 年 10 月出版；东京第三书馆 1996 年 10 月重版）等论著皆作过详细的研究分析。

⑪　对此问题的研究，可参看井上清前揭书第五章"日本の先觉者キ中国领と明记しているゐ"。

附　本文所引《旧金山和约》、《美日安全保障条约》英文原文

TREATY OF PEACE WITH JAPAN

CHAPTER II
TERRITORY
Article 2

（b）Japan renounces all right，title and claim to Formosa and the Pescadores.

Article 3

Japan will concur in any proposal of the United States to the United Nations to place under its trusteeship system, with the United States as the sole administering authority, Nansei Shoto south of 29° north latitude (including the Ryukyu Islands and the Daito Islands), Nampo Shoto south of Sofu Gan (including the Bonin Islands, Rosario Island and the Volcano Islands) and Parece Vela and Marcus Island. Pending the making of such a proposal and affirmative action thereon, the United States will have the right to exercise all and any powers of administration, legislation and jurisdiction over the territory and inhabitants of these islands, including their territorial waters.

SECURITY TREATY BETWEEN JAPAN AND THE UNITED STATES OF AMERICA

Article 1

Japan grants, and the United States of America accepts, the right, upon the coming into force of the Treaty of Peace and of this Treaty, to dispose United States land, air and sea forces in and about Japan. Such forces may be utilized to contribute to the maintenance of international peace and security in the Far East and to the security of Japan against armed attack from without, including assistance given at the express request of the Japanese Government to put down large – scale internal riots and disturbances in Japan, caused through instigation or intervention by an outside power or powers.

第八章　中日和平条约与
钓鱼岛列屿问题

　　以香港为中心，《明报》为主要阵地，逐渐在两岸三地兴起的新保钓运动，以陈毓祥烈士之死和 1996 年 10 月 6 日五星红旗和青天白日旗在钓鱼岛上飘扬而发展至高潮。作为此次运动的主力，自始至终皆是以香港为中心、两岸三地为呼应的民间社会团体和爱国人士。而作为法理上拥有对钓鱼岛列屿主权的中国政府，对此次由民间社会发起的新保钓运动，所持的态度应该说是相当慎重的。而"台湾当局"，被爱国人士指为态度软弱。李登辉的所谓"先谈渔权，后谈主权"，更被台湾出身的保钓人士指为本末倒置或曰舍本逐利。然而，是否李登辉先生真的不解"皮之不存，毛将焉附"的道理？非也。"台湾当局"之所以避开主权之争而谈渔权，实有其深刻的历史原因和不便明言之隐衷，这也是本文所要着重剖明这个问题的原因。至于中国政府，则力争主权且在对日交涉辞锋上步步升级，在钓鱼岛列屿主权问题上是尽了很大努力的。这亦是本文所要详加说明的重要内容之一。在此，笔者仅以学者的良知，秉承董狐之史法，笔则笔，削则削，力图将中日和平条约与钓鱼岛问题的历史，原原本本地告诉自己的同胞。

一、《中日双边和约》产生的历史背景

　　《中日双边和约》是"台湾当局"以"中华民国政府"的名义与日本国

政府于 1952 年 4 月 28 日下午 3 时在台北宾馆签署的一项和平条约。在未解释该项条约之前，我们必须对该条约产生的历史背景及与该条约相关的其他条约作些了解和交代，方能对该项条约的性质及其阙失有一个比较透彻的认识。

（一）中日《马关条约》

1895 年 4 月 17 日，中日双方在日本马关签订该项条约，共十一款，其中与领土主权有关者为：

第一款 中国认明朝鲜国确为完全无缺之独立自主，故凡有亏损独立自主体制，即如该国向中国所修贡献典礼，嗣后全行废绝。

第二款 中国将管理下开地方之权并将该地方所有堡垒、军器工厂及一切属公物件，永远让与日本：

……

（2）台湾全岛及所有附属各岛屿。

（3）澎湖列岛，即英国格林尼次东经一百十九度起至一百二十度止，及北纬二十三度起至二十四度之间诸岛屿①。

以上条约第一款为中国承认朝鲜独立，放弃作为宗主国对其属国的所有权利和义务。第二款之第（2）项，明确规定中国应将台湾全岛及所有附属各岛屿的主权和治权（即领土权和行政权）永远让与日本。值得注意的是，这里指称"所有附属各岛屿"，虽然没有写明是否包括钓鱼岛列屿，但从中国传统以来的领土意识来看，无疑应包括钓鱼岛列屿（明郑舜功《日本一鉴》有"钓鱼屿，小东小屿也"之谓，即是明证）。第二款第（3）项所划定之澎湖列岛经纬度范围诸岛屿，当然不包括钓鱼岛列屿。值得注意的是，日本在武力迫使中国割让台湾及澎湖列岛时，是有明文规定包括领土主权和治权以及划定了澎湖列岛的经纬度的。

（二）《开罗宣言》

该宣言乃为罗斯福、丘吉尔、蒋介石参与共同商定之对日作战计划，发表于 1943 年 11 月 26 日，内容有：

（1）三大同盟国作战之目的在制止及惩罚日本侵略，并剥夺其自前次世界大战在太平洋上所占夺之岛屿；

（2）使日本窃自中国之领土如东北、台湾、澎湖等归还中国；

（3）在相当时期予朝鲜独立②。

以上三点为《开罗宣言》精神，但在宣言的文字上有"日本亦将被逐出其以武力或贪欲所攫取之所有土地"之规定。根据这一原则，蒋介石与罗斯福曾在会议期间讨论过有关琉球群岛的归属问题。

罗：中国对于日本北部的那些岛屿的处理有何意见？

蒋：阁下是否指琉球群岛而言？中国暂时不欲将琉球群岛收回，只希望中美共管，或国际共管。琉球由国际共管比较由中国管理为妥③。

显然，当时的蒋介石还是坚持中国对琉球群岛有"剩余主权"，故有权提议由中美共管或国际共管。

（三）《波茨坦公告》

该公告于 1945 年 7 月 26 日由美、英、中联合发表，苏联政府于同年 8 月 3 日声明，正式参加《波茨坦公告》。公告共十三条，其中第八条对日本的领土作出明确规定："《开罗宣言》之条件必将实施，而且日本之主权必将限于本州、北海道、九州、四国及吾人所决定其他小岛之内。"④根据公告规定，日本的领土范围限于明治维新废藩置县以前的日本列岛，超出这一范围的领土，皆为日本用武力占据者（包括朝鲜、琉球群岛、台湾等），应在被驱逐之列。很明显，《波茨坦公告》乃是一个限制日本军国主义对外扩张侵略的条约。

（四）《旧金山和约》

该条约于 1951 年 9 月 8 日由美日双方共同签订，参与签字国有四十九个国家（中国被排除在外）。条约第二章第三款规定："日本国对于美国向联合国所作任何将北纬二十九度以南之西南群岛（包括琉球群岛及大东群岛），孀妇岩以南之南方诸岛（包括小笠原群岛、西之岛及琉璜列岛），及冲之鸟岛与南鸟岛，置于托管制度之下，而以美国为其唯一管理当局之建议，将予同意，在提出此项建议并就此项建议采取确定性之行动以前，美国有权对此等岛屿之领土包括水域暨其居民，包括此等岛屿之领水，行使一切行政、立法、司法及管辖之权力。"⑤

以上条款在对琉球群岛的处置规定中，虽然表面上按开罗会议中蒋介石的提议，但实际上已变质，即原议由中美共管或国际共管，但在"和约"中却变成美国独管。这便为日后美日私相授受琉球群岛及钓鱼岛列屿留下伏线。此外，更为严重的变质还在于，按《开罗宣言》和《波茨坦公告》的精神，本为限制日本军国主义的反法西斯条约，但到了《旧金山和约》，却变成了一个扶持日本军国主义势力复活的条约，同时还将反法西斯的同盟国——中国排除在签字国之外。对此，笔者略作分析如下。

美国偏袒日本，扶持军国主义复活之原因，是由于朝鲜战争爆发，中国介入，以美国为首的联合国军队，认为要遏止中国的势力，就必须在亚洲扶持一个足以与中国抗衡的反共领袖国家，这无疑非日本莫属。而日本经战后六年的休养生息，已恢复元气并开始显示实力，表现在日本国内的工业生产力已大幅度增长，恢复了庞大的警察力量，同时参与了部分国际性的组织。基于这几方面的实力，日本被美国为首的西方国家所倚重。于是美国必须与之订立和平条约，把日本作为美国在亚洲政策上的一个关键棋子。从这一实用立场出发而订立的和约，已完全由第二次世界大战期间《开罗宣言》、《波茨坦公告》中的反对日本侵略性质转变为扶助日本复兴的性质。诚如杜鲁门在旧金山演讲说时主张："亚洲为亚洲人的亚洲，美国如果在亚洲政策上，没有一个有力足以抵制共产党的侵略的亚洲友好国家，就不能发生实际的作用。"⑥因此，旧金山对日和约实际上成为"扶日阻共"条约。美国的"扶日阻共"政策具体表现为：扩大日本的警察预备队和海上保安队，释放战犯，交还领事权，外国侨民得受日本警察拘捕和法院审讯，停止对日索还赔偿，准予派驻国外代表，单独与外国订立贸易协议，提高工业生产效能，等等。基于"扶日阻共"政策的这一大前提，美国对日和约的条件不但大大放宽，而且将有些必要的限制条件（如防止日本军国主义复活）也完全放弃。又由于当时英国已承认中国政府，反对台湾当局参加对日和约的签字。而美国为实施其在亚洲的"扶日阻共"政策，从"阻共"立场出发承认台湾当局，英美双方商谈结果，获得一个所谓折中方案，即将中国政府及台湾当局皆排除在和约签字国之外，另由日本自主决定与中国商订大致相同的双边和约。当时代表日本政府的吉田茂内阁，按美国"扶日阻共"政策之旨意，无疑选择台湾当局作为缔结双边和约的对手。这便是《中日双边和约》签订的历史背景。

二、《中日双边和约》的内容及其阙失

台湾当局与日本政府于 1952 年 4 月 28 日签署的《中日双边和约》，是

美国斡旋之结果。台湾当局代表是"外交部长"叶公超,日方代表是河田烈。双方代表自1952年2月22日举行第一次正式会谈起,前后共举行正式会议三次,非正式会议十八次,终于在4月28日签字,经台湾"立法院"于7月31日通过,8月2日"总统"批准,8月5日双方代表在台北互换批准文书,即日生效。条约签订后(4月30日),"总统蒋介石面慰日本和约全权代表河田烈,寄语日本朝野,共建东亚和平"[⑦]。可见该条约的性质完全是与《旧金山和约》一脉相承的。尤其是有关中国领土之规定,大致与《旧金山和约》相同。

条约全文共十四条,另附议定书二款共七项,作为对条约本文的附加和解释条款。现将其主要内容概述如下:

(甲)日本放弃对于台湾、澎湖列岛以及南沙群岛及西沙群岛的一切权益(第二条);

(乙)日本及其国民在台澎的资产及利益,将由双方成立协议予以处理(第三条);

(丙)日本承认台湾及澎湖列岛的居民,系中华民国的人民(第十条);

(丁)中国自动放弃旧金山和约第十四条日本所供应的服务之利益(议定书第一款第二项。此条即谓自动放弃对日要求之合理赔偿——郑注)[⑧]

从以上条约的主要内容来看,中日双边和约应该说是比《旧金山和约》更为"宽大"的条约,由于当时台湾当局所处的特殊国际环境,为了求得自身之生存,不得不听命于美国,所订条约亦完全按美国"扶日阻共"之政策行事,将《开罗宣言》和《波茨坦公告》中的反对日本侵略性质变为"联日反共"性质。基于这一立场签订的《中日双边和约》,是一个具有严重阙失的条约。现将条约之严重阙失分析如下。

"和约"第二条规定:"日本放弃对于台湾、澎湖列岛以及南沙群岛及西沙群岛的一切权益。"我们如果将此条款与前述《马关条约》第二款相较，将会明显发现，此条款相对《马关条约》中对割让领土的明文规定，其漏洞有以下几方面：

（1）《马关条约》清楚地写明割让台湾全岛及所有附属各岛屿、澎湖列岛的主权与治权，而"双边和约"并无此明文规定，只含糊地写着"一切权益"，这里的"一切权益"，是否包括主权和治权，并没有作明确交代，可由日方作随意解释，实际上即是没有对《马关条约》割让台湾的领土主权作彻底清算。故日后佐藤荣作内阁有"台湾归属未定论"之鼓吹，实由该条约之漏洞所致。

（2）《马关条约》清楚地写明割让"台湾全岛及所有附属各岛屿"，但在"双边和约"中却没有了"所有附属各岛屿"的字样，这就为日本吞并钓鱼岛列屿提供了"合法"的依据。又由于《马关条约》所割让的"台湾全岛及所有附属各岛屿"中，并未写明包括钓鱼岛列屿（事实上按中国历史上形成的领土范围意识中，应包括钓鱼岛列屿），而日本在归还台湾全岛时又没有写明包括"所有附属各岛屿"。更重要的是，当时的台湾当局并没有对"双边条约"中所未及的"所有附属各岛屿"一项作出任何异议和质疑，这事实上等于说台湾当局已默认日本在《马关条约》（1895）签订到"双边和约"（1952）议定之间所窃取的"所有附属各岛屿"（包括钓鱼岛列屿）的合法化。这就是当前台湾当局舍弃主权而谈渔权的原因所在。对此，李登辉无疑是心知肚明的。同时也是日本为什么胆敢强硬地坚持对钓鱼岛列屿拥有主权的根本所在。

另一方面，《中日双边和约》完全是承袭《旧金山和约》而来，在旧金山和约中所未及的"所有附属各岛屿"一项，也由双边和约中沿袭下来，而当时的台湾当局对条约并没有提出异议。因此，日本政府当前虽可以不承认

《中日双边和约》，但仍然可以根据《旧金山和约》中未提及的归还"所有附属各岛屿"一项，作为拥有钓鱼岛列屿领土主权的法律依据。

（3）《旧金山和约》第三条规定：日本同意琉球群岛交由美国托管的任何建议。对此，《中日双边和约》非但没有提出异议，而且对琉球群岛只字未提。这对于琉球仍然保持有宗主权（或曰剩余主权）的中国来说，实际上是放弃了对日本吞并琉球的历史清算，此为《中日双边和约》的又一大失误。

（4）《旧金山和约》第十四条规定，日本承认对联盟国在战时造成的损害及痛苦应付出应有的赔偿。但同时，这一条又表明，日本为维持生存，其现有资源实在不足以完全履行上述的赔偿。于是，这一条的甲项第一款便有了一种以日本人的服务代替赔偿的规定，即：联盟国中有此要求者，可由日本人的服务，从事战时占领区域的工厂或打捞沉船等工作，以其所支付的费用作为对受害国家之赔偿。然而，在中日双边和约的"议定书"第一款第二项中竟写明："为对日本人民表示宽大与友好之意起见，中华民国自动放弃根据旧金山和约第十四条甲项第一款日本国所应供应之服务之利益。"这不但将日本人承认应对中国人民在战时造成损害及痛苦作出应有赔偿给放弃了，就连要求日本人服务的权利也明确放弃了。这是为中国人民的感情所不容的，亦是中日双边和约的又一大失误。

以上分析表明，无论就 1951 年缔结的《旧金山和约》，抑或 1952 年签署的《中日双边和约》，作为战胜国的中国，始终没有站在舞台的正面，对甲午战争以来日本侵华的历史作出清算。根据条约规定，当时名义上的代表台湾当局，除了领土主权是不明不白之外，中国人民感情的补偿也放弃了。作为日本方面，则利用了中国海峡两岸的特殊局面，坐收渔人之利。日本选择了当时事实上并不能代表中国的台湾当局作为订约的谈判对手，但在谈判会议桌上，又根本不承认他们有代表中国的资格，致使台湾当局陷入极为尴

尬被动之地步，从而放弃了对日本五十年来对华侵略的正面清算。这也就是
日本吉田茂政府在谈判《中日双边和约》过程中，玩弄"两个中国"政策
的大胜利。这一点，在《中日双边和约》签约后的 1952 年 6 月 26 日，吉田
茂在参议院外交委员会答复社会党议员曾祢益的质询时表露无遗。

　　吉田茂说："我们将来要和中国发生一个全面的关系。其中第一步，和
中华民国缔订了这部条约。也就是说，这部条约是和现在统治台湾的政府之
间的条约，将来我们要和中国之间缔订一个全面的条约。"

　　曾祢益问道："你的意思是，不承认中华民国是代表中国的政府？"

　　吉田茂答道："是的。"⑨

　　很明显，日本当时正是利用了"台湾当局"为求生存的致命弱点，才选
择它作为订约对手，并且从中借机勒索，迫使台湾当局放弃许多权益和应当
提出的质询与异议（特别是关于台湾所有附属各岛屿的范围和琉球群岛问
题）。从条约的内容来看，战争的失败者不是日本，反倒像是中国。诚如中
日关系史学家司马桑敦指出："中国受日本帝国主义的侵辱达半个世纪之久，
中国人民蒙害至深、牺牲最大，而战后当处理日本问题的时候，中国竟然未
能站在舞台的正面，说来，真应算是一个历史的悲剧。表现这段历史悲剧的
最高结晶，首先值得提起的就是 1952 年'中日和约'的缔订。"⑩对于这一
条约，笔者下的定义是：一部还未完全洗脱不平等条约印记的"中日和约"。

三、《中日联合声明》及其内容分析

　　对于《旧金山和约》和《中日双边和约》将当时事实上的中国政府排
除在外这一做法，中国政府一开始便拒绝承认"条约"的合法性。1950 年
12 月 4 日，周恩来外长就对日和约的草拟问题发表声明，指出："对日和约

的准备和拟制如果没有中华人民共和国的参加，无论其内容与结果如何，中央人民政府一概认为是非法的，因而也是无效的。"①1951 年 8 月 15 日，周恩来外长发表关于美英对日和约草案及旧金山会议的声明，再次重申对日和约倘无中华人民共和国参加是无效的，中国人民绝对不承认这个条约。次日，周恩来又对美英对日和约草案提出责难和抗议。1951 年 9 月 8 日，对日和约在旧金山签字，日本吉田茂首相发表演说，表示接受和约，保证日本不再侵略。在此之前（5 月 31 日），吉田茂向美国务卿杜勒斯承诺，日本国会批准多边条约后，即与中国商订双边和约。同年 6 月 6 日，美国公使蓝钦与台湾当局"外长"叶公超曾就中日和约问题进行会谈，表明"台湾当局"实际上同意与日本另订中日和约。9 月 11 日，叶公超告诉合众社记者，中国愿与日本签订双边和约。1952 年 1 月 16 日，吉田茂致函杜勒斯，表示愿依照旧金山和约原则与"中华民国"订约，明确表示订约的对手为台湾当局而非中国政府。4 月 28 日，《中日双边和约》在台北签字。

对于《中日双边和约》，由草拟到签署，中华人民共和国政府一直都表示了强烈的抗议。1952 年 1 月 23 日，外交部副部长章汉夫发表指责吉田茂致函杜勒斯保证日本与"中华民国"缔约的声明，并认为排斥中华人民共和国政府是美日政府对中国的挑战行为。《中日双边和约》签字后，周恩来外长于 5 月 5 日发表声明，坚决反对《中日双边和约》②。

作为日本政府方面，对于来自中国政府的抗议之声并没理会，无论吉田茂还是佐藤荣作，皆一再重申重视对《中日双边和约》的义务，保证遵守所谓国际道义。1967 年 9 月 8 日，佐藤在访问台湾期间，还公开鼓吹"台湾归属未定论"、"台湾是日本的防波堤"等，对蒋介石的"联日反共"政策表示赞赏。但这些论调立即遭到《人民日报》的猛烈抨击③。然而，到了 1971 年 6 月，当美国宣布决定将琉球于 1972 年交还日本，台日之间的关系开始发生剧变。同年 10 月，"台湾当局"被逐出联合国，而日本此时已完全有把握将琉球拿到手。在这种情况下，日本自觉"台湾当局"已毫无利用价值，与之签订的《中日双边条约》亦达到了预期之目的（日本签订此约之主要目的在于诈取台湾放弃对琉球的剩余主权及一些附属岛屿），于是决定与台北"断交"，承认中华人民共和国。据说蒋介石晚年，对他打击最大的一件事并不是台湾当局被逐出联合国，而是日本与台北"断交"（这是笔者在澳洲雪梨大学任教时，一位台北资深外交官告诉我的），原因就在于自己好像被多年"肝胆相照"的老朋友出卖了，事实上这位"老朋友"原来一直在利用他。正所谓"老来失计亲豺虎"，遭日利用二十年。

1972 年 9 月 29 日，中日双方在北京发表《中华人民共和国政府、日本国政府联合声明》。这是一个与条约具同样性质的声明。全文共九条，其中有关领土和战争赔偿者为：

（三）中华人民共和国政府重申：台湾是中华人民共和国领土不可分割的一部分。日本国政府充分理解和尊重中国政府的这一立场，并坚持遵循《波茨坦公告》第八条的立场。

（五）中华人民共和国政府宣布：为了中日两国人民的友好，放弃对日本国的战争赔偿要求。⑭

这个声明虽失之笼统，且亦明确表示放弃对日战争赔偿要求。但有一点是特别值得重视的，即第三条中明确写上日本国政府"坚持遵循《波茨坦公告》第八条的立场"。这就意味着声明已将《旧金山和约》和《中日双边和约》中"扶日反共"性质扭转为"反对日本军国主义扩张侵略"性质。只要中国政府坚持声明中的立场，随时可以对 1894 年以来日本对华侵略的罪行作彻底的清算。因为《波茨坦公告》第八条明文规定："日本之主权必将限于本州、北海道、九州、四国及吾人所决定其他小岛之内。"所以，只要中国政府坚持声明中的立场，日本通过《中日双边和约》或《旧金山和约》诈取得来的"台湾附属各岛屿"甚至琉球群岛之主权皆无国际法上的效力。

此外，日本外务大臣大平正芳在联合声明签署的当天，即在记者招待会指出："作为日中邦交正常化的结果，日蒋条约宣告结束。"（所谓"日蒋条约"即《中日双边和约》——郑注）与此同时，大平外相在解释联合声明第三条时又指出："日本政府关于台湾问题的立场，已经在第三条表明了。《开罗宣言》规定台湾归还中国，而日本接受了承继上述宣言的《波茨坦公告》，其中有第八条'《开罗宣言》之条件必将实施'，鉴于这一原委，日本政府坚持遵循《波茨坦公告》的立场是理所当然的。"⑮

根据以上的解释，日本政府承认联合声明的发表即意味着《中日双边和约》宣告结束，同时将中日关系重新建立在《开罗宣言》和《波茨坦公告》的基础上。那么，在《中日双边和约》中被不明不白地舍弃的台湾附属各岛屿和琉球群岛的剩余主权亦宣告无效，中华人民共和国政府应当根据联合声明要求与日本国政府重开领土边界谈判。

笔者认为，钓鱼岛列屿自古以来一直都属中国的领土，与日本并不存在主权之争。中日之间重开领土边界谈判，应退回到 1880 年 10 月清朝与日本双方达成的"分岛改约"⑯协议上进行重议，因为这个协议顾及了中日双方对琉球群岛的剩余主权，同时又是中日两国在近代史上有关领土边界划分之唯一的一个平等条约。根据这一协议重新划分中日边界，也是符合《开罗宣言》和《波茨坦公告》之原则的。否则，中日领土主权之争将永无止息之日。

注释：

① 褚德新、梁德主编《中外约章汇要》，黑龙江人民出版社 1991 年版。

② 丘宏达编辑、陈纯一助编《现代国际法参考文件》第 926 – 927 页，台北三民书局 1996 年版。

③ 宋漱石著《琉球归属问题》，第 49 页，台北"中央文物供应社" 1954 年版。

④ 张蓬舟主编《近五十年中国与日本》第五卷第 305 页，四川人民出版社 1990 年版。

⑤ 每日新闻社刊《对日平和条约》第 5 页，东京 1952 年 5 月。

⑥ 侯海域著《对日和约问题》第 4 页，台北自由出版社 1951 年版。

⑦ 苏振申编著《中日关系史事年表》第 445 页，台北华冈出版有限公司 1977 年版。

⑧ 张道行著《中外条约综论》第 234 – 238 页，台北五洲出版社 1969 年版。

⑨ 司马桑敦《中日关系二十五年》第 9 – 10 页，台北联合报社 1978 年版。

⑩ 同上书，第 1 页。

⑪ 张暄编著《当代中日关系四十年》第 9 页，时事出版社 1993 年版。

⑫ 苏振申编著《中日关系史事年表》第 441 – 445 页。

⑬ 同上书，第 519 页。

⑭ 张暄编著《当代中日关系四十年》第 317 页。

⑮ 同上书，第 319 页。

⑯ "分岛改约"协议最初由日本方面提出，即以琉球南部邻近台湾的宫古、八重山群岛分予中国管辖。但中国方面则应"举其所许西人者，以及于我商民"，实即是以所占之琉球南部诸岛的主权换取日本商人得以入中国内地自由通商和获得与西人"一体均沾"的不平等条款。1880 年 10 月，中日双方就"分岛改约"问题达成协议，并预定于翌年正月交割琉球南部诸岛。消息传出后，廷议大哗，有识之士认为是上了日本人的当。于是，清廷乃责成李鸿章统筹全局，速结琉球一案。李因受舆论之压力，采用拖延换约之法，以待当时正在进行的中俄伊犁交涉案结，然后再行推翻"分岛改约"协议。日本驻华公使（当时负责"分岛改约"谈判）宍户玑见清廷迟迟不肯换约，乃愤然离华。琉球一案，就此不了了之。日本吞并琉球虽始终未获中国方面的承认，但毕竟已构成"事实占领"，清廷从此以后非但无暇过问，反遭日本的步步进逼，终于酿成甲午战败割地赔款。有关"分岛改约"的档案，见《日本外交文书》卷十三及《清光绪朝中日交涉史料》卷二。

第九章　《中日和平友好条约》与
钓鱼岛列屿问题

一

东京 1996 年 10 月 14 日电讯报道："日本今天否认已与中方达成协议，搁置钓鱼岛列屿的主权争端，而与中国外长钱其琛的说法矛盾。日本外务省次官林贞行在记者会上表示：'中方说希望搁置本案，因他们立场与日本不同，但双方并无搁置此案的协议。'钱其琛日前在北京对日本记者说，日本与中方已达成协议，将钓鱼岛主权争端搁置。"①

中日政府之间有关钓鱼岛列屿的主权争端，为什么会发生这一相互矛盾的说法呢？对此，我们有必要回顾 1996 年 9 月 11 日中国驻日大使徐敦信就有关日本右翼团体在钓鱼岛列屿修建灯塔事向日本外务省事务次官林贞行提出的一次照会。徐大使在照会中指出："中日双方在这一问题上曾经达成共识，同意将这一问题暂时搁置，留待以后解决。但近来在日本有关当局的放任和纵容下，日本一些团体却……严重侵犯了中国领土主权，激起了中国人民的抗议。"针对徐大使的声明，林次官的回应是："尖阁列岛是日本的固有领土。日本从未同意将领土问题搁置处理。"②很显然，日本官方已公开否认曾同意将钓鱼岛列屿主权"搁置争议"这回事。并一再重申"尖阁列岛为日本的固有领土"（日外相池田行彦声明）。

中日政府之间为什么会发生如此相互矛盾说法的照会战？笔者认为必须对1978年《中日和平友好条约》签订的前前后后作些历史回顾，方能对问题的解答有所助益。

《中日和平友好条约》于1978年8月12日在北京签订，全文共五条，用中文和日文作成，中国全权代表为黄华，日本全权代表为园田直。该条约第一条写道：

一、缔约双方应在互相尊重主权和领土完整、互不侵犯、互不干涉内政、平等互利、和平共处各项原则的基础上，发展两国间持久的和平友好关系。

二、根据上述各项原则和联合国宪章的原则，缔约双方确认，在相互关系中，用和平手段解决一切争端，而不诉诸武力和武力威胁。[③]

该条约第一条为涉及领土主权者，其余四条皆为辅助和解释第一条内容者。但就从第一条的内容来看，中日双方只是笼统地谈到互相尊重领土主权问题，并无涉及领土主权纠纷，亦未提到钓鱼岛列屿主权"搁置争议"一事。这也是日本政府否认曾同意将钓鱼岛列屿主权"搁置争议"的持论所在。

不过，《中日和平友好条约》于8月12日在北京签字后，复于同年10月23日在东京举行批准书互换仪式，并于当日正式生效。代表中国政府出席换约仪式的是时任副总理的邓小平。邓于换约后两天（10月25日），在东京记者招待会上发表讲话和答记者问，其中在回答日本记者提出的有关钓鱼岛问题时说："'尖阁列岛'我们叫钓鱼岛，这个名字我们叫法不同，双方有着不同的看法，实现中日邦交正常化的时候，我们双方约定不涉及这一问题。这次谈中日和平友好条约的时候，双方也约定不涉及这一问题。"接着邓又指出："倒是有些人想在这个问题上挑些刺，来障碍中日关系的发展。我们认为两国政府把这个问题避开是比较明智的。这样的问题放一下不要紧，等十年也没有关系。"④

邓副总理的这段话，即是中国政府有关钓鱼岛列屿主权"搁置争议"持论之来由。据上，邓在谈话中反复提到"我们双方约定不涉及这一问题"，显然，邓在发表谈话之前是与日本政府代表磋商过钓鱼岛列屿主权问题，并且获得有关"搁置争议"的共识，不然就不会当着四百多名日本记者和各国驻日本记者发表以上的讲话（邓在发表此一讲话时，博得台下日本记者的一片掌声）。另外，《中日和平友好条约》只是笼统地提到领土主权问题，对于有主权争议的领土问题并无任何明文规定及解释，因此，邓副总理的讲话可以看作是对条约的进一步解释或说明，应当等同具有官方文献或公告之性质。而日本政府否认曾同意将钓鱼岛列屿主权"搁置争议"一事，表明日本试图推翻当时中日双方代表所达成的共识，实际上也是对《中日和平友好条约》在某种程度上的否认和挑战。据此，中国政府指责日本有意制造伤害中日关系的事端便不是空穴来风了。

中日双方今次围绕钓鱼岛列屿的主权之争，肇事者本为日本右翼团体。但日本官方公开否认曾同意"搁置争议"一事，清楚地表明肇事者的背后即是日本政府。对于日本政府在钓鱼岛列屿问题上所持的立场，应当引起全世界爱好和平的人士之高度警惕。

二

1994 年 12 月 20 日由东京岩波书店出版的《日中关系》（原典中国现代史第八卷）一书⑤，内有"尖阁诸岛问题"一节，颇能反映出日本朝野对钓鱼岛列屿主权问题所持的态度和立场。现将其略作评价。

　　该书作者安藤正士为日本筑波大学历史人类学系教授，专攻中国现代史、现代中日关系史，著有《文化大革命和现代中国》、《现代中国的国际关系》等书。另一位作者小竹一彰，现任久留米大学法学部教授，著有《国共内战初期的土地改革中的群众运动》等书。

　　著者在讨论现代中日关系时，运用了一些鲜为人知的史料，如《蒋介石秘录》、《吉田书札》等。谈到 1952 年《中日双边和约》的签订和蒋介石为何要采取"对日宽大"政策时，书中写道："蒋介石认为，如对日本要求高额赔价，有招致日本共产化之危险。"（《蒋介石秘录》第 410 - 411 页，サンケ出版，1985 年）[6]书中指出，当时的吉田茂政府为什么会选择台湾当局作为订约的对手，而不选中国政府？《吉田书札》认为："中国的共产政权，已被联合国指责为侵略者，故不宜以之代表中国。"（原书第 61 页）关于"尖阁诸岛"问题，作者认为这是现代中日关系史至为关键的问题，"特别是围绕着尖阁群岛主权领有间的对立，有可能使中日关系降到冰点（原书第9 页）"。

　　著者在综合日本朝野人士对钓鱼岛列屿的意见后提出如下看法："尖阁诸岛是位于冲绳本岛和台湾之间的群岛、日本由 1895 年的阁议决定进行实际统治的领土。对此，至 20 世纪 60 年代末，包括中国在内之各国均没提出过异议。然而，自从 1968 年联合国亚洲极东经济委员会（ECAFE）有关该海域的海底藏有石油资源的可能性报告提出后，中国提出对尖阁诸岛（中国名钓鱼岛）的领有权的主张。中国方面对该群岛的领有权的最初主张是在1970 年 12 月 29 日的《人民日报》社论，此后，尖阁群岛问题成为日中间之纷争被表面化。另外，台湾方面也于 1971 年 6 月 11 日发表的外交部声明中主张对尖阁群岛拥有主权。"（原书第 225 页）

该书列举中日双方政府声称对钓鱼岛列屿拥有主权的理由说："中国方面的主张见诸1971年12月30的外交部声明，大意谓：尖阁群岛是台湾的一部分，其根据是该岛历史上与中国关系极深。对此，日本方面的立场见诸外务省1972年3月8日的基本见解，其要点为：1895年（明治二十八年）以来由日本实际统治尖阁诸岛，与《马关条约》（1895）割让台湾等无关。另外，尖阁群岛是琉球列岛的一部分，不存在领土主权之争。"（原书225页）

对于以上中日各执一词，同时声称对钓鱼岛列屿拥有主权的主张，该书著者作出如下评论："自从1978年4月12日起，大约一周时间，有很多武装的中国渔船集结该海域，当时正值日中友好和平条约再次开始缔结前的交涉和自民党内进行调整的时期，因此，尖阁群岛问题引起广泛关注。此后，为日中友好条约的批准换文而访日的邓小平副总理，围绕尖阁群岛的领有权问题发表意见，表示此问题的解决留给下一代的意向。因此，尖阁群岛问题没有引发正面的外交纷争。但其后中日两国政府围绕着这一问题进行过一些小规模交涉。特别是1992年2月，中国公布施行《中华人民共和国领海及毗连区法》，明确将南沙群岛与尖阁群岛一起标为中国领土。对该法的公布施行，日本政府表示抗议。从历史上看来，无论中国抑或日本，和平解决领土问题的经验还没有过。据此可知，现今开始的中日两国关于尖阁群岛问题的认真的外交交涉，可以预想，一定是困难重重的。"（原书第225–226页）

从以上所引该书有关中日钓鱼岛列屿主权之争的评论文字来看，有如下几点是必须特别注意和加以指出的：

（1）日本朝野人士认为，钓鱼岛列屿属于日本领土，是从1895年的阁议决定进行"实际统治"开始的。在此之前为无人荒岛，在此之后直至20世纪60年代末皆无人提出异议。

（2）钓鱼岛列屿虽于1895年由日本进行"实际统治"，但与《马关条约》无关，即不在割让台湾及其附属各岛屿之列。

（3）钓鱼岛列屿是琉球列岛的一部分，与中国之间不存在领土主权之争。

（4）钓鱼岛列屿主权之争是由中国挑起的，其原因是由于 1968 年联合国亚洲远东经济委员会（ECAFE）发表该海域的海底可能藏有丰富的石油资源的报告。

（5）邓小平于 1978 年提出的"搁置争议"只是中国单方面的意见，目的是为了阻止引发正面的外交纷争，从而使中日友好条约的批准换文顺利进行。

（6）中国迟至 1992 年 2 月，才在《中华人民共和国领海及毗连区法》中明确地将钓鱼岛列屿划入中国领土范围。

在以上六点中，前三点是日本声称拥有钓鱼岛列屿主权的根据，后三点为对中国声称拥有钓鱼岛列屿主权的反驳。如果仅就以上所列举的几点"理由"来看，日本朝野似乎对自己拥有对钓鱼岛列屿的主权深信不疑，而日本政府和官方御用学者也正是这样宣称和误导其国民的。但事实却并非如此。笔者根据长期研究中日关系史和钓鱼岛问题的结果，对以上各点逐条批驳如下：

（1）在 1895 年日本阁议对钓鱼岛列屿进行"实际统治"之前五百年，中国明朝三十六姓闽籍移民及出使琉球册封使便开始利用钓鱼岛列屿作为通往琉球的航海坐标和避风港，这是有中国和琉球史籍明确记载的。日本江户时代史地学家林子平所绘《琉球三省并三十六岛之图》更将钓鱼岛列屿标明属中国领土。

（2）1895 年中日《马关条约》虽未提到割让钓鱼岛列屿，但条约中提到割让台湾及其所有附属各岛屿。按以往中国的领土版图意识，钓鱼岛列屿属于台湾附属各岛屿之列。日本对钓鱼岛列屿首先是名义归并（1895 年 1 月 11 日的阁议决定归入八重山群岛管辖），然后作事实占领（据 1895 年 4 月 17 日的《马关条约》）。

（3）钓鱼岛列屿虽被日方划入琉球列岛的经纬度内，但经纬度线并不等同于领土主权。因为该列屿在历史上从不属于"旧琉球王朝的势力所及范围"⑦，相反却属于中国王朝的势力所及范围。日本明治维新废藩置县（1872—1877）及 1951 年美日签订旧金山和约规定日本领土范围，皆没有将钓鱼岛列屿划入琉球列岛版图。日本对该列屿进行"实际统治"，严格说来是在 1969 年 5 月于钓鱼岛岛上建立"八重山尖阁群岛鱼钓岛"字样的标柱开始的。

（4）钓鱼岛列屿自古至今皆为中国的领土，中日之间有关该列岛的主权之争，是由日本琉球政府于 1969 年 5 月在钓鱼岛岛上建立标柱引发的，原因是资源贫乏的日本政府获悉该列屿海底藏有丰富的油田，因而决定强行占取。

（5）邓小平于 1978 年 10 月 25 日东京记者招待会上发表有关钓鱼岛列屿问题"搁置争议"的表述，是经过中日双方政府代表协商"约定"的共识，应当具有官方文献或公告之性质。日本政府否认这一共识，即是对《中日和平友好条约》的部分背离和挑战，表明日本军国主义领土扩张侵略势力的再度抬头。

（6）1992 年 2 月 25 日发布的《中华人民共和国领海及毗连区法》⑧，是中华人民共和国对第二次世界大战以后中国领海及其附属各岛屿的重新勘察，纯属中国主权范围。即使提到钓鱼岛列屿，也是对《马关条约》以来日本非法侵占中国领土的正面清算，完全是符合《开罗宣言》、《波茨坦公告》精神以及 1972 年中日"联合声明"条文规定的。

根据以上各点，钓鱼岛列屿属中国固有领土，中国与日本之间不存在领土主权之争。日本右翼分子不断在钓鱼岛问题上挑起事端，应当受到国际舆论的严厉谴责和有效制裁。

注释：

① 见《世界日报》（加西版），1996年10月15日A4版。

② 见《信报》（香港版），1996年9月28日第7版。

③④ 张暄编著《当代中日关系四十年》第387—395页，时事出版社，1993年版。

⑤ 原典中国现代史，全八卷，别卷一，《日中关系》为该丛书第八卷。

⑥ 安藤正士、小竹一彰《日中关系》第38页，东京岩波书店1994年版。

⑦ 每日新闻社刊《对日和平条约》第117页，东京1952年5月。

⑧ 1992年2月25日发布的《中华人民共和国领海及毗连区法》，其中第二条云："中华人民共和国领海为邻接中华人民共和国陆地和内水的一带海域。""中华人民共和国的陆土领土包括中华人民共和国大陆及其沿海岛屿、台湾及其包括钓鱼岛在内的附属各岛、澎湖列岛、东沙群岛、西沙群岛、中沙群岛、南沙群岛以及其他一切属于中华人民共和国的岛屿。""中华人民共和国领海基线向陆地一侧的水域为中华人民共和国的内水。"（《人民日报》1992年2月26日）很明显，该"领海法"是对中日《马关条约》（1895）和《中日双边和约》（1992）作出的正面清算。《马关条约》第二款第二项写明将"台湾全岛及所有附属岛屿"永远让与日本，但《中日双边和约》只是写明"日本放弃对于台湾、澎湖列岛以及南沙群岛及西沙群岛的一切权益"（第二条），却遗漏了"所有附属各岛屿"一项。对此，日本外务省次官小和田恒向中国驻日大使杨振亚提出抗议（1992年2月27日），针对中国政府在"领海法"中将尖阁诸岛（中国名钓鱼岛）写入中国固有领土问题，指出："尖阁诸岛是我国固有领土，并在有效统治区内，对于中国的行为极表遗憾，请求改正。"（《朝日新闻》，1992年2月27日夕刊）。

第十章　中日钓鱼岛列屿之争与东海划界问题

一、引言

　　据报载，正当中日关系因钓鱼岛列屿问题及日本篡改历史教科书而持续紧张之际，日本政府无视中国政府的劝告，在 2005 年 4 月 13 日表示，已决定开始接受日本民间企业申请，将授予日本民间业者在中日两国有争议的东海海底资源的开采权，以表明其"保护自身资源权利"的决心。日本政府的这一举措，无异于给因钓鱼岛问题和教科书事件闹得很僵的中日关系火上浇油，必将使中日两国的矛盾进一步激化。

　　关于中日两国东海海底资源之争，早在 2005 年 4 月 6 日，中国外交部亚洲司司长崔天凯在约见日本驻华使馆公使堀之内秀久时表示，中方一贯主张双方通过谈判解决在东海划界问题上的争议，在此之前，任何一方都不采取单方面行动，"搁置争议、共同开发"才是东海问题的正确选择。4 月 12 日，中国国务委员唐家璇又向日本政府发出警告，不要批准日本公司在中国东海天然气井附近钻探天然气。一旦东京决定给予日本公司前往该处钻探权，会令到这个争议"发生根本性的变化"。

　　但是，日本政府不顾中国方面的一再警告，决定将于近日内开始办理向民间企业发放试开采权的有关手续。日本经济产业大臣中川昭一表示，日本将按计划推进让日本公司在东海海域勘探天然气的进程，并将在二三个月内，向有关企业授予对东海天然气的勘探权。

　　查日本政府授权民间企业开采东海海底资源的位置，地处东经124度至127度，北纬27度至30度之间，正好是在中国钓鱼岛列屿与日本的冲绳县（琉球）久米岛之间的海域。从地理构造来看，该海域属于东中国海大陆架边缘，水深为50～200米左右。往东（冲绳列岛）即为深达2700米的东海海槽，也即是史书上所说的中（国）与琉（球）分界的黑水沟。从地质构造来看，该海域属晚近新华夏系，是中国大陆地块向南伸延的部分。钓鱼岛列屿中的黄尾岛、赤尾岛等，都在该海域即东中国海大陆架上[①]。在此之前，中国方面在靠近赤尾岛的海域设有天外天油田和春晓油田。按地理位置来看，该海域离中国和日本的冲绳列岛虽都不足200海里，但处于中国大陆在东海的自然延伸部分，即中国的东海大陆架上。

二、国际法的有关规定

　　根据1982年12月10日通过的《联合国海洋法公约》（Uniter Nations Convention on the Law of the Sea）第五十六条"沿海国家在专属经济区内的权利、管辖权和义务"规定："沿海国家在专属经济区内有：一，以勘探和开发、养护和管理海床上覆水域和海床及与底土的自然资源（不论为生物或非生物资源）为目的的主权权利，以及关于在该区内从事经济性开发和勘探，如利用海水、海流和风力生产能等其他活动的主权权利。"[②]

　　根据前引《联合国海洋法公约》，中日双方对专属经济区内海域皆有开发和勘探的主权权利。对于重叠之处，《联合国海洋法公约》沿岸有关国家可通过协商划定界限区分。然而，东中国海最宽处有 360 海里，按海洋法公约规定沿岸国可享有 200 海里计，最宽处仍有 40 海里为重叠区域，其他区域的重叠之处更宽。对此应如何协商划界呢？笔者认为，处理中日东海专属经济区重叠海域的划界，必须援引相关国际法，方有可能解决问题。

对于处理中日东海专属经济区重叠海域的划界，应当依照《联合国海洋法公约》及《大陆架公约》的有关规定。有关大陆架资源开发问题，1945 年 9 月 28 日美国总统杜鲁门曾发表过一项声明："美国政府认为大陆架之底土及海床所有天然资源，由土地连接国家行使管辖权是合理及公正的。"③联合国海洋法会议于 1958 年通过了《大陆架公约》（Convention on the Continental Shelf），其中第二条规定："海岸国有行使发掘大陆架与利用其天然资源的主权权利。"④1982 年通过的《联合国海洋法公约》吸收了《大陆架公约》相关规定，并进一步明确了沿海国在其大陆架和专属经济区享有的权利，成为各国必须遵守的国际公法。

与中国地块相连接，处于东中国海浅海大陆架上，同时又属于中国专属经济区的海域，中国政府无疑拥有对该海域资源的完全的主权权利，即使该海域部分是处于中日专属经济区的重叠部分。相对来说，日本则不享有这种完全的主权权利。同理，如果是处于与日本本土相连的浅海大陆架上，则日本应享有完全的主权权利。

据消息显示，中国目前开发的"春晓"和"天外天"两个油田，由于这两个油田位处东中国海浅海大陆架上，中国拥有完全的主权权利。而日本方面也于 2004 年 7 月开始对该地域的地层构造进行了立体探测。日本经济产业于 2004 年 4 月 1 日发表探测报告，指中方油田的地底构造连接到日本主张的专属经济海域，要求中方停止开发及向日本提供有关资料，如不答允，就会批准日本自己的民间企业进行试掘。日本的要求遭中方拒绝，原因是春晓油田位处中国大陆架上，位于中国近海海域，并不在日本海域。即使依据日方单方主张的"中间线"，"春晓"、"天外天"等油田也完全位于中方一侧海域，毫无疑义地属于中方，日方无权干涉和提出权利要求。中方开发该油田既适合《大陆架公约》，也完全遵守《联合国海洋法公约》的有关规定。

相反，日本日前批准民间企业开采权的海域，虽然是在日本单方面主张的专属经济区内，但并不处于与日本本土相连的大陆架，而是处于与中国本土相连的大陆架。这也是为什么唐家璇警告日本政府，一旦东京决定给予日本公司前往该处钻探权，会令这个争议"发生根本性的变化"的持论所在。

据中国方面的估算，东海油气田油藏 250 亿吨，天然气 8.4 兆亿立方米，被视为"重要战略资源"。这对油气绝大部分仰赖进口，自足率仅占 4% 的日本，东海油气田的开发关乎国运兴衰，相信未来中日之间的利益冲突将会进一步浮出水面。

三、中日东海划界问题

据《亚洲周刊》报道，中日东海资源之争由前段时期的划界问题，扩展为近日的领土主权之争。据称作为日方谈判"主将"的经济产业省资源能源厅厅长小平信因在受访时一语道破天机，称日中谈判不仅是东海油气资源的共同开发，"首先希望日中两国谈判划定边界线"，显示日本已将东海油气田之争暗暗扩展到领土主权之争的层面。由此引发的两国紧张对抗指数遽然升高，中国将被"逼上梁山"，剑拔弩张地应对。

上述报道表明，日本在东海划界问题上的立场取向于既要与中国争抢油气资源，也为自己扩大领土版图，试图鱼与熊掌兼得。因为按日方提出的中间线，包括东经 122 度（南端）、东经 126 度（北端），北纬 23 度（南端）、北纬 32 度（北端）的广大东海海域，并将中国的钓鱼岛列屿亦囊括入内。日方的这一举措，等于和中国分割大陆架，试图将作为中国陆地领土的钓鱼岛列屿划入日本的领土版图，这是中国方面绝对无法接受的。诚如中方参与谈判的有关人士指出：中国在领土主权问题上，就像台湾问题一样，"底线"是不容挑战的。

然而，日方为什么会提出为自己扩大领土版图的所谓"中间线"。据笔者的研究，日方亦有其自己认为"理所当然"的持论依据，而这又与当年美军托管琉球和中日钓鱼岛列屿之争息息相关。试析如下。

自从美国海洋科学家艾默利于 1969 年发表有关位于钓鱼岛列屿的东海大陆架蕴藏丰富石油的报告以来，中日东海划界问题与钓鱼岛列屿主权之争已持续有近 40 个年头了。随着近年来中日两国能源需求量的大幅度增加和开发海洋资源能力的快速提高，中日东海划界问题和钓鱼岛列屿主权之争不断升级。不仅民间的情绪对峙日趋紧张，两国政府间的谈判也展开好几轮了。从传媒报道来看，日本方面似乎蓄谋已久，有备而来，对中方发动凌厉的攻势。作为中国学者，有义务和责任对中日东海资源之争与钓鱼岛列屿问题作深入的调查研究，为中国政府在谈判桌上提供有利的依据和有效的对策。

据了解，日本于 2003 年前后便着手有关问题研究，同年 8 月发表了一篇题为《关于划定大陆架的基本构想》的重要文件，为日本向联合国有关组织提出日中专属海洋经济区以"中间线"划分提供依据。

2004 年初，日本原国土交通大臣扇千景负责主持该项工作并投入大量资金，聘请学者研究东海海域资源问题，研究成果以题为《资源大国日本不是梦》的文章形式发表，指出这些海域中埋藏着足够日本消耗 320 年的锰、

1300 年的钴、100 年的镍、100 年的石油和天然气，以及其他矿物资源和渔业资源，这些资源足以使日本从天然资源贫乏国家摇身一变为"天然资源大国"。扇千景这篇文章为日本政府与中国力争以"中间线"划分东海海域资源提供了依据与对策。与此同时，日本政府于同年 6 月 11 日又接受执政自民党早已准备好的《维护海洋权益报告书》的建议，决定设立"海洋权益相关阁僚会议"，制定综合海洋权益保护措施，尽早在东海海域日中"中间线"的日方一侧，展开海洋资源调查，并允许民间企业到该海域开采石油和天然气等资源。

2005 年 7 月 14 日，日本政府授予该国行业中素有龙头老大之称的帝国石油公司在有争议的东海区域试行开采石油天然气的权利。帝国石油公司的开采技术领先世界，并且试图以"反吸管效应"抽走中国海域的石油，让中国花费十年的人、财、物力的"春晓"、"天外天"等油气田开采功亏一篑。一场中日东海油气田争夺战正式拉开帷幕。

为反制日本，笔者认为应结合政府和民间的力量，组织专家学者花大力气研究中日东海划界与钓鱼岛列屿问题，此实刻不容缓。

（一）钓鱼岛列屿主权之争

钓鱼岛列屿位置处于东中国海浅海大陆架上（水深不到 200 米），是台湾的附属岛屿，自古即为中国渔民出没之所，也是明朝、清朝政府册封琉球（当时为中国属邦）王朝使节必经之路，故为中国人最早发现、命名和使用。按国际法规定，对于无人岛兼没有以国家名义占领过的岛屿，最早发现命名和使用者拥有原始权利（inchoate title），这种原始权利实际上就是今天国际社会流行的所谓"领土主权（Territorial Sovereignty）"。一旦拥有这种领土主权，即使长久被他人占有、管辖，但仍不能改变该岛屿的领土主权归属。钓鱼岛列屿的情况便属此类，该列屿的领土主权无疑属中国所有。⑤

然而，自从 1845 年（鸦片战争之后）起，便有英国海军船舰和日本海军船舰登上钓鱼岛列屿进行水文地貌的勘探与测量⑥。到了第二次世界大战后，美国托管琉球，在琉球设置"琉球民政府"，并于 1952 年按经纬度切割法重新划定琉球群岛疆界，正式将钓鱼岛列屿划入琉球群岛范围，接着又将其中的黄尾屿和赤尾屿辟为军事基地即射击场，一直使用至 1972 年将琉球群岛的管辖权（连同钓鱼岛列屿）一并交还给日本政府。因此，日本政府目前声称钓鱼岛列屿是日本的固有领土，属琉球列岛中之南西群岛的组成部分。可是，从钓鱼岛列屿的地理和地质构造来看，该列屿与中国大陆本土相连接，是中国大陆向东南延伸至东中国海的隆起部分，自古以来就属于中国所有。由于钓鱼岛列屿附近据勘测结果显示含有巨量的石油和天然气，而日本恰恰又极其缺乏这些资源，因此，中日钓鱼岛列屿之争近年来开始浮出水面。

（二）中日东海资源之争

由于钓鱼岛列屿主权之争，连带引发中日东海资源之争。按 1982 年联合国通过的《海洋法公约》，海岸沿海国家拥有 200 海里的专属经济区，在专属经济区内，沿海国家对该海域的海床及地下资源拥有主权权利（但海面和上空的主权归公海，除非在沿海岸 12 海里范围内）。不过，东中国海最宽处为 360 海里，如按专属经济区划界，其中中、日两国重叠之处至少不下 40 海里，其他较窄的海域，重叠之处则更宽。位处东中国海浅海大陆架上，同时又属中、日专属经济区的重叠之处的钓鱼岛列屿周边海域，是石油和天然气含量十分丰富的区域。近年中国在钓鱼岛附近设有两个油田，日本最近也批准民间企业在该区域设置油田试行开采，因而引发中日东海资源之争。

　　如果从《联合国海洋法公约》有关规定，中日两国对钓鱼岛附近（即重叠区域）的海床及地下资源皆拥有采掘的主权权利。但问题是该区域属与中国大陆本土相连接的浅海大陆架，按《大陆架公约》（1958 年联合国海洋法会议通过，1982 年收入《联合国海洋法公约》）规定，沿岸国享有的大陆礁层应是该国"陆地领土自然延伸"，而国际法院认为这是大陆架制度最根本的原则之一。根据《大陆架公约》和《联合国海洋法公约》关于专属经济区制度和大陆架制度的有关条款，中国在该区域开采石油并不需要通知（过）日本。相反，如日本要在该区域采掘石油则必须通过中国政府，最起码要与中国协商，因该区域属与中国"陆地领土自然延伸"之故。目前中国政府对日本政府提出"搁置主权，共同开发"的建议，应该说是对日本非常客气和宽宏大度的表现。日本在钓鱼岛海域开采石油，如不征得中国政府的同意，中国有权对其采取有效阻止的行动。这完全合符国际法中《大陆架公约》的规定。针对东海资源之争，笔者认为必须结合《联合国海洋法公约》中的"专属经济区"和"大陆架"条款以及《大陆架公约》相关条款，方能有力驳斥日本的歪理，赢得国际舆论的支持。因此，中日东海资源之争，与钓鱼岛列屿主权之争息息相关，两者应结合起来一并研究，写成一部对日交涉有理有利有节、有说服力的专著，这也是为什么笔者要对十五年前出版的专著作增订修补的原因。

　　现将美军托管当局所划琉球地界、中日钓鱼岛列屿主权之争、中日东海划界争议以及中日试采油气田位置的经纬度线列举如下：

　　（1）按 1952 年美军托管当局划定的琉球列岛范围经纬度线有：东经 122 度至 133 度（南部）、东经 124 度 40 分至 128 度 18 分（北部），北纬 24 度至 28 度（西部）、北纬 24 度至 27 度（南部）

　　（2）美军托管当局划定之琉球列岛范围在东中国海的经纬度线有：东经

122度（南部）至124度40分（北部）；北纬24度（南部）至28度（北部）。

（3）钓鱼岛的位置：东经123度30分至123度40分、北纬25度至25度50分之间。

（4）黄尾屿的位置：东经123度40分至123度45分、北纬25度至26度之间。

（5）赤尾屿的位置：东经124度30分至124度40分、北纬25度50分至26度之间。

（6）中国天外天油田位置：东经125度、北纬28度40分（不在美军当年所划琉球列岛经纬度内）。

（7）中国春晓油田位置：东经124度58分、北纬28度30分（不在美军当年所划琉球列岛经纬度内）。

（8）日本帝国油田位置：东经124度至127度、北纬27度至30度（不在琉球列岛经纬度内，但跳过东海海槽）。

（9）中方主张的两国专属经济水域分界线：东经122度（南端）、东经126度（北端），北纬24度（南端）、北纬30度（北端）。中方主张的两国在东海的海域分界线乃据《大陆架公约》和《联合国海洋法公约》之"陆地领土自然延伸原则"，此乃国际法院认为是大陆架制度最根本的原则之一，但前提是"不侵及他方陆地领土"。

（10）日方主张的两国专属经济水域分界线：东经122度（南端）、东经126度（北端），北纬23度（南端）、北纬32度（北端）。是为与冲绳本岛陆地和中国大陆等距离的中间线系日本单方面的主张线，没有法律效力，中国政府从未承认或默认，相反明确表示反对。

附：美军托管当局于1952年颁布的有关琉球领域之命令所划的经纬度线（见图10-1）。此命令所划琉球地界乃是由美军托管当局单方面所制定。

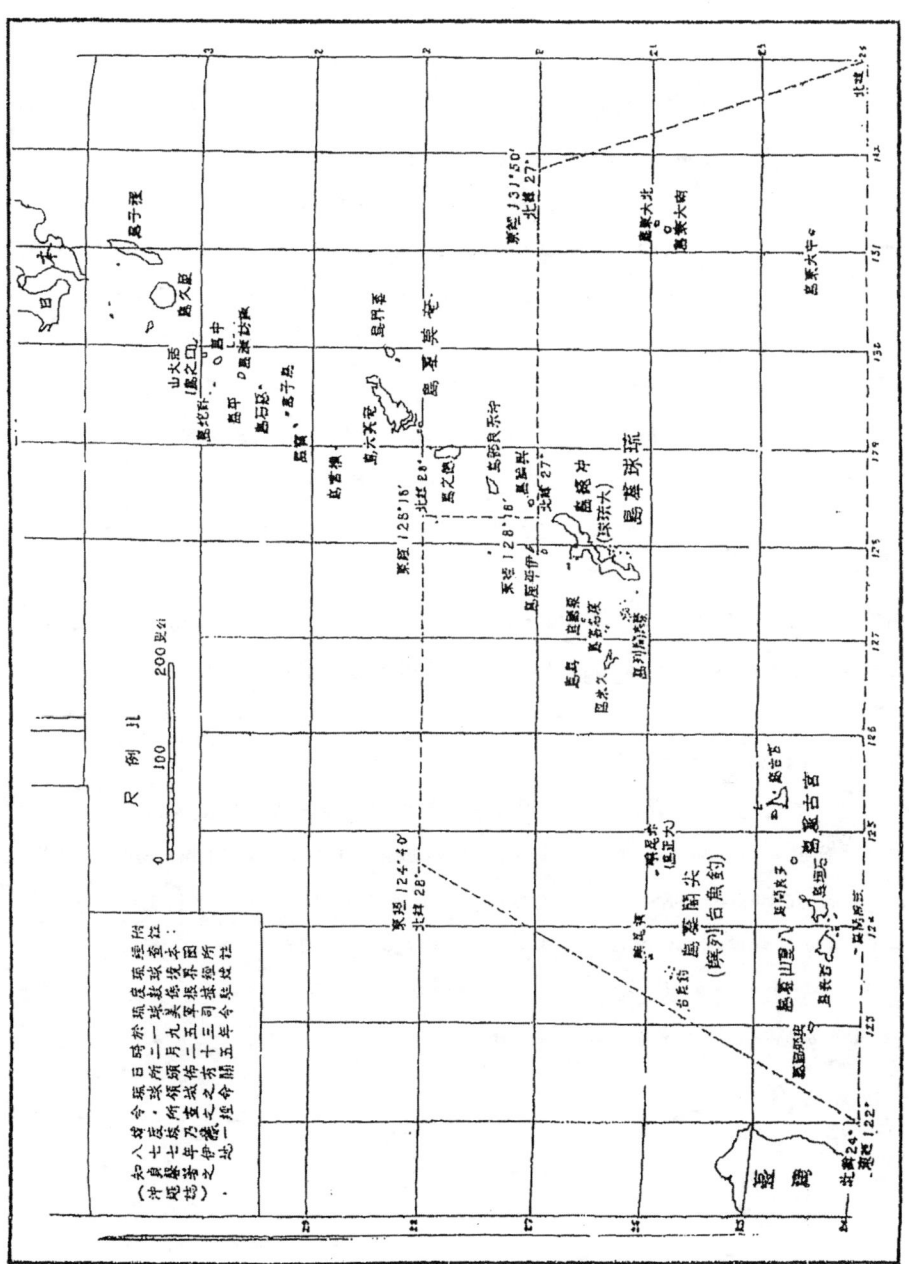

图10-1　美军托管当局按经纬度切割法将钓鱼岛列屿划入版图

191

注释：

① 参见《中华人民共和国及其毗邻海区构造体系图》第八幅及《简要说明书》第 12 页，中国地图出版社出版，1984 年（北京）。

② 公约英文本见 The Law of the Sea, offical Test of the United Nations Convention on the Law of the Sea with Annexes and Index, New York：United Nations, 1983, pp. 6 – 110；中文全文参看丘宏达编辑，陈纯一助编《现代国际法参考文件》第 127～262 页，三民书局印行，1996 年（台北）。

③ 声明全文见 American Journal of Internations Law, VOl. 40（1946），Suppl p. 47。

④ 公约英文本见 American Journal of Internations Law, VOl. 52（1958），pp. 858 – 862；中文全文参看丘宏达编辑，陈纯一助编《现代国际法参考文件》第 123～126 页。

⑤ 参看郑海麟《从历史与国际法看钓鱼岛主权归属》，海峡学术出版社，2003 年 3 月版（台北）。

⑥ 1845 年 6 月，英国军舰沙马朗（Samarang）号由舰长爱德华（Sir Edward Balcler）率领前往钓鱼列屿测量。这次测量的结果，由爱德华舰长写成详细记录，于 1848 年在伦敦出版（Narrative of the Voyage of HMS Samarang During The Years 1843 – 1846, by Captain Sir Edward Balcler, London, 1848.），这大概是世界上最早对钓鱼岛列屿所作的一份科学调查报告。1855 年，英国海军根据这份记录制成海图出版，收入《台湾与日本间的岛屿及其邻近海岸》（The Islands Between Formosa and Japan with the Adjacent Coast of China, 1885.）一书（参看井上清《"尖阁"列岛——钓鱼诸岛史的解明》，东京第三书馆，1996 年 10 月出版）；另，有关英国军舰"沙马朗"号前往八重山及钓鱼岛列屿测量之事，琉球史籍《球阳》卷二十一亦有记载，详见郑海麟《钓鱼岛列屿之历史与法理研究》第 110 页。

下　编

钓鱼岛列屿相关地图考释

第一部分 钓鱼岛列屿
地理构造图考释

钓鱼岛列屿位于我国东海中南部，从地质构造体系来看，属于晚近新华夏系，该系以总体走向北北东的岛弧形复式隆起与复式沉降地带为其主体，在太平洋西缘大陆架海区甚为发育，并波及东亚大陆，规模十分宏伟。钓鱼岛列屿在东海中部大陆架上的隆起，反映了中国大陆相对向南伸延，东侧太平洋地块相对向北的扭动趋势。

钓鱼岛列屿位处东海大陆架边缘，濒临东海海槽（即明清琉球册封使所谓"郊"或"沟"，又称黑水洋），该海槽深达 2700 米。钓鱼岛列屿与属于琉球群岛的久米岛（姑米山）及南部的宫古列岛、八重山列岛隔槽相望。（参见《中华人民共和国及其毗邻海区构造体系图》第八幅及《简要说明书》第 12 页。中国地图出版社 1984 年出版，中国地质科学院地质力学研究所主编）

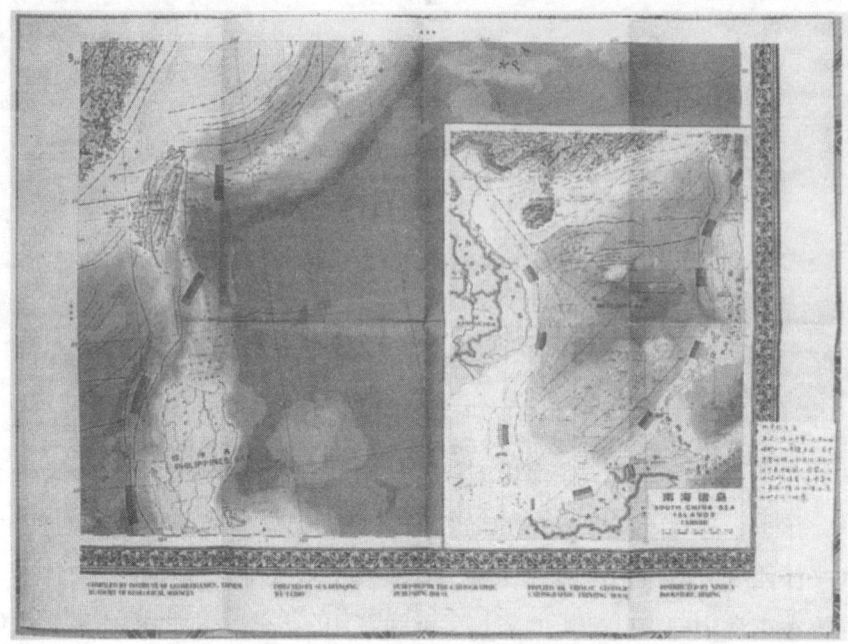

图1-1　中华人民共和国绘制《地质构造图》

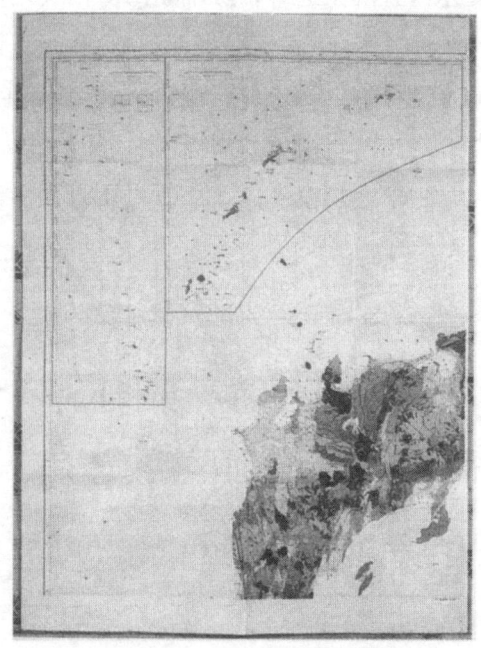

图1-2　日本绘制《地质构造图》

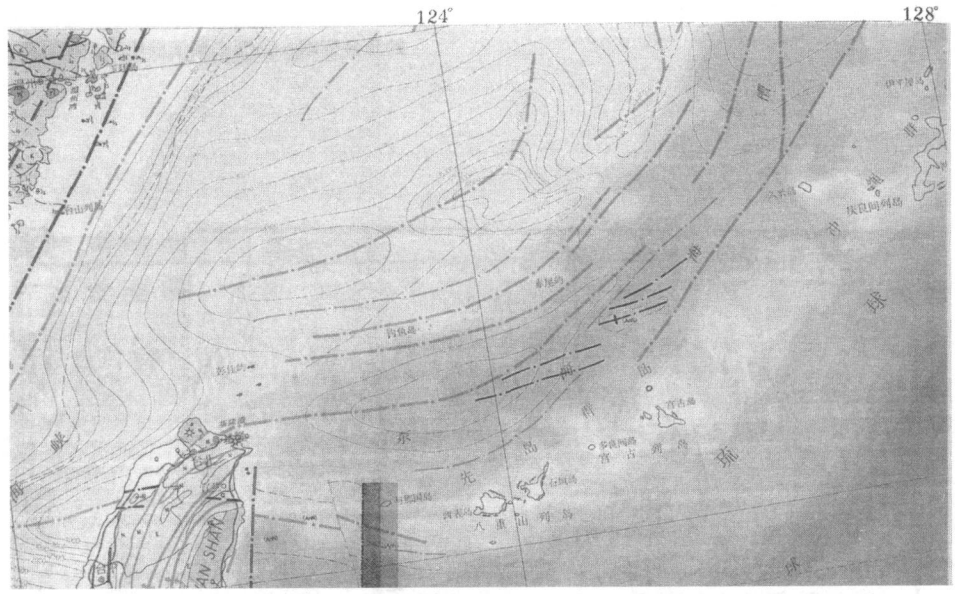

图1-3　这幅由中华人民共和国绘制的《地质构造图》(局部)，清楚地标出钓鱼台、赤尾
屿位于东中国海大陆架上，与琉球列岛隔着一条深蓝色的东海海槽，在地理上属两种不同
的地带

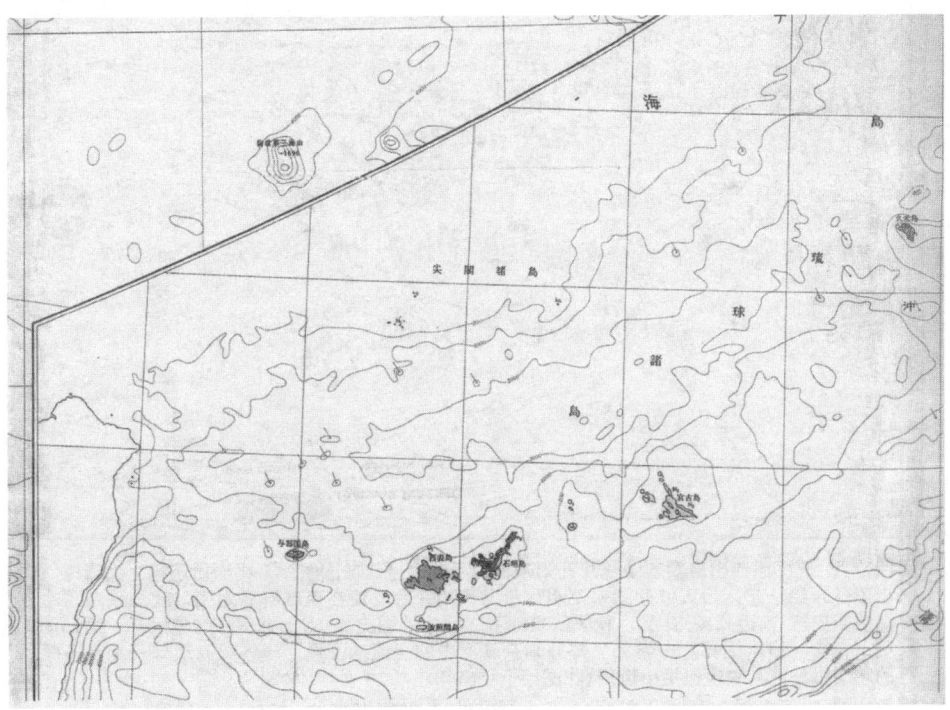

图1-4　这幅由日本绘制的《地质构造图》(局部)，虽然将钓鱼岛列屿(尖阁诸岛)列入琉
球群岛范围，但从地图上不难看出，钓鱼岛列屿位于东中国海的大陆架边缘，与属琉球
群岛的久米岛、宫古岛、石垣岛隔着一道由200米至2000米的东海海槽，从地质构造上看
显然属于两个不同的地带

第二部分　明清时期中国人所绘
钓鱼岛列屿地图考释

图2-1　此图原典出自郑若曾《郑开阳杂著》卷七之《琉球国图》，将当日所称之大琉球、小琉球合绘一起，日人以此图来说明钓鱼岛列屿并台湾皆在琉球群岛之列。此图采自《冲绳的历史》（前近代编）。又，秋冈武次郎著《日本地图史》（河出书房1995年版），第26页记：包含《日本图纂》一卷之《郑开阳杂著》中的《琉球图说》一卷绘有琉球一岛及多数的附属小岛，其中也包括小琉球（此图绘于1561年）

图2-2　郑若曾《郑开阳杂著》卷七之《琉球国图》（1561年绘）

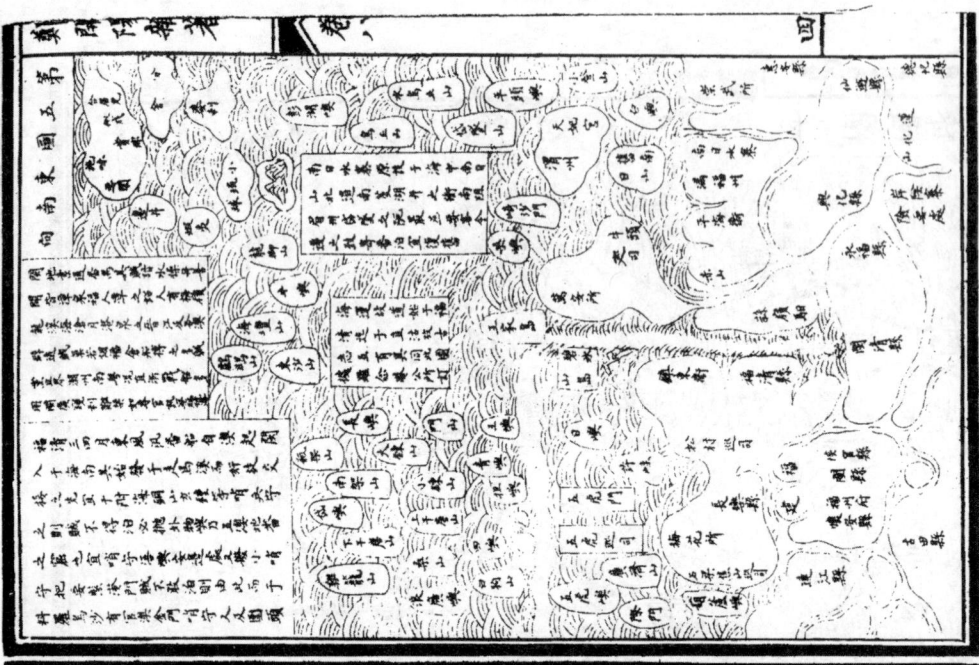

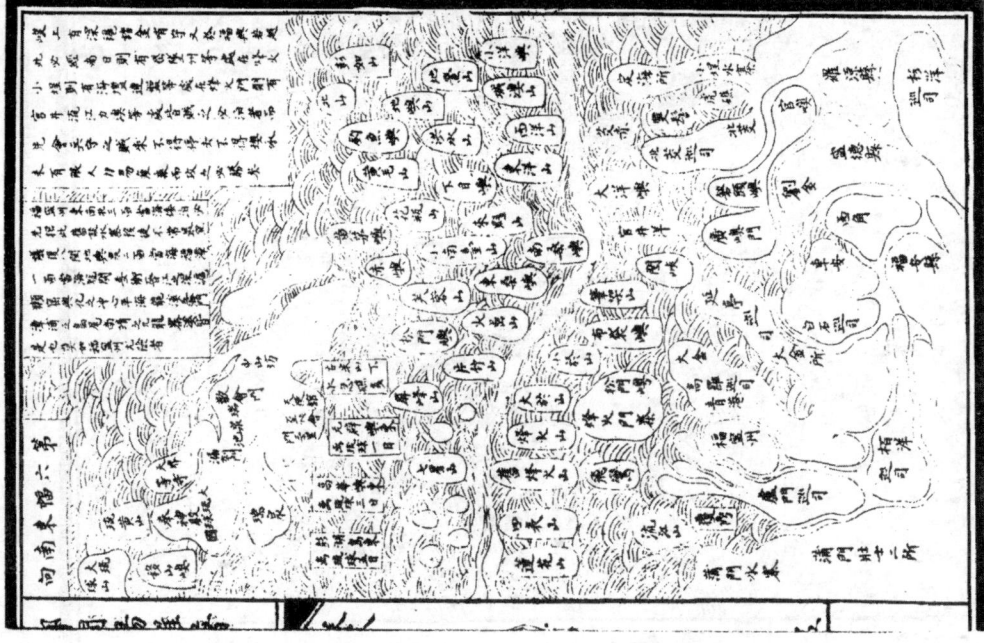

图2-3 郑若曾《郑开阳杂著》卷八《万里海防图》局部（1561年绘）

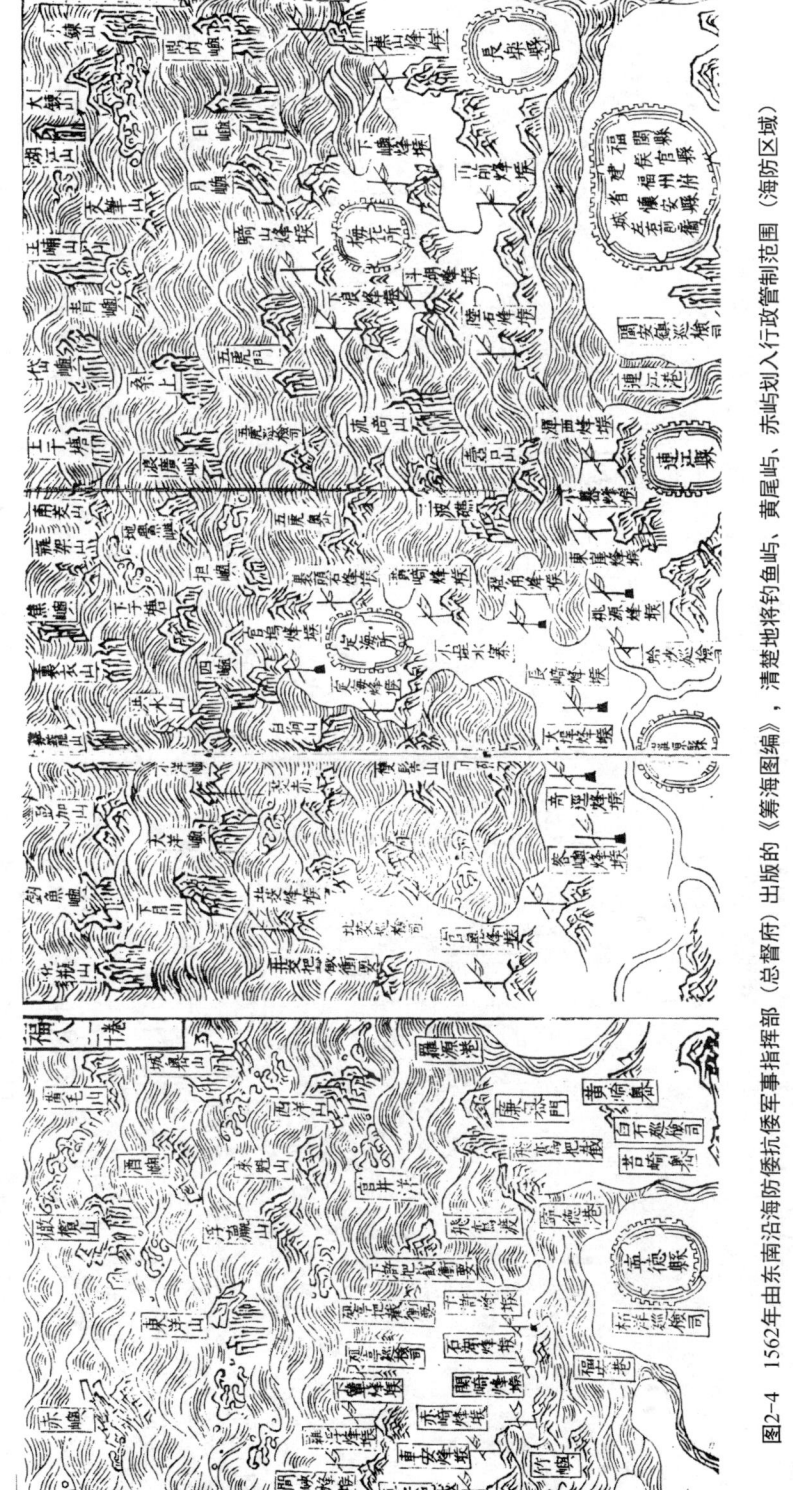

图2-4 1562年由东南沿海防倭抗倭军事指挥部（总督府）出版的《筹海图编》，清楚地将钓鱼屿、黄尾屿、赤屿划入行政管制范围（海防区域）

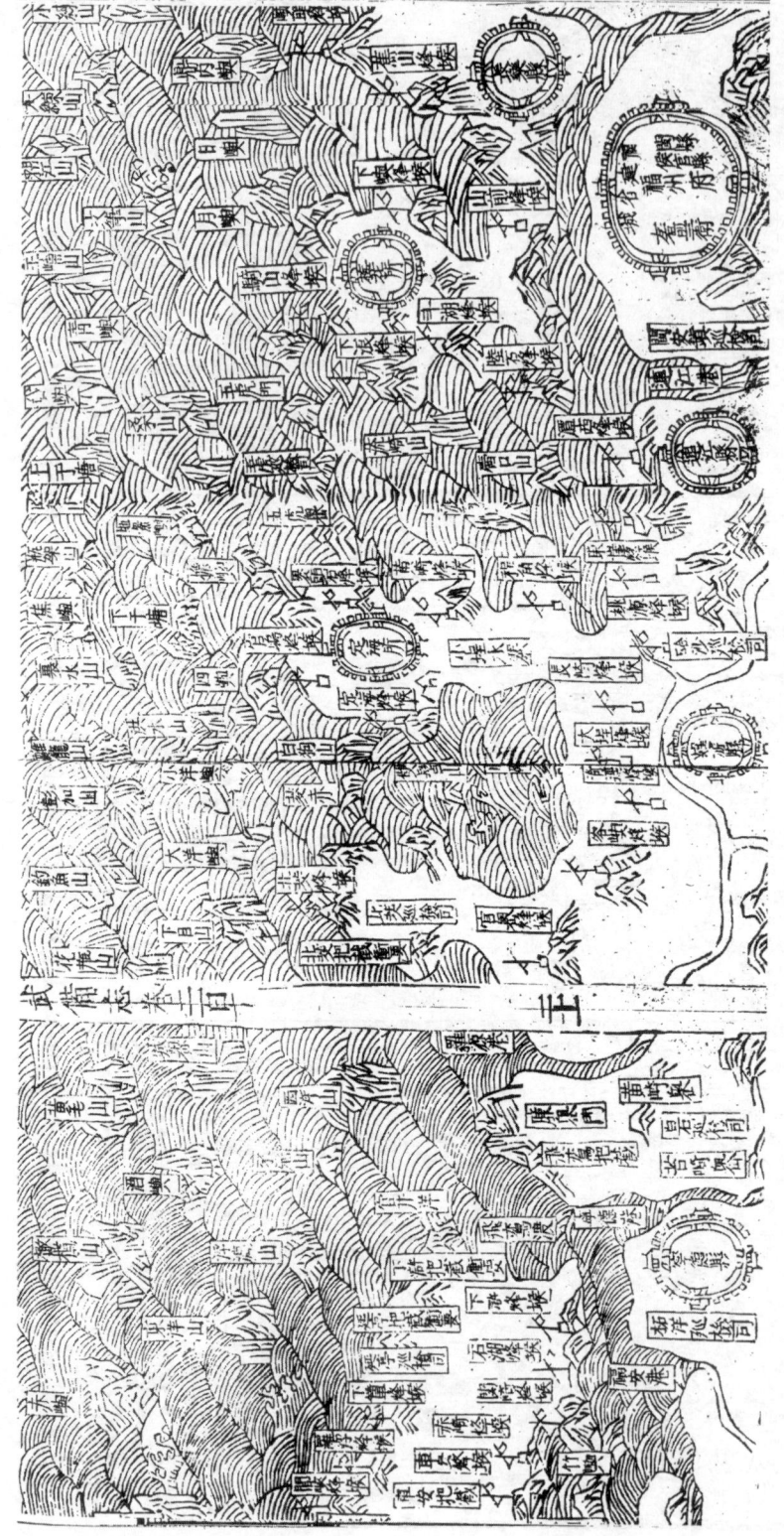

图2-5　1621年出版的中国军事海防地图《武备志·海防二·福建沿海山沙图》（茅元仪编纂，清楚地将钓鱼山、黄尾山、赤屿划入福建的行政管制区域

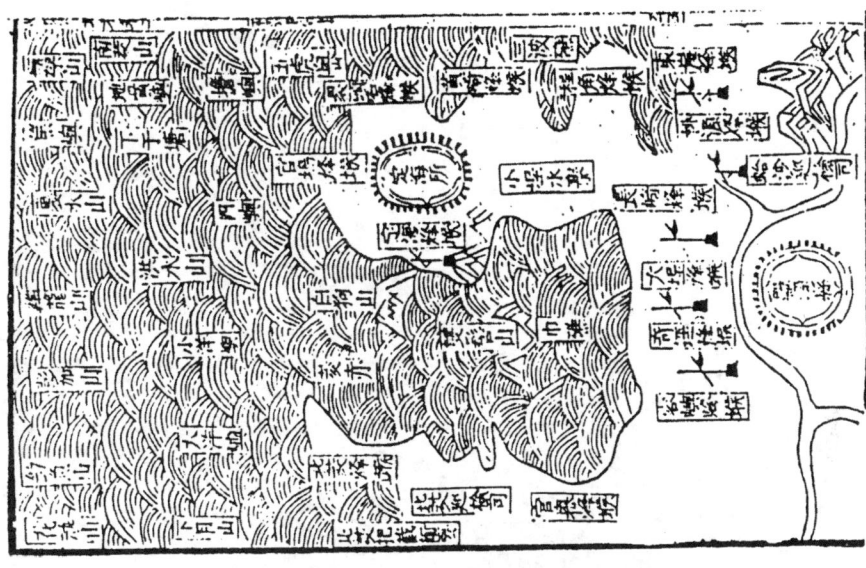

图2-6　施永图《武备秘书·福建防海图》将钓鱼山、黄毛山、赤尾屿划入福建海防区域

图2-7 乾隆《坤舆全图》局部(中国第一历史档案馆藏)。此图将钓鱼屿写作好鱼须,黄尾屿写作伙未须,赤尾屿写作丰未须,显然是福建话发音

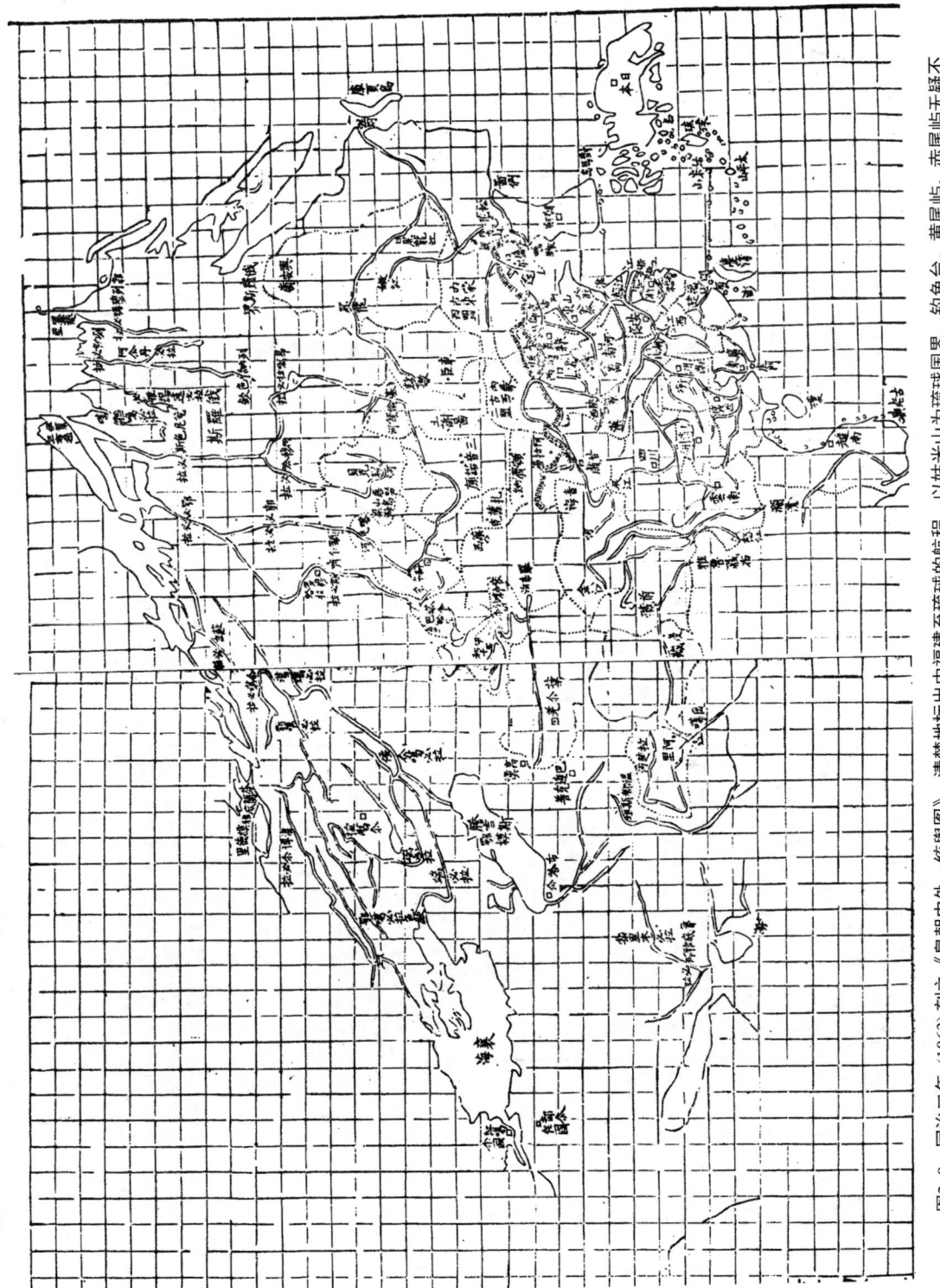

图2-8 同治二年 (1863) 刻之《皇朝中外一统舆图》，清楚地标出由福建至琉球的航程，以姑米山为琉球国界，钓鱼台、黄尾屿、赤尾屿无疑不属琉球而归中国版图

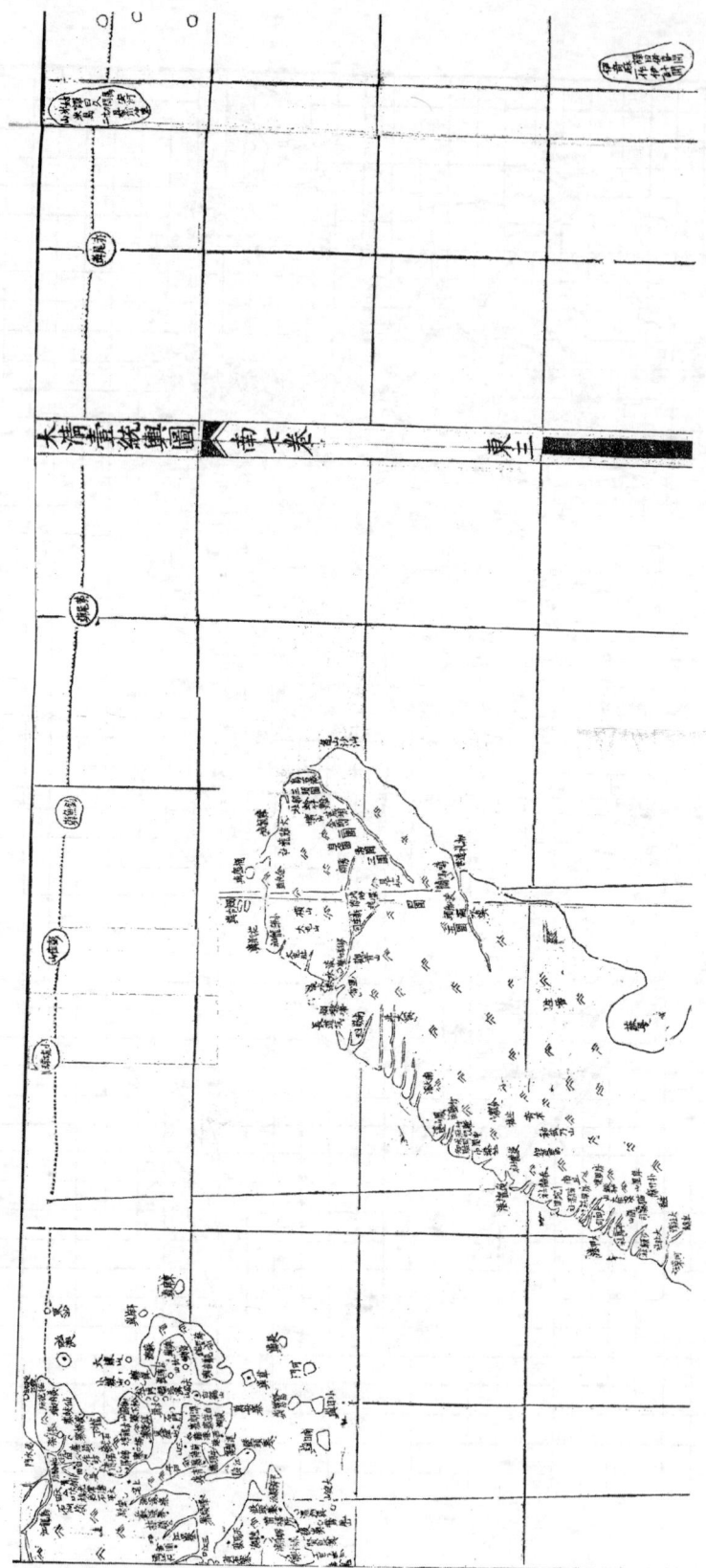

图2-9 此幅《大清一统舆图》(局部)系采自《皇朝中外一统舆图》[同治二年(1863)刻,版藏湖北抚署景桓楼]。该图前有"高宗纯皇帝御制诗"及"乾隆丙子夏六月御题",知为清乾隆皇帝钦准之官版地图,从图中可以清楚看出,由福建梅花所至琉球那霸港,中经东沙、小琉球、彭佳山、钓鱼屿、黄尾屿、赤尾屿,俱为中国命名;自姑米山起,即为中国译名,即附有琉球译名,中流之间的地方分界线一目了然,即在赤尾屿与姑米山之间

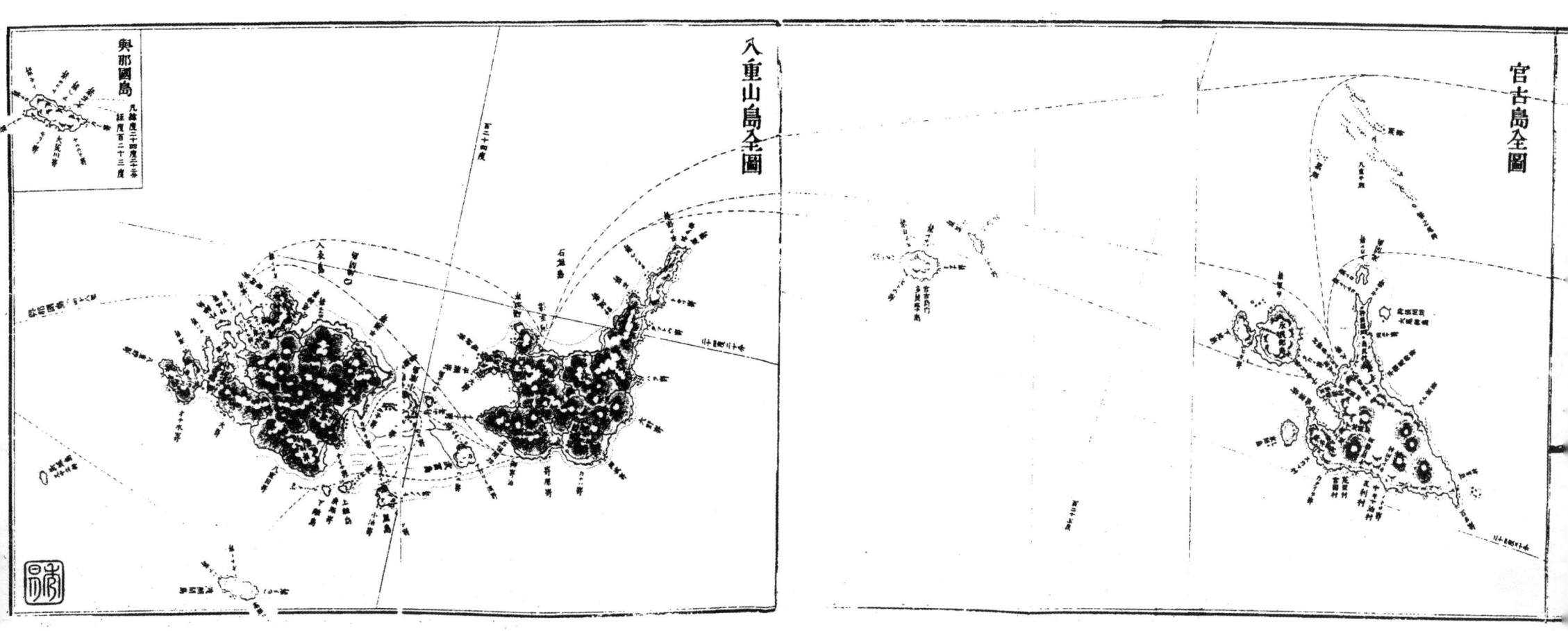

图2-11 日人伊地知贞馨于明治十年(1877年)所著《冲绳志》一书，乃是为日本政府废藩置县后吞并琉球群岛而作。书中对琉球群岛的范围和属岛全图、宫古岛全图、八重山岛全阵，皆不见有钓鱼岛、黄尾屿、赤尾屿等岛屿，而这些岛屿事实上是在该书所划定的经纬度内，足证明治政府

《使琉球录》之"琉球过海图"（1579年绘）

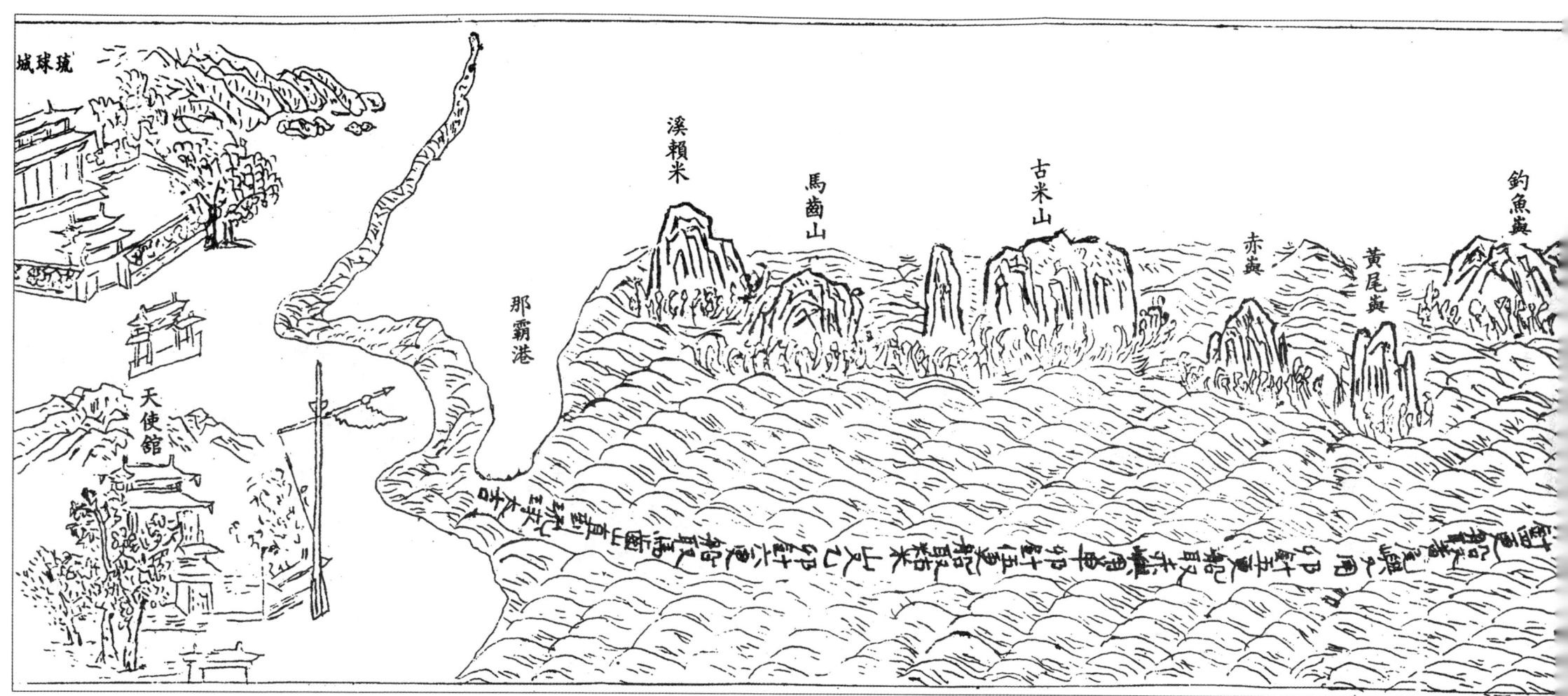

琉球城

溪賴米

馬齒山

古米山

釣魚嶼

赤嶼

黃尾嶼

那霸港

天使館

图2-10　明册封使萧崇业《使

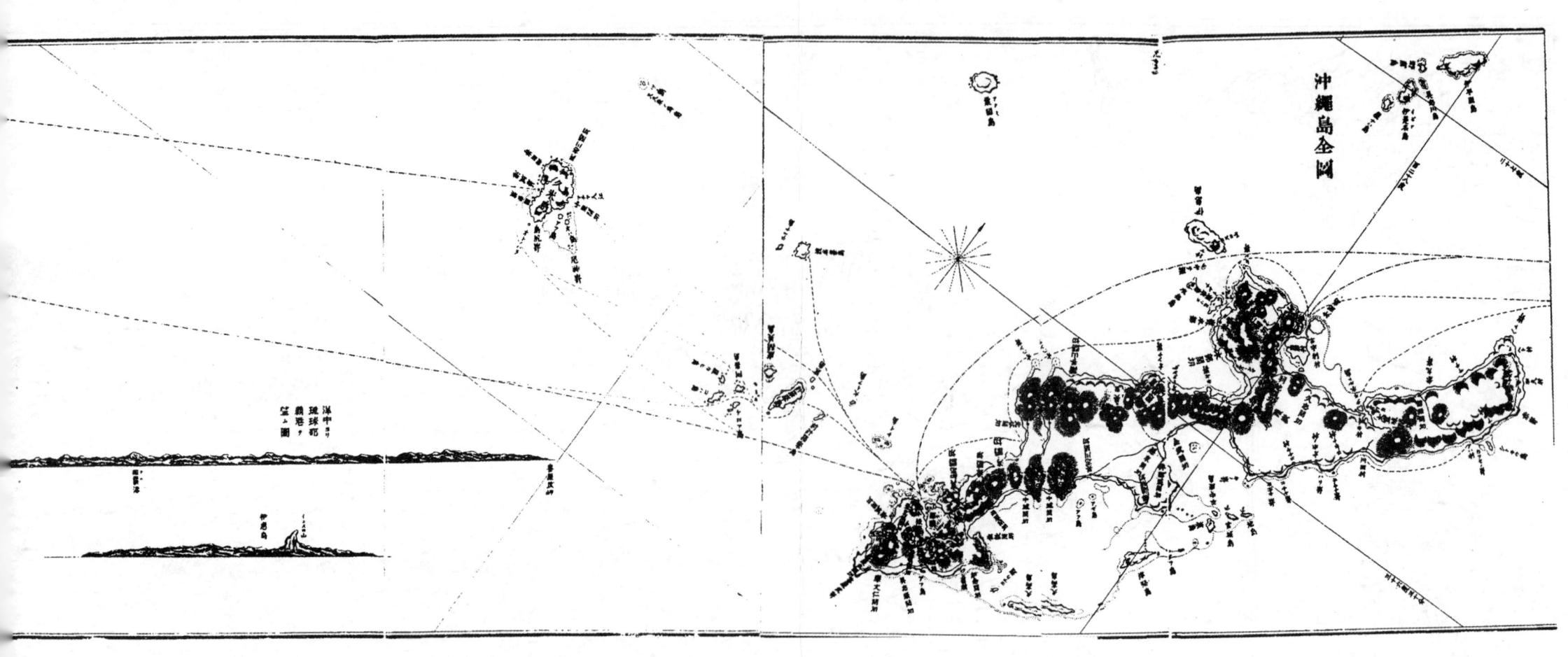

作了明确的界定，即北纬24度至28度40分；东经120度50分至132度10分，辖区内为冲绳本岛及36属岛。所附琉球群岛全图包括冲绳岛全图、久米
1877年止，并没有把钓鱼列屿看作属琉球领土版图

第三部分　甲午战前琉球古地图考释

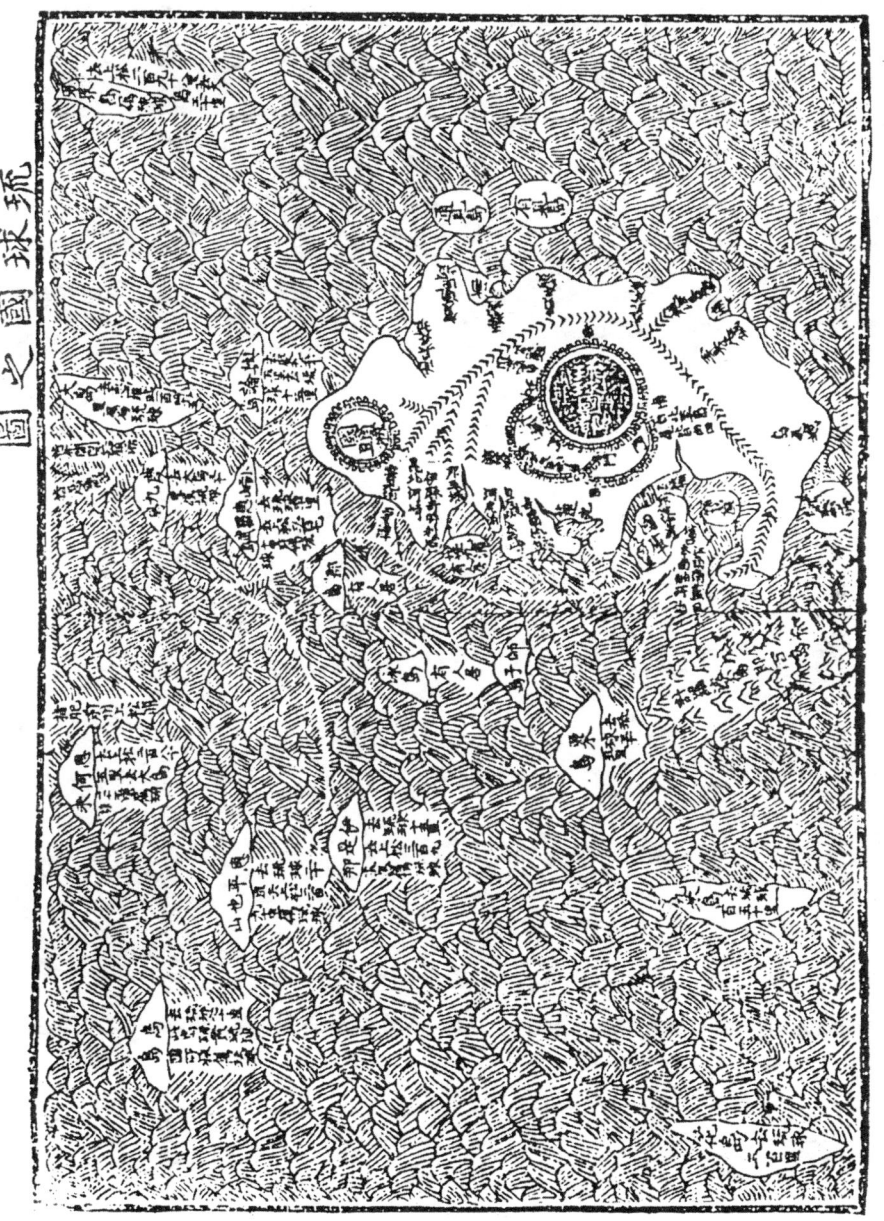

图3-1　朝鲜人申叔舟所绘的《琉球国之图》，是目前所仅见的一幅古琉球国全图。图中所划之琉球国疆界，最南端为花岛(去琉球三百里)即八重山群岛；西南端为九米岛(去琉球百五十里)。与琉球册封使及《中山传信录》(1719)所划定的琉球国疆界大致相同

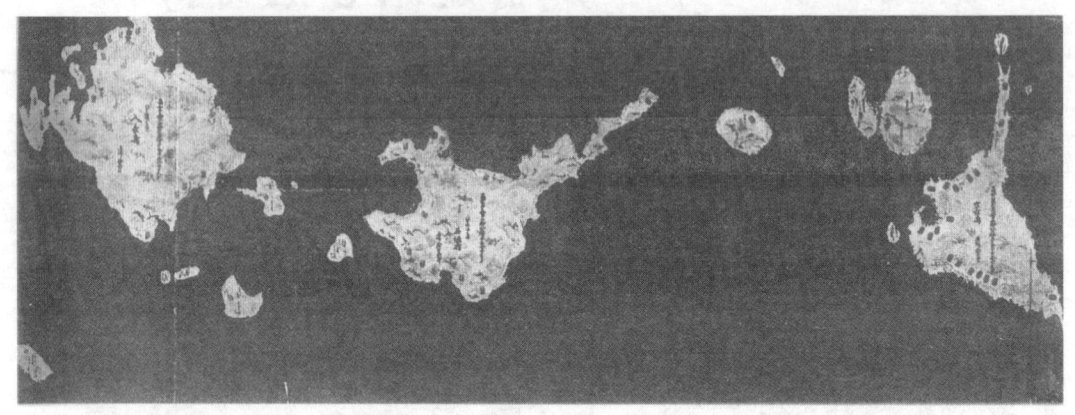

图3-2 1702年（元禄十五年）日本幕府撰《元禄国绘图之琉球国先岛群岛图》，并无钓鱼岛列屿（日称"尖阁群岛"）。此图采自《冲绳历史地图》

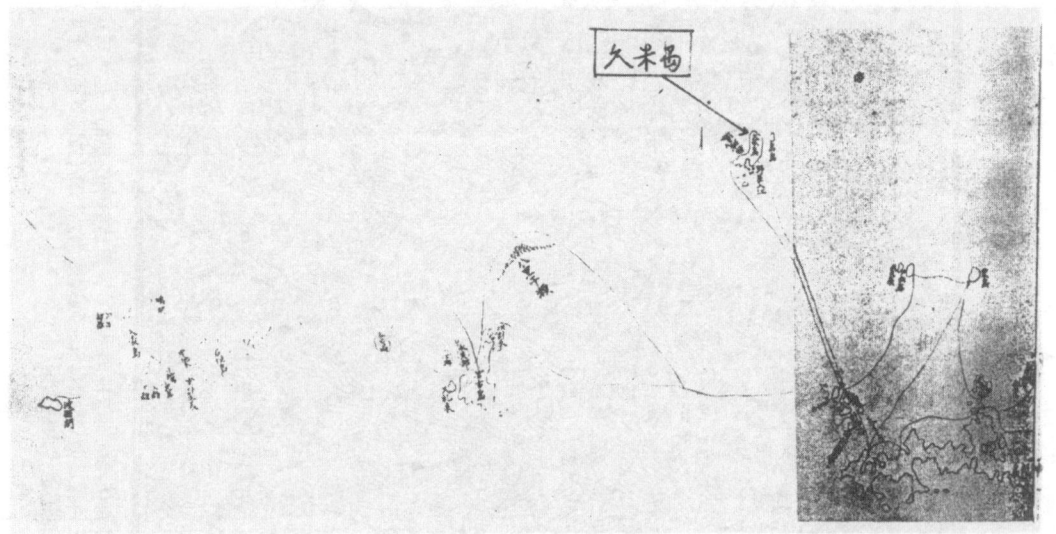

图3-3 新井白石撰《南岛志》所绘"琉球国全图"（1719），西南端以久米岛为界，极西南端以与那国岛为界

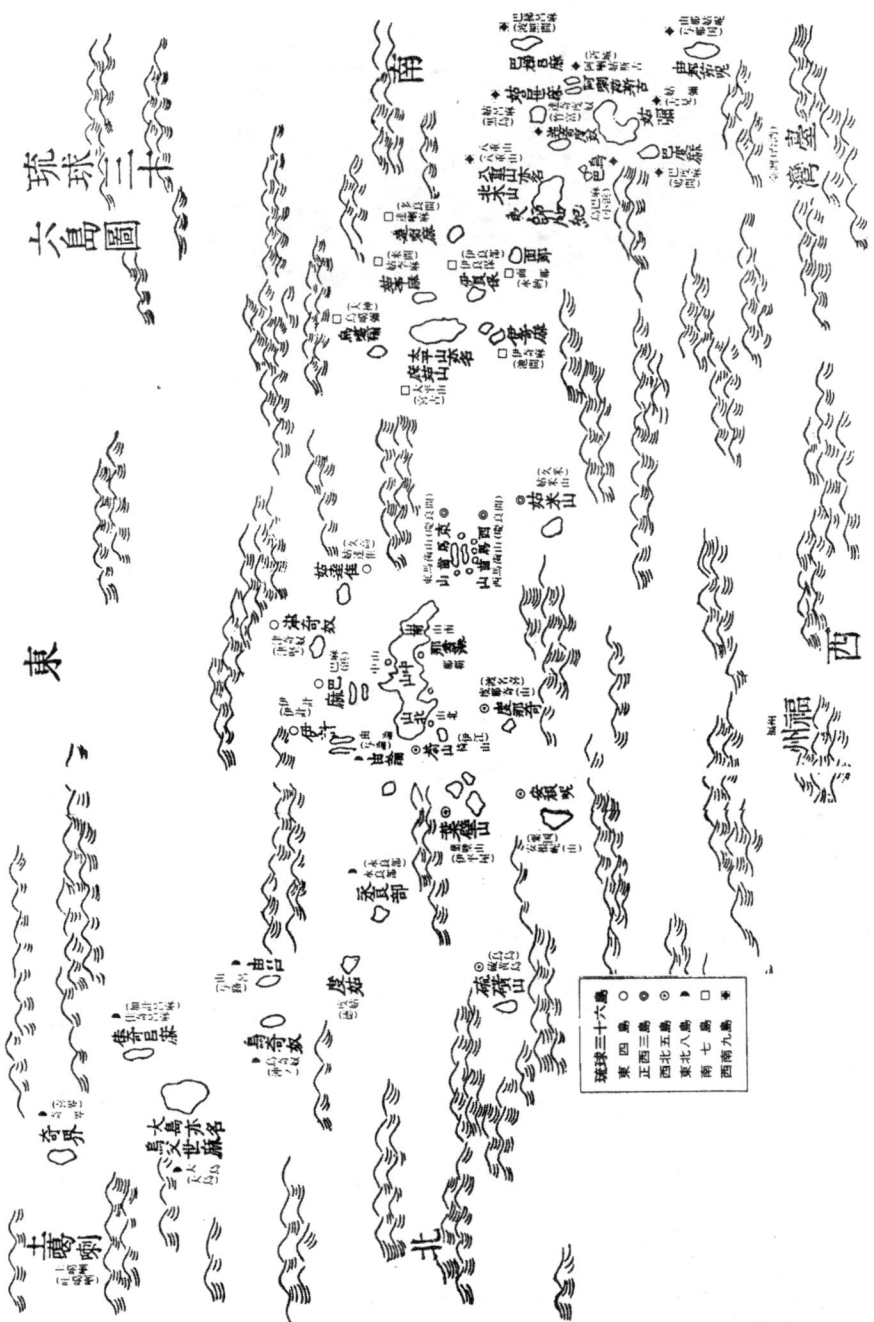

图3-4 徐葆光《中山传信录》附《琉球三十六岛图》(1722)，并无钓鱼岛列屿

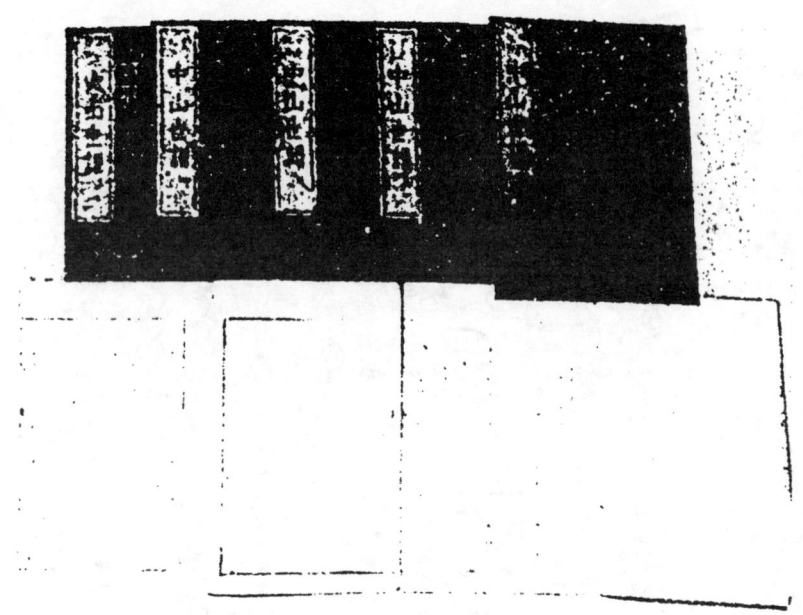

图3-5 蔡温增订《中山世谱》(1725)

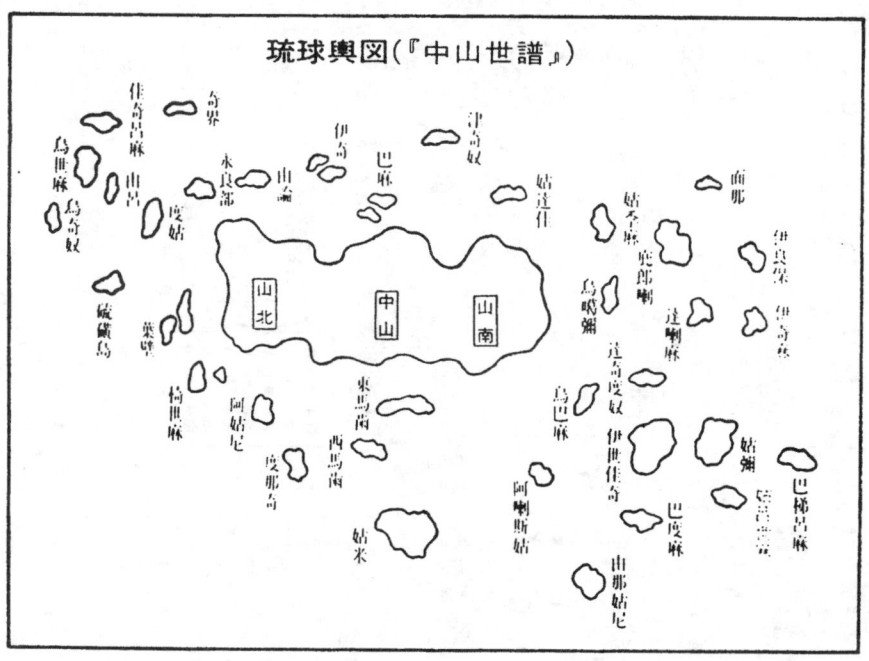

图3-6 蔡温增订《中山世谱》(1725年) 附《琉球舆图》亦无钓鱼岛列屿

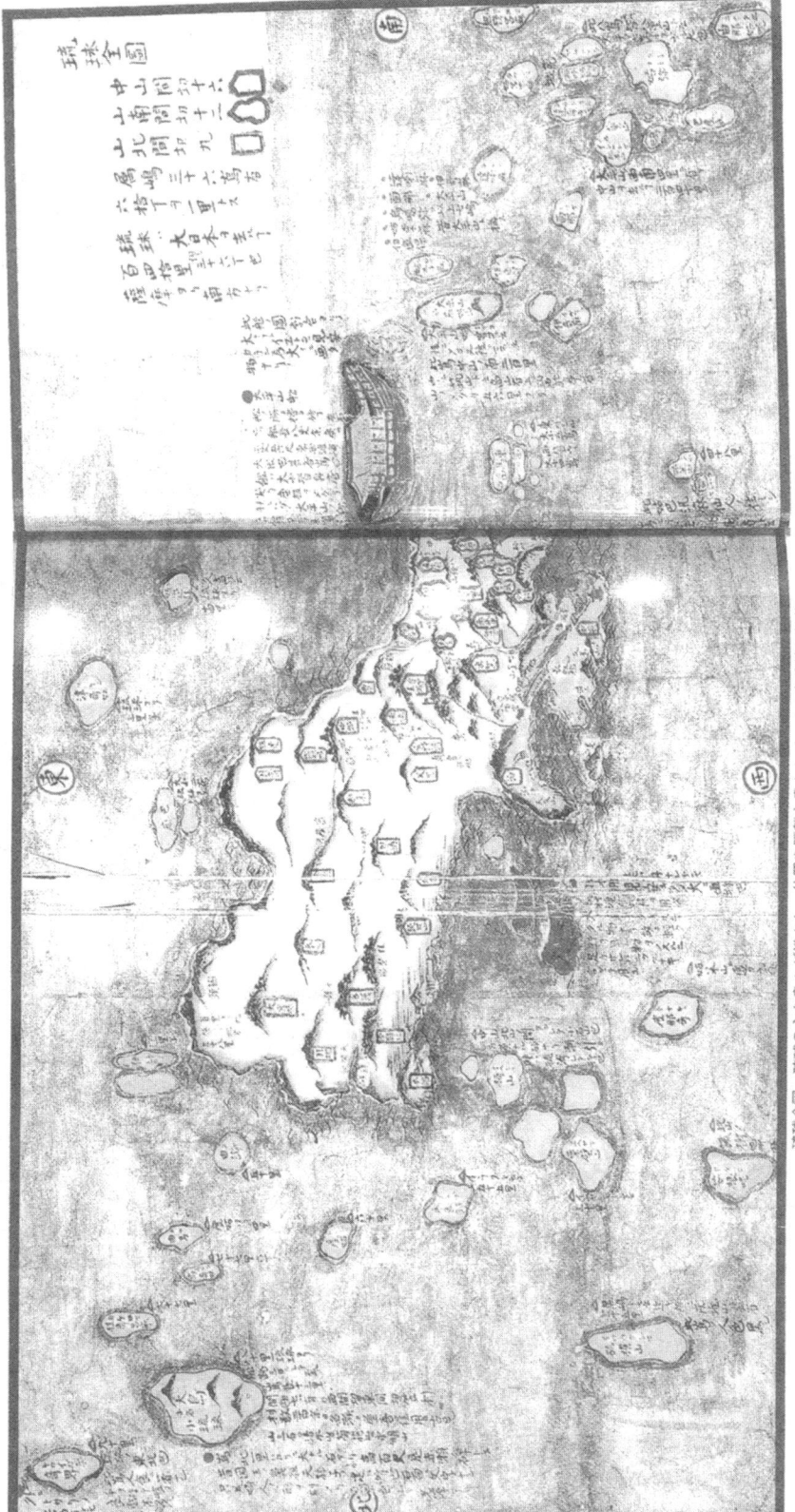

琉球全図。琉球の主な島々が描かれ、位置や距離も書かれている。島尻博物館蔵。

图3-7 冲绳县岛尻博物馆藏的一幅《琉球全图》所标示的琉球属岛三十六岛国，其西南方之界山为姑米山，距冲绳本岛的那霸为四十八里（海里）。所划定之琉球王国版图并没有钓鱼岛列屿（日称"尖阁群岛"）。此图年代不详

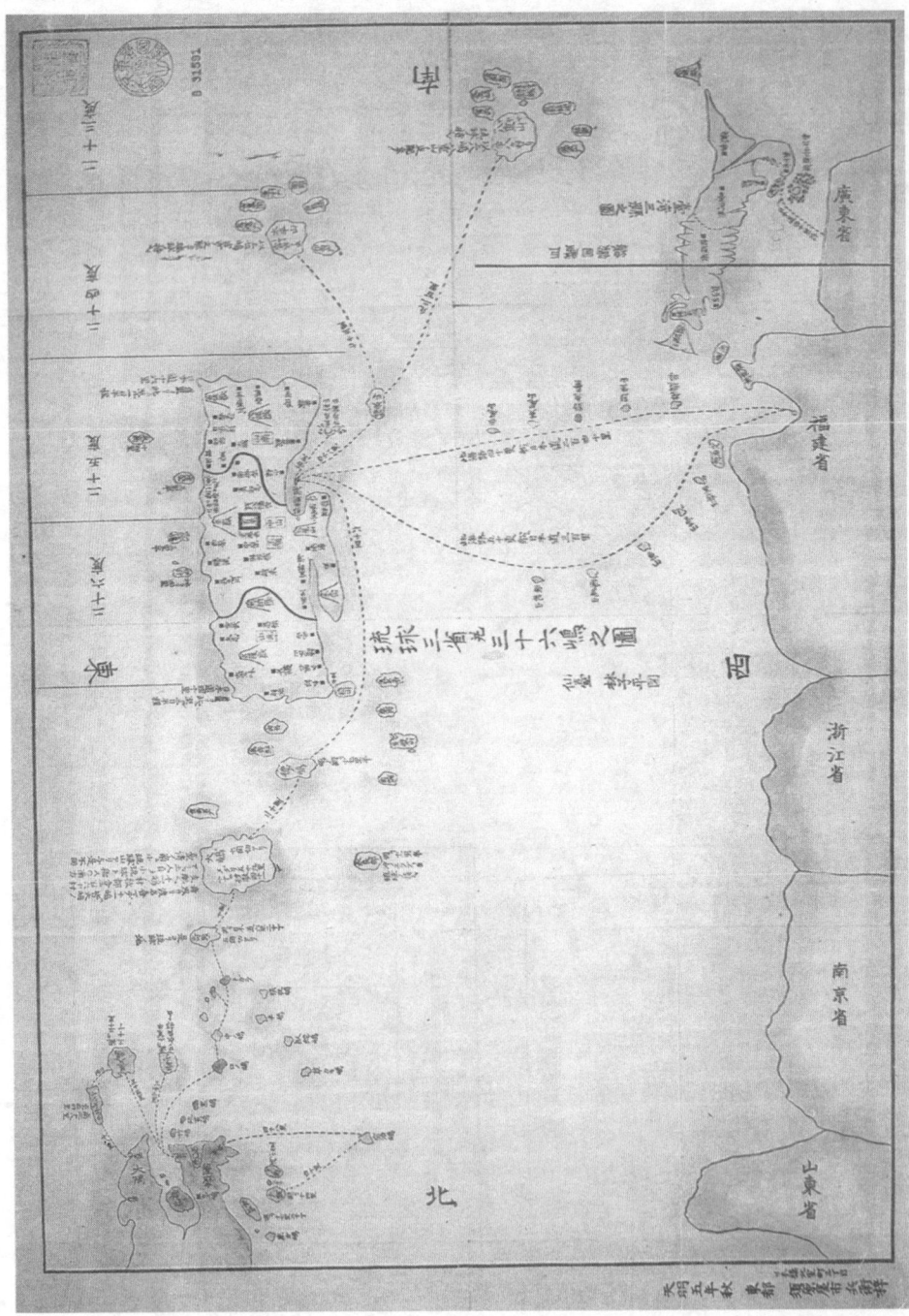

图3-8　1785年日本东京出版林子平《三国通览图说》附图《琉球三省并三十六岛之图》，标明钓鱼属中国领土

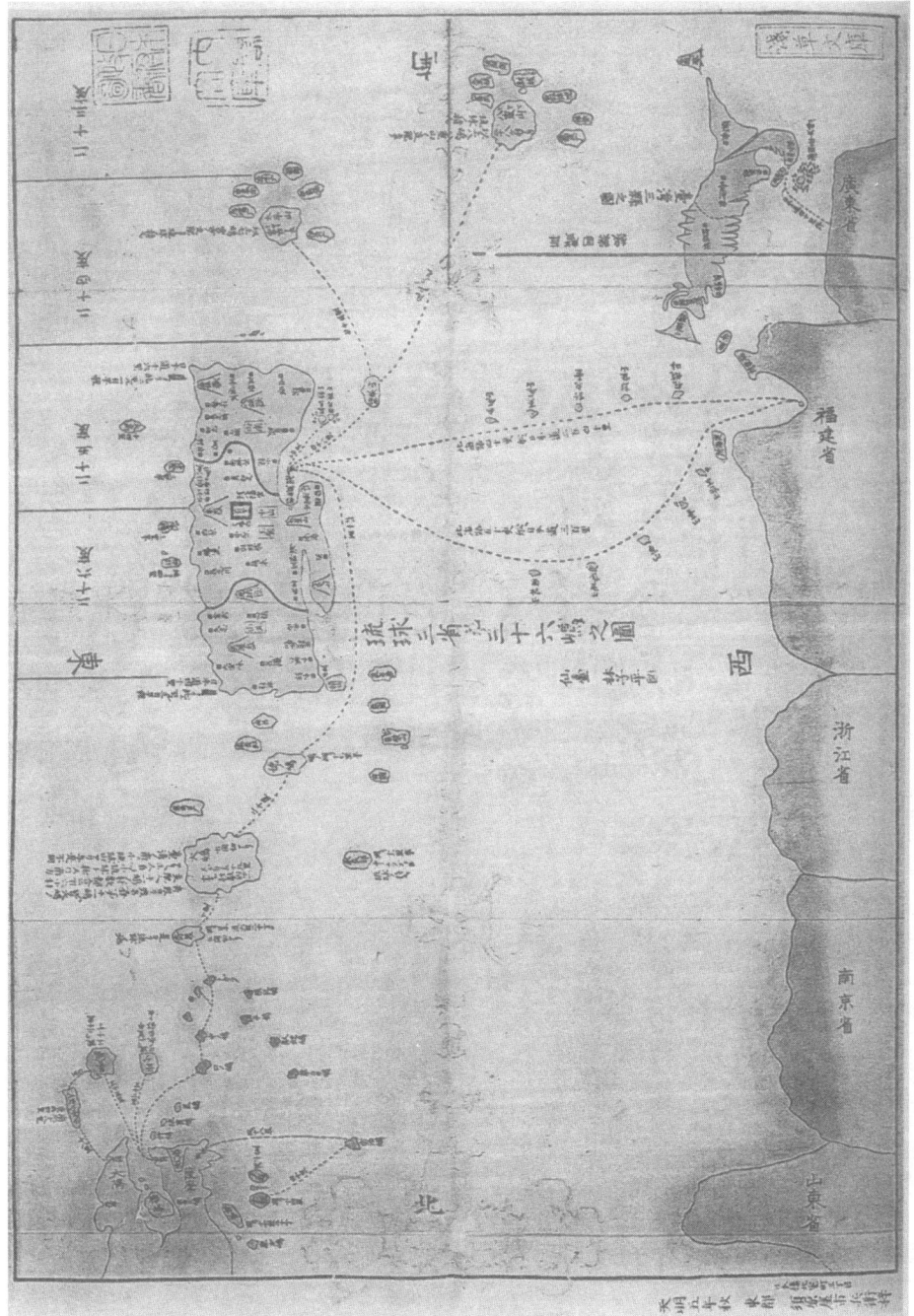

图3-9　浅草文库藏林子平《琉球三省并三十六岛之图》（原图复制，天明五年即1785年），将花瓶屿、钓鱼台、赤尾山等岛屿绘上与中国本土相同的红色，明确标示为中国领土

213

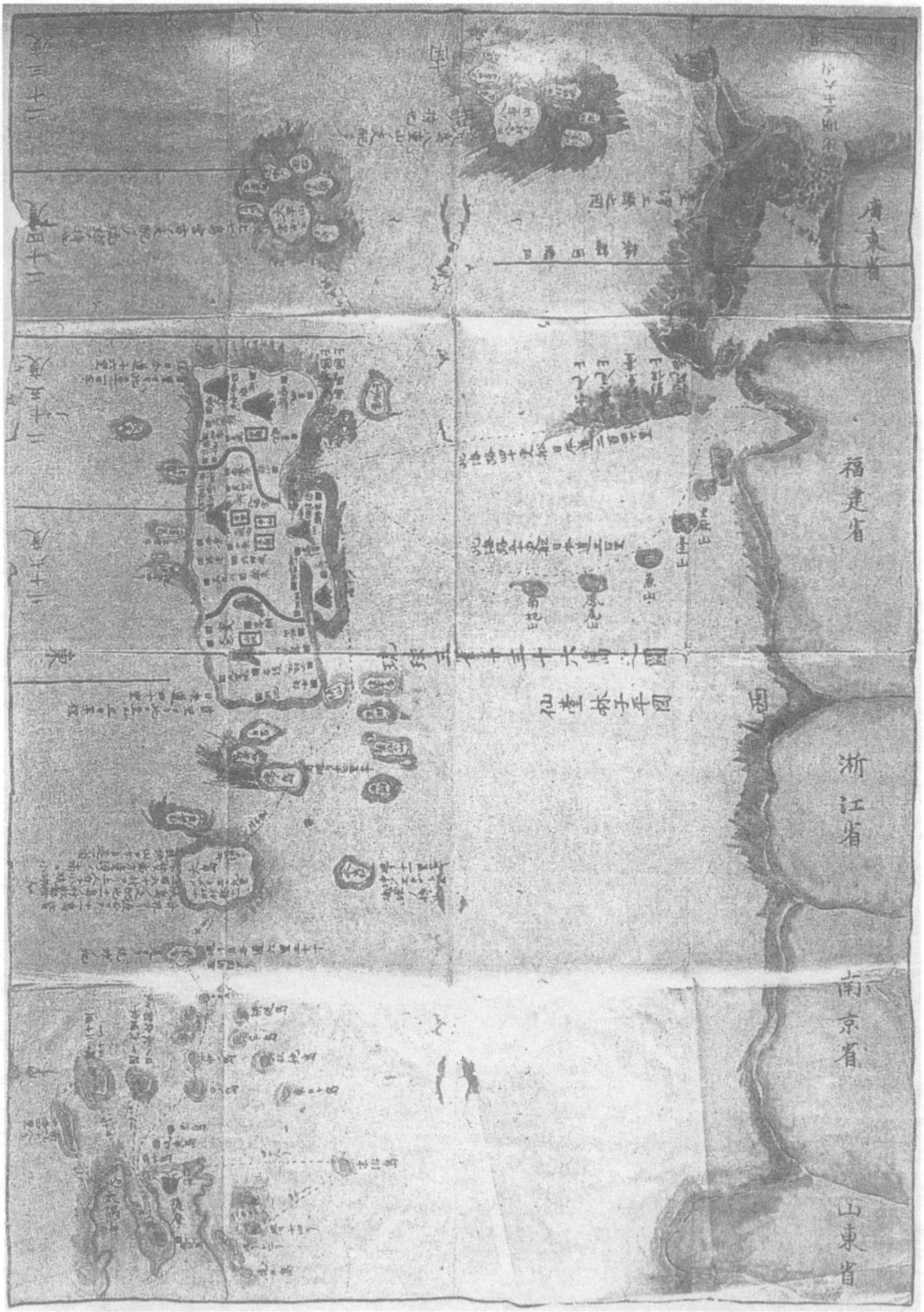

图3-10 东恩纳文库藏之林子平《琉球三省并三十六岛之图》（摹本），将赤尾山、黄尾山、钓鱼台诸岛与中国本土同样涂上红色，明确标示为中国领土

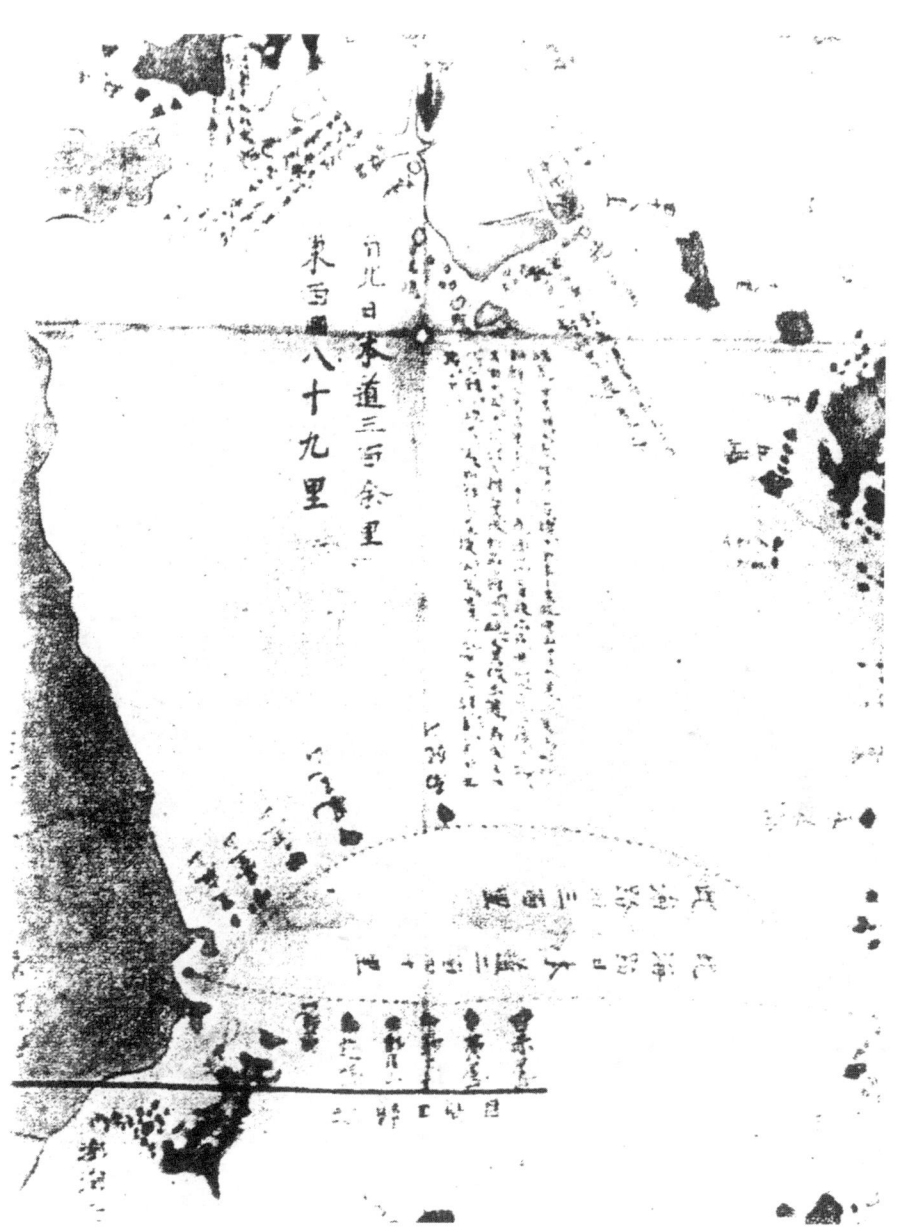

图3-11　林子平《琉球三省并三十六岛之图》局部，1801年日人摹本

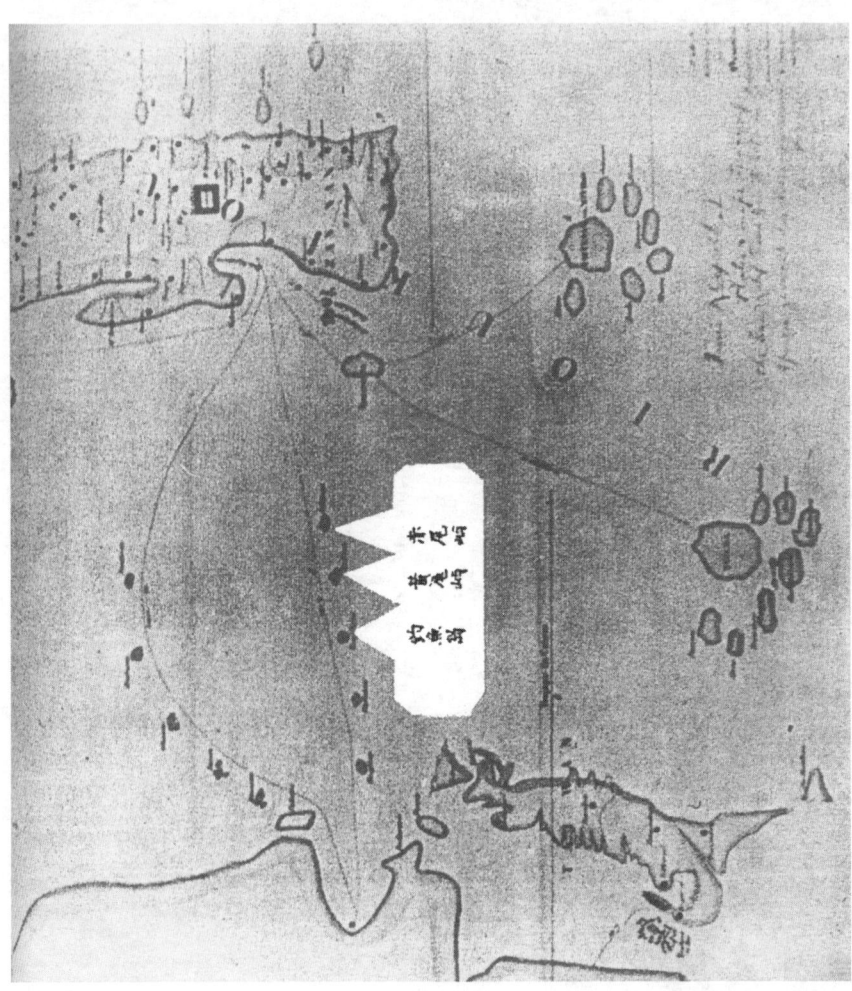

图3-12 林子平《琉球三省并三十六岛之图》局部，1832年法人摹本

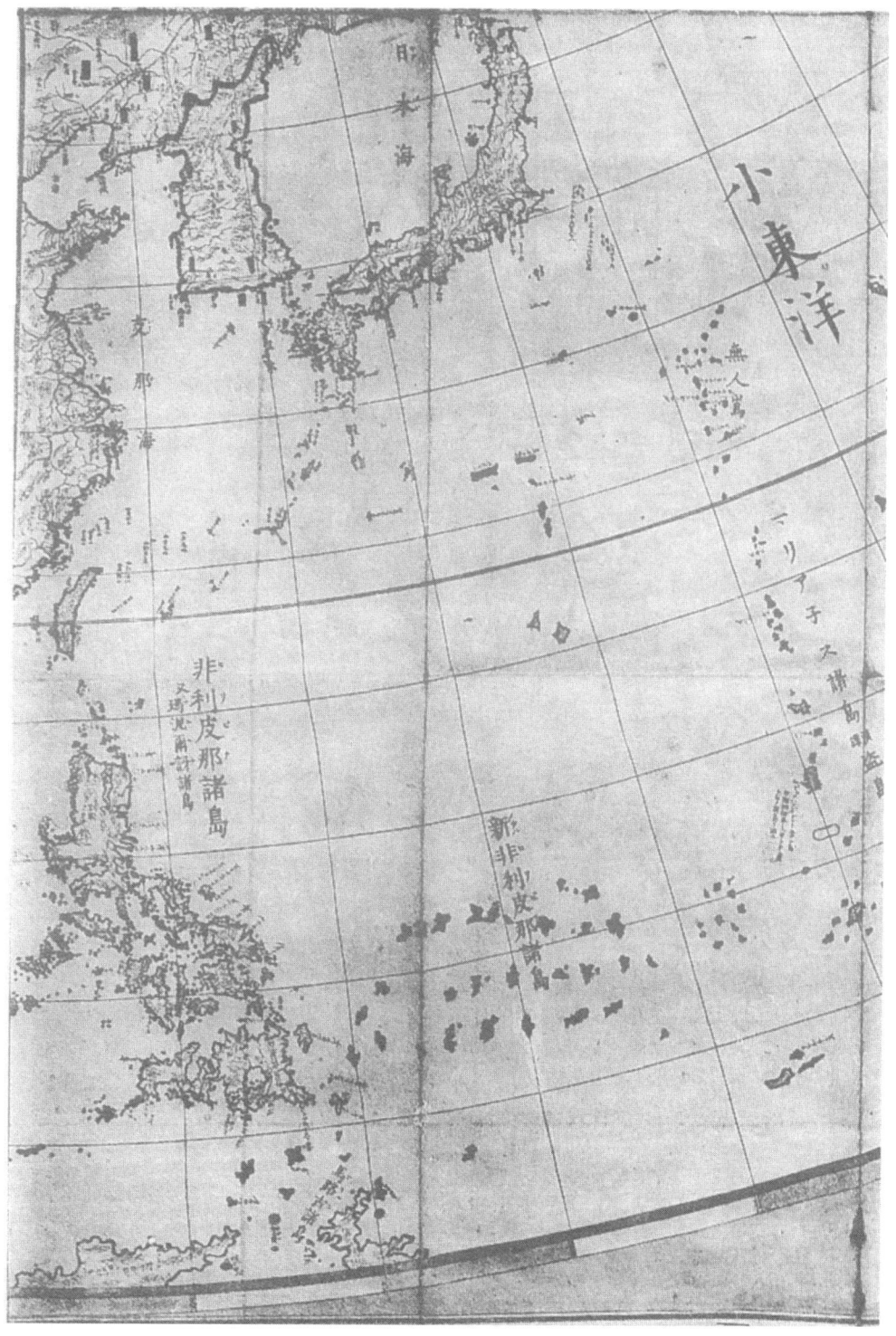

图3-13　日本文化七年（1810）绘制的舆地全图清楚地标出钓鱼台、黄尾屿、赤尾屿位置，指出这些岛屿属于中国版图

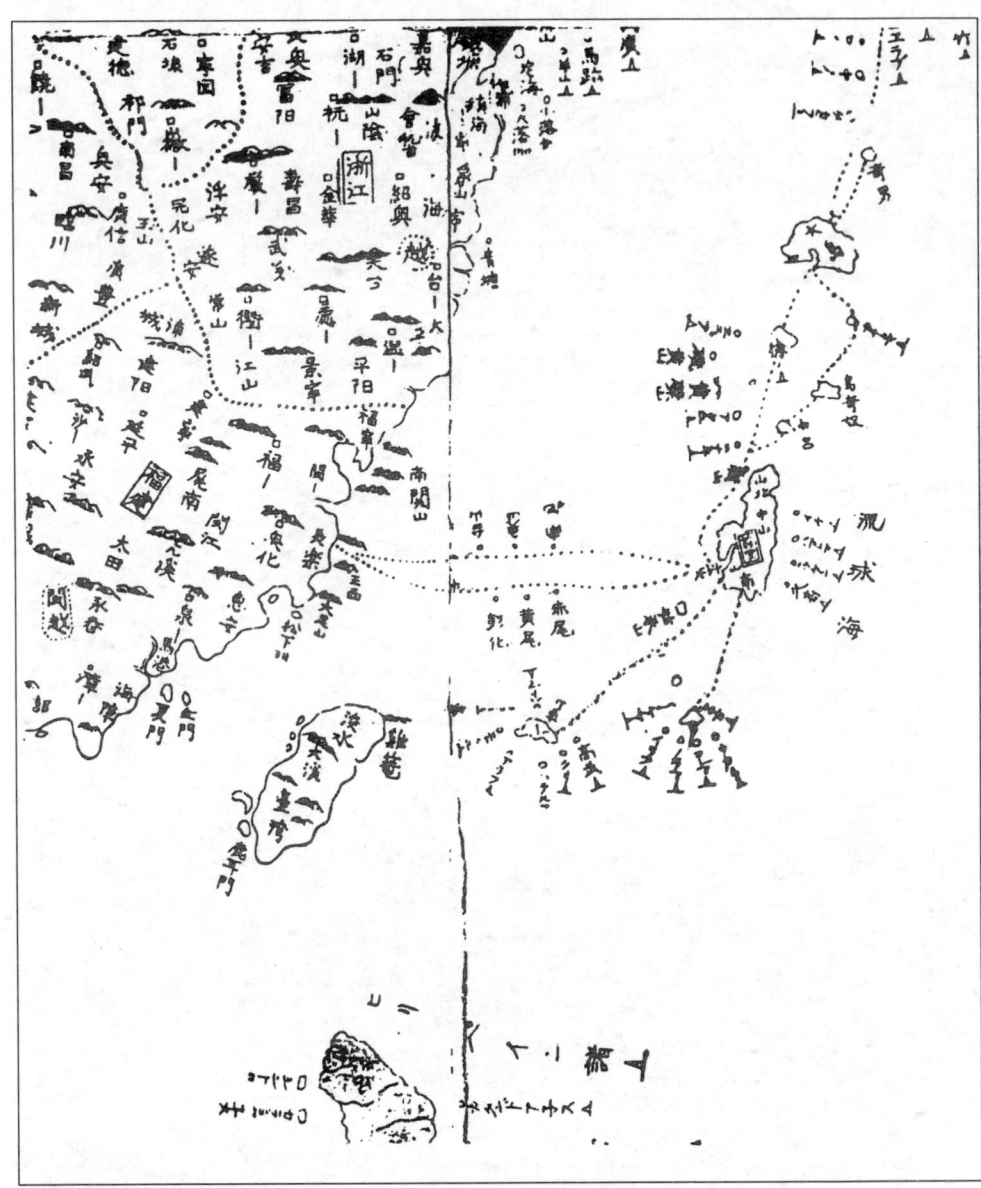

图3-14 这幅由日本人樗圆长山贯绘于嘉永七年(1854)的《唐土舆地全图》，其底本是根据林子平《三国通览图说》附《琉球三省并三十六岛之图》(1785)而绘，内中将中国本土、台湾及其附属岛屿 (包括彭佳、黄尾、赤尾) 标示为"唐土舆地" (即中国领地)，而琉球及其属岛则用日文标示

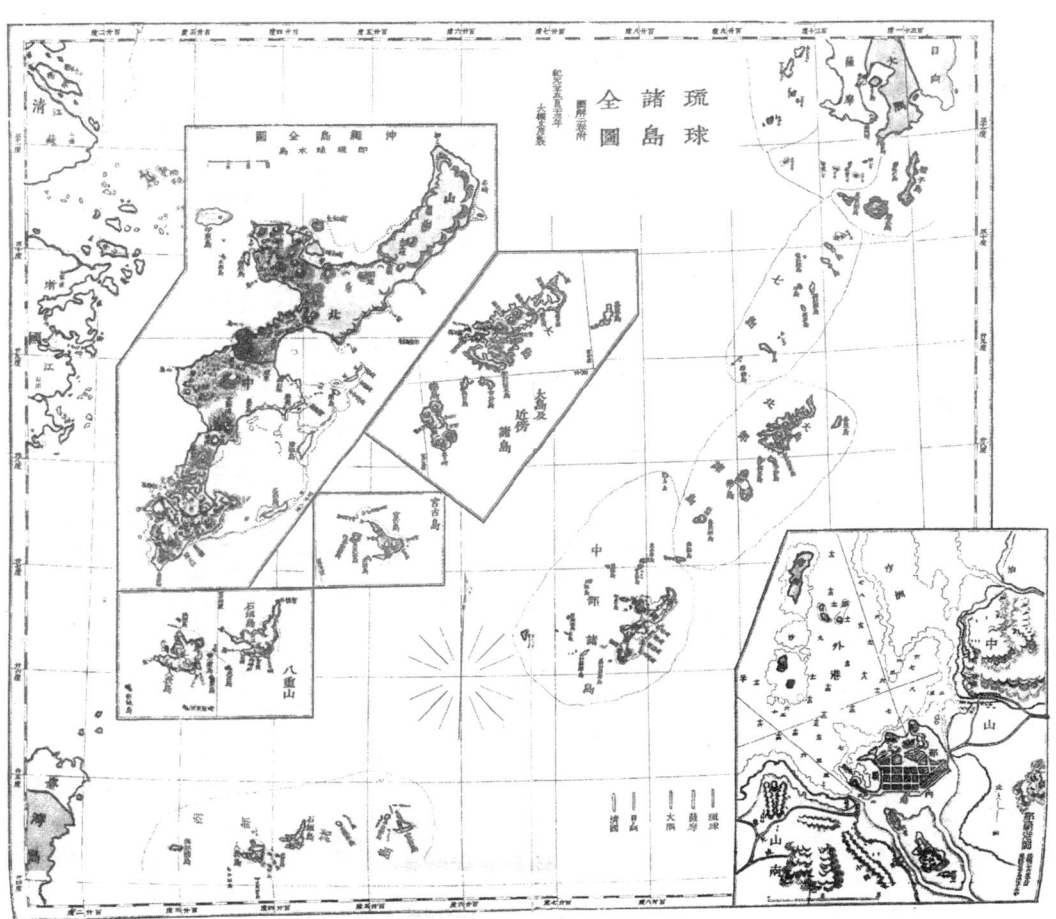

图3-15　1873年日人大槻文彦撰《琉球新志》附《琉球诸岛全图》所划琉球国版图，西南端以姑米山为界，极西南端以与那国岛为界。钓鱼岛列屿无疑在琉球诸岛版图之外

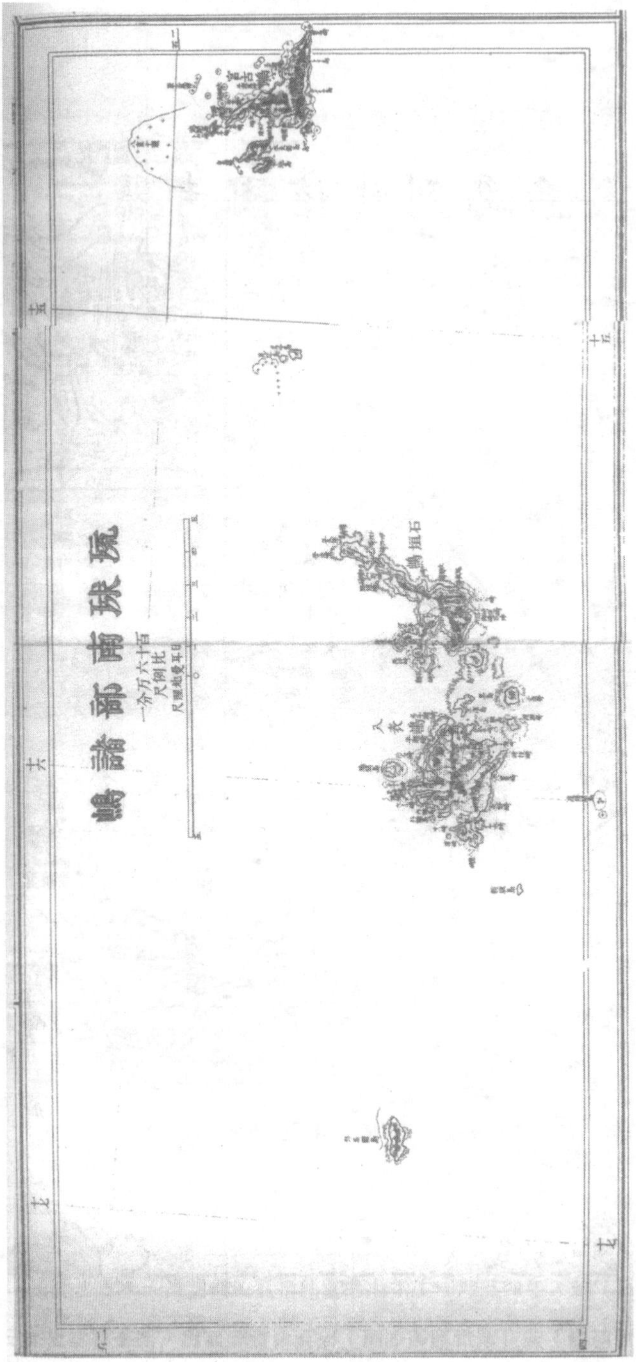

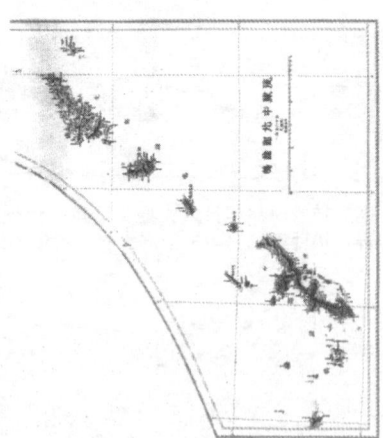

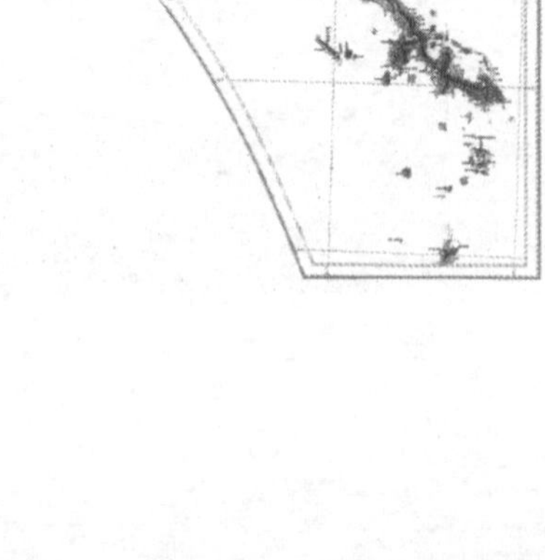

图3-16　1876年日本陆军参谋局绘制的《大日本全图》（陆军少佐木村信卿编次，陆军十二等出仕涉江信夫绘图），其中琉球中北部诸岛部分，西南端标明以久米岛为界，琉球南部诸岛部分，最南端以与那国岛为界，西部诸岛图皆未涉钓鱼岛列屿，此图绘制于日本吞并琉球之前三年，但已将琉球列岛划入日本国版图，然而钓鱼岛列屿不在其中，可见当时由日本陆军参谋局绘制的这幅图，清楚地表明钓鱼岛列屿不属琉球列岛范围，与旧琉球王国毫无关系。同时，当年的日本陆军参谋局亦还未有吞占钓鱼岛列屿的计划，或者根本还不知道钓鱼岛列屿的存在。只有到他们吞并琉球后，试图进一步吞占台湾时，才开始注意到钓鱼岛列屿的存在及其军事上的价值

第四部分　明清时期西洋人所绘
　　　　钓鱼岛列屿地图考释

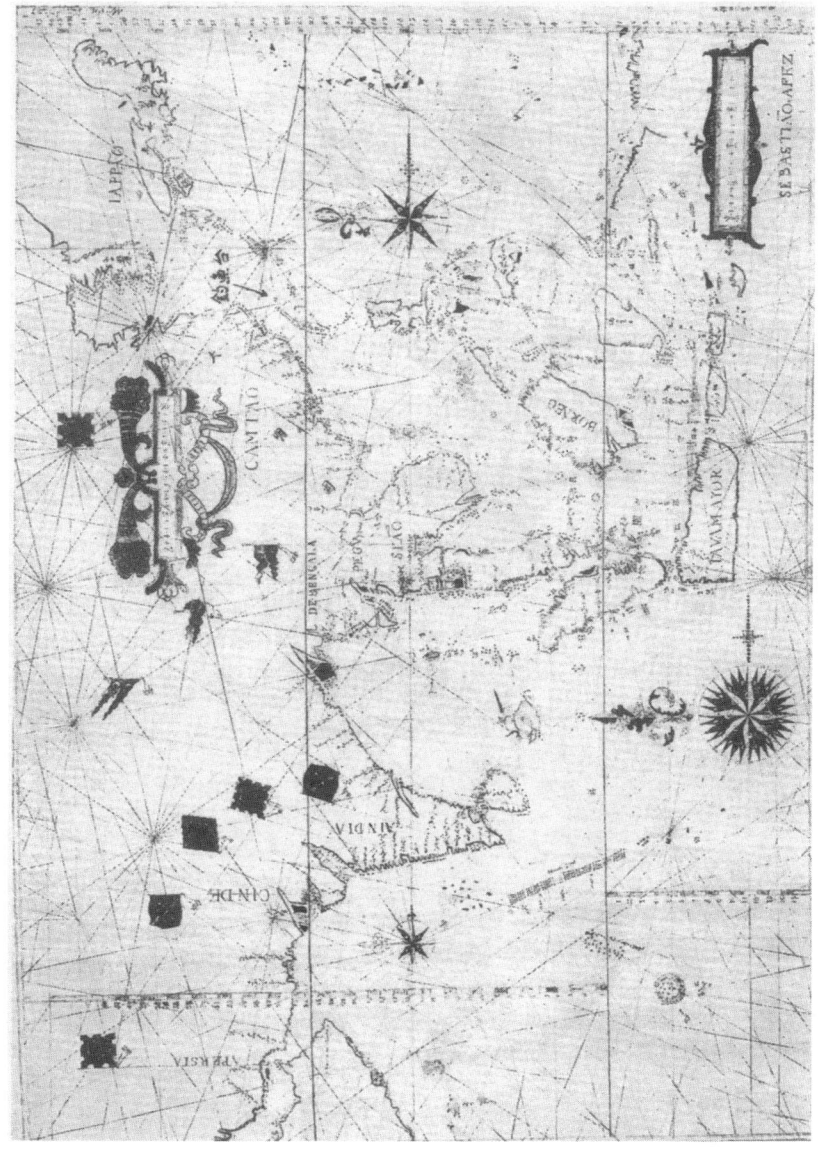

图4-1　这幅日本文禄癸巳年（1593）九月绘制，题为《丝屋随右卫门使用航海图》（鹰见泉石绘）（鹰见泉石绘，古河市鹰见安二郎氏所藏），在台湾（旧称 タカサゴ 即高砂）的右上角清楚地标出钓鱼岛列屿

221

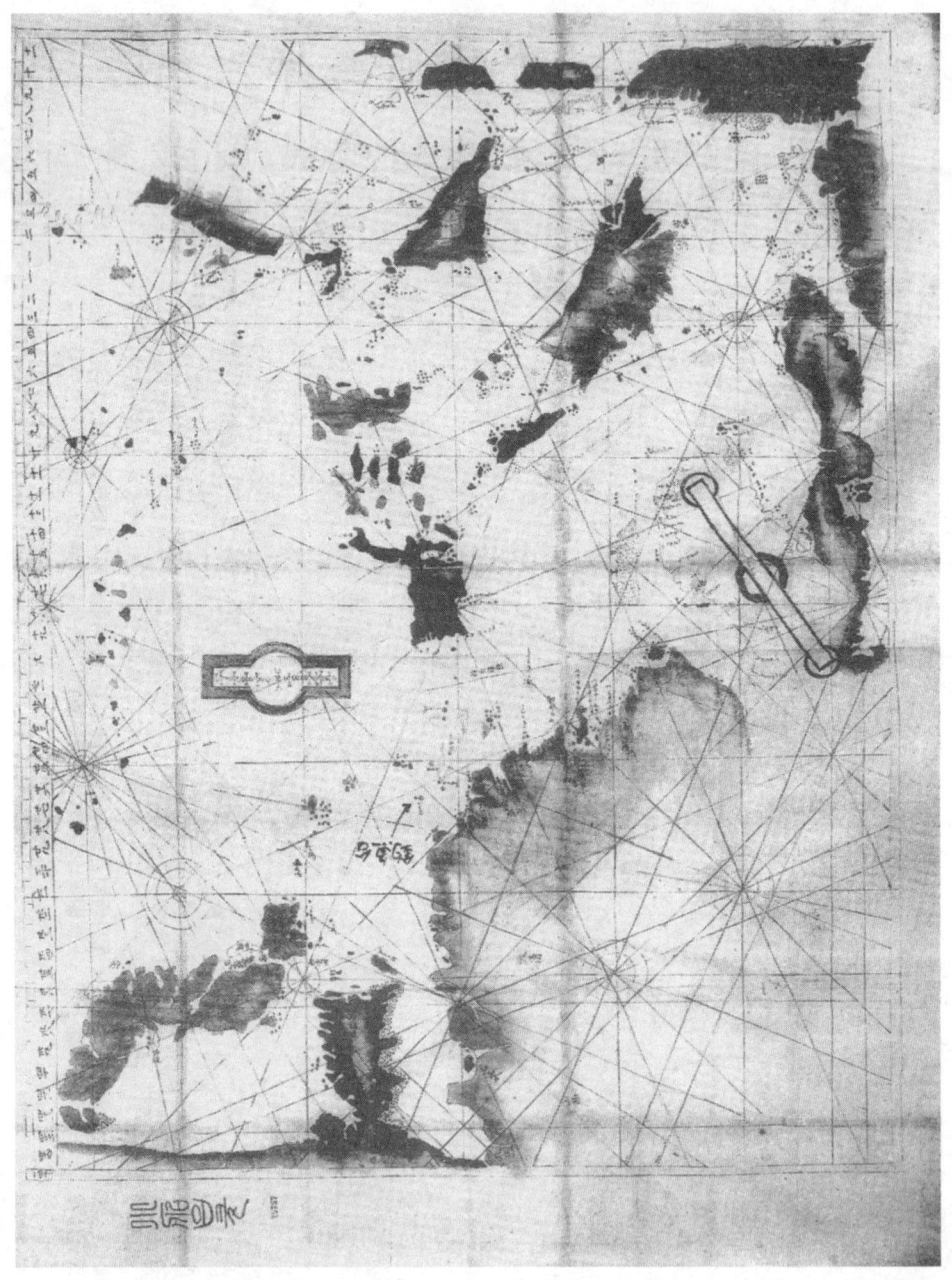

图4-2 这幅题为《小加吕多》的古航海图，在台湾（タカサマ）的右上角清楚标出钓鱼岛列屿

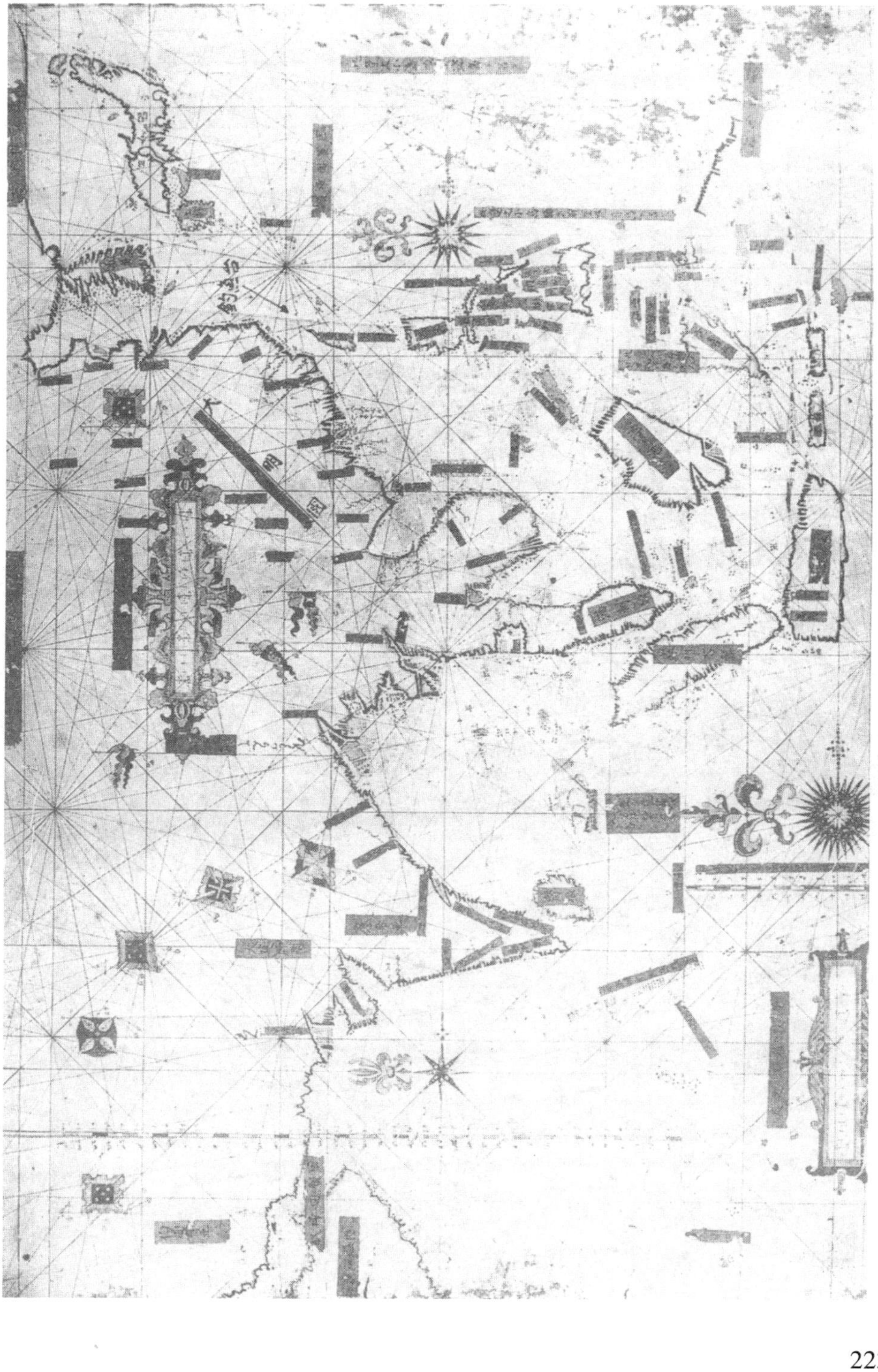

图4-3　这幅题为末吉孙左卫门使用的《东亚航海图》（大阪府村平野末吉勘四郎旧代所藏），在台湾的右上角亦标出钓鱼岛列屿

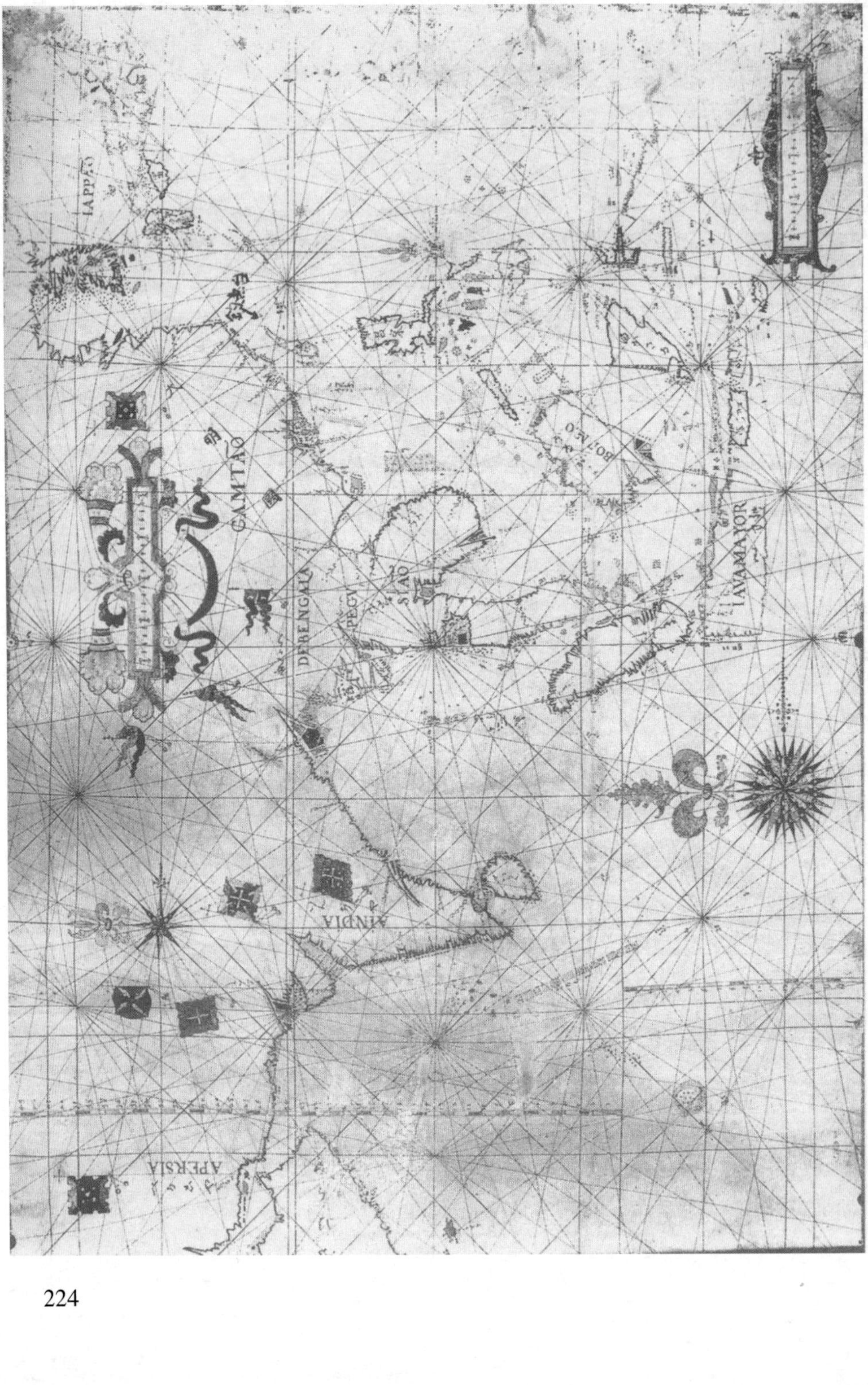

图4-4　这幅日本《航海古图》(冈山市池田宣政元侯爵所藏)，在高砂 (台湾) 岛之右上角清楚标出钓鱼岛列屿，有如沧海之粟

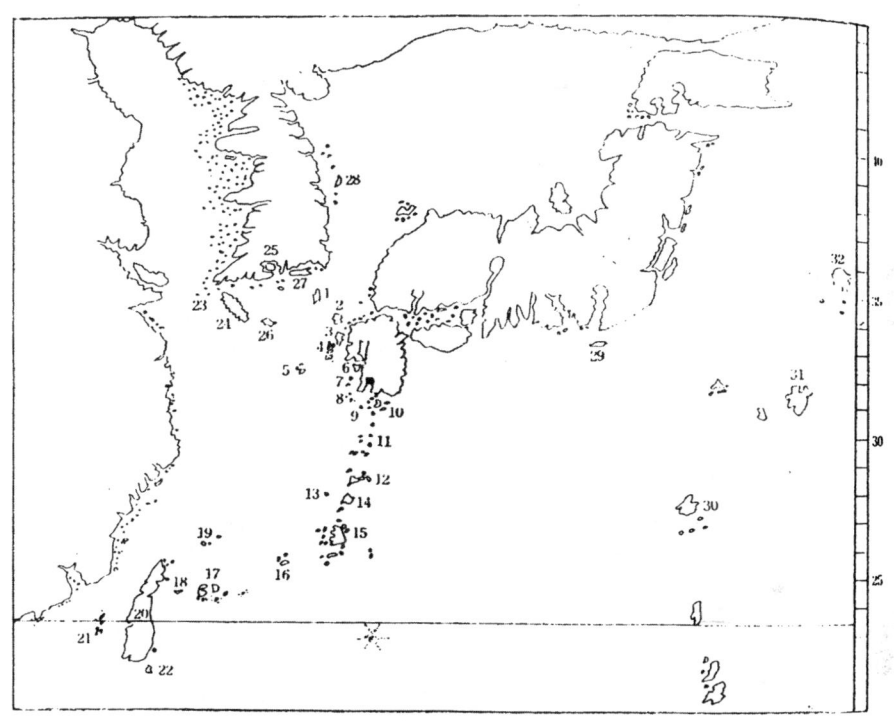

图4-5　附：东阳古航海图之比定图

1 对马	9 黑岛	17 八重山	25 南海岛
2 壹岐	10 种子岛	18 与那国	26 一"鸟岛？"
3 平户	11 吐葛剌	19 钓鱼岛列屿	27 对马（朝鲜人の描く）
4 五岛	12 大岛	20 高砂（台湾）	28 竹岛
5 女岛	13 鸟岛	21 昆耶宇	29 八条（八丈）
6 天草	14 德之岛	22 兰屿	30 ハダカノ岛
7 甑岛	15 琉球	23 一	31 金岛
8 宇治岛	16 宫古	24 クイタン村	32 银岛

图4-6 这幅由英人绘制、于1774年由伦敦出版的《中国分省暨日本列岛图》，其底本是根据来华传教士蒋友仁绘《舆坤全图》，其中钓鱼屿的位置标作Hoan Oey Su，黄尾屿的位置标作Hao Yu Su，赤尾屿的位置标作Tche Oey Su，用的是闽南语音发音的中国命名

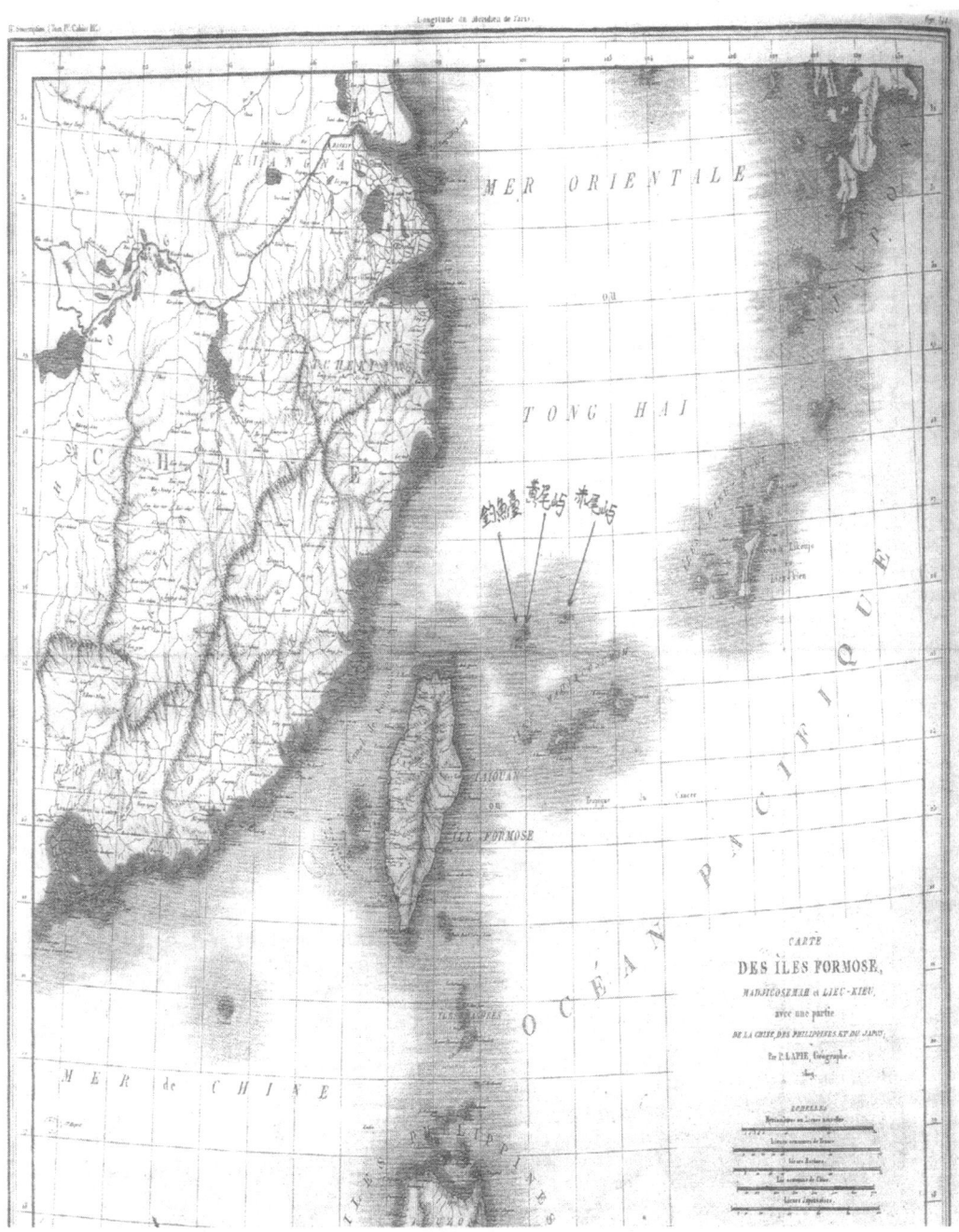

图4-7　这幅以台湾（FORMOSE）为中心的东中国海沿岸图，是由法国出版家暨地理学家皮耶·拉比（1779—1851）和亚力山大·拉比（活跃于1809—1850）所绘。此图制于1809年，图中将钓鱼屿、赤尾屿绘成与台湾岛相同的红色，将八重山、宫古群岛与冲绳本岛绘成绿色，清楚地标出钓鱼岛列屿为台湾附属岛屿

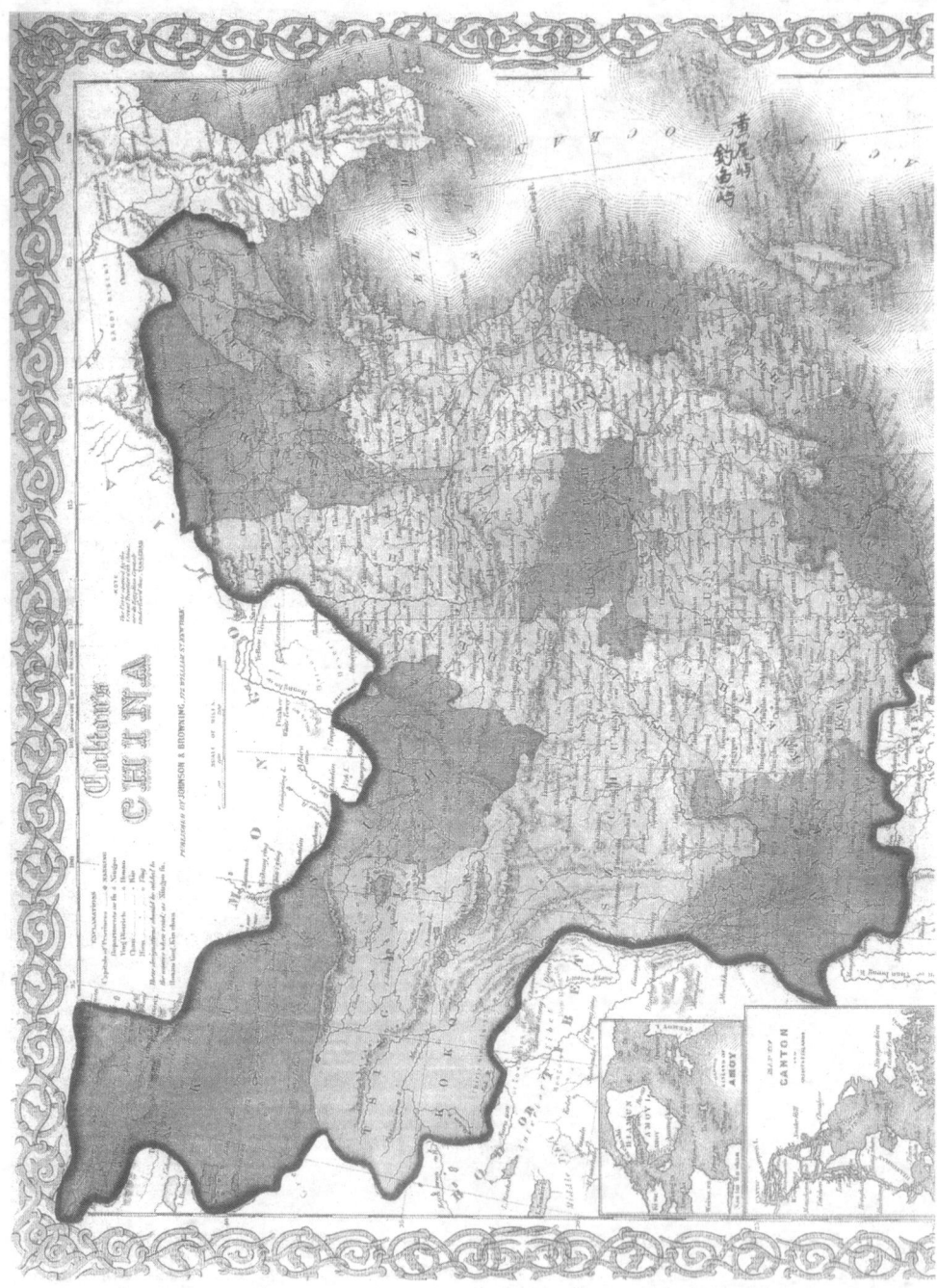

图4-8 这幅题为《柯顿的中国》由约瑟夫·哈金·柯顿(1800—1893)于1859年绘成的美国制地图,清楚地指出钓鱼屿、黄尾山,用的是中国命名,图中显示出该列屿属中国辖区范围

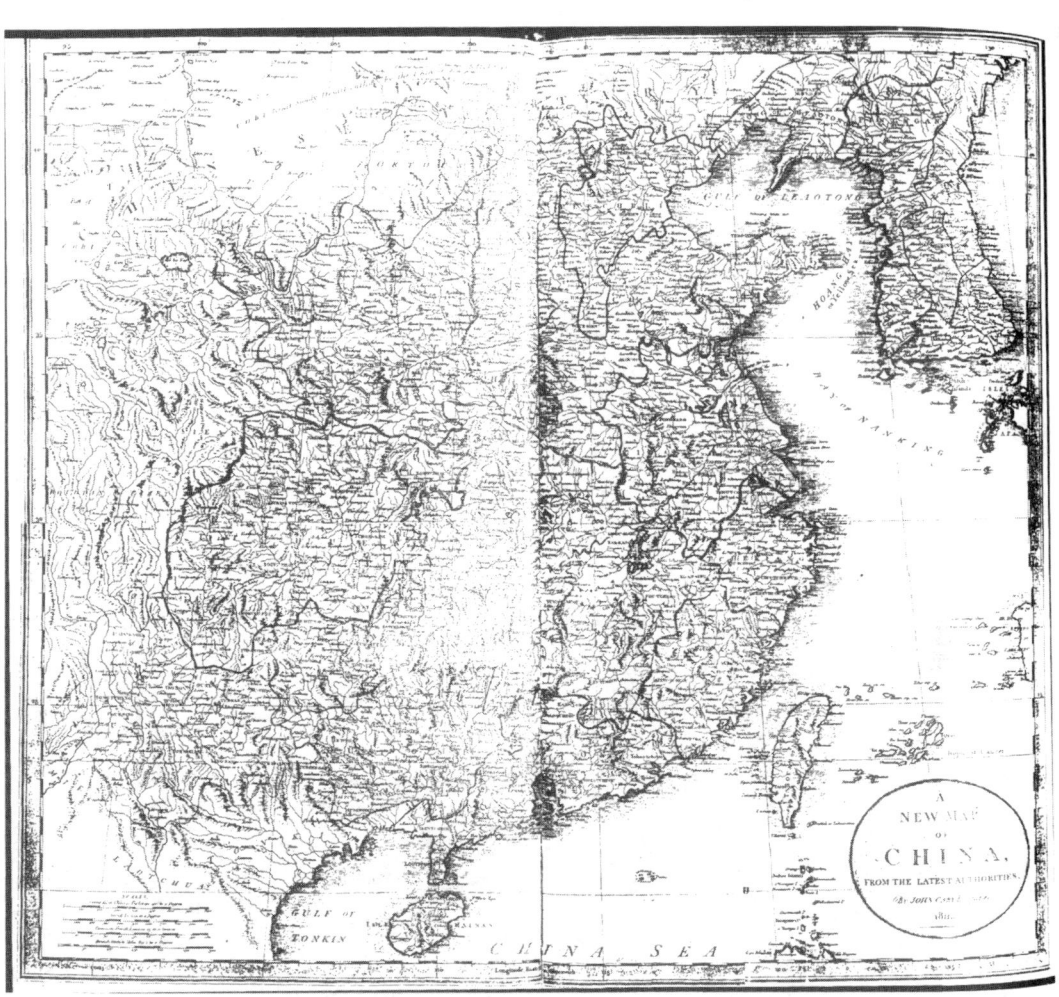

图4-9 这幅由英国人约翰·卡里（John Cary）于1811年绘制的《最新中国地图》（A NEW MAP OF CHINA, FROM THE LATEST AUTHORITIES），其底本亦是根据来华传教士蒋友仁绘《舆坤全图》，其中钓鱼屿位置标作Hao Yu Su，黄尾屿位置标作Hoan Oey Su，赤尾屿的位置标作Tche Oey Su，皆以闽南语发音的中国命名

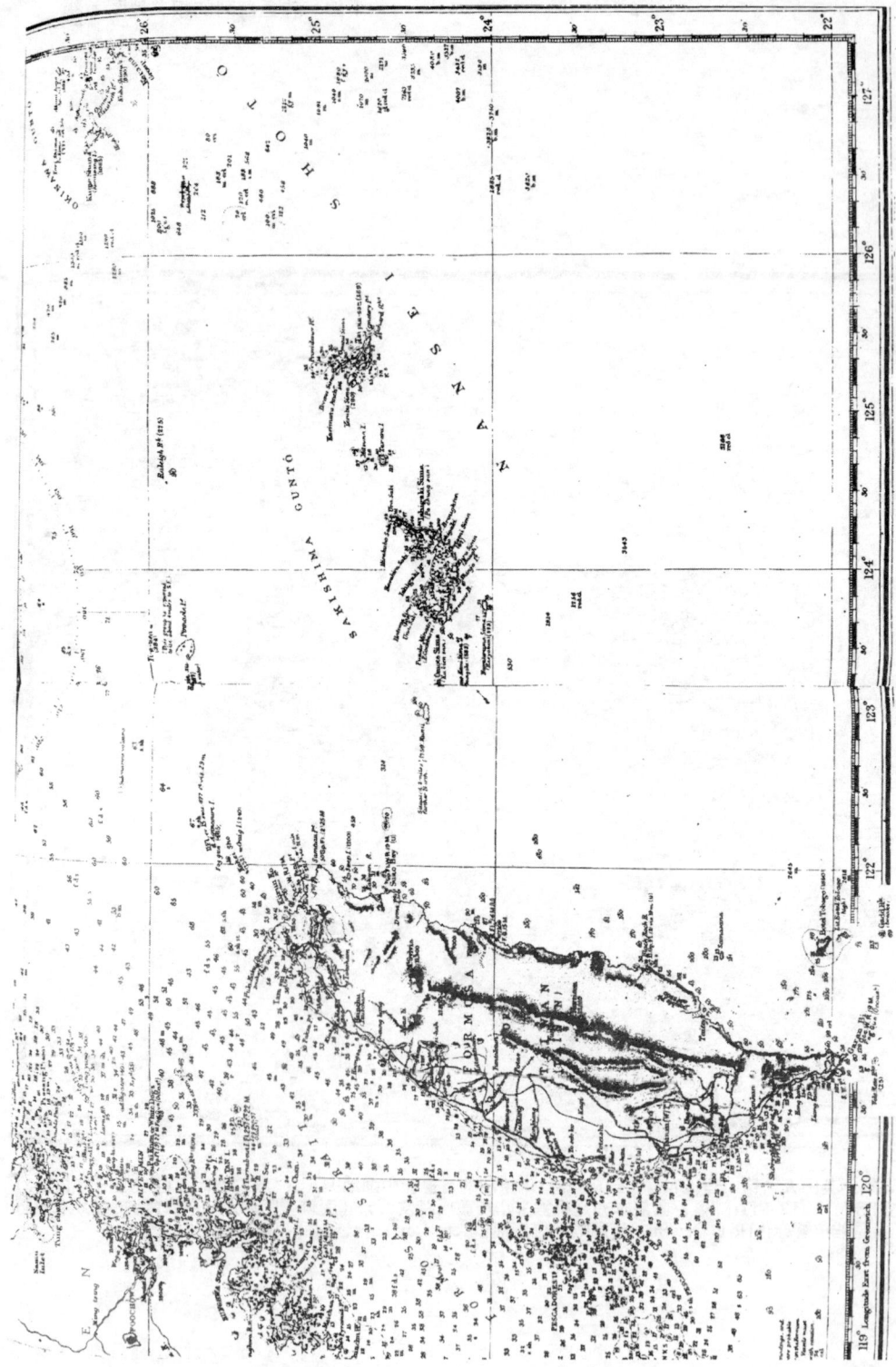

图4-10 这幅英国出版(1877)的"东中国海岸香港至辽东湾"地图,清楚地标出钓鱼屿(图中标作Haopin Su)、黄尾屿(图中标作Tiau su)、赤尾屿(图中标作Raleigh Rk)及其海拔高度,岛屿名全部用闽南语发音即中国命名

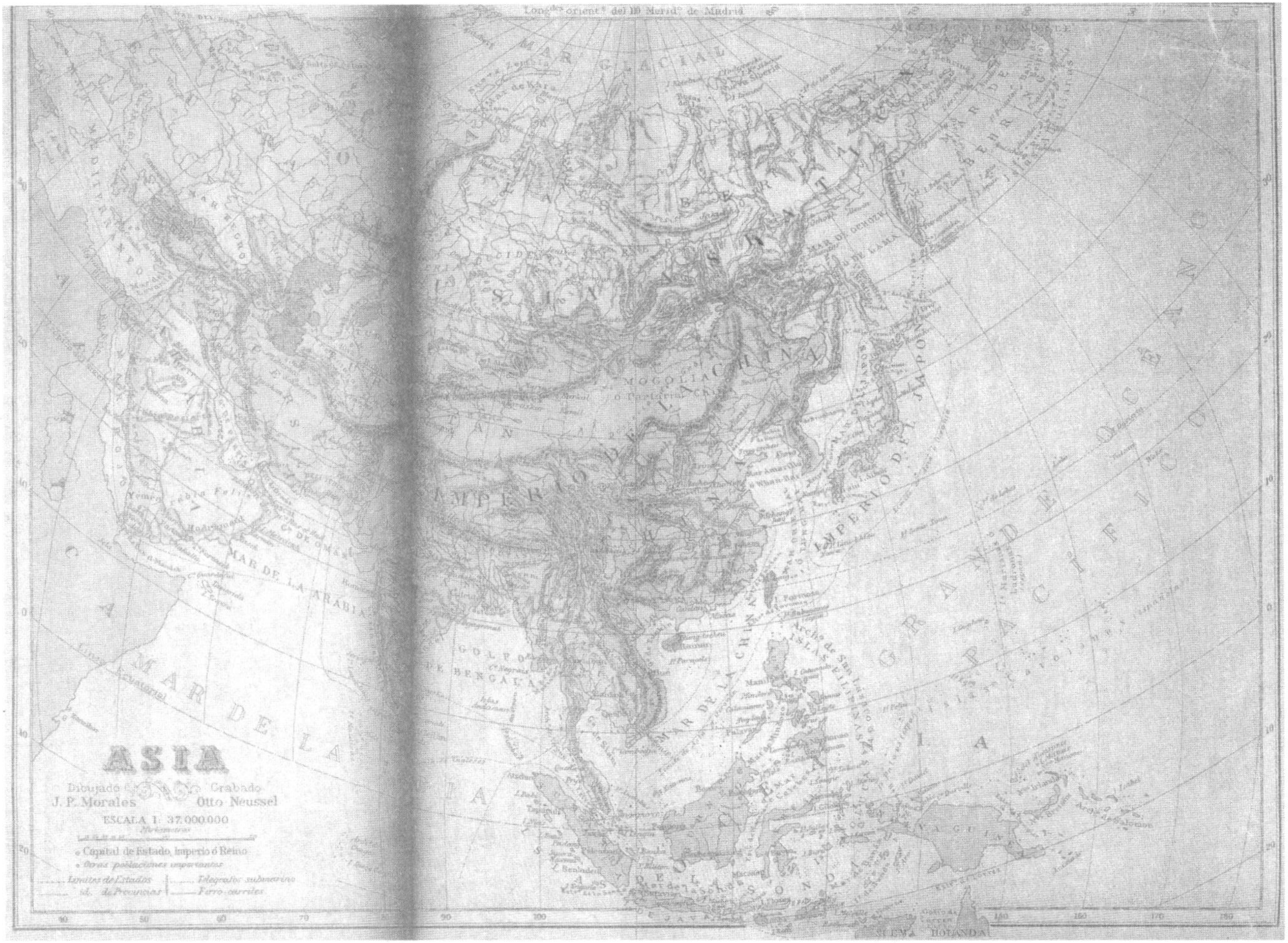

图4-11　这幅由西班牙人莫拉雷斯(J. P. Morales) 所绘巴塞罗纳曼坦纳赛门公司出版的亚洲地图(1879)，在日本与东中国海之间，清楚地标示钓鱼岛、赤尾屿等岛屿等岛屿属于中国辖区范围

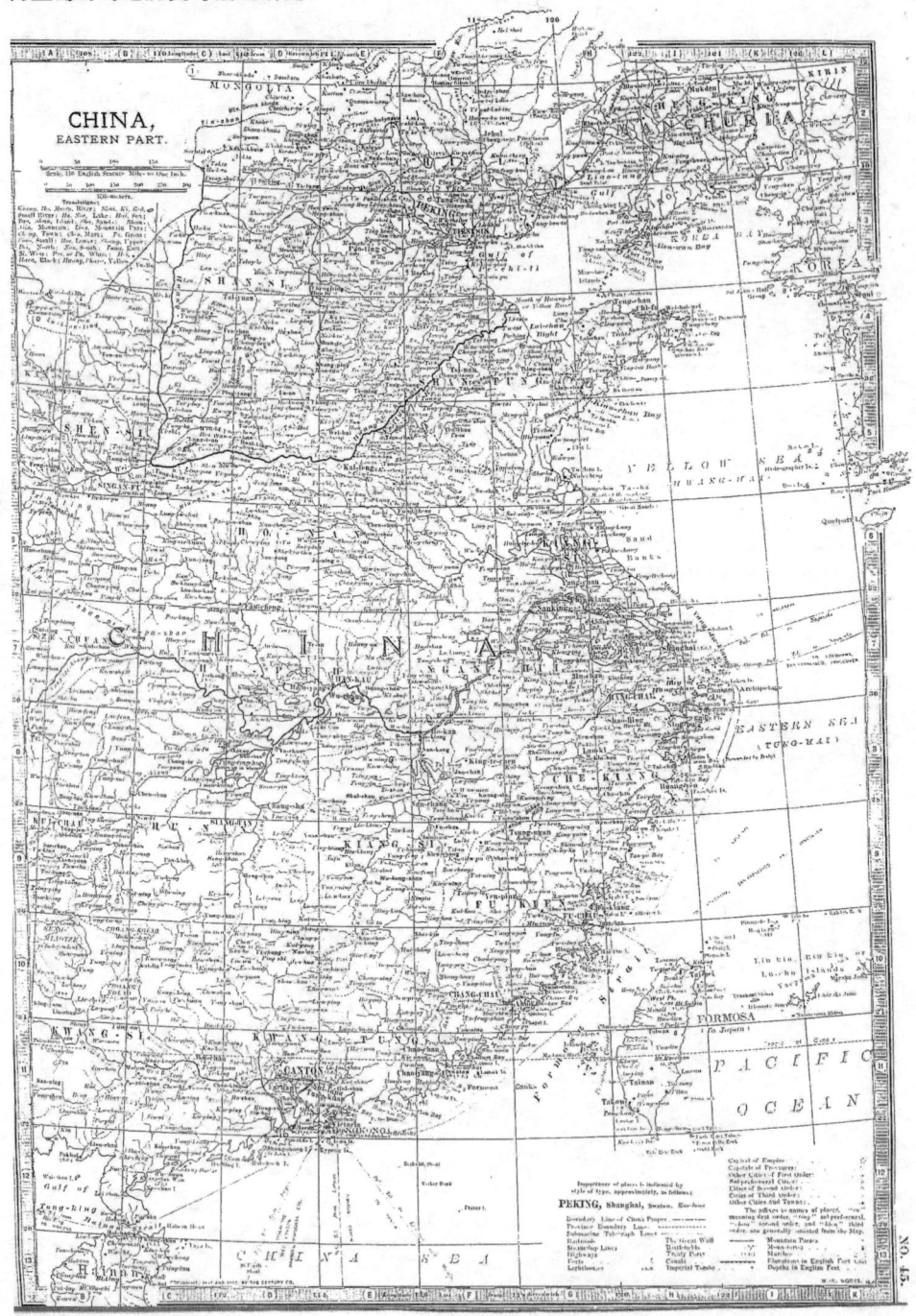

图4-12 这幅由英国出版，绘于1897年的"中国东部"地图，清楚标出钓鱼屿（图中作Hoapin Su, 1180英尺）、黄尾屿（图中作Tiau Su）、赤尾屿（图中作Raleigh Rock）的地理位置，虽然位置有错换，但岛屿的命名用的是闽南语发音；此图绘于中日甲午战争后

第五部分 甲午战后钓鱼岛列屿地图考释

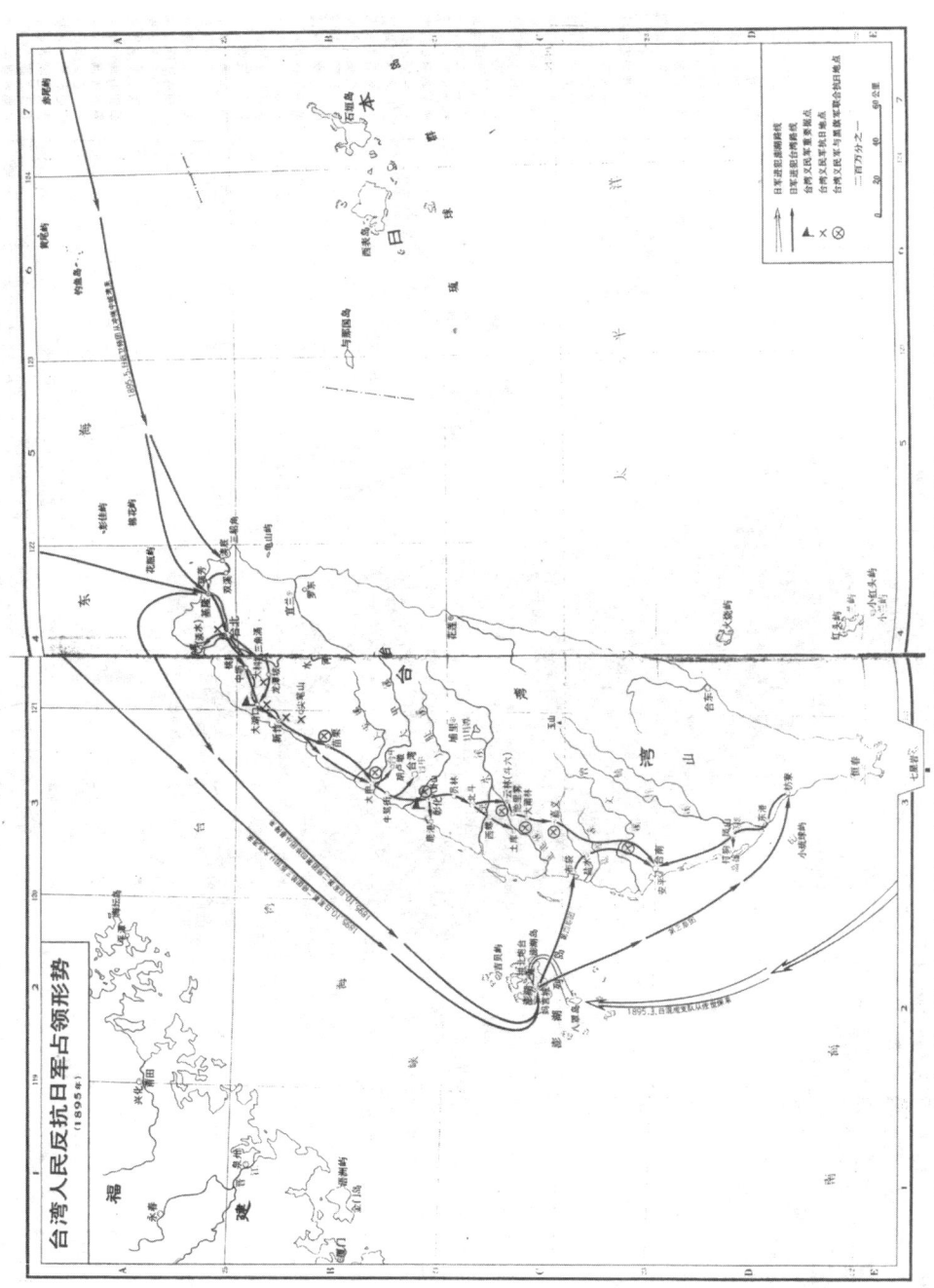

图5-1 1895年5月29日上午9时，日本"台湾总督"桦山资纪率"征台舰队"集结钓鱼岛列屿，然后继续往台湾进犯，6月3日午后9时正式接收台湾。从此，钓鱼岛列屿与台湾一起沦为日本殖民地

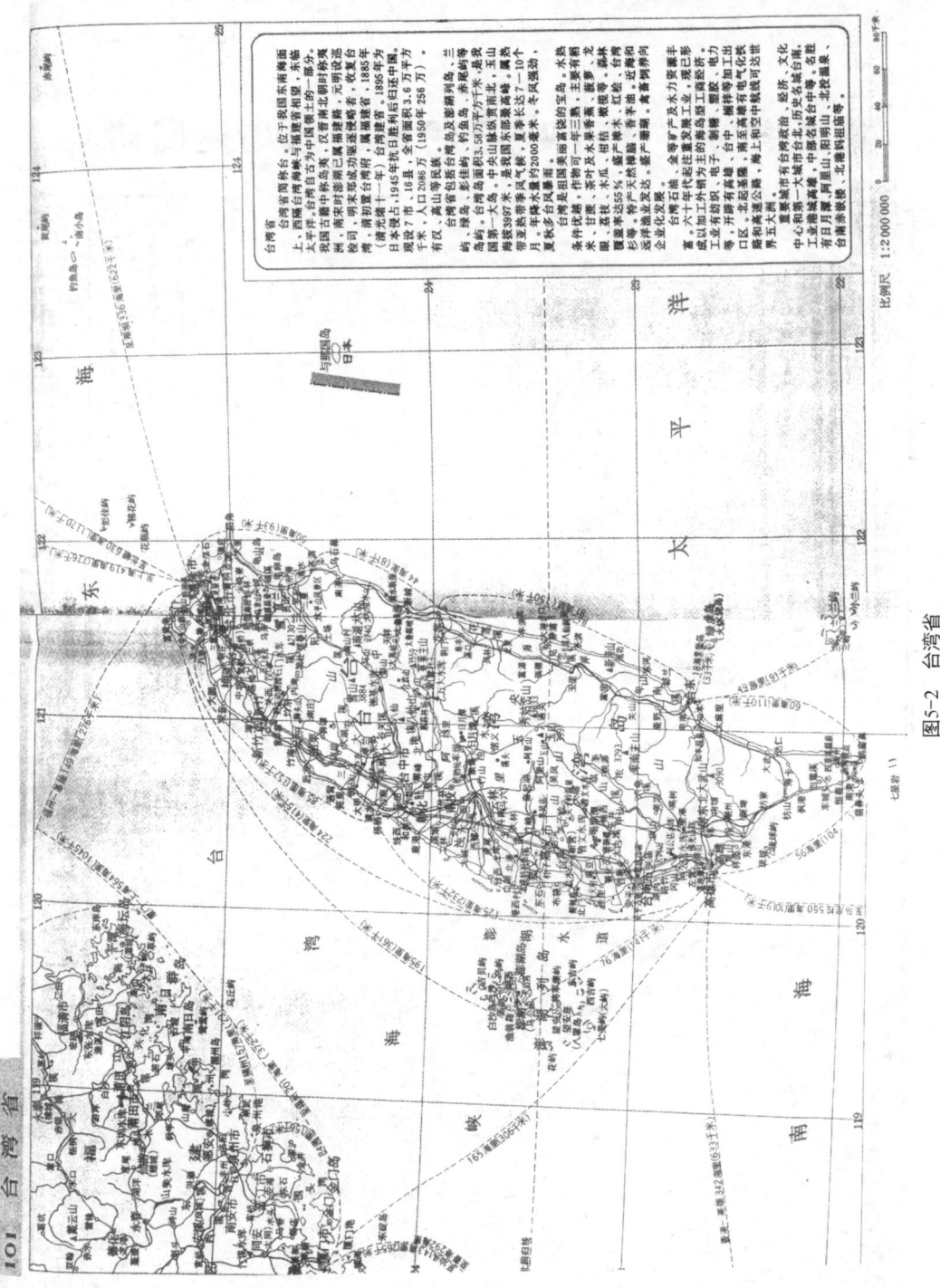

图5-2 台湾省

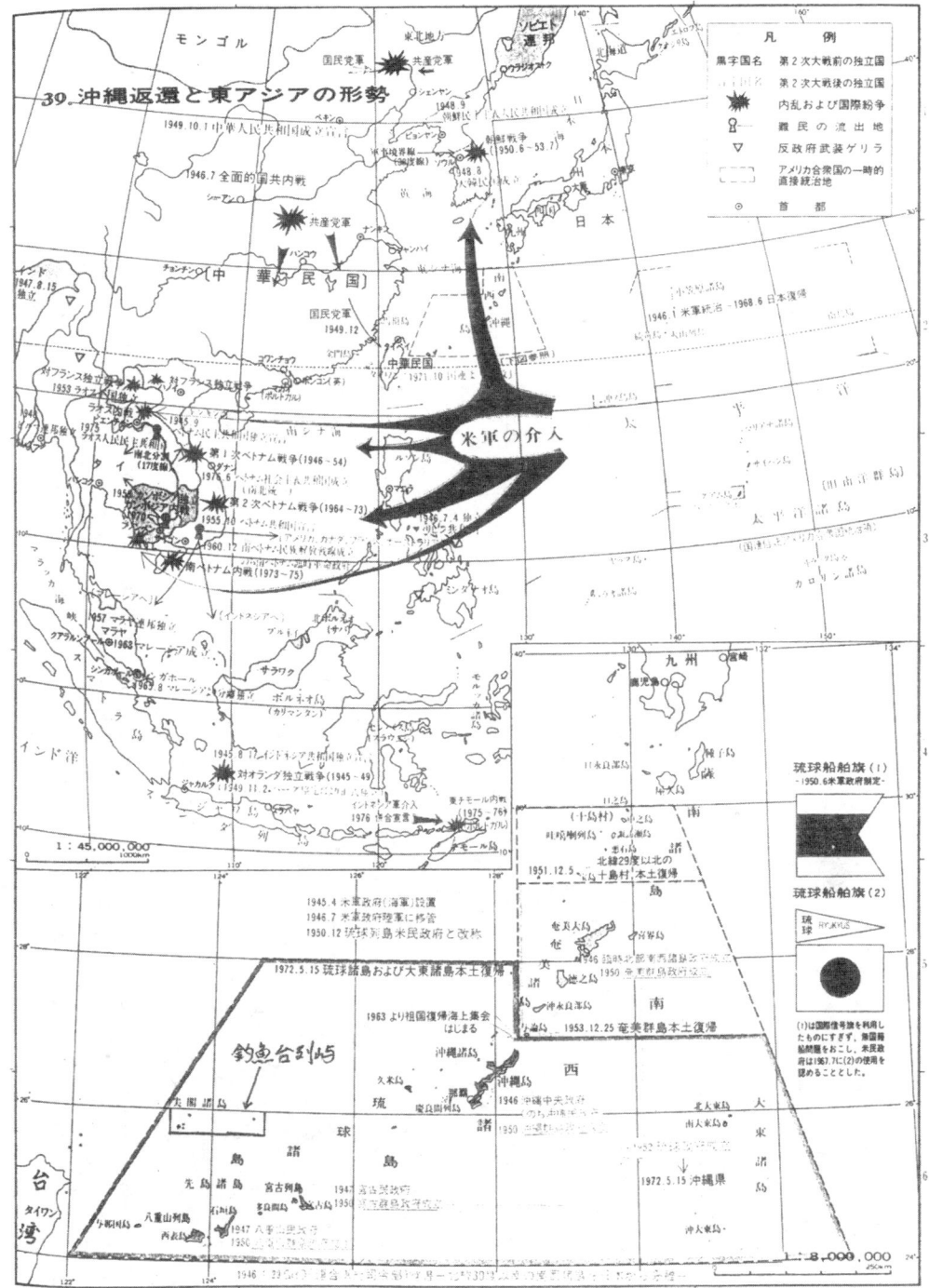

图5-3　1946年1月29日，联合国部队占领琉球群岛后，在备忘录中划定的北纬30度以南的南西诸岛必须从日本领土中分离出来。但占领琉球群岛的美军司令部于1950年12月在该群岛成立美民政府。1951年12月5日，美军司令部在未经联合国同意的情况下，擅自将北纬29度以北的吐噶喇列岛"归还"日本。1953年12月25日又将奄美群岛"归还"日本。到了1972年5月15日，美军司令部又将琉球群岛及大东诸岛"归还"日本，并且将钓鱼岛列屿划入"归还"范围。此图采自宫城荣昌编《冲绳历史地图》（东京柏书房1983年版）

235

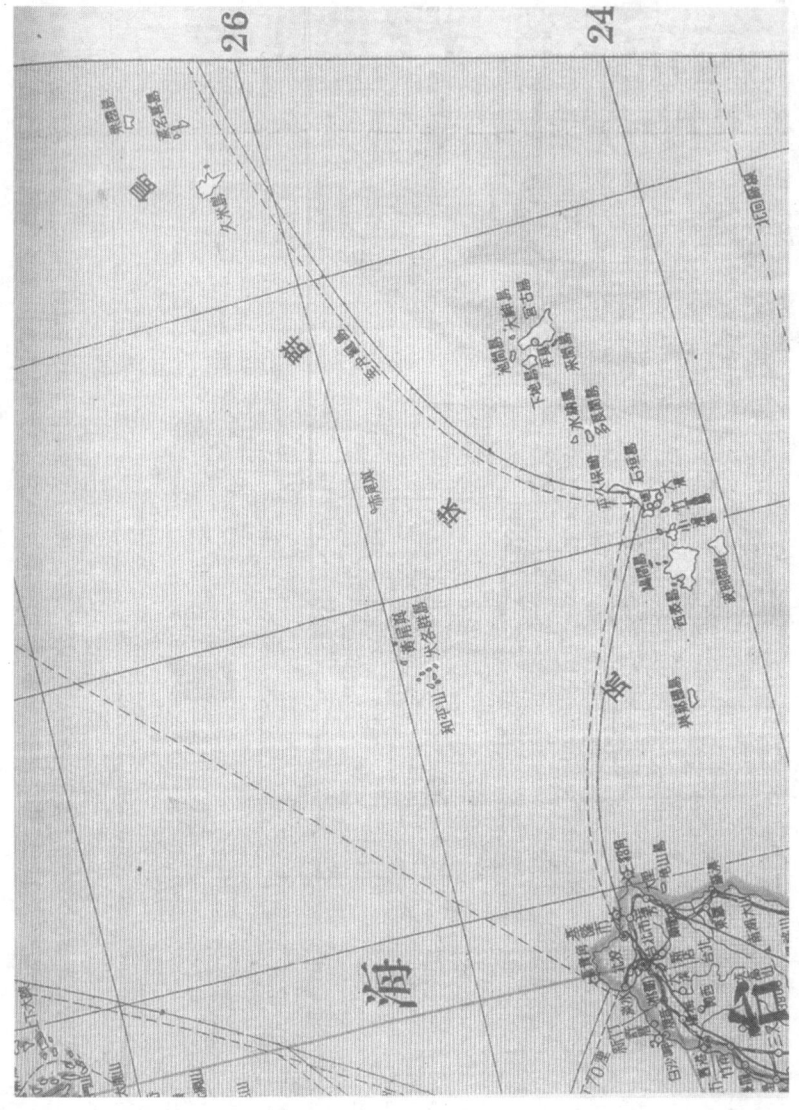

图5-4 这幅由武昌亚新地学社印行、中华民国三十八年(1949)五月出版(第七版)的《中国形势交通详图》，明显地将钓鱼岛列屿列入流球的版图。图中钓鱼台部分注上明治时代日本人译自英国海军图志的和平山(Hoapin-San)，旁边注上"尖阁群岛"，从地图的着色看与流球的久米岛、宫古岛、石垣岛等一显然是根据明治后期日本人的地图绘制，但赤尾屿却仍然用中国名称。查该图左右上角注有"内正部地图发行许可证渝地字第○○七号"。

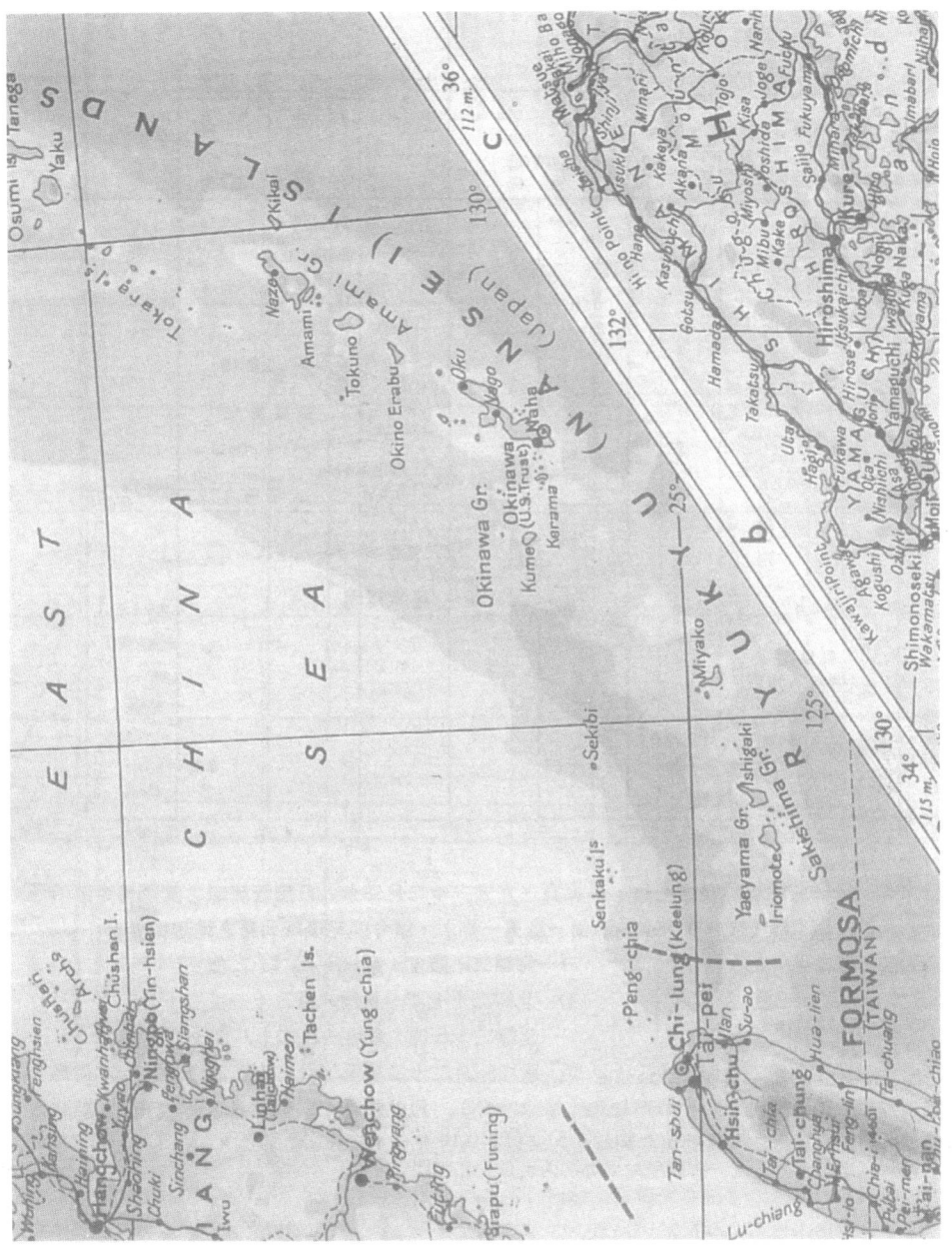

图5-5　1951年英国牛津大学出版社的世界地图册之"南部日本"图，在琉球（西南）群岛部分，将钓鱼岛、黄尾屿及南、北小岛合称为"尖阁群岛"（senkaku Is.），赤尾屿则用日文"セキビ（sekibi）"标注

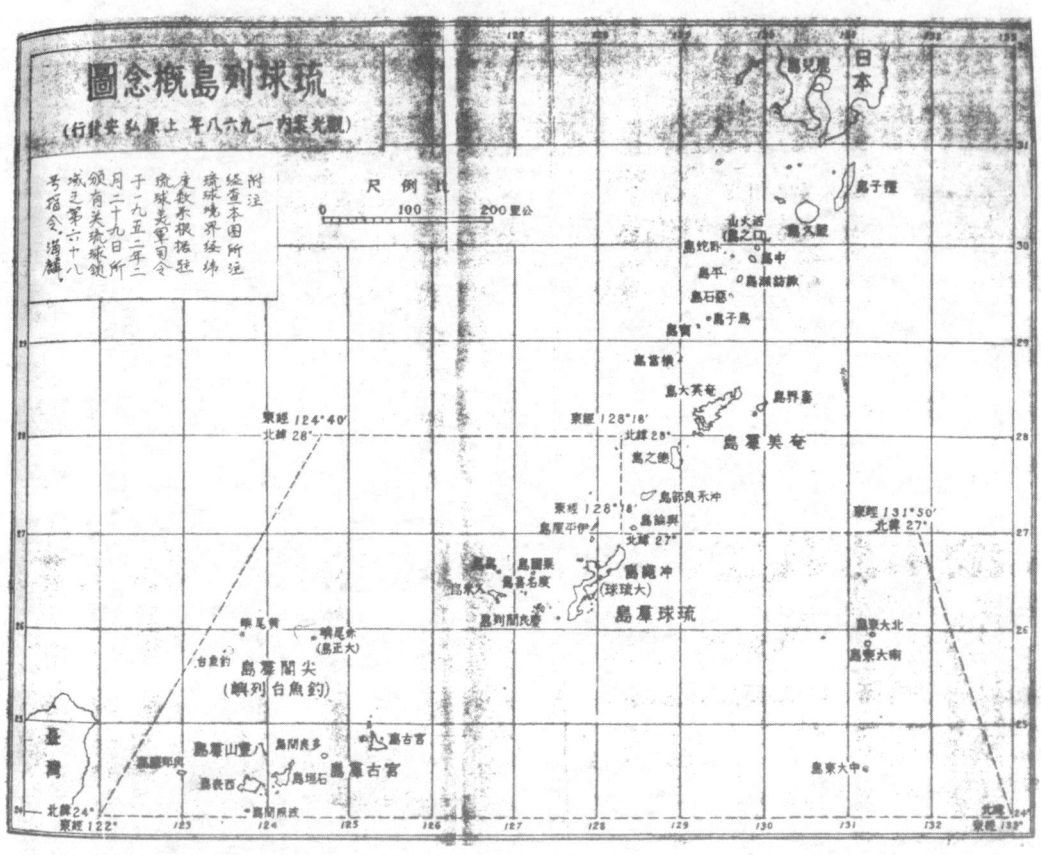

图5-6　此幅《琉球列岛概念图》所注琉球境界经纬度数，是根据1952年2月29日接管琉球之美军司令部所颁布有关琉球领域之第六十八号指令（即《琉球政府章典》第一章第一条），该令详定琉球列岛之地理境界为：

A 北纬28度、东经124度40分。　　B—北纬24度、东经122度。

C 北纬24度、东经133度。　　　　D—北纬27度、东经131度50分。

E 北纬27度、东经128度18分。　　F—北纬28度、东经128度18分。

以上六点，加起来即是包括从北纬24至28度、东经122度至133度之内的琉球列岛。然后又用国际法中有关疆界划分的天文疆界（界线与地图经纬线吻合）、几何疆界（指从边界线上某一固定点到另一固定点划一直线为界）以划定国界之法，将钓鱼岛列屿切入琉球列岛版图

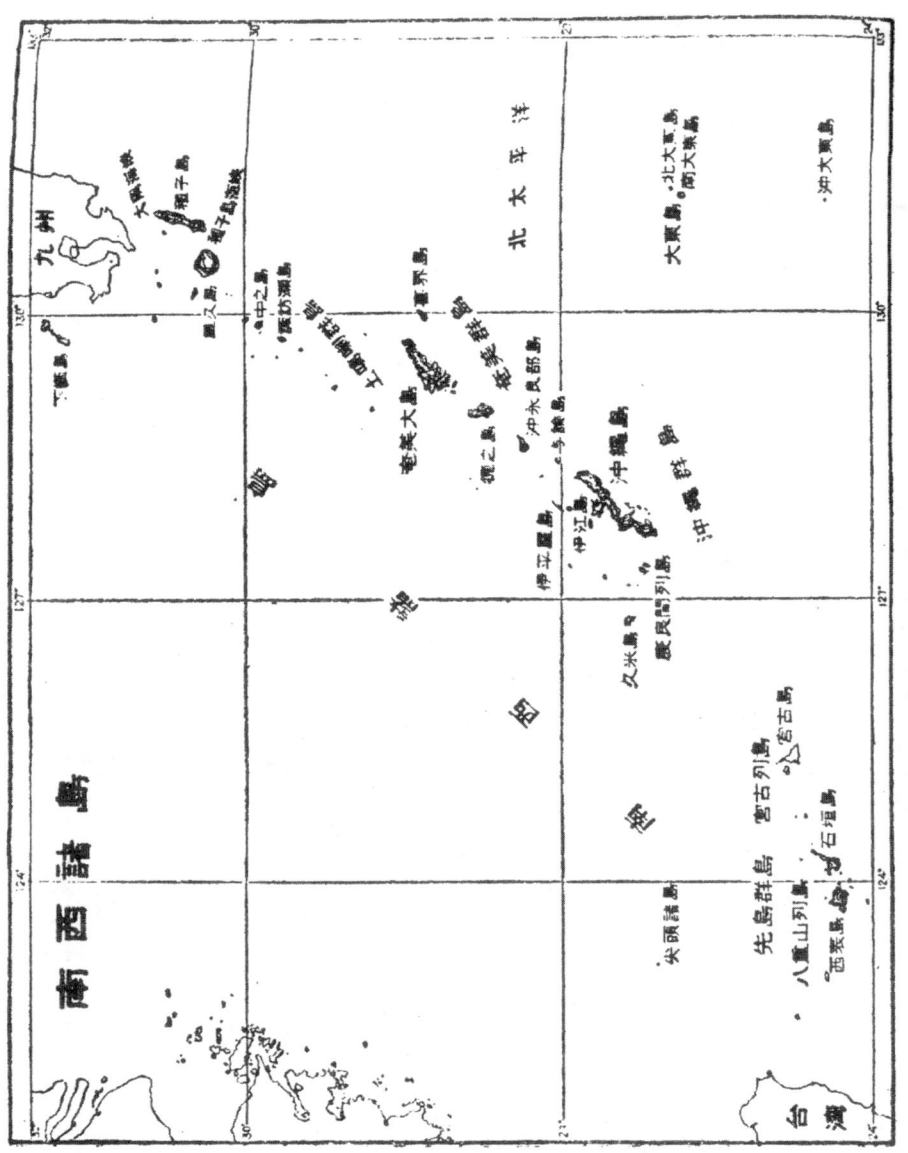

图5-7　1952年9月8日签订的《旧金山和约》规定的南西诸岛范围，是指北纬30度以南的旧琉球王国势力所及范围的所有岛屿，根据琉球王国史籍记载，钓鱼岛列屿从未归属旧琉球王国势力所及范围，故不在条约规定的西南诸岛范围之内。但在日本朝日新闻社年刊《对日平和条约》的解说部分，日人又将钓鱼岛列屿（尖头诸岛）擅自划入南西诸岛版图

239

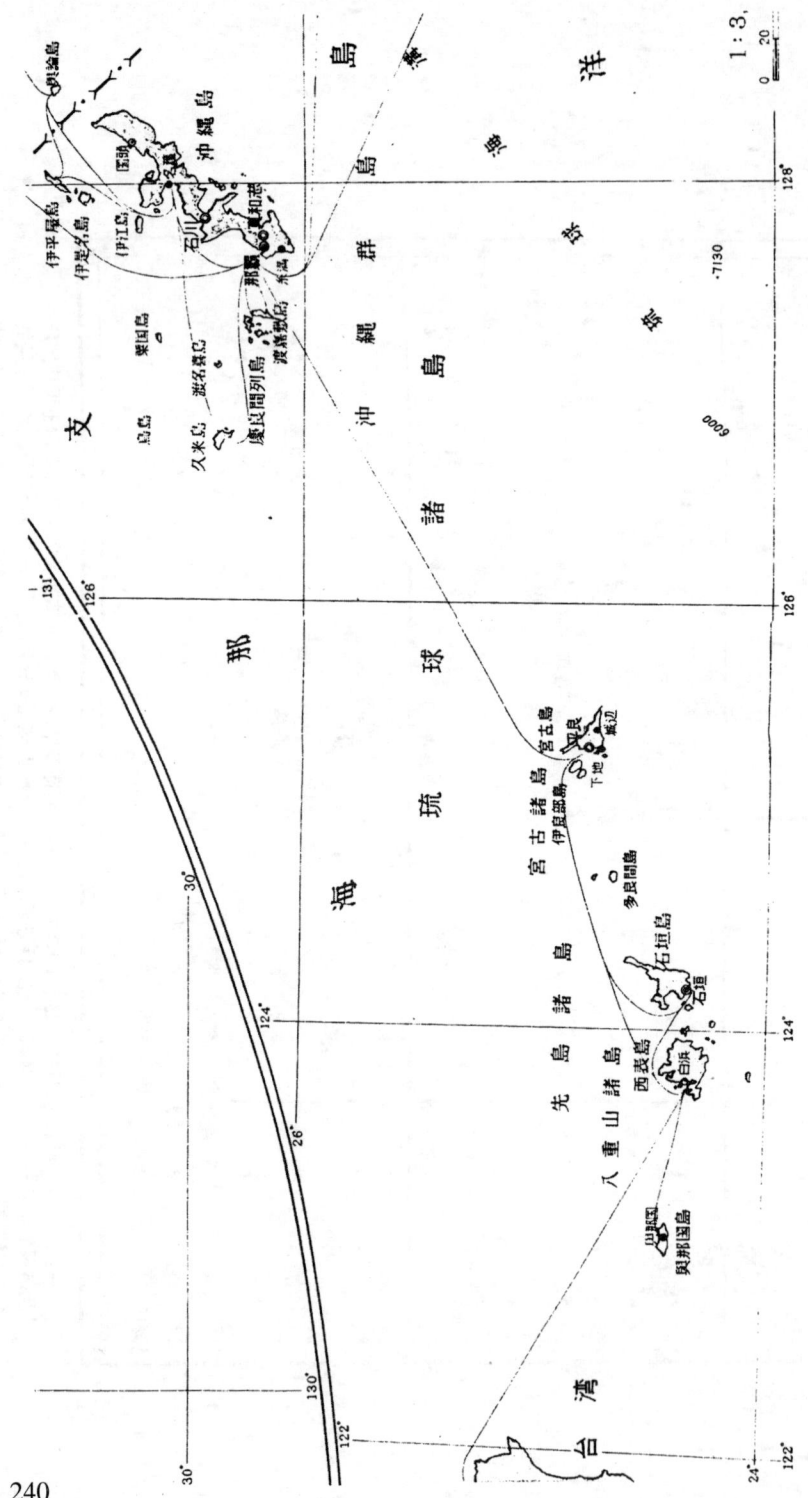

图5-8 日本近年出版的冲绳地图，有些亦没有将钓鱼岛列屿（日称"尖阁群岛"）划入南西诸岛的版图，这幅地图便是其中之一。原图出自《新修日本地图》（日本地图）（日本地图学会编著，日地出版株式会社1956年出版）

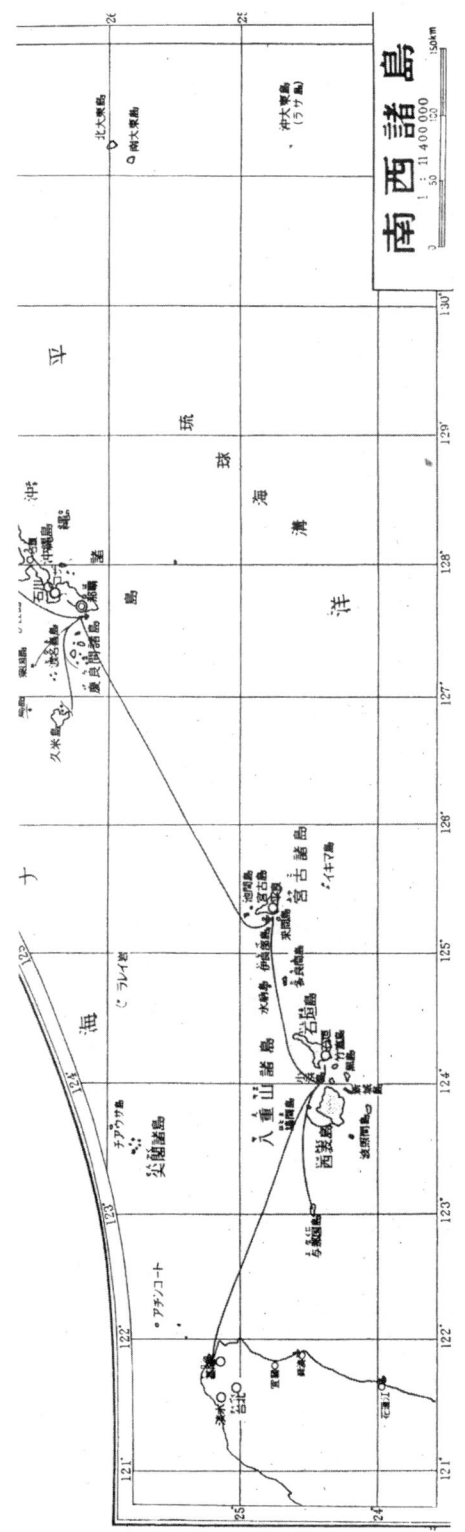

图5-9 1958年由东京统正出版的《最新日本全图》之"南西诸岛"部分，在黄尾屿的位置注上"チャウ屿"（即英文 Tiau-su），在赤尾屿的位置则注上"ラレイ岩"（即英文 Raleith Rock），沿用明治二十七年（1894）出版《日本水路志》第二卷记钓鱼岛列岛各岛屿名的旧称

241

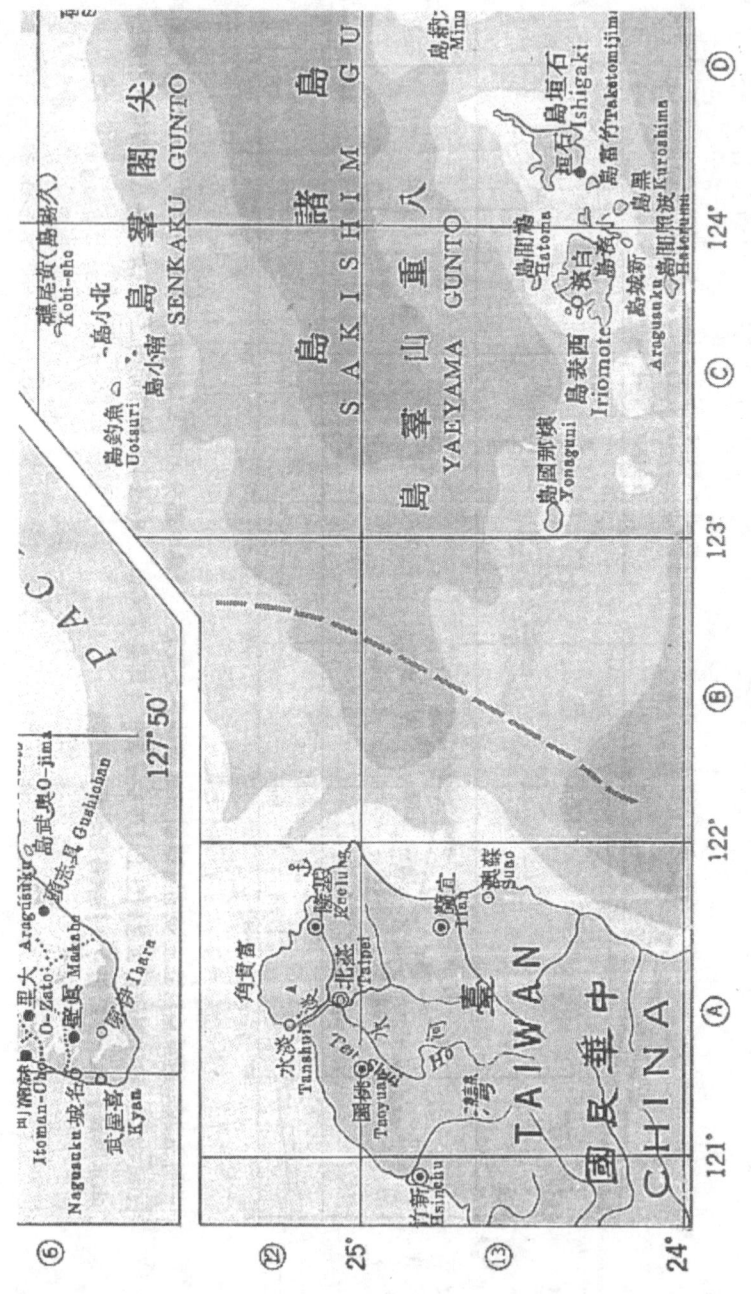

图5-10 张其昀主编、台湾"国防研究院"、中国地学研究所合作出版的《世界地图集》(1965年10月初版) 第一册《东亚诸国》中的《琉球群岛图》,误将钓鱼岛列屿(尖阁群岛) 划入琉球群岛版图

242

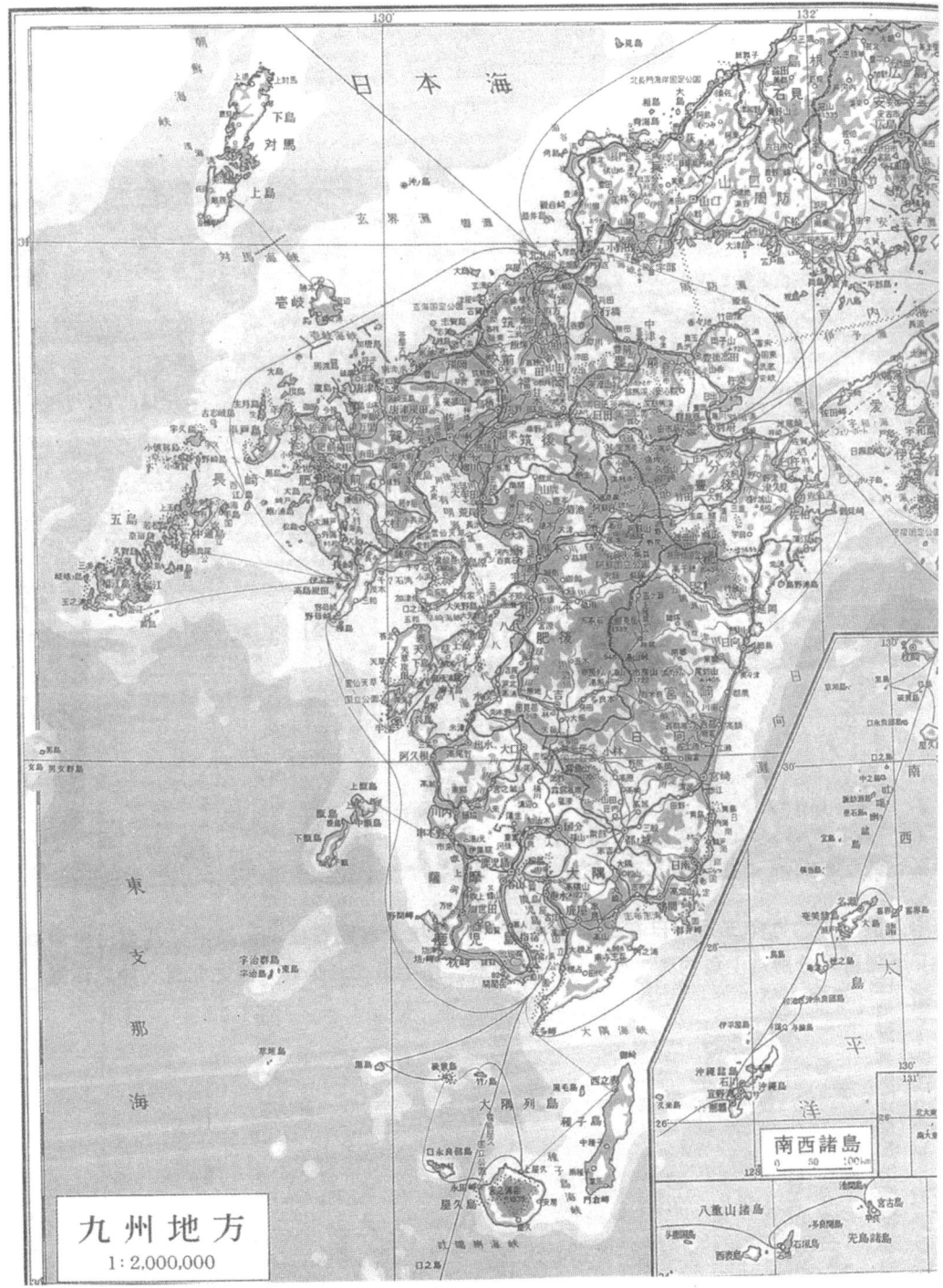

图5-11　1966年由人文社出版的日本总图之"南西诸岛"部分，西南端以久米岛为界、极西南端以与那国岛为界，并未将钓鱼岛列屿收入版图

图5-12 日本人于1969年5月5日在钓鱼岛上竖立的标杭（水泥石柱），其中"八重山尖阁群岛"
下列岛屿分别为：鱼钓岛、久场岛、大正岛、南小岛、北小岛、冲之北岩、冲之南岩、飞濑

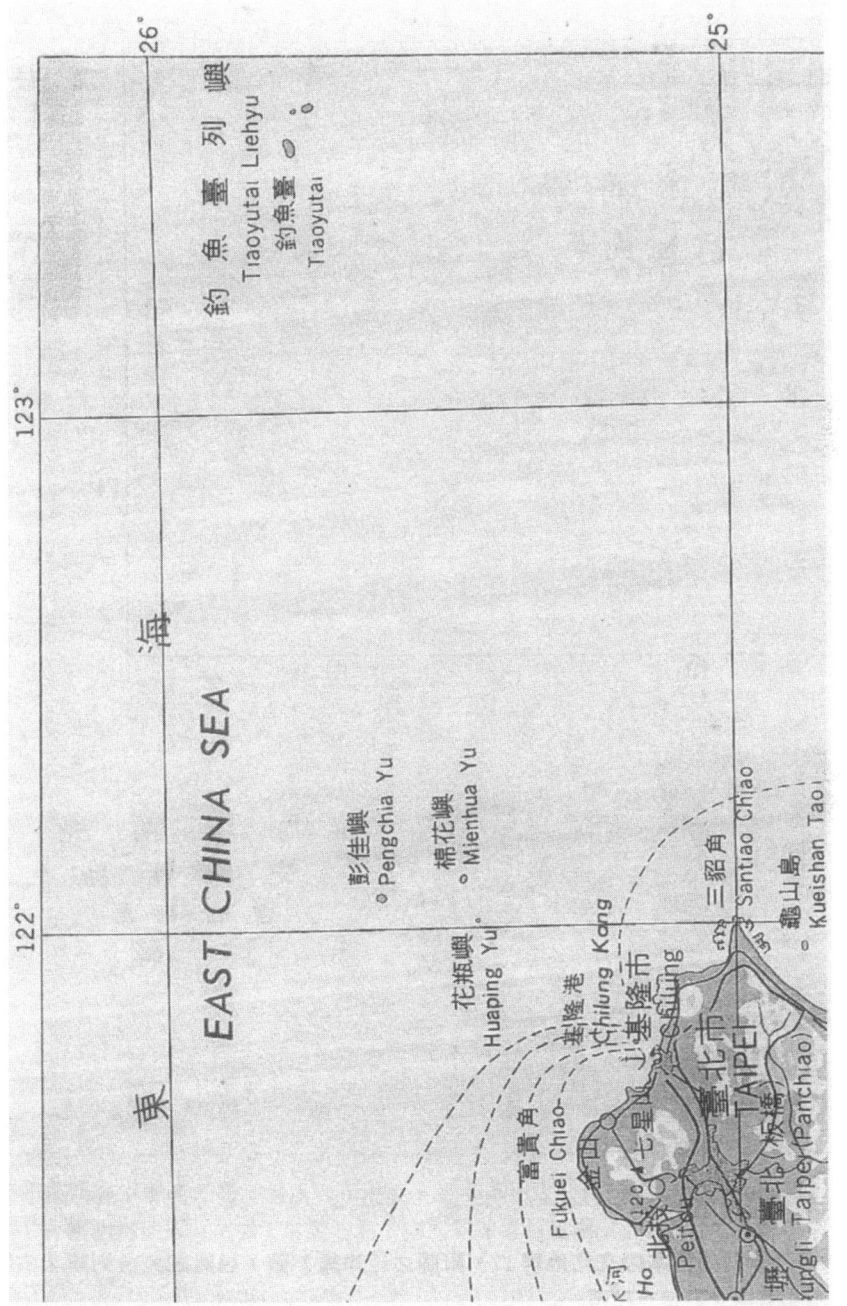

图5-13　这幅由台湾"内政部地政司"编绘出版的《台湾海峡图》(1981)，清楚地将钓鱼岛列屿划入台湾附属岛屿的版图，成为我国领土不可分割的一部分。该图收入《中华民国台湾区地图集》

245

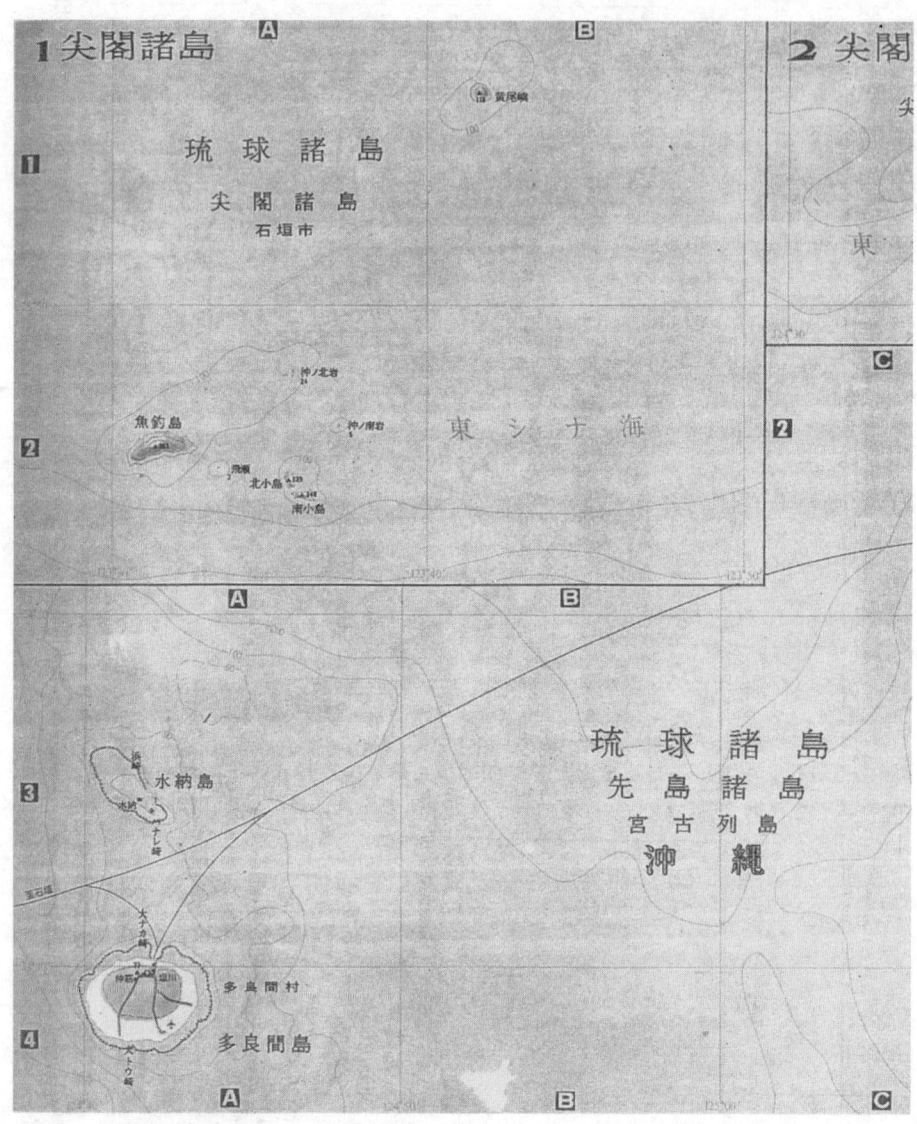

图5-14　1970年由讲谈社出版的《日本的文化地理17》附图之"冲绳"图，已将钓鱼岛列屿（尖阁诸岛）划入八重山群岛之石垣市辖区

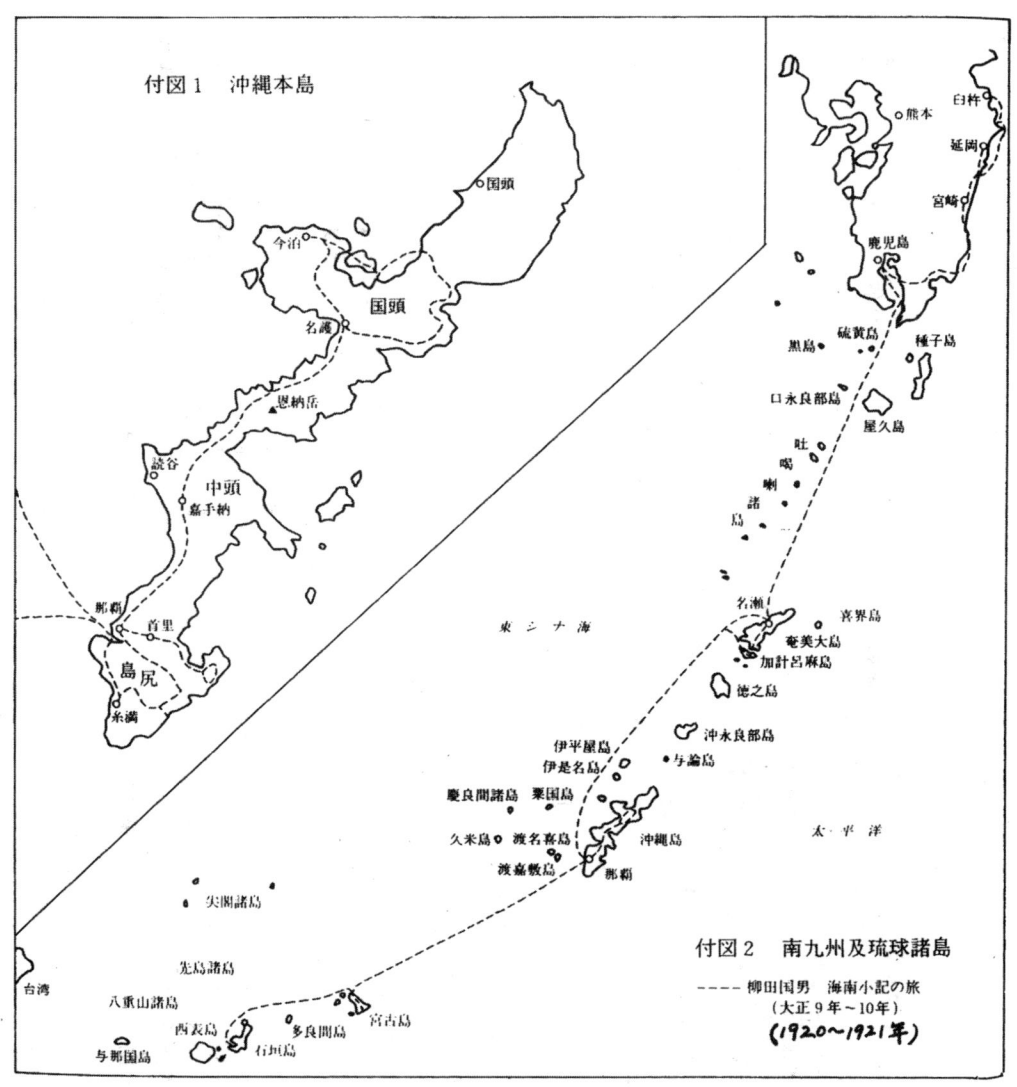

图5-15　1978年日本筑摩书房出版的《明治大正图志》第15册之"九州"部分，附图2之《南九州及琉球诸岛》，明显将钓鱼岛列屿（"尖阁诸岛"）划入琉球群岛范围

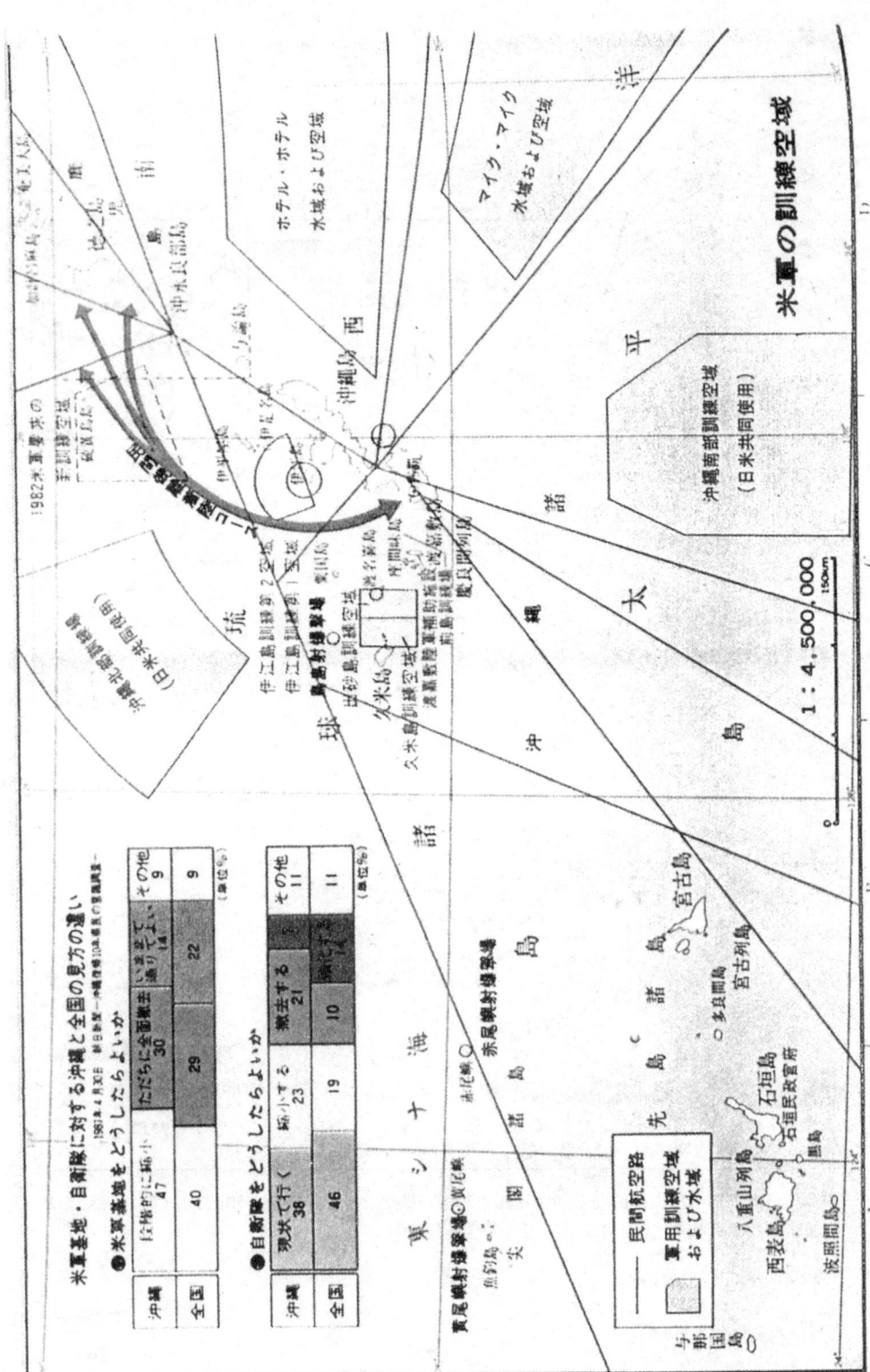

図5-16 美军托管琉球群岛期间 (1952—1972)，擅自将钓鱼岛列屿划入冲绳版图，井将黄尾屿、赤尾屿群为射击和爆破场场所，划入军用训练空域及水域范围。此图采自宫城荣昌编《冲绳历史地图》(东京柏书房1983年版)

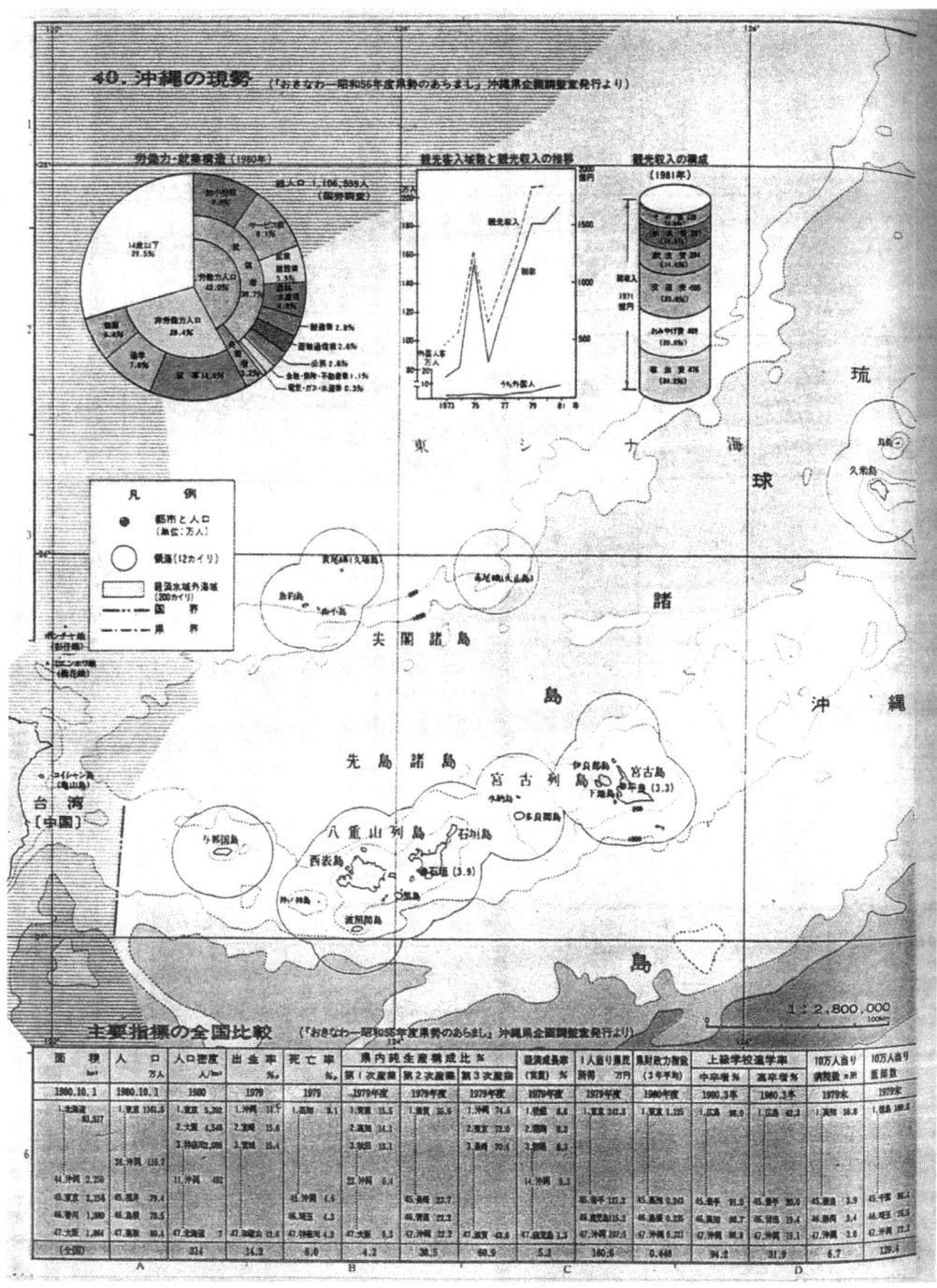

图5-17　1981年由冲绳县计划调整室发行的《冲绳的现状》图，明显将位于东海海槽西边，属东中国海大陆架上的钓鱼岛列屿划入冲绳县版图，并按12海里领海权划定范围。此图采自宫城荣昌编《冲绳历史地图》（东京柏书房1983年版）

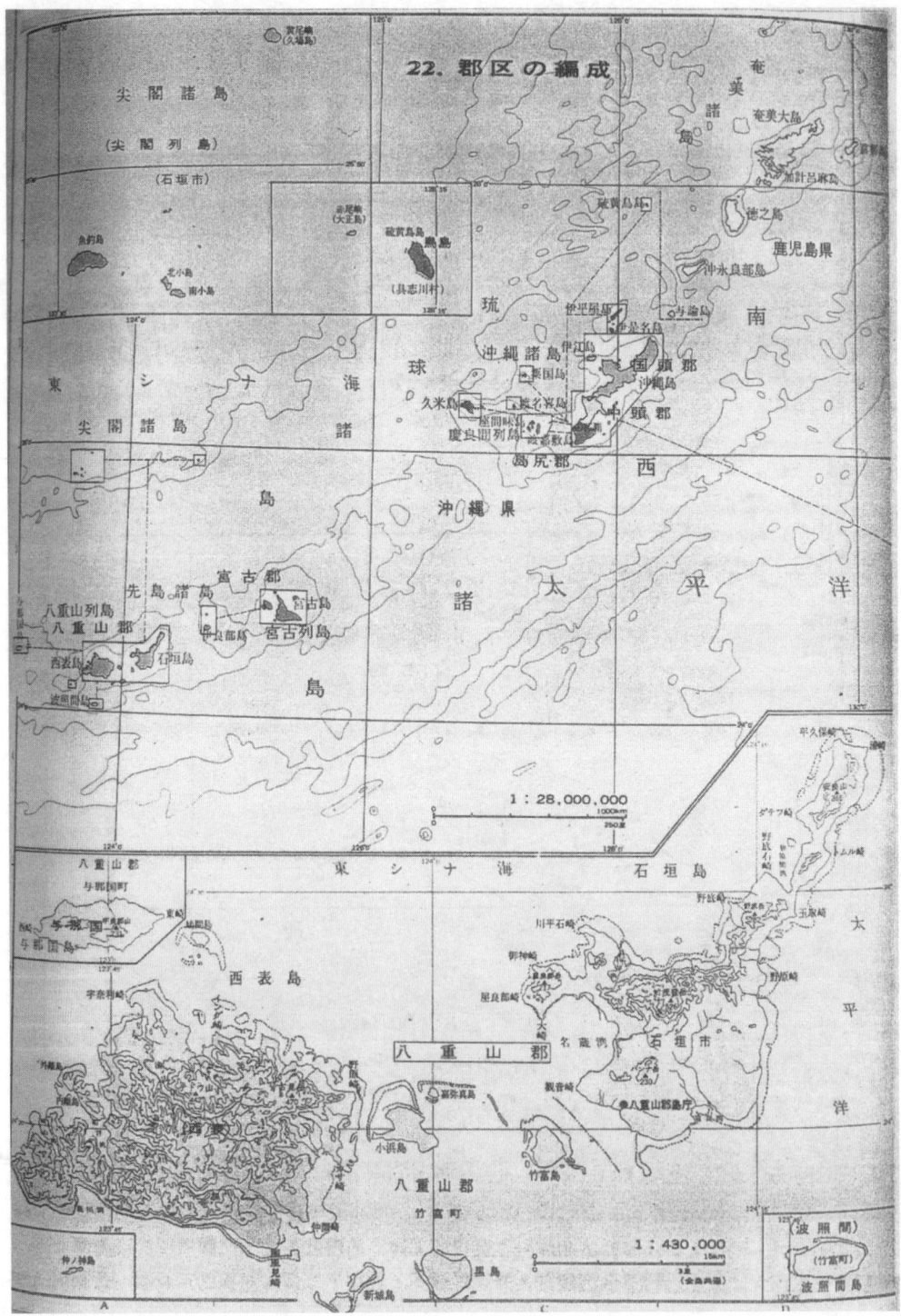

图5-18　日本于1983年出版的《冲绳历史地图》(宫城荣昌编，东京柏书房)之《冲绳县郡区划分图》，明确将钓鱼岛列屿(尖阁诸岛)划入冲绳县八重山郡之管辖范围

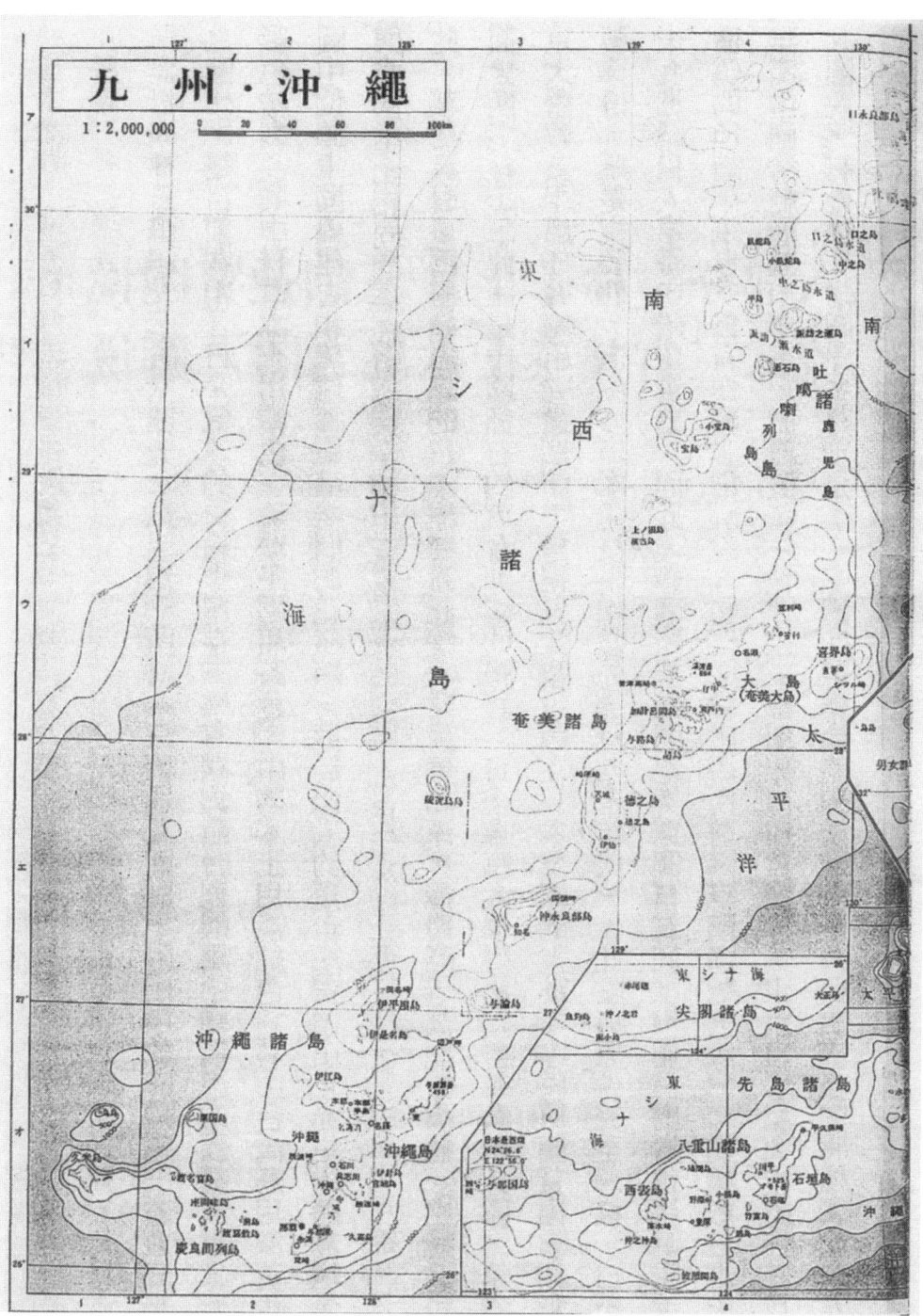

图5-19　这幅由日本国际地学协会1984年编辑出版的《九州岛·冲绳》地图，将钓鱼岛列屿(尖阁群岛)划入先岛群岛之八重山诸岛辖区，该图将黄尾屿的位置标作赤尾礁，而赤尾礁的位置则标作大正岛

第六部分　林子平《三国通览图说·琉球三省并三十六岛之图》解说

　　日人林子平（1738—1793）所绘《三国通览图说》附图中的《琉球三省并三十六岛之图》，是目前在中、日、琉球的史籍中留存下来有关钓鱼岛列屿属中国领土的重要文献。此图用彩色绘制，其中日本本土用紫色、琉球王国用茶色、中国本土用淡红色（其中台湾岛用深黄色）。图中位于中国福建省和琉球那霸港之间的花瓶屿、彭佳山、钓鱼岛、黄尾山、赤尾山诸岛屿，皆用与中国本土相同的淡红色标示，领土意识十分明确，一目了然，无任何牵强附会之可能。正因如此，某些具有军国主义思想的日本学者对此图一向讳莫如深，极力贬低其历史价值。由此亦可从反面证明，林子平此图是中国领有钓鱼岛列屿的铁证。该图现藏日本东京大学附属图书馆（东京都文京区木乡三丁目），笔者在东京大学教养学部任客座研究员期间，曾亲见此图。近在日本友人的帮助下，将原图借出，用彩色复制一份，虽是复制件，但由于日本的技术相当先进，此图与原件完全一样，自不同于 19 世纪日人享香元所仿制者。因此，笔者所据此图应与原图享具同样价值。对于这张具重大历史价值的地图，笔者认为有作较详细解说之必要。

　　林子平所著《三国通览图说》，初版于日本天明五年即中国清乾隆五十年（1785）秋，由东都须原屋市兵卫梓（东京日本桥北室町三丁目）出版。《图说》有五幅"附图"，分别是：《三国通览與地路程全图》、《虾夷国全图》、《朝鲜八道之图》、《无人岛大小八十余之图》、《琉球三省并三十六岛之图》。

《三国通览图说》之《琉球三省并三十六岛之图》用竖 54.8 厘米、横 78.3 厘米的美浓纸绘制，该图中间部分题有"琉球三省并三十六岛之图"，其左下角以小楷署名"仙台林子平图"。图中绘有从福建省的福州到琉球本岛的那霸的两条针路，其中南边的一条由西向东相继标出"花瓶山、彭佳山、钓鱼岛、黄尾山、赤尾山"，旁注有"此海路四十更船，日本道二百四十里"；北边的一条由西向东相继标出"定海所、里麻山、台山、鱼山、凤尾山、南杞山"，旁注有"此海路五十更船，日本道三百里"。这些岛屿皆涂以和中国本土（广东、福建、浙江、南京、山东省）相同的淡红色。

该图右下角（西南角）为台湾群岛图，包括台湾本岛、小琉球、鸡笼山、东沙、澎湖二十六屿等，用深黄色涂绘。

琉球本岛，包括最南端的八重山群岛（共八个岛屿）、宫古群岛（共七个岛屿），最北端的奇界岛，西南端与赤尾山相对的姑米山，皆用茶色涂绘。

该图东北角为日本九州岛，与琉球王国的奇界岛相对的是"卜カラ"岛和横从岛、半岛、中之岛等（统称北九州群岛），皆涂以绿色。

很明显，从图的着色来看，林子平是将中国与琉球王国的边界划定为赤尾山与姑米山之间，此与琉球学者程顺则的《指南广义》所记姑米山乃"琉球西南方界上镇山"[①]的观点一致。在林子平的这幅三国边界图中，各国之间的边界线划分是十分清楚无疑的。就拿琉球王国来说，北以奇界岛与日本为界，西南以姑米山与中国为界，南端则以八重山群岛与台湾为界，领土意识非常明确，不像文章，可因理解者的不同看法而发生争议。

日本的某些别有用心的学者，为达到否定钓鱼岛列屿属于中国之目的，他们不敢正面评价林子平的这幅图（实际上是不敢面对事实），而用文字还原的方法（因文字方有曲解之可能），试图贬低林氏此图的价值和意义。例如，由奥原敏雄插手起草、被日本官方奉为圭臬的琉球政府声明称："《三国通览图说》虽把钓鱼岛、黄尾屿、赤尾屿作为中国领土，但林子平本人也承认，此书蓝本盖出于《中山传信录》。"又说："他的《图说》，是由《中山传信录》内《琉球三十六岛图》和《航海图》拼凑而成。他把《三十六岛图》中未列入琉球领土的钓鱼岛、黄尾屿等，机械地作为中国领土而着色。不过，即使在《传信录》的《航海图》中，也找不出这些岛屿属于中国的证据。"②对于琉球政府这种偷梁换柱力图贬损林子平此图的言论，日本著名历史学家井上清教授批驳说："子平虽说自己所绘《图说》是根据《中山传信录》的地图，但他并不是无批判地原样照抄，子平研究了《中山传信录》及他的时代在琉球研究方面最具权威的新井白石的《琉球国事略》等著作，加上自己的见闻而写成《图说》的本文和地图。而《传信录》的地图，各国之间并无分色，林子平的地图却有分色。"③为了论证林子平所绘地图并非机械地着色，而是对当时各国边界的正确描绘，井上清教授还在京都大学附属图书馆的谷村文库中找到江户时代（与林子平同一时期）的两种彩色摹本《琉球三省并三十六岛之图》。在其中的一幅图中，琉球涂以赤色，中国本土及钓鱼诸岛涂以淡茶色，日本涂以青绿色，台湾、澎湖则涂以黄色。但在另一幅图中，琉球是黄色，中国本土和钓鱼诸岛是淡红色，台湾是灰色，而日本则涂以绿色④。将以上三幅图相比较，明显可以看出，江户时代的日本人都是把钓鱼岛列屿看作是中国的领土，这并非偶然，而是当时的历史事实。由此亦可证明，林子平的地图将钓鱼岛列屿划归中国领土，在日本已获得朝野人士的普遍认同和共识。此外，日本文化七年（1811）春，由咏归斋主人山田联校修，温其轩藏版的《地球舆地全图》，是日本人绘制的一幅现代地图，该图的"小东洋"部分，绘有"支那海"（中国海）沿岸各岛屿，其中福建与琉球中间南边绘有花瓶山、彭佳山、钓鱼岛、黄尾屿、赤尾屿。明确地将钓鱼岛列屿标示为中国领地。这幅现代地图基本上是参酌林子平图而绘，表明19世纪日本的地理学家亦认可林子平图。

　　林子平的《三国通览图说》不仅在当时的日本广为流传，出现多种摹写本，同时也引起国际间的重视，1832年，法国的著名东方学者M. J. Klaproth将该《图说》译成法语在巴黎出版，翻译出的原图也是彩色的，其中钓鱼岛列屿等五个小岛也与中国本土一样标为红色，而琉球则标为黄色⑤。钓鱼岛列屿为中国领土一事，对于西洋人来说也是很清楚的。

　　中国人对林子平《三国通览图说》的了解和介绍，最早见诸清廷首届驻日使馆参赞黄遵宪的《人境卢诗草》，该《诗草》卷三之《近世爱国志士歌》（约作于1878—1882年）有歌咏林子平诗云："拍枕海潮来，勿再闭关眠。日本桥头水，直按龙动天。"该诗自注："林子平，仙台人。好游。屡至长崎。接西人，考外事。尝谓自江户日本桥抵于欧罗巴列国，一水相通。彼驾巨舰，履大海如平地，视异域如比邻，而我不知备，可谓危矣。著《三国兵谈》及《三国通览》二书。欲合日本全国为一大城。幕府命毁其板，锢诸其藩。"⑥随后，黄遵宪又在所著《日本国志》卷七之《邻交志四》中补充说："子平少倜傥有大志，尝敝衣菲食，蹑高屐、冒寒暑、凌危险，跋涉千里，诸国山川要害，莫不谙知，最留意海防……当德川氏承平之际，欧洲诸国无事之时，而有林子平其人，悉外情，议防海，可谓眼大如箕矣。"⑦可见林子平所著《三国通览图说》等书，并非儒者坐而论道之作，而是经过亲身调查考察所得。又因子平是书乃为海防筹边之目的而作，所绘三国边界地图必须格外精确无误，方能供当局作军事防务之参考。因此，林子平的《三国通览图说》的价值及其重要性是无可争议的。

注释：

① 据井上清的考证，《指南广义》这句话乃为《中山传信录》的作者徐葆光所加的注解。参见《历史学研究》1972 年 2 月号。

② 琉球政府《尖阁列岛の领土权について》，1970 年 9 月 17 日。参见吴天颖著《甲午战前钓鱼列屿归属考》第 64 页，社会科学文献出版社 1994 年版。

③ 井上清《"尖阁"列岛——钓鱼诸岛の史的解明》第 44－45 页，日本现代评论社 1972 年 10 月版。

④ 井上清前揭书第 46－48 页。

⑤ 丘宏达《日本对于钓鱼岛列屿主权问题的论据分析》，见《钓鱼台——中国的领土！》，明报出版社 1996 年版。

⑥ 钱仲联《人境庐诗草笺注》，上海古籍出版社 1981 年版。

⑦ 黄遵宪《日本国志》，光绪十六年羊城富文斋刊刻本。

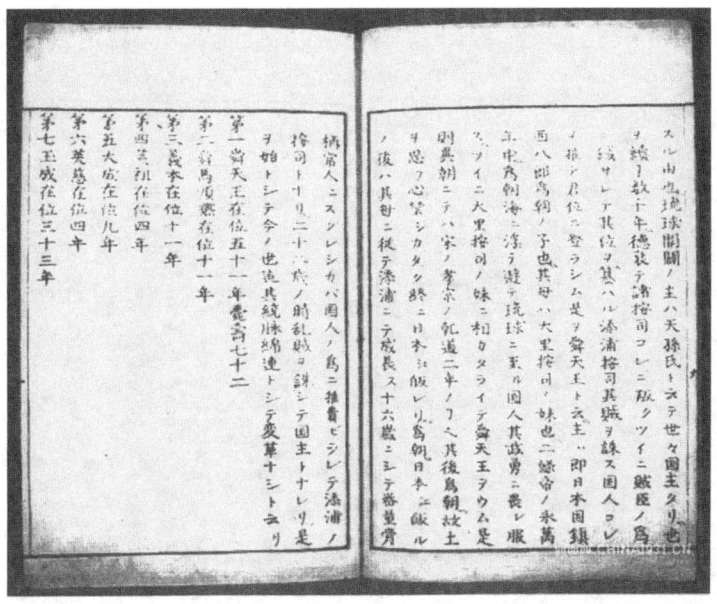

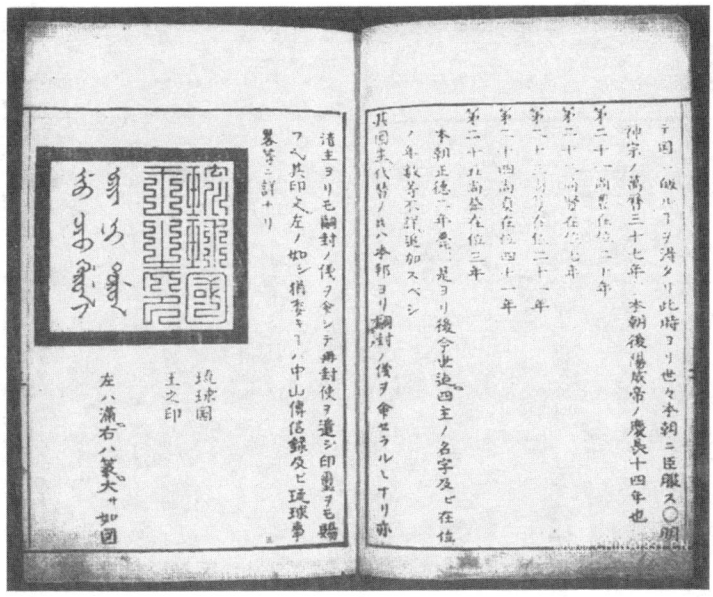

图6-1　林子平著《三国通览图说》之《琉球略说》部分（1785）

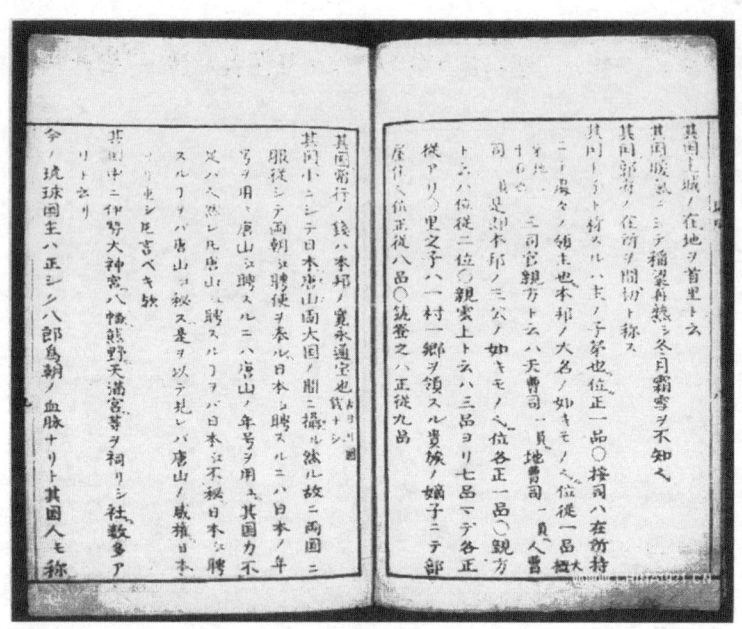

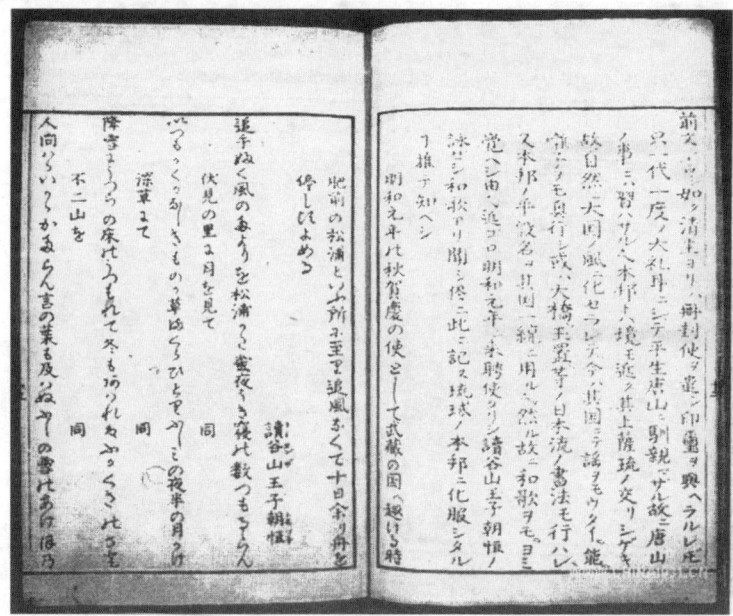

图6-2　林子平著《三国通览图说》之《琉球略说》部分（1785）

简短的结论

自从 20 世纪 70 年代初中日钓鱼岛事起以来，日本声称拥有钓鱼岛列屿主权的论据，大都出自 1970 年 9 月 17 日由琉球政府官方名义发表的《关于尖阁列岛的领土权》声明。之后，日本外务省根据该"声明"的精神，于 1972 年 3 月 8 日发表"尖阁列岛分明是日本领土"的官式见解，坚称钓鱼岛列屿领土权归属日本。"声明"和"见解"出笼后，成为日本历次官方发言人用与中国交涉钓鱼岛主权的依据。因此，欲明中日钓鱼岛之争，首先必须弄清楚日方的主张和论据。然而，尽管日方在申述自己的主张时提出许多理由和"证据"，但大致可归结为两点：一是无主地先占法，二是经纬线划分法。现将其略作分析如下。

一、无主地先占法

日本最初提出拥有钓鱼岛列屿领土权的理由是，该列屿在 19 世纪 80 年代之前为无人岛即无主地，然后经日本"发现"（discovery）并划入版图。其证据有四：

（1）根据日人古贺辰四郎在明治十七年（1884）前后的踏访报告，知为无人岛。

（2）明治十八年九月二十二日，政府派遣"出云丸"前往实地调查，发现并无清朝管辖形迹，于是确定为"无主地"。

（3）提交阁议讨论通过，由内阁密令冲绳县知事建立国家标志。

（4）明治二十九年（1896）发布第十三号敕令，完成国内法上的编入措施，正式划入版图。

日方的四条"证据"一环扣一环，似乎颇合逻辑。但问题出在19世纪80年代以前，钓鱼岛列屿是否属于"无土地"上。因为要适合国际法上的"先占"原则，必须是"无主地"。而国际法定义的"无主地"，是指尚未被人以国家名义占有的土地。无人岛不等于无主地；无主地不必是无人岛，如有土著居住，而为国际社会尚未承认为国家者，一样视为无主地。日方在此把钓鱼岛列屿定义为"无主地"，其一是将无人岛等同于"无主地"，其二是"发现并无清朝管辖的形迹"（即建立国家标志如地界之类）。

针对日方的"无主地"定义，中方提出反驳，其证据有三：

（1）钓鱼岛列屿为中国人最早发现、命名和使用（见1403年成书的《顺风相送》），这已构成国际法上的"原始权利"（inchoate title）。

（2）钓鱼岛列屿早在明代已划入中国行政管制区域（见1562年出版的《筹海图编》），这已适合国际法中关于海岸国的主权是一种"管制"（control）的定义，即已构成对钓鱼岛列屿的领有主权。

（3）中国对钓鱼岛列屿的领土权在19世纪80年代以前已被国际公认，有日本、法国、英国、美国、西班牙等国家出版的地图为证。

根据以上三条理由，日方的"无主地"定义不能成立。

二、经纬线划分法

日本提出拥有钓鱼岛列屿领土权的另一理由是，该列屿在日本的经纬度内。其证据是美国琉球民政府于 1953 年 12 月 25 日发布的《琉球列岛的地理境界》（即第二十七号命令），所划定的范围包括从北纬 24 度至 28 度、东经 122 度至 133 度之内的琉球群岛，而钓鱼岛、黄尾屿、赤尾屿正好在此经纬度范围内。因此，日本政府宣称钓鱼岛列屿无疑属日本领土不可分割的部分。

查日方的经纬线划分法，是根据国际法及国际间有关两国边界划分的惯例，一般有四条标准：

（1）地文疆界。一般以自然地理实体作划界标准。

（2）天文疆界。界线与地图经纬线吻合。

（3）几何疆界。指从边界线上某一固定点到另一固定点划一直线为界。

（4）人类地理疆界。如民族疆界依民族分布划分，宗教疆界按居民宗教信仰区确认，强权疆界由战争和实力确定等。

根据以上四条标准，日方的论据适合上述天文疆界及几何疆界的划分法，即先划定经纬度范围，然后用几何法切割之。这种划分法似乎也适合国际间的某些标准，但它忽视了最重要的一条，即上述第一项的地文疆界法。这条疆界划分法乃是根据自然和历史的形成作为基准。据此，中方对日方的经纬线划分法提出反驳，理由有四：

（1）中琉两国边境早有地方分界。从中国方面看，地界是赤尾屿；从琉球方面看，地界是姑米山（见陈侃、郭汝霖的《使琉球录》）。

（2）位于赤尾屿和古米山之间，水深达 2700 米的东海海槽即是中琉两国自然形成的边境分界（见汪楫《使琉球杂录》）。

（3）从地理、地质构造来看，钓鱼岛列屿属东中国浅海大陆架，与隔着东海海槽的琉球列岛自然分离。钓鱼岛列屿属台湾北部大屯山火山带，琉球列岛则属于雾岛火山带。钓鱼岛列屿不属于琉球领土范围。

（4）旧琉球王国的官方历史文献从来没有将钓鱼岛列屿划入领土版图，明治初期琉球废藩置县时划定的冲绳版图经纬度内，亦不包括钓鱼岛列屿。直至 20 世纪 70 年代初，日本官方才解释为包括钓鱼岛列屿。

根据以上四点理由，日方按经纬线划分法将钓鱼岛列屿划入版图，在国际法上无法律效力。

如将中日两方论据综合起来分析，日方的"无主地先占法"已不能成立，日本官方自去年以来的声明亦不再强调，被他们反复强调的是"经纬线划分法"，则坚称钓鱼岛列屿是日本领土不可分割的一部分，而事实上钓鱼岛列屿是在 1953 年美国琉球民政府划定的经纬线内，并且在其有效控制之下。对此，中方必须从历史文献、地理和地质构造以及国际法理的整体分析，方能有效推翻日方的"经纬线划分法"，赢得国际舆论的支持。

就目前的国际法标准来看，中国对钓鱼岛列屿所拥有的两项权利是无可剥夺的：

（1）因发现、命名、使用而取得的"原始权利"（inchoate title）。

（2）根据《联合国海洋法公约》规定："海岸国有行使发掘大陆架与利用其天然资源之主权权利（sovereign rights）"而取得的"主权权利"。

以上两项权利已构成对日方所持"经纬线划分法"的本质性否定。据此，笔者仅向中国政府提出解决钓鱼岛问题的三点建议。

三、解决钓鱼岛列屿问题的三点建议

第一步，收回原始权利（inchoate title）。 钓鱼岛列屿最早是由中国人发现、命名和使用的。据史籍记载，自从 1403 年至 1969 年这五百多年间，中国人民自由来往于钓鱼岛列屿，视为家常便饭，并且留下大量文字记录。近四十多来，日本政府突然宣布钓鱼岛列屿为其治下领土，不许中国人自由往来钓鱼岛列屿，剥夺了中国人民五百多年来自由来往钓鱼岛列屿的权利，这不但违反国际公法，而且违背人类公理。日本政府的这种行为，既是对中国人民人格的侮辱，也是对中国国格的践踏。因此，中国应循外交途径收回钓鱼岛列屿的原始权利，恢复中国人民五百多年间往来钓鱼岛列屿的自由，禁止日方一切损害钓鱼岛列屿损害领土主权和海洋权益的活动。这完全是合乎人类公理的正当要求。

第二步，中国作为对钓鱼岛列屿拥有主权的国家，应积极行使主权权利（sovereign rights）。美国总统杜鲁门（Harry S. Truman）于 1945 年 9 月 28 日发表的有关大陆架的一项声明指出："美国政府认为大陆架之底土及海床所有天然资源，由土地连接国家行使管辖权，是合理及公正的。"[1]根据该项声明精神，联合国海洋法会议于 1958 年通过了《大陆架公约》（Convention on the Continental Shelf）[2]，其中第二条规定："海岸国有行使发掘大陆架与利用其天然资源之主权权利。"而 1982 年的《联合国海洋法公约》更进一步作出明确规定，因此中国作为拥有钓鱼岛列屿主权的海岸国，毫无疑问拥有钓鱼岛列屿天然资源的主权权利。中国应积极行使这项主权权利，发掘和利用钓鱼岛列屿的天然资源，这完全是合乎国际公法的。

第三步，解决领土主权纷争。中国应该积极运用调查研究获得的历史文献、地理及地质构造的实据、国际法理，循外交途径与日本政府谈判，或可考虑交国际法庭仲裁，使钓鱼岛列屿领土主权纷争获得最终的解决。

注释：

[1] 声明全文见 American Journal of International Law，Vol. 40（1946），Supp. p. 47。

[2] 公约全文见 United Nations Document，A/C ONF，13/L. 55；American Journal of International Law，Vol. 52（1958），p. 858 – 862。

附录一

"钓鱼岛研究" 专著评介

一、井上清《"尖阁"列岛——钓鱼诸岛的历史剖析》评介

日本京都大学名誉教授井上清，于 1996 年 10 月 10 日出版的《"尖阁"列岛——钓鱼诸岛的历史剖析》一书（东京第三书馆出版），是笔者所见到目前为止有关钓鱼岛列屿历史研究中较系统、较深入的专著。著者通过对琉球列岛的亲身考察和广泛查阅日本、琉球、中国的有关史料以及英国海军档案，指出钓鱼岛列屿自古至今都是中国的领土，而不属旧琉球王国的势力所及范围，更不是日本的领土，该书引据大量史实，驳斥日本朝野为侵夺中国领土钓鱼岛列屿而附会的各种观点及侵略行径，指斥日本右翼分子在钓鱼岛建灯塔的行为实际是军国主义的复活及其对中国采取的严重挑衅。著者一再呼吁日本有识之士应该起来阻止日本军国主义者煽动虚伪的爱国主义，提出"反对侵夺钓鱼诸岛是当前反军国主义的焦点"的主张。

《"尖阁"列岛——钓鱼诸岛的历史剖析》（以下简称《钓鱼诸岛》）一书共十五章，内容如下：

1. 为何再论钓鱼台诸岛问题

2. 日本政府等故意无视历史

3. 钓鱼诸岛明代以来即为中国领土

4. 清代记录中也确认是中国领土

5. 日本先觉者也明记是中国领土

6. 驳"无主地先占法理"说

7. 琉球人与钓鱼诸岛关系淡薄

8. 所谓"尖阁列岛"无一定之岛名和区域

9. 天皇制军国主义的"琉球处置"和钓鱼诸岛

10. 中日甲午战争时日本确定独占琉球

11. 天皇政府觊觎侵夺钓鱼岛群岛有九年之久

12. 甲午战争时日本偷盗钓鱼诸岛并公然夺取台湾

13. 日本领有"尖阁"列岛在国际法上亦属无效

14. 反对侵夺钓鱼诸岛是当前反军国主义的焦点

15. 补遗

著者在此书《序言》中指出："是书为 1972 年 10 月现代评论社（现已不存在）出版的拙著《'尖阁'列岛——钓鱼诸岛的历史剖析》的第一部分'钓鱼诸岛的历史和主权'之全文，今以同样的书名由第三书馆刊出。收入现代评论社版作为第二部分、以'日本历史中的冲绳'为题的有关冲绳近代史的四篇论文，本书全部删除。"原因是近代冲绳与"尖阁"问题有重要关系者，皆在第一部分所必要之范围内已作了清楚的叙述。井上清氏在解释为什么要重版是书时说："当进入 1996 年之后，日本方面在钓鱼诸岛问题上再兴风浪。7 月间，右翼团体在钓鱼诸岛之一的北小岛上建灯塔，宣示拥有主权。对此，日本政府没有表示禁止。这事引起香港、台湾的中国人之高度愤慨和抗议，中国政府也表示抗议。我认为，这一事件表明已经复活的日本军国主义对中国的严重挑衅。据此，我相信二十四年前的书再度问世，对钓鱼诸岛的历史真相和国际法理的重新阐明仍然具有重大的意义。"（《序言》）很明显，是书乃为阻止日本军国主义复活的危险性进一步发展而作。井上清氏还在《序言》中表示遗憾：是书自 1972 年出版以来，"在报纸和杂志上却没有看到中国学者或评论家的书评"。有感于此,笔者不揣浅陋,尝试对该书作一较详细的评介(文中标题为笔者所加)。

(一) 钓鱼诸岛问题概述

井上清氏自谓于 1971 年 11 月首次前往琉球(今冲绳)旅行,在冲绳友人的帮助下,获得许多有关"尖阁列岛"(钓鱼诸岛)的资料、文献。其中最大收获是:"确认所谓'尖阁列岛'的任何一岛均未为琉球所领有过。不仅如此,我还获知这些岛屿,原来是中国的领土。日本之所以领有该岛屿是 1895 年中日甲午战争胜利时的事情。在日本,这些岛屿所以称为'尖阁列岛',不过是 1900 年(明治三十三年)根据冲绳县师范学校教谕黑岩恒之命名而来。"同时又说:如果钓鱼岛列屿真的是中日甲午战争时日本夺自中国的地方,那么,"则在第二次世界大战时,日本无条件接受包括中国在内的联合国对日《波茨坦公告》开始,根据该宣言的领土条款即应自动归还中国。目前该列岛仍为日本所领有,这是否即是意味着帝国主义的复活呢?"(原书第 10 页)

井上清氏批评日本政府在钓鱼岛问题上制造事端时指出:"自古以来,反动的统治者常以捏造领土问题,来煽动人民从事虚假的爱国主义之狂热。已经复活的日本帝国主义,也是想以贯彻'尖阁列岛'的'领有',把日本人民卷入军国主义的旋涡中。"对于日本政府侵夺钓鱼岛列屿之目的,井上清氏指出:"这列岛不仅在经济上,即在军事上也非常重要。如在此设置军事基地,则犹如把枪口指在中国的鼻尖上。"因此,日本政府在 1972 年 5 月 15 日美帝国主义将之"归还"日本的同时,即已决定将其划入防空识别圈内,而且说准备在此列屿中最大的钓鱼岛(日本称鱼钓岛)上设置雷达基地。所以,"日本政府决定自 5 月 15 日以后,若台湾或其他中国人至此海

269

域，概依违反出入境管理法，强制其离开。更甚者，若上陆从事建筑等事，则运用刑法上的不动产侵夺罪，当由海上保安部和警察加以取缔。"（《每日新闻》1972 年 5 月 13 日）由此可见，日本政府俨然已将钓鱼岛列屿视为自己的领土，表明旧日的军国主义死灰复燃，再度萌发对外扩张侵略的野心。对此，井上先生呼吁："目前刻不容缓的重要事情是将有关该列屿的历史事实和国际法理加以究明，为追求亚洲的和平，从事反对军国主义而奋斗。"（原书第 10 – 12 页）

针对日本学者和日本政府将钓鱼岛列屿说成"无主地"加以占领的立场，井上清氏严正批驳说："钓鱼诸岛并非无主地，自古即为中国之领土，现在中国亦主张其领土主权。对于这种主张，既无法提出具有科学性和具体性的历史解释来反驳，而只是用强词夺理加以否定，欲将日本的领有造成既成事实，这显然是日本帝国主义为侵略外国领土和煽动虚假爱国主义的开始。对于关系日本人民未来命运的此种事实，非得勇敢地作真实的报道不可。"（原书第 14 页）

基于上述原因，井上清氏阐明他写此书之主要目的有二：

第一，是确认钓鱼岛列屿历来皆非无主地而是中国领土之事实。在前次的拙论中（指《关于钓鱼列岛的历史和归属问题》一文，载《历史学研究》1972 年 2 月号——郑注），虽然叙述的方式并不十分肯定，但在基本问题上相信已达成此种确认。这次更加上一些有力的史料，整理叙述，较之前次相信将更清楚地说明此种事实。

第二，是剖析日本领有此地的经过和情形。这一部分在前次的拙论中极不充分。这次则根据当年政府的公文书，详细说明日本何以乘着中日甲午战争的胜利加以掠夺而领有的事实。前论虽然将此种掠夺行为与中日甲午战争时日本的胜利放在一起讨论并没有错，可是更进而把它与中日和约（《马关条约》）第二条直接联系在一起，而认为台湾及其附属诸岛的侵夺也包括钓鱼诸岛在内，此种说法已不对。正确而言，台湾与澎湖是日本根据《马关条约》第二条公然抢夺而来，但钓鱼诸岛则是无任何条约之根据，乘着战胜清廷之机，瞒着中国和世界其他国家的耳目窃取而来的（参看原书第 16 - 17页）。

（二）对日本政府声称拥有钓鱼诸岛主权之反驳

日本公开声称拥有钓鱼岛列屿领土主权是在 1970 年 8 月 31 日，美国琉球民政府监督下的琉球政府立法院有所谓《有关尖阁列岛领土防卫的请求决议》。这是日本方面最初公开主张其领土主权，其根据是说："原来尖阁列岛是属于八重山石垣市宇登野城的行政区划，战前住在该市的古贺商店即在岛上经营伐木事业和渔业，故有关该岛之领土权实无置疑之余地。"对此，井上清氏认为："以上所述并未说明日本领有的根据。"（原书第 18 页）

继琉球立法院上述所谓"决议"之后，琉球政府又于同年 9 月 10 日发出所谓《有关尖阁列岛之领有权及大陆架资源开发权的主张》，进而复于 9 月 17 日发表了《关于尖阁列岛之领土权》的声明。在这个声明中，琉球政府对主张该列岛之领土主权的根据作了系统的说明。该声明首先根据 1953 年 12 月 25 日接管琉球列岛的美国民政府布告第二十七号，说明尖阁列岛包括在美国民政府和琉球政府的管辖区域内，其内容如下：

（1）这些岛屿在 14 世纪后半叶时，中国人即知道其存在，中国皇帝承认琉球国王的王位，为赐予冠服，所派遣的使节——册封使往来于中国福州和琉球那霸的记录，例如《中山传信录》与《琉球国志略》等，均见有这些岛屿的名称，而且琉球人所写的《指南广义》附图和《琉球国中山世鉴》，也见有这些岛屿的名称。但是，"14 世纪以来，言及尖阁列岛的琉球和中国的文献没有一个曾经表明尖阁列岛是自己国家的领土。这些文献全部是为了作航路上之标识，而只是在航海日志和航路图上，或在抒发旅情的汉诗中，为方便起见而提到尖阁列岛之岛屿名称而已。至于日本本土的文献，则有林子平的《三国通览图说》，其中将钓鱼岛、黄尾屿、赤尾屿（所谓尖阁列岛的各岛——井上）标为中国领土。但《三国通览图说》所依据的原典，据林子平自己说是《中山传信录》，这是明白无疑的。他把《传信录》中的琉球三十六岛图与航海图合而为一，作成三国通览图说。该三十六岛图内没有记载钓鱼岛、黄尾屿等为琉球领土，却机械地作中国领有的分色。但从传信录的航海图，也看不出有任何表示这些岛屿为中国领土的证据。"总而言之，该列岛"在明治二十八年（1895）以前，是不属于任何国家的领土，换句话说，就是国际法上的无主地"。

（2）"明治十二年（1879）冲绳实施县政，刊行于明治十四年、明治十六年修订的内务省地理局编纂之《大日本府县分割图》内，尖阁列岛（尖阁群岛之误——井上）已出现，但没附岛屿名称。"至此时此地尚为无人岛，明治十七年起，古贺辰四郎开始在该地从事信天翁之羽毛及海产物的采集事业。"为应如此事态之转变，冲绳县知事乃于明治十八年九月二十二日，开始向内务卿申请建立国标，同时并呈报由出云丸从事之实地调查。"

（3）继而在1893年（明治二十六年）11月，由冲绳县知事，就同样的理由，向内务省及外务大臣申请该县管辖权和建立标杭，1894年（明治二十七年）12月27日，由内务大臣与外务大臣协议有关提出内阁审议办法，外务大臣也无异议。"如此"翌1895年（明治二十八年）1月14日阁议决定准许冲绳县知事所请建设标杭案。

（4）"续而又根据阁议决定，于明治二十九年四月一日，冲绳县实施敕令第十三号的同时，有将该列岛编入国内法之处置。"（原书第19-21页）

以上即为琉球政府声称拥有钓鱼岛列屿的"事实根据"。诚如井上清氏指出："琉球政府此一声明，初看起来似乎是客观公正地叙述历史的事实，但实际上却有许多严重的歪曲和欺诈，并且故意隐瞒重要的事实。"（原书第21页）对此，井上清氏在下文中一一加以揭露和批驳。

有关钓鱼岛列屿主权问题，日本外务省只提到"尖阁列岛自明治十八年（1885）以降，政府再三从事实地调查，认为该岛不仅是无人岛而已，且慎重确认并无清廷统治所及之痕迹"。而在明治二十八年（1895）一月十四日的内阁会议决定则"有正式编入我国领土之举"。对于外务省的论调，井上先生批评说："此所谓'无清廷统治所及之痕迹'，然而，1885年（明治十八年）冲绳县令等，曾以该地或为中国领有为理由，对于日本直接领有之事表示踌躇。"可见钓鱼岛列屿在1885年以前并非无主地，而且为中国所领有，这在中、琉、日的历史文献中也是有记载的，这点琉球政府也是清楚的（见该政府之声明第一点）。至于日本共产党也提出"尖阁列岛"为无人岛和无主地的见解，以及朝日新闻社提出"尖阁列岛"在琉球和中国的古文书内，只是作为船舶航路的目标而加以记录，并无事实证明该领土之归属等论点，井上清氏指出这些都是"未曾做过任何科学的、具体的历史调查"之妄说（参看原书第22－23页）。接下来，井上清教授运用大量的历史文献证明钓鱼岛列屿自古即为中国领土，并且有力地驳斥了日本朝野声称拥有该列屿主权之种种谬说。

（三）钓鱼诸岛自古即为中国领土斑斑可考

据井上清氏的考证，日本和琉球的史籍中，提到钓鱼岛列屿的有如下几则：

（1）琉球王国执政官向象贤于1650年所著《琉球国中山世鉴》，但该书是抄录自中国册封使陈侃的《使琉球录》。

（2）琉球出身的最大学者、也是地理学者的程顺则于 1708 年所著《指南广义》之"针路条记"一章及附图。该书所述琉球全土的历史、地理、风俗、制度及往返福州与琉球间的航路。"书中载有钓鱼岛等事的'福州往琉球'之航路记，是根据中国的航海书及中国册封使的记录而来。"（原书第 25 页）

（3）日本人林子平著《三国通览图说》（1785 年刊）之附图《琉球三省并三十六岛之图》，但该图是根据中国册封副使徐葆光的《中山传信录》之图而来（对该图的分析研究详后）。

据上所述，日本和琉球史籍中有关钓鱼岛列屿的记载，其知识几乎完全得自中国人及中国书，真正出自日本人和琉球人手笔者可以说完全没有，原因是日本人与琉球人和钓鱼岛列屿关系淡薄，加上航行上风向相逆，琉球人一般是很难接近该列岛的。

与琉球和日本相反，中国方面关于钓鱼岛列屿的文献却很多。其原因有二：一是琉球册封使的航路必须经过该列岛旁边；二是 15、16 世纪的明朝政府要防备倭寇袭扰中国沿海，出于防倭抗倭之目的，必须把东海的地理弄清楚。接着，井上清氏列举中国文献有关钓鱼岛列屿之记载者有如下几则：

（1）被推定为 16 世纪（应作 15 世纪——郑注）写成的《顺风相送》一书，出现有钓鱼岛列屿的名字。

（2）1534 年陈侃的《使琉球录》，记有从福州到那霸经过钓鱼屿、黄毛屿、赤屿等。其中特别值得注意的是，陈录中有关"十一日夕，见古米山，乃属琉球者。夷人歌舞于舟，喜达于家"这段文字。

（3）1562 年册封使郭汝霖所著《重编使琉球录》，其中提到："闰五月初一日，过钓屿。初三日至赤屿焉。赤屿者，界琉球地方山也。再一日之风，即可望姑米山矣。"

对于陈、郭的使录，井上清氏特别提醒人们"不仅要注意其为最早记载钓鱼诸岛之文献，而且更重要的是：陈侃以久米岛'乃属琉球者'之说，郭汝霖关于赤屿为'界琉球地方山也'的记载。这两岛之间，为水深2000多米的海沟，什么岛屿也没有。因此陈录将福州航向那霸时最早到达琉球领地的久米岛，记载为琉球领；郭录把中国东端的岛屿赤尾屿，认为是界分琉球地方之山。很明显地是从不同的角度来说明同一样事情"。继而，井上清氏又引向象贤《琉球国中山世鉴》来反证陈录和郭录的观点，他说："在该书中亦完全采用陈侃的记述，云久米岛为琉球领之境，赤屿以西则非琉球领，表明此事不仅对于当时的中国人，就是琉球人来说也是很清楚的。"据此，井上清氏反驳琉球政府声明中"琉球及中国方面之文献中，没有任何一方表明尖阁列岛是属于本国领土"的观点说："但是，这里却不论'任何一方'的文献，中国方面的不用说，就是琉球的执政官和最大的学者的书也都非常明确地认定钓鱼诸岛不是琉球领土的事实，而且琉球和中国'任何一方'丝毫没有说到该列岛不是中国领土。"（以上引文参看原书第24-29页）

其次，井上清氏指出：日本政府认为钓鱼诸岛本来是无主地的论点，恐怕是受了国士馆大学国际法副教授奥原敏雄在《中国》杂志1971年9月号上发表的《尖阁列岛之领有权与"明报"的论文》等文章的论点影响。奥原认为："陈、郭二使录上面所引用的记述，只说到从久米岛开始为琉球领，即清楚地说明到此为止的钓鱼、黄尾、赤尾等岛屿不是琉球领土。但并没有写明这些岛屿为中国领土。'由于《册封使录》是中国人写的东西，如果确认赤屿为中国领土，便理应明确加以记述'。可是，陈侃和郭汝霖并没有明确记述，是因为不明确的缘故，因此钓鱼诸岛是无主地。"（原书第30-31页）

针对奥原的论点，井上清批驳说："诚然，陈、郭二使对于赤屿以西为中国领土一事'理应'以积极的方式加以明确记述，但即使'理应写下'，若是没有特别的必要，一般的情况还是不写的。因为'理应写下'而未写，便以为他没确认属中国领土从而断定其为无主地，这在逻辑上也是说不通的。"（原书第31页）

继而，井上清氏又列举明朝抗倭名将胡宗宪所编纂之《筹海图编》（有1562年的序文）卷一《沿海山沙图》中"福七"、"福八"所示范围，包括福建省罗源县、宁德县的沿海各岛屿，其中依鸡笼山、彭加山、钓鱼屿、化瓶山、黄尾山、橄榄山、赤屿之顺序由西向东接续。在此图中，钓鱼诸岛被划入福建沿海中国领群岛内，属中国海上防卫区域的范围，这是对奥原等人所谓"钓鱼诸岛是无主地"的最有力的反驳。井上清氏指出："钓鱼诸岛自从为中国人所知，且附以名称的当初起，中国人便以该地为中国领土，此种想法当属无误。"（原书第31-34页）

（4）入清之后，清廷第二次册封使汪楫，在1683年入琉，所撰《使琉球杂录》卷五，明记赤屿与久米岛之间为"中外之界也"。对此，井上清氏作进一步解释说："钓鱼诸岛突出于中国大陆架上的东海南缘，大致成东西向排列。列岛北面是水深200米以内的青色海洋。经南侧稍向南行，突然为水深1000余米至2000米以上的海沟，黑潮经此由西向东流。尤其是赤尾屿附近，其正南面即为深海沟。这些地带海上波涛特别汹涌。而且，浅海的青色和深海的黑潮，在颜色对比上十分鲜明。"书中还提到，有关这道深海沟形成此种海色的对比，在1606年入琉册封使夏子杨（应作"阳"——郑注）的《使琉球录》中已注意到（即"自苍水入黑水"之谓）。此外，汪楫使录中提到的"过郊"（"郊"或作"沟"）、"沟祭"之事，也见于1756年入琉之周煌《琉球国志略》、1800年入琉之李鼎元《使琉球录》及1808年入琉之齐鲲《琉球国志略》。

综合以上各家《使录》所记，井上清氏作出判断，认为汪楫《使录》中所记赤屿与久米岛之间的"中外之界也"一事，"必然是中国航海家一般的认识"。据此，他进一步批驳奥原等人的"赤屿以西是无主地"之说："如此怎么还能说赤屿以西是无主地、中国方面的任何文献均未明记钓鱼诸岛为中国领土呢？"（原书第38页）

（5）1719年入琉册封使徐葆光所著《中山传信录》（此书为徐葆光与琉球大学者程顺则共同研究切磋而成，可信程度极高，出版后不久即传入日本并被翻印），在引用程顺则《指南广义》来说明自福州至那霸的航路时，其中有关姑米山有"琉球西南方界上镇山"之注。据此，井上先生认为："中国人徐葆光（或琉球人程顺则）以久米岛为往来中国和琉球间的国境，而注为'西南方界上镇山'加以说明。这个'界'的一方属中国，与郭汝霖所述'赤屿界琉球地方山'的'界'是相同的。"说明久米岛为中琉国界一事，已为中琉学者所共识。（参看原书第40－41页）

以上所引数据表明，从明朝的陈侃、郭汝霖、胡宗宪及清朝的汪楫、徐葆光、周煌、齐鲲等人的著书（也即中国方面的文献）来考证，中国与琉球的国境，是在赤尾屿和久米岛之间。据此，井上清氏得出结论说："钓鱼诸岛既非琉球领土也非无主地，而是中国领土。至迟在16世纪以来的中国方面的文献中已有清楚的记载。"（原书第42页）

（6）以上中国史料中有关钓鱼诸岛既非琉球领土也非无主地、而属中国领土之结论的正确性，在日本的史料中获得更为清楚的证实，这就是前面提到的林子平《三国通览图说》的"附图"。该图共五张，最初于"天明五年（1785）秋东都须原屋市兵卫梓"出版，为彩色绘制。其中东北隅从日本鹿儿岛湾附近至南方的吐葛剌（トカラ）列岛涂灰绿色。西方自山东省起至广东省的中国本土涂淡红色，台湾与澎湖列岛则涂黄色。从福建省的福州出发，至冲绳本岛那霸之航路，绘有北路和南路两条，南路由东至西接连为花瓶山、彭佳山、钓鱼岛、黄尾山、赤尾山等，这些岛屿全部与中国本土一样涂为淡红色。北路诸岛也与中国本土为同色。

井上清氏在仔细研究林子平此"附图"后指出："从这一幅图可以看出，子平将钓鱼诸岛视为中国领土一事，毫无疑问，一目了然，跟文章不一样，无任何容许牵强附会的余地。"接着又说明林子平的"附图"具有不可抹杀的历史价值："他的琉球图虽是根据《中山传信录》的地图而来，但是他并不是毫无批判地轻信前人。子平研究过《中山传信录》及日本人中研究琉球而成就最高之新井白石的《琉球国事略》，再加上自己的见闻，而写成《图说》的本文和地图。所以在《传信录》的图里，没有依国分色，而林子平却有分色。""子平的分色绝非是'机械性的处理'，……而是为了使国与国之间的位置关系可以一目了然，其附图才特别以彩色绘出。"（原书第44－45页）

林子平此图综合了中、琉、日学者的研究成果，这是有关钓鱼岛列屿属于中国领土的最好说明和最有力的证据。

（四）琉球人、日本人与钓鱼诸岛关系淡薄

根据前述通过对中、琉、日史籍的比较考证，井上清氏指出：目前仅能见到的两部琉球人所著书籍——向象贤《琉球国中山世鉴》和程顺则《指南广义》"这两本书均记载这些岛屿的中国名称，视其为中国领土"。除此之外，琉球人还有关于钓鱼诸岛的一些口碑传说。在这些口碑传说中，琉球人时而将钓鱼岛称为"Yokon"，将黄尾岛称为"Kubashima"，时而又将两者掉转过来称呼，有些琉球人又将钓鱼岛称为"Yigunkubashima"者。总之，

直至 19 世纪末的明治维新以前，琉球人或日本人对钓鱼诸岛还没有一个清楚明确的概念和认识。这些混乱的称谓，"正意味着琉球人跟这两个岛没有密切的关系。"不像中国人，对这些岛名均固定称为"钓鱼"、"黄尾"、"赤尾"，其下赋予"岛"、"台"、"屿"、"山"等不同的字，绝不会发生类似琉球人那样的混淆。据以上的分析，井上清氏得出结论说：这些岛屿与琉球人生活的关系淡薄，"他们对于这些岛屿的名称及其他知识，最先大概是从中国人那里得来的。"（参看原书第 62－67 页）

　　此外，井上清曾仔细研究英国军舰沙马朗（Samarang）号于 1845 年 6 月测量钓鱼岛列屿的记录、黑岩恒对钓鱼岛列屿的踏访报告、日本海军水路志，以及其他有关记录和日本、琉球政府方面的声明，发现日本明治政府有关"尖阁列岛"的知识最早来自英国人的记录，而且所有各方面文献数据对"尖阁列岛"一词的范围和含义的表述均不统一。比如"在 1894 年的日本海军水路志第二卷内作'ピンナクル诸屿'，1908 年的水路志则作'尖头诸屿'。'ピンナクル'原来是指基督教堂的尖塔形屋顶而言。钓鱼岛东侧列岩中心的岩礁形状，似尖塔形，故英国人可能就把这一列岩称为 Pinnacle Islands，这便是日本海军译为尖阁群岛或尖头诸屿之来由"。"所以尖阁列岛这个名称的来源，是日本海军把英国海军所谓 Pinnacle Islands 翻译成'尖阁群岛'或'尖头诸屿'而来的。"1900 年，冲绳县师范学校教谕黑岩恒在《尖阁列岛探险记事》中将钓鱼岛、尖阁群岛（尖头诸屿）及黄尾屿统称为"尖阁列岛"之新名词，就是据此而来的。至此，日本人的"尖阁群岛"或"尖阁列岛"名称之来由，大致获得了一个较明确和合理的解析。（参看原书第 69－82 页）

（五）日本吞并钓鱼诸岛之经过

　　井上清氏指出：日本侵夺钓鱼诸岛的手法与当年出兵台湾和吞并琉球几

乎完全一样。1874 年，日本政府借口台湾高山族人误杀琉球人，于 7 月强行远征台湾，"他们用为正当化的口实，第一是如前面所述的'日本人'之被杀；第二是杀害其'日本人'的'生蕃'之地，依现代之习惯，是属于国际法上的无主地，而硬说'生蕃'不属中国领之人民。其后面之说法跟现代的钓鱼岛无主地论调有共同之处"。井上清氏在这里提醒人们，要注意日本明治政府吞并琉球的历史事实，现在日本政府侵夺钓鱼台，是明治日本军国主义对外扩张政策的继续。

针对日本明治政府出兵台湾和吞并琉球所持的"生蕃"为无主地之论调，井上清氏根据《日本外交文书》第六卷中的相关史科，作出有系统的批驳，最后得出结论说："像这样把中国语之概念和表现法扭曲放入在现代的概念上之论调，若应用到陈侃和郭汝霖的使录及《中山传信录》中来解释关于久米岛和赤尾屿的记述，就成了钓鱼诸岛的无主地论。"可见，当前日本政府声称拥有钓鱼岛列屿主权的论据和手法，实际上是明治日本军国主义的"琉球处置"（即吞并琉球——郑注）之翻版，由此亦可证明军国主义势力在当前日本的复活与抬头。（参看原书第 84－88 页）

井上清氏认为，日本吞并琉球和注意钓鱼诸岛，是由其准备侵略中国的战略目的引发的。1880 年 10 月，日本主动提出"分岛改约"协议，试图将琉球南部宫古、八重山群岛割让给中国，以换取中国的通商最惠条件（即允许日本以与欧美列强同等待遇入中国内地通商——郑注），但遭清廷拒绝签字换约。1885 年之后，日本政府认识到要实行南侵和北进计划，不可避免要与中国打一场战争，于是出于战略上的考虑，不再顾及清朝的态度，收回"分岛改约"之协议，决定独占琉球全岛，并且开始觊觎侵占钓鱼诸岛。日本政府欲夺取该列岛作为领地的原因，"是因重视该地对于清廷在军事地理上的重要性"，于是"首先暗中命令冲绳县厅调查该岛"。（原书第 104 页）

对于此事，冲绳县令在 1885 年 9 月 22 日有如下之呈文：

第三百十五号

呈报有关久米赤岛外二岛调查事宜

有关调查散布于本县和清国福州间的无人岛事宜，依先前在京本县大书记官森所接秘令，从事调查，概略如附件（不见附件——井上）。久米赤岛、久场岛及鱼钓岛为古来本县所称之地方名，要将此等接近本县所辖之久米、宫古、八重山等群岛之无人岛屿，归属冲绳县下一事，不敢有何异议，但该岛等与前时呈报之大东岛（位于本县和小笠原岛之间）地势不同，恐与中山传信录记载之钓鱼岛、黄尾屿、赤尾屿等属同一地方，此事不能无疑。

若属同一地方，则显然不仅为清廷册封中山王使船所悉，且各附以名称，向为航行琉球之目标。因此，要与这次大东岛一样，调查时即建立国标仍有多少顾虑。10 月中旬，由所雇航向前两先岛（宫古和八重山）之汽船出云丸乘回航之便，暂先作实地调查，再为呈报，建立国标事宜尚请指示为荷，兼此呈达。

明治十八年九月二十二日

冲绳县令　西村捨三

右呈

内务卿伯爵　山县有朋

以上的呈文中，最值得注意的是受此"密令"的冲绳县令，知道这些岛屿可能与《中山传信录》所载之钓鱼岛等相同，它们不仅为清廷所详悉，且各附以名称，作为琉球航海之目标，换言之，即可能是中国领土。因此这些岛屿，似不能跟已经明知为无主地的大东岛一样，在实地调查时即建立国标

（实即是直接归并入冲绳县版图）。然而，内务卿山县有朋接到冲绳县此一呈文后，还是力主将钓鱼诸岛据为日本领有。他在给外务卿井上馨（十月九日）的协议书中，提出占据钓鱼诸岛的理由为：纵使"久米赤岛"等与《中山传信录》所载者相同，但清国船只只用这些岛屿来"取针路之方向而已，并未发现其他清国所属证迹"。又"如名称也是彼我所唱各不相同"，且"为接近冲绳县所辖宫古、八重山等之无人岛屿"。因此想在实地调查时立即建立国标。不过，山县的这一提案，外务卿井上馨在覆函中并没有表示同意，其理由是："经详查，该等岛屿也接近清国国境……尤其附有清国之命名，近时清国报章等，载有我政府拟占据台湾附近清国所属岛屿等之传闻。对我国抱有猜疑，屡次引起清政府之注意。此际若公然建立国标，必招致清国之疑忌……至于建立国标着手开发等事，容待他日时机再行方为妥当。"（原书第107–108页）

可见日本当时对直接将钓鱼岛列屿建立国标归入冲绳县版图一事还心存顾虑，从而也可反证日本当政者如井上馨等心中亦清楚地知晓钓鱼岛列屿乃为中国旧领地，而非无主地。对此，井上清氏分析说："事实上，日政府是知道该地已为中国领土，所以在还没打败中国时，仍然希望慎重些。"（原书第114页）

日本政府正式决定吞占钓鱼岛列屿，是在甲午战争日本确定获胜的1894年底，井上清氏在书中列举了该年12月27日内务省以秘密文件发给外务省协议回答1893年11月冲绳县知事有关在鱼钓岛和久场岛建立标杭的申请，该文如下（旁注为《日本外交文书》编者所加）：

秘别（朱书）第一三三号
有关久场岛、鱼钓岛列入所辖建立标杭事宜，有冲绳县知事呈文如附件甲号（注省略），关于本件，在明治十八年与贵省协议结果，达成指令，如附件乙号。但当时与今日情势不同，兹拟提出阁议如附件，先请协议为荷。

明治二十七年十二月二十七日

内务大臣子爵　野村靖印

谨致

外务大臣子爵　陆奥宗光

该文末所谓请求阁议之"附件"文稿如下：

位于冲绳县下八重山群岛西北方的久场岛和鱼钓岛，从来属无人岛。近因有至该岛试行渔业者，有加以管理之必要，该县知事乃呈文拟请列入所辖并建立标杭。如上，为承认该县所辖，并依请求建立标杭等事，拟呈请阁议裁决。（以上引文见原书第 115－116 页）

井上清氏指出："此协议书，与九年前同一问题的协议书不同，尤其是朱书'秘'字最应注意。可见日政府相当害怕这个问题泄露出去。"

外务省这次对提案毫无异议。1895 年 1 月 11 日，陆奥外相答复野村内相说："关于本件，本省无其他异议，请悉照预定计划，并加以适当处理为荷。"终于在同月 14 日的阁议中决定照前记内务省的请议案，将鱼钓岛（钓鱼岛）与久场岛（黄尾屿）划入冲绳县所辖并建立标杭。同月 21 日，内务大臣指令冲绳县知事"有关建立标杭，悉照请议"（《日本外交文书》第二十三卷"有关八重山群岛、鱼钓岛所辖决定"之"附记"——井上清注。参看原书第 116－117 页）。

为何这次能够如此顺利作出阁议决定将钓鱼岛列屿划入冲绳县管辖？对

此，井上清氏解析说：甲午战争"到了该年的 12 月初，日本已经确定获得压倒性的胜利了，政府遂预定从中国夺取台湾，作为讲和的一个条件，这就是所谓夺取钓鱼诸岛的'情势'，以前与现在的决定性'不同'之所在。……在 1885 年，尚得担心清廷的抗议，现在对清战争已获大胜，夺取台湾的方针已定，基于'慎重确认'当前的情势已与以往具有根本的不同，才产生 1895 年 1 月的阁议决定。"又由于"阁议决定"在前（1 月 14 日），《马关条约》签订在后（4 月 17 日），因此，钓鱼诸岛也不能认为是日本根据《马关条约》第二条清国割让台湾的领土条款割自中国的土地，而是在条约成立以前夺取过来的中国领土。对此，井上清氏指出："日本领有这些属于中国的岛屿……是到了 1895 年才乘着大胜中国之势，决定夺取过来的……也即是说，钓鱼诸岛并不是像台湾一样根据和约公然从中国强夺的，而是趁着战胜，没有经过任何条约的交涉，偷偷地从中国盗取过来的。"（原书第 118 – 123 页）

以上即是日本声称钓鱼岛列屿是由 1895 年"阁议决定"归入冲绳县管辖的过程，事实上即是日本吞占钓鱼岛列屿之经过。

（六）日本领有钓鱼诸岛在国际法上无效

井上清氏书还涉及一个极为复杂的问题，即日本领有"尖阁列岛"在国际法上是否有效？日本朝野有一种看法，以为日本领有"尖阁列岛"，只是在时间上与甲午战争偶合，并不是根据《马关条约》视为台湾附属诸岛，而与台湾同时从中国割让过来的，因此该地并非《开罗宣言》所说的"日本盗取自中国人"的领土。假如钓鱼诸岛（尖阁列岛）是中国领土，那么清廷应该对于日本之领有该地表示异议，但当时清廷未表示异议，非但如此，即使在第二次世界大战结束后，处理领土问题时，何以中国仍未有所表示呢？

针对以上的论点，井上清氏提出反驳说："但实际上，日清和谈会议之际，日本方面对于阁议决定领有钓鱼诸岛一事，只字不提，清廷方面自然无法知道。日本为什么不公布那个'阁议决定'？为何到这时候，还不在钓鱼岛等地建立日本的标杭呢？又为何不用其他方法公开表示该地已编入日本领土呢？既然如此，清廷方面当然不可能在和谈会议中把钓鱼诸岛问题拿出来讨论。而且，第二次世界大战后，在处理日本领土时，中国方面也没有把日本的领有钓鱼诸岛视为问题，日本与中国之间的领土问题处理尚未结束。……在旧金山和谈会议中，没有邀请中国代表参加会议。因此，该会议中的任何决定，中国概不受其约束。"继而，井上清氏又补充阐述以上观点说："明治政府之窃取钓鱼诸岛，由始至终，完全保持秘密，瞒着清廷及各国的耳目进行。1885年有内务卿'密令'冲绳县令从事实地调查，而外务卿更特别提醒内务卿注意，不要把调查的事泄露出去。1894年12月内务大臣给外务大臣的协议书是特别的秘密文件。1895年1月的阁议决定，不用说更是未曾公布。同月21日，政府指令冲绳县在'鱼钓'和'久场'两岛建立冲绳县所辖之标杭，也未曾公示。这些内幕直到1952年（昭和二十七年）3月，《日本外交文书》第二十三卷刊行，才首次公开。……就法律上说，这也是违反日本国内法的行为。"（原书第124－127页）

另外，琉球政府在1970年9月10日发表《关于尖阁列岛领有权及大陆架资源开发权的主张》一文称：该地区"经明治二十八年一月十四日的阁议决定，次年四月一日，根据敕令第十三号确定为日本领土，属冲绳县八重山石垣村。"对此，井上清氏根据相关文献作如下批驳："这根本不是事实。在'明治二十九年敕令第十三号'里，并无一言半句提及此事。该敕令内容如下：

朕　裁示有关冲绳县郡编成事，兹公布于此。

　　御名御玺

明治二十九年三月五日

内阁总理大臣侯爵　伊藤博文

内务大臣　芳川显正

敕令第十三号

第一条　那霸首里区地区除外，冲绳县共计左列五郡。

　　　　岛尻郡　岛尻各乡、久米岛、庆良间诸岛、渡名喜岛、粟国岛、伊
　　　　　　　　平屋诸岛、乌岛及大东岛。

　　　　中头郡　中头各乡。

　　　　国头郡　国头各乡及伊江岛。

　　　　宫古郡　宫古诸岛。

　　　　八重山郡　八重山诸岛。

第二条　郡界或名称有变更之必要时，由内务大臣决定之。

　　　　　　附则

第三条　本令施行期间由内务大臣决定之。

以上的敕令，哪有"鱼钓岛"和"久场岛"的名称呢？更不用说"尖阁列岛"这名称，在当时还未由黑岩恒命名哩！……实际上，该敕令根本与钓鱼诸岛的管辖告示没有关系，只不过是冲绳县开始实施郡制（至此时冲绳县尚未有郡制）的布告而已。"此外，"日本政府亦从未将钓鱼诸岛的经纬度、名称、所辖等用任何形式公布出来，完全是秘密地，乘着甲午战争的胜利顺手牵羊归入自己版图，这不是窃盗行为又是什么？"（原书第127－133页）

　　综合以上的分析，井上清氏对日本朝野所谓"无主地先占"的论调提出

严正的批驳,他说:"钓鱼诸岛本来并非无主地,而是斑斑可考的中国领土,根本是不可能把'无主地先占'的法理应用到该地的……所以,不论捏造何种理由,都不能算是合法领有。"(原书第 134 页)

日本领有钓鱼诸岛在国际法上亦属无效。这是井上清氏通过分析研究所有相关文件后得出的结论。据此,他认为日本应将钓鱼岛列屿自动归还给中国。并指出:"在日本盗取期间,中国虽然未曾提出抗议,但并不影响《波茨坦公告》的效力,该宣言规定应实现《开罗宣言》中'日本人盗取自清廷的所有领土',应归还中国之精神。"然而,日本并没有按《波茨坦公告》所规定的条文去做,现在仍然违反所有的历史事实和国际正义,将钓鱼诸岛以"尖阁列岛"之名,再次从中国夺取过来。日本政府的这种行径,井上清氏认为是"与日本明治时代天皇制的军国主义之步调完全相同"。又说:"现在钓鱼诸岛是日本开始夺取外国领土的起点……如果目前我们放任日本统治阶层掠夺钓鱼诸岛,那么日本军国主义侵略亚洲之大火,将加速度地燃烧起来。"最后,井上清氏再次强调他写是书的目的:"对于已经复活了的日本帝国主义和军国主义,在现实上应不应该反对?是与我们日本人民之前途有决定性关系的问题。"(以上引文参看原书第 136 – 153 页)

(七)余音

井上清氏在该书的最后一章"补遗"中,列举了几个颇值得深思的问题,现将其简述如下:

(1)关于"无主地"的定义。在一般国际法上所说的"无主地"根本不是无人岛,而是无名岛。如已有命名,则必须按"名从主人"之惯例,决定其主权归属,这在国际上也有很多先例。

这一问题,是井上清氏在书中反复论述和重点回答的问题。为反驳日本政府（包括琉球政府）及奥原敏雄等人所谓钓鱼岛列屿属"无主地"之说，井上清氏在书中列举了中、琉、日史籍中的大量文献，证明该列岛并非"无主地"，而属中国的领土。这是本书最为出色的部分。作为一位日本学者，能够做到如此准确地理解和运用大量的中文资料，是十分难能可贵的。笔者对井上清先生的严谨治学精神和书中表现出的史才（翔实而不枝蔓）、史识（见解精到兼说理透彻）十分敬佩。在钓鱼岛问题的研究著作中，具才、学、识，兼"考据"与"义理"之长者，到目前为止，笔者还是认为井上之书应居榜首。

（2）钓鱼岛列屿与《马关条约》之关系。井上清氏认为：严格地说，日本窃取钓鱼诸岛在时间上要比台湾略早，而且在法律上没有任何条约的根据，是不合法的。假如这些岛屿是《马关条约》第二条所说的台湾附属诸岛（不是地理学上的），而与台湾同时割让给日本，那么后来该岛不置于台湾总督府管辖，而归属于冲绳县，这又如何解释呢？如果就明治十八年以来，日本政府盗取该岛的全过程来看，这次盗取虽与甲午战争的胜利息息相关，但可以说跟《马关条约》第二条没有直接的关系。

在这里，井上先生提出了一个极为复杂的问题，即钓鱼岛列屿是否为台湾附属岛屿？是否包括在《马关条约》第二条割让"台湾全岛及其所有附属各岛"之列？在以上这段话里，井上清氏的回答是否定的。据此，钓鱼岛列屿自然不包括在第二次世界大战后日本应归还中国的领土之列。这也是日本政府（包括琉球政府）声称拥有钓鱼岛列屿主权的持论所在。不过，井上先生又指出：钓鱼诸岛虽在法律上没有任何条约的依据，但却是实实在在从中国盗取过来的领土，是不合法的，日本应将这些领土自动归还给中国。对于井上先生的解释，笔者认为有不尽人意的地方，在此略申卑见如下：

首先，井上先生在书中使用的仍然是传统考据方法（即从历史文献考证上下工夫）和形式逻辑的推论法，这些方法虽然在历史学研究上非常重要，而且井上清氏在书中亦纯熟地运用了这些方法，合理地推出钓鱼岛列屿在历史上属于中国领土的结论。但是，目前中日钓鱼岛之争所涉及的问题，远远超出了以上这些方法所适用的范围。换句话说，即使论证出钓鱼岛列屿历史上属中国领土，仍然不能解开目前中日之争的症结问题。据笔者的研究，该问题比井上之书所涉及的要远为复杂得多，它牵涉到许多国际法中的重要问题。

其次，日本声称拥有钓鱼岛列屿主权的持论所在已由历史问题转到地理位置问题，如日本外相池田行彦在 1996 年 9 月 19 日的美、日外长华盛顿会谈中便公开重申：钓鱼岛是在琉球的纬度之内，是日本领土不可分割的一部分。要回答这一问题，就必须从经纬度切入法去研究钓鱼岛问题。据笔者的研究，钓鱼岛列屿虽在 1952 年美国琉球民政府所划定的琉球群岛的经纬度内，但从来不属旧琉球王国的势力所及范围。即使从 1872 年日本废藩置县后所划冲绳县所辖范围来看，钓鱼岛列屿也不在该县管辖之下。另外，从国际法来看，地理位置并不等于领土主权，这是必须严格区分的两个概念。对于以上的问题，井上之书皆未曾涉及。如果有所涉及，当会很容易解释《马关条约》后该列岛不置于台湾总督府管辖而归属于冲绳县这一问题。

再次，井上之书虽然提及《马关条约》、《开罗宣言》、《波茨坦公告》等，但对与钓鱼岛列屿有关系的条约（包括《旧金山条约》、《中日双边和约》、《中日联合声明》、《中日和平友好条约》等）的研究也是不充分的。另外，对《马关条约》中割让的"台湾全岛及所有附属各岛屿"所包括的范围的理解，井上先生似乎认为这一范围只包括"台湾与澎湖岛"（见原书第 17 页），而不包括钓鱼岛列屿。对此，笔者不完全同意。事实上，该条约第二条中第二项为"台湾全岛及所有附属各岛屿"；第三项为"澎湖列岛，即英国格林尼次东经百一十九度起至百二十度止，及北纬二十三度起至二十四度之间诸岛屿。"据笔者理解，第二项"台湾全岛及所有附属各岛屿"范围包括台湾本岛、兰屿、绿岛、琉球屿、龟山岛、彭佳屿、棉花屿、花瓶屿和钓鱼岛列屿（条约虽未写明包括该列岛，但按中国历史上形成的领土意识范围中，无疑应包括钓鱼岛列屿。明郑舜功《日本一鉴》有"钓鱼屿，小东小屿也"之谓，即是明证）。笔者认为，日本对钓鱼岛列屿首先是名义归并（1895年1月14日的阁议决定归入八重山群岛管辖），然后作事实占领（据同年4月17日的《马关条约》）。另据1895年日本海军省撰《日清战史稿本》之《附记·台湾匪贼征讨》（又名《海军台湾征讨》）所记，同年5月29日"午前九时，桦山总督先到尖阁岛南约五海里处预定集合地点"。查"桦山总督"乃为《马关条约》后日本任命之台湾总督海军大将子爵桦山资纪。时正率领日本海军舰队前往接管台湾，途中先将舰队集合于"台湾淡水港北方约九十海里（小基隆海面）之尖阁岛"，以作登陆台湾之准备。这应该是日本实际以武力占领钓鱼岛列屿之始。该书也明记"尖阁岛"乃为台湾淡水港外之附属岛屿。从该舰队接管台湾先占领钓鱼岛列屿之举动来看，亦证明该列岛与台湾全岛的割让是相互关联的。（有关这方面的研究，可参看吴天颖著《甲午战前钓鱼列屿归属考》，社会科学文献出版社1994年版；拙作《美日旧金山条约与钓鱼岛问题》、《中日和平条约与钓鱼岛问题》，载《明报》加西版1996年10月12日、11月6日）

（3）关于历史主义的问题。《朝日亚洲评论》提出一种观点，颇能反映日本朝野对钓鱼岛列屿问题的态度："历史主义在这个场合虽然动人，但现在世界各国如果都主张其最强盛时期的版图，那么将难免一场大乱。尖阁列岛的问题，单靠历史主义是无法解决的。"（原书第150页）对于这种观点，井上清氏以日本政府"根本无视历史，要抹杀历史"来反驳。笔者认为这种反驳说服力是不够的。《朝日亚洲评论》之所以提出这种观点，就是抓住了井上清及一些中国学者只注意从传统考据和形式逻辑上去推论的缺陷，认为这些学者还不够资格或不够水准讨论钓鱼岛列屿（尖阁列岛）的问题。这未尝不是一种偏见，但也反映出一些问题。即如笔者在上文所说，目前中日钓鱼岛列屿之争，其问题的复杂性远远超出了传统考据和形式逻辑推论的适用范围。要解决钓鱼岛列屿问题，除以上方法外，还必须结合地理和地质构造，运用现代国际法以及中日之间的一系列相关条约来加以整体研究，得出的结论才有可能令人信服且为世界舆论所接受。

尽管如此，笔者认为，在研究钓鱼岛列屿历史的现有著作中，井上清这部书仍然是一本较系统、较深入的专著，它特别为研究与钓鱼岛列屿问题相关条约和国际法的专家学者提供了有利于中国的充足历史根据。该书的最大贡献，是向世人证明了钓鱼岛列屿在历史上不属于旧琉球王国领土，是在《马关条约》签订之前，被日本政府有计划地从中国领土中盗窃去的。

二、吴天颖《甲午战前钓鱼列屿归属考》评介

1994 年 8 月，由中国社会科学文献出版社出版的吴天颖《甲午战前钓鱼列屿归属考——兼质日本奥原敏雄诸教授》一书，是继日本学者井上清《"尖阁"列岛——钓鱼诸岛的历史剖析》之后的一部较有分量和较为系统地研究钓鱼列屿的历史及其主权归属的专著。全书共分五章，内容如下：

第一章 绪言

第二章 中国人民原始发现并命名了钓鱼列屿

第三章 位于赤尾屿、古米山间的琉球海沟系"中外之界"

第四章 钓鱼列屿与明清两朝巩固海防休戚相关

第五章 1885—1895 年日本觊觎、侵占我钓鱼列屿始末

此外还附有附录"钓鱼列屿有关史实大事记（1372—1895）"及插图多幅，可谓洋洋大观。

著者吴天颖系中国古代经济史学者，自谓该书从 20 世纪 70 年代起稿，至 1993 年成书，历 23 个春秋，并且是在井上清、杨仲揆、丘宏达、沙学浚、方豪等先生已有的基础上进行的。又云"本书系中国大陆学者首次公开讨论这个问题的著作"（原书《自序》），因而具有一定的代表性。笔者仔细阅读是书之后，觉得虽然所论钓鱼列屿问题的基本架构还未超出井上之书的范围，所用方法仍然属传统考据和形式逻辑的推论法，但在历史文献征引的

广度和考证的深度方面，无疑已超越了井上清及著者提到的以上诸先生。可以说，此书是对井上清等前辈学者有关钓鱼列屿问题研究的进一步深化。尤其是对日本学者奥原敏雄等人在"尖阁列岛"问题研究上歪曲事实、虚构历史的种种谬说之批驳，亦是雄辩有力、颇有见地的，这也是该书值得推介之处。笔者不揣浅陋，权作解人，试图按该书的章节内容和逻辑结构略作评介如下。

本书第一章"绪言"部分，为著者研究钓鱼列屿问题之总纲或概说。其中指出："在近代历史上，日本方面曾经先后三次打过钓鱼列屿的主意。如果说，1885年、1895年两度觊觎、窃据钓鱼列屿，主要出于作为进犯台湾跳板的军事需要；那么，20世纪60—70年代旧梦重温，则是基于染指我国东海'台湾海盆'大陆礁层丰富石油矿藏的经济原因。"（原书第5页）

对于日本第一次窃据钓鱼列屿，著者认为中日甲午战后，清廷被迫签订《马关条约》，割让"台湾全岛及所有附属各岛屿"，其中"包括钓鱼岛等岛屿在内"。因此，著者指出："第二次世界大战结束后，根据1943年12月1日《开罗宣言》、1945年7月26日《波茨坦公告》的规定，日本理应将钓鱼岛等岛屿连同台湾以及其他附属岛屿归还我国；但是，日本政府却将钓鱼列屿私自交与美国，美国政府片面宣布对这些岛屿拥有'施政权'，这本来就是非法的。"（原书第8页）

对于日本第二次窃据钓鱼列屿，著者分析说："日本在70年代之始趁'索还'冲绳之机，顺手牵羊，蓄谋将钓鱼岛等岛屿一股脑儿划入'归还区域'，则是与台海盆地发现超级石油矿苗密切攸关。"

至于日本政府在钓鱼列屿实行实际统治的措施，著者指出：第一是建立标柱；第二是拟设气象观测站；第三是将该列屿纳入"防空识别圈"。不过这些都是在1969年5月上旬之后进行的。为达到实际占有钓鱼列屿之目的，日本政府又唆使当时处于美国监管下的琉球政府发表领有权的声明，并且叫嚣："倘中共或台湾方面一有任何异动，必须将对方好好地整治一番。"（原书第10页）与此同时，日本还设立了种种研究机关，如外务省的"尖阁列岛领有纷争检讨研究机关"、南方同胞援护会设立的"尖阁列岛研究会"，等等。机构最盛时拥有六十名教授之多，并出版有研究专刊和特集。在这些专刊和特集中，有两篇论文最为重要：一是琉球政府《关于尖阁列岛的领有权》声明；二是尖阁列岛研究所的《尖阁列岛与日本的主权》一文。该"声明"内称："明治二十八年（1895）一月十四日，阁议遂正式批准，位处八重山群岛西北的鱼钓岛（即指钓鱼岛——郑注）及久场岛（黄尾屿——郑注）为冲绳县所辖。且于该月二十一日发出指令，传达阁议决定，并密令该县知事实施建立管辖标志。"又说："明治二十九年四月一日，基于内阁决定，借发布第十三号敕令至冲绳施行之机，我国对该列岛完成了国内法上的编入措施。第十三号敕令中所指'八重山诸岛'，据冲绳县知事解释，理应包括尖阁列岛在内，故而在划分地方行政区域时，将该列岛编入八重山郡——此举不仅是地方行政区域划分的编入，而且是国内法编入领土的措施。"（原书第9－12页）

对于日本政府（包括琉球政府）声称领有"尖阁列岛"主权的"根据"（即所谓"第十三号敕令"），日本学者井上清和中国学者沙学浚、丘宏达、杨仲揆等皆提出过有力的反驳，著者在援引这些驳论的基础上，指出日本方面的所谓"论据"，事实上是"假贬低历史证据之名，行隐瞒历史真相之实"，"借实效先占之尸，还军国主义之魂"。在下列的各章节中，著者征引了大量的历史文献，证明钓鱼列屿自古即为中国领土，加强了井上清等人的论证，有力地反驳了日本政府声称拥有钓鱼列屿主权的所谓"历史根据"和"法律依据"。

在本书第二章"中国人民原始发现并命名了钓鱼列屿"中，著者的贡献在于对《顺风相送》一书的研究。书中指出："现存最早记有钓鱼岛等岛名的航海指南，当推庋藏于英国牛津大学波德林图书馆（Bodleian Library Oxford）的《顺风相送》一书。……此书'福建往琉球'条下，首次出现钓鱼屿、赤坎屿即赤屿（赤尾屿）的名称。"关于该书的成书年代，一般均据卷首叙末"永乐元年，奉差前往西洋等国开诏，累次较正针路"等语，定为1403年；有的则仅据李约瑟（Joseph Needham）博士在《中国科学技术史》（*Science and Civilisation in China*）一书中所作推测，定为1403年。著者经仔细研究《顺风相送》一书及相关史籍（如《明太宗实录》等）后，指出："《顺风相送》一书，则由修订者佚名氏根据业已'年深破坏'的'古本'，校订整理而来；且'古本'原系图文并茂，《顺风相送》只是佚名氏'撰写'了其中的文字部分。由此可知，《顺风相送》一书源远流长，我们将它的原本订为14世纪，当属最保守的判断。"根据对《顺风相送》一书的祖本成书年代的推定，著者指出："因此可以断定，钓鱼岛等岛屿最迟是在1372—1403年之间，被中国人民首先发现即'原始发现'的。"（原书第25 – 28页）

中国人最早发现、命名钓鱼列屿这一事实，被中、琉、日学者所接受和认同。琉球王国正史《中山世鉴》（1650）全文转录了陈侃《使琉球录》（1534）有关钓鱼岛等岛屿记载的内容和名称；琉球著名学者程顺则所撰《指南广义》（1708）书中，亦称为钓鱼岛、黄尾屿、赤尾屿。至于日本人林子平所著《三国通览图说·琉球三省并三十六岛之图》，不仅分别写为钓鱼岛、黄尾山、赤尾山，而且在地图的分色上明确标示为中国领土。据此，著者指出："钓鱼屿、黄尾屿、赤尾屿这些岛屿名称本身，就表明它们是由中国方面最早发现、命名，并在中国、琉球国、日本广泛流传，约定俗成了。"根据"名从主人"的惯例，钓鱼列岛无疑属中国的固有领土。而日本政府及奥原敏雄等人将钓鱼列岛视为"无主地"加以"先占"，这"完全背离了'名从主人'的基本准则"（原书第 30－31 页）。

在本书第三章，著者着重解释和论证中国与琉球的分界在赤尾屿与古米山之间，其中间横亘着的琉球海沟系两国之界。关于这一分界的记述，最早见诸陈侃《使琉球录》："十一日夕，见古米山，乃属琉球者。夷人鼓舞于舟，喜达于家。"这段文字，强调了古米山之为琉球国界的事实，船上的琉球人是以抵达古米山为重返琉球故土。"由此可见，陈侃对福州——古米山间所经岛屿的归属是一清二楚的。《使录》的记载是明白无误的：赤尾屿及其以西各岛屿均属中国，古米山才属于琉球。"（原书第 44－45 页）

类似陈侃将中琉分界定于赤尾屿与古米山之间的记述，在嘉靖四十一年（1562）册封使郭汝霖的《使琉球录》中也有反映："五月二十九至梅花（所）开洋，……闰五月初一日，过钓鱼屿。初三日，至赤屿焉。赤屿者，界琉球地方山也。再一日之风，即可望见古米山矣。"将这段话与陈侃所述结合起来看，即"陈侃是说古米山及其迤东属于琉球，郭汝霖则说赤尾屿是与琉球接界地方的山，赤尾屿及其迤西属于中国。这是不言而喻的。"（原书第 51 页）

另外，清康熙五十八年（1719），册封副使徐葆光所著《中山传信录》亦明言古米山为"琉球西南方界上镇山"。该书引《指南广义》文云："福州往琉球……取钓鱼岛，用单卯针，四更，取黄尾屿。用甲寅（或作卯）针，十更，取赤尾屿。用乙卯针，六更，取姑米山（琉球西南方界上镇山）。用单卯针，取马齿，甲卯及甲寅针，收入琉球那霸港。"所谓"镇山"，按《辞源》的解释为："镇：一方的主山称'镇'。"据此来理解《中山传信录》之意，即从中国福州经过钓鱼岛等岛屿，见到久米岛（姑米山）便是进入琉球的边境。《中山传信录》对中琉边界的划分之说，为当时的中、琉、日官方及学者所认同，该书出版后，被译成日文出版，广为引用。1875 年日人林子平所绘"琉球三省并三十六岛之图"，亦曾参考《传信录》，进而将钓鱼岛、黄尾山、赤尾山明确标示为中国领土，而姑米山则属于琉球王国领有。可见《中山传信录》乃为"具有官方文书的法律效力"之书（原书第 49页）。

关于中、琉分界，亦可从册封使录中有关赤尾屿、古米山之间的琉球海沟系"中外之界"的记述得到证明，清廷册封正使汪楫，于康熙二十二年（1683）六月出发，二十五日见赤尾屿后，记载道："薄暮过郊（或作沟）……问：'郊之义何取?'曰:'中外之界也'。"这里所说的"郊"或"沟"，即是琉球海沟。在赤尾屿一方为水深 200 米，但在古米山一方则突然增至水深 1000 至 2000 米。由于这条海沟之故，洋面形成一道黑水沟，颜色对比十分鲜明，中国方面的海水呈青绿色，琉球方面的海水呈深黑色。这也是乾隆二十一年（1756）册封副使周煌所撰《琉球国志略》记载:"（琉球）环岛皆海也。海面西距黑水沟与闽海界，福建开洋至琉球，必经沧水过黑水。"诚如著者解释，这里"明确指出黑水沟就是琉球与我国福建省海域的分界；这里所说的'闽海'，就是后来被人们称为东海或东中国海在福建海域的部分；位于黑水沟西面东海海床上的钓鱼列屿，毫无疑义地属于中国版图"（原书第 55 - 56 页）。

著者在书中对"镇山"、"沟"（或作"郊"）、"中外之界"等地理概念的分析和解释，是正确的和有见地的，同时也证明钓鱼列屿在历史上不属于琉球而属于中国。

本书第四章用了很大篇幅讨论钓鱼列屿与明清两朝巩固海防之关系，其中有很多议论如"嘉靖帝'移谕日本'的决策并招募两批赴日特使"及明代"备倭"、"抗倭"问题，考证烦琐，与中日钓鱼岛主权之争的论题关系不大，可删之处甚多，只可惜著者不忍割爱。类似这些文字只会损伤该书的论战性（因该书副标题为"兼质日本奥原敏雄诸教授"）。不过，著者在前人研究的基础上，挖掘了一些新史料，可补前人研究之不足。如本章对明代抗倭将领胡宗宪及其幕僚郑若曾所著《筹海图编》、《郑开阳敦著》中将钓鱼列屿划入中国海防区域事分析甚详，著者指出："按《筹海图编》系由郑若曾所绘，此图无疑是根据《郑开阳杂著》卷一的《万里海防图》改绘而来。"这些研究为前人所未道，从学术的角度来看也是有价值的（参看原书第 82－84 页）。

又如该书第 92 页引明朝黄叔璥《台海使槎录》卷二《武备》条云："（台湾）山后大洋北，有山名钓鱼岛，可泊大船十余。"（此处原书似应作"凤山"，而非"台湾"，因该条所言为台湾南部西海岸凤山之事——郑注），以证明钓鱼岛为台湾附属岛屿，属中国领土不可分割的部分，此亦为前人所未道，尽管著者对原书的解读不够仔细，但亦不无所见。

再如本章引中国第一历史档案馆藏乾隆朝巨幅《坤舆全图》后，指出："图内台湾东北方依次为彭嘉、华宾须、好鱼须、欢未须及车未须，其设色与中国大陆、台湾完全相同，为黄中带浅红（见插页 8 图版五）。海中虚线系古代欧洲来中国、琉球、日本等国的航线。"（此处"华宾须、好鱼须、欢未须、车未须"为"花瓶屿、钓鱼屿、黄尾屿、赤尾屿"之福建话发音——郑注）该图为法国传教士蒋友仁所绘，成图时间约在 1767 年（与前述林子平图年代相近），可见钓鱼列屿为中国领土一事，在当时几乎为中外人士所熟知（参看原书第 93 页）。

这些史料有力地驳斥了奥原敏雄等人竭力将钓鱼列屿从整个台湾所有附属岛屿中割裂出来的论点。

　　本书第五章是著者用功最勤、创获最丰的一章。此章虽与前述井上清之书立论相同，即都把日本觊觎、侵占我钓鱼列屿的时间定为在 1885—1895 年之间，但由于两书所见史料稍有差异，因此得出的结论也略有不同。井上之书由于没有注意到中、日史籍中有关钓鱼列屿为台湾附属岛屿的记载，又加上日本窃据钓鱼列屿时间上要比《马关条约》割让台湾略早，因而得出的结论认为日本窃据该列岛不在《马关条约》第二条所说的台湾附属岛屿之列（参看《“尖阁”列岛——钓鱼诸岛的历史剖析》第十五章“补遗”——郑注）。本书著者却认为：日本在甲午战争中侵占了钓鱼列屿，并企图通过割让台湾（即《马关条约》）使之“合法化”，钓鱼列屿属台湾附属岛屿之列。具体论据如下：

　　（1）著者引《申报》“台湾警信”云日本人拟占据“台湾东北边之海岛”的报道，然后又引日本外相井上馨转述钓鱼岛为“台湾附近清国所属岛屿”之语相互印证，得出钓鱼列屿为台湾附属岛屿的结论。书中指出：公元 1885 年 9 月 6 日，上海《申报》刊登了一条消息：“台岛警信，《文汇报》登有高丽传来信息，谓台湾东北边之海岛，近有日本人悬日旗于其上，大有占踞之势。未悉是何意见，姑录之以俟后闻。”这条消息中所说“台湾东北边之海岛”，就是指钓鱼岛——此点可从本章下节日本外务卿井上馨的函件中得到证实。该函云：“……顷接本月九日附甲第三十八号函，为在散布于冲绳县与清国福州间之无人岛久米赤岛及其他二岛屿，拟由冲绳县实地勘查后建立国界标志事，征询意见。查该岛屿与清国国境接近，前经勘查，其面积较大东岛为小，清国对各岛已有命名。近时清国报纸刊登我政府占据台湾附近清国所属岛屿之传言，对我国怀有猜疑，屡促清政府注意。当此之际，公然建立国界标志，势必招致清国猜疑……当以俟诸他日为宜。”

　　通过比较以上两则史料，著者指出：“本来，《申报》是说‘台湾东北边之海岛',而井上则进一步转述为'台湾附近清国所属岛屿',此其一;其二,就该侵占行为的主体而言,《申报》只提'日本人',而井上又将其确定为'我政府'即日本政府,而非个人的行为。"(参看原书第 99—106 页)可见日本政府当年也供认不讳钓鱼岛为台湾附属岛屿,属于中国领土。著者的这一分析推论无疑是合理的和有见地的。

(2)著者认为《马关条约》割让"台湾全岛及所有附属各岛屿"包括钓鱼列屿。根据是日本海军省档案中,有明治二十八年海军省所撰《日清战史稿本》之《别记·台湾匪贼征讨》,记载 1895 年 5 月 8 日《马关条约》互换批准书后,日本海军"征台舰队"接收该岛的全部经过。此书开卷即有明确交代:"明治二十八年四月清国乞和,台湾及附属诸岛割让予我国。不意台民冥顽,不愿沐浴皇化,方据险扬帆,恣肆凶威。"5 月 23 日,台湾总督海军大将子爵桦山资纪发布命令,指示征台舰队"立即经往台湾淡水港北方约九十海里(小基隆之海面)之位置"。5 月 27 日,桦山总督又发出"训示",其中第三项即为:"各运送船只之集合点,为北纬二十五度二十分,东经一百二十二度,即尖阁岛迤南约五海里处,各官员到该地点待命。"5 月 29 日,"午前九时,桦山总督(改为'该舰',指桦山所乘旗舰松岛)先到尖阁岛南约五海里处预定集合地点。"(参看原书第 115—120 页)

根据以上所列史料,著者认为:"隶属于中国台湾省的钓鱼列屿,是中国在甲午之战战败、被迫签订《马关条约》并换文之后,由负责接收台湾的'大日本帝国全权委员·台湾总督·海军大将·从二位勋一等子爵桦山资纪',率领"征台('南进')舰队",于清光绪二十一年五月初六日,即公元 1895 年 5 月 29 日上午九时,以武力非法侵占的;旋于其后五日,即 6 月 3 日'午后九时,岛村书记官携带(桦山资纪)总督签字盖章之公文,再回公义号,由李经方签字盖章后即归来,于是台湾交接事宜完全结束'。至此,包括钓鱼列屿在内的'台湾全岛及所有附属各岛屿',正式沦为日本军国主义的殖民地。"（原书第 121 页）概括地说就是：日本在甲午战争中侵占了钓鱼列屿，并企图通过割让台湾使之"合法化"。笔者认为，这个结论是正确的和站得住脚的。

通观全书，不难看出，著者对甲午战前钓鱼列屿的主权归属问题，是作了深入系统的研究的，引据的资料亦颇翔实可靠，尤其是著者对中国史料的穷根究底的探索精神，十分令人敬佩。然而，谁人著述能无病？是书也不例外，其中可商之处亦复不少，现举其数端如下：

（1）由于著者不谙日文，所用日文资料乃假手他人译出（见《自序》），因此，该书在"取异族之故书与吾国之旧籍互相补正"（陈寅恪语）方面是有缺陷的，特别是讨论钓鱼列屿这一关系到中日两国的历史问题，其中许多重要的日文图书资料（如大槻文彦著《琉球新志》、伊地知贞馨著《冲绳志》、东恩纳宽惇著《南岛风土记》等）没有被引用，即使书中曾加引用的井上清之书，其中许多精妙之处和较为复杂的论证方面，著者也未曾加以很好地吸收。如在讨论"尖阁列岛"、"尖头诸屿"称谓之来由时，出现了混乱（如著者谓钓鱼岛日本人"称为鱼钓岛，又称蒲葵岛"，事实上"蒲葵岛"与"久场岛"的发音相同，指的都是黄尾岛。见原书第 21－23 页）。有关"尖头诸屿"名称之来由，东恩纳宽惇在《南岛风土记》中作过很详细的解释，如果著者读过此书，将不会产生以上的混乱。另外，《南岛风土记》中指出：琉球人有关钓鱼岛的知识来自闽籍三十六姓移民，这是一条极为重要的史料，况且东恩纳宽惇被日本人尊称为琉球学之父，他的话无疑具有相当程度的可靠性，著者未涉猎此书，殊为可惜。

（2）著者在书中使用的仍然是传统考据方法（即从历史文献考证上下工夫）和形式逻辑的推论法，这些方法虽然在历史学研究中非常重要，而且著者在书中亦纯熟地运用这些方法，合理地推出钓鱼列屿在历史上属于中国领土的结论（这一点著者与井上清之书相同）。但是，目前中日钓鱼岛之争所涉及的问题，已由历史问题转到地理位置（如日本外相池田行彦谓尖阁列岛在日本的经纬线内，属日本固有领土）和国际法（池田外相又谓根据《旧金山条约》日本合法拥有钓鱼岛）及东海划界问题，其复杂性远远超出了本书的方法论所适用的范围。要驳倒这些论调，非得采用新的观念和方法（如经纬度切入法和《大陆架公约》），结合现有历史文献加以研究不可。因此，著者在"取外来之观念，与固有之材料互相参证"（陈寅恪语）方面下的工夫还是不够的。

（3）对于某些史料的理解，亦有可商之处。如对于陈侃《使录》"见古米山，乃属琉球者，夷人鼓舞于舟，喜达于家"的解释。著者认为这些"夷人"包括当地琉球人和闽籍三十六姓华裔；"家"则是指"广义的家，即祖国、国家的意思"（见原书第45页）。这种解释是欠妥的。因为历史上还没有将华裔视为"夷人"的事例。即使陈侃的船上包括有琉球华裔做导航，但陈侃也决不会将他们视同"夷人"。事实上这些"夷人"就是生活在古米山和那霸之间的庆良间（又称计罗摩）列岛的琉球土著，有史为证。大槻文彦著《琉球新志》卷上"地志"条云："计罗摩岛位于那霸之西海，属岛十余，岛人色黑，能泅，多役舟子。"无疑，陈侃船上的"夷人"，指的就是这些皮肤黑、水性佳、专做导航的琉球土人。这些人见到古米山，即知到家了，于是高兴得手舞足蹈。著者由于缺乏对琉球历史文化的了解，因此在解释陈侃《使录》之文意时产生了以上的误会。

其次，著者在解释《顺风相送》一书中出现的地名时，也出现错误。该书记载："……用单乙取钓鱼屿南边，用卯针取赤坎屿，用艮针取枯美山。南风，用单辰四更看好风，单甲十一更取古巴山即马齿山、是麻山、赤屿，用甲卯针取琉球国为妙。"著者认为文中的"赤坎屿即赤屿（赤尾屿）"。事实不然。《顺风相送》中出现的"赤坎屿"无疑即是钓鱼屿后面的赤尾屿；而"赤屿"却在"枯美山"（即古米山、久米岛）之后、马齿山旁。据笔者所考，"赤屿"实为今琉球庆良间列岛中的阿嘉岛，此岛在明治初年的日本地图上亦称"赤岛"（"赤"与"阿嘉"日语发音同为"あか"），在马齿山（即今之座间味岛）南侧。著者由于缺乏对琉球地理之了解，因此将《顺风相送》中的"赤坎屿"与"赤屿"误作同一岛屿（即赤尾屿）。

以上数端是本书不足之处。

三、马英九《从新海洋法论钓鱼岛列屿与东海划界问题》评介

马英九博士的《从新海洋法论钓鱼岛列屿与东海划界问题》一书，顾名思义，它是一部从国际法（主要是新海洋法）论证钓鱼岛列屿的主权归属以及中日东海划界问题的专著。该书于 1986 年由台北正中书局出版。由于联合国迟至 1982 年始正式通过《联合国海洋法公约》（即马著称《新海洋法》），该法对许多国际法学者来说，无疑属一项陌生的新课题。马博士旋即用于分析研究钓鱼岛列屿海床划界问题，可谓得风气之先。诚如著名国际法学者丘宏达教授在该书序言中指出："本书针对国际法上海域划界的理论与实践及如何适用到钓鱼岛列屿上等问题，作了分析研究。"笔者循读数过，认为该书确是一部运用国际法研究钓鱼岛列屿及东海划界问题的有系统、有深度和不可多得的专著。鉴于当前中日钓鱼岛主权争议和东海划界问题矛盾尖锐，而中国人（内地和台湾）有系统、有深度研究这一问题的专著并不多见，笔者认为有必要对马英九博士的这部力作略加评介。

古人云："知人论事"。马英九之所以耗其青春岁月潜心研究钓鱼岛列屿和东海划界问题，实由来有自。据著者自述，早在 20 世纪 70 年代初第一波保钓运动之际，著者还在台湾大学法律系就读之时，便对发生在美国东西两岸及台湾大学校园的保钓运动产生了兴趣。而著者下决心尝试对钓鱼岛的国际法问题做深入研究，则是受了当时在台大任客座的丘宏达教授的启发与鼓

舞。及至到哈佛攻读法学博士时，著者将博士论文定为：《怒海油争：东海海床划界及外人投资之法律问题》。本书就是在著者的博士论文基础上发展出来的，诚如著者《自序》云："本书中若干资料，取自于我前年完成讨论东海划界的英文专书。"（该书于 1984 年由美国马里兰大学出版——郑注）

著者多年来为何一直保持对钓鱼岛列屿和东海划界问题的浓厚兴趣？除钓鱼岛与东海问题对中日关系意义重大、影响深远外，与近年来国际法（特别是海洋法）的快速发展不无关系。而著者用于分析研究钓鱼岛和东海划界问题的理论，就是第二次世界大战结束后迅速发展起来的《大陆架公约》（书中将"大陆架"称为"大陆礁层"，目前国际法学界比较通用的术语还是用"大陆架"——郑注）。

关于"大陆架"的理论，一般公认美国总统杜鲁门在 1945 年 9 月 28 日所作的大陆架宣言，是国际法上《大陆架公约》的滥觞。该宣言指出："美国政府认为大陆架之底土及海床所有天然资源，由土地连接国家行使管辖权，是合理及公正的。"根据该项宣言精神，联合国于 1958 年签订了《大陆架公约》，其中第二条规定："海岸国有行使发掘大陆架，与利用其天然资源之主权权利。"1982 年 12 月 10 日在牙买加的蒙特哥湾举行联合国海洋法会议，有 117 个国家签署了《联合国海洋法公约》，并且将《大陆架公约》收录其中，成为《联合国海洋法公约》的一个重要组成部分，同时也为国际间解决领土争端和专属经济区划界问题提供了法律依据。诚如本书《导论》指出："这个公约相当大幅度地改变了原先学者们据以论述的假定。因此，我们实在有必要根据国际间即将定型的新海洋法秩序，来检视钓鱼岛列屿所牵涉的法律问题。"

不过，必须指出，马博士这本书并不讨论钓鱼岛列屿与主权争执，而是研析钓鱼岛列屿所涉及的东海大陆礁层划界的问题。虽然如此，但并不能说著者对钓鱼岛列屿的主权问题不感兴趣。细读全书，笔者发现，马博士写这部书，目的乃是试图从更宏观的角度思考和解决钓鱼岛列屿的主权问题。据此，著者提出一个与时下许多学者不尽相同的观点。自 20 世纪 70 年代以来，许多研究过这些问题的学者都认为，钓鱼岛主权问题与东海海床划界的问题是不可分割的；只有当主权问题获得解决之后，才能解决划界问题。然而，马博士并不完全同意这样的看法，他认为自从《大陆架公约》逐渐被越来越多的国家承认和接受，从而带来了世界海洋秩序的大革命。新的国际共识开始承认，在某些情况下，极小的岛屿不应享有大陆礁层。如果根据这种看法，钓鱼岛在领海之外，即不能拥有其他的海床权利，那么海床划界问题就可以从主权问题割离出来，分别解决。本书就是针对钓鱼岛列屿在大陆礁层划界中应具有何种效力的问题，提出分析与建议。

通过对新海洋法理论的深入研究和国际法上海域划界实践（书中列举了国际法庭审判的"1969 年北海大陆礁层案"，"1977 年英法大陆礁层仲裁案"，"1984 年加拿大美国缅因湾海域划界案"等五个案例）的综合分析，得出结论认为：就钓鱼岛问题而言，主权问题"可以"也"应该"与划界问题分离，因为钓鱼岛列屿只是八个无人小岛，本身资源极少，中日双方真正有兴趣的还是周围大陆礁层中的石油。一旦主权争执可以从划界问题分离，则未来无论钓鱼岛主权属于何方，该方皆不可据以主张分享周围的大陆礁层，如此，双方争执的动机当可大为减弱，因此，本书提出"钓鱼岛列屿不应享有大陆礁层及专属经济区"的看法。此一"釜底抽薪"的主张，不仅实际，也符合联合国宪章所揭示的和平解决国际争端的宗旨（见原书《自序》）。

笔者认为，马英九博士之所以煞费苦心、绞尽脑汁，论证钓鱼岛主权问题与东海海床划界问题并不相干，两者可以完全分割，以及"钓鱼岛列屿不应享有大陆礁层及专属经济区"的观点，主要是因为根据《大陆架公约》规定，沿岸国享有的大陆礁层应是该国"陆地领土自然延伸"，而国际法院认为这是大陆架制度最根本的原则之一。根据这一原则，中国享有的大陆礁层可以一直延伸到靠近冲绳列岛的东海海槽（书中作"冲绳海槽"），钓鱼岛列屿正好在中国应享有的大陆礁层之上；相对来说，日本享有的大陆礁层只到冲绳海槽为止，日本不可"跳过"冲绳海槽来分享东海广阔的大陆礁层，因为东海礁层已经不是日本领土的"自然延伸"了。如果马英九的理论能成立并为国际社会所接受，日本与中国争夺钓鱼岛列屿的主权的意义便大打折扣，因为钓鱼岛列屿毕竟只能享有 12 海里的领海及 12 海里的毗连区，况且它还是在中国享有的浅海大陆架之上。这一"釜底抽薪"的主张，正是本书的高明之处和贡献所在。马博士这本书的理论架构，就是建立在"沿岸国享有的大陆礁层应是该国陆地领土自然延伸"这一大陆礁层原则基础上的。又由于《联合国海洋法公约》规定专属经济区限 200 海里（第五十七条），而大陆礁层则可达 350 海里或 2500 尺等深线外 100 海里（第七十六条第五项）。同时，经济区只需考虑距离，而大陆礁层尚需考虑地质因素，所以两者界线不同，在理论上自属可能。新海洋法的这一规定，进一步加强了本书有关"陆地领土自然延伸"的理论架构。

由于马英九博士这本书是中国学者中运用新海洋法详尽而又系统地研究钓鱼岛列屿与东海划界问题的第一部专著，笔者认为有必要花些笔墨对本书各章内容稍作介绍。

本书除"导论"外，共分四章，内容如下：

第一章 钓鱼岛列屿的自然环境与石油蕴藏

第二章 钓鱼岛列屿在中日东海划界主张中的地位

第三章 就国际法（新海洋法）泛论岛屿在海床划界中的效力

第四章　从国际法（新海洋法）论钓鱼岛列屿在东海海床划界中的地位

此外还有"结论"、"补述"、"附表"、"附图"、"参考数据"、"索引"、"英中名词对照表"、"缩称表"等，可谓结构完整，洋洋大观，堪称符合国际学术水平。加上全书立论均有确实的法理根据，并详注出处，是一本严谨的、不可多得的中文学术著作。

本书第一章着重介绍钓鱼岛列屿的地理历史及石油蕴藏情况，并且从地质上分析指出：钓鱼岛列屿属新第三纪岩层被火山喷出物贯穿后形成的幼年锥状岛屿，与台湾北部沿海离岛花瓶屿、棉花屿及彭佳屿一样，都是观音山、大屯山等海岸山脉延伸入海后的突出部分，各岛多为隆起的珊瑚礁所围绕。至于钓鱼岛列屿所处的东海海床，实属中国本土陆地领土的自然延伸，该海床礁层宽度在某些地区竟达460公里（250海里）之遥！其中三分之二的面积由水深不及200尺的大陆礁层所构成。根据1969年艾默利、新野弘和其他科学家发表的报告指出："本地区最有利于石油及天然气生成的部分，就是台湾东北一片20万平方公里的区域。沉积物的厚度超过2公里，在台湾更达到9公里，其中有5公里厚的新第三纪沉积物。在大陆礁层之下堆积的沉积物，相信大部分都属于第三纪岩层。"据《艾默利报告》评估，东海大陆礁层为中国大陆长江、黄河及其他河流所带来的沉积物构成，这些沉积物估计当在100万立方千米左右，而且均属于蕴藏石油的新第三纪。由于在日本、韩国与台湾，几乎所有陆地上的油、气都产自新第三纪的岩层。因此，台湾与日本之间的大陆礁层，极可能是世界藏油最丰富的地区之一。据一个日本政府的深测报告估计，在钓鱼岛附近海域的石油储量有150亿吨（1095亿桶）之多。这个数字已超过其他人对整个中国（海陆均在内）石油储量的估计了。这也是为什么日本要与中国力争钓鱼岛列屿主权的真实原因。

　　正因为钓鱼岛列屿附近的东海大陆架可能蕴藏有丰富的石油，而且又是全世界少数几处尚未进行钻探的广大矿层之一，所以钓鱼岛列屿问题由此引起国际注意，并且中、日两国均对其提出权利主张。本书第二章着重分析钓鱼岛列屿在中、日东海划界主张中的地位。本章是该书最重要的理论架构所在和内容组成部分，特别值得关心这些问题的读者重视。

　　著者在本章中首先援引国际法中有关大陆架"陆地领土自然延伸原则"，作为该书的持论依据："国际法院强调：划界应根据衡平原则（equitable principles）并考虑所有有关情形（all the relevant circumstances）而以协议达成之。划界时应尽量使各该方获得大陆礁层中构成各该国陆地领土自然延伸入海的部分（natural prolongation of its land territories into and under the sea），而不侵及他方陆地领土之自然延伸。"（原书第 49 - 50 页）

　　这就是著名的"陆地领土自然延伸原则"（简称"自然延伸"原则，natural prolongation principle）。国际法院认为这是大陆礁层制度最根本的原则之一。根据这一原则，中国在东海划界问题上就不需要依靠钓鱼岛列屿的位置作为选择的基点（或基线），因为这些小岛本身都是坐落在中国领土（包括大陆与台湾）的自然延伸所构成的大陆礁层之上的。（参看原书第 52 页）

　　根据上述分析，著者得出这样的结论："台湾当局"对钓鱼岛列屿一向主张享有主权，但在海床划界问题上却有意忽略这群小岛的存在（即不以其为划界的基点）。这是因为从东海的自然环境（特别是冲绳海槽的存在）及海洋法发展趋势来看，采取"陆地领土自然延伸"原则较为有利。一旦采取这个原则，海床划界的基线可以全部定在中国内地与台湾的海岸，而无须依赖钓鱼岛列屿的前进位置。因为所谓"自然延伸"的法定限制（350 海里）已远超过东海的最大宽度（280 海里）；利用中国大陆及台湾海岸作基线，一样可将礁层主张推展到冲绳海槽的中央。相反的，如果台湾当局因为实际上曾经利用钓鱼岛列屿作基点而承认了这些小岛在划界上的效力，那么一旦在钓鱼岛主权之争中失利于日本，则可能连带失去东海大片的礁层。所以台湾当局在批准1958年联合国《大陆礁层公约》时，特别提出礁层划界须依"自然延伸"原则及不计小岛等两项保留，以为日后交涉的准备。

中国政府对钓鱼岛主权及东海礁层的主张虽然坚定，但对礁层主张的范围及划界原则却含混，目的在于使其具有充分弹性。同时，在东海争执中，也较有行动自由。（原书第84–85页）

本书第三章主要是讨论国际法上有关岛屿在大陆礁层划界中的效力。著者从国际法最重要的法源——"条约"开始，逐一讨论国家实践、国际司法判例及学说。由于这四种法源对海域划界问题的态度颇为相近，所以著者作综合研究后，得出如下的结论：

第一，就岛屿"向海划界"层次的效力而言，岛屿原则上应与大陆享有相同的大陆礁层。但是对于某些在经济上不能自给自足的无人荒岩，本原则并不适用。换言之，这些岛屿只能享有领海及邻接区。

第二，就岛屿"邻国间划界"层次的效力而言，岛屿可享有无效力、部分效力及全效力等程度不同的效力，其决定标准为岛屿的位置、大小、法律地位及总体地理因素。在根据衡平原则而适用等距原则划界的时候，对于位置距母国太远而距相对国太近，或面积太小，或法律地位有争执，或母国与相对国总体地理相当的岛屿，往往不予计及。

著者认为，由于"东海的地理、地形与地质使钓鱼岛列屿在海床划界上具有潜在的关键地位；另一方也凸显了这个中、日领土之争的本质无非资源之争。事实上，就是由于系争资源——石油——潜力的庞大，才使得这几个无人居住的蕞尔小岛，成为中日关系中的定时炸弹"。要想拆除这颗"定时炸弹"，最有效的方法除根据上述"陆地领土自然延伸原则"外，最好须结合新海洋法的相关条约及国际司法判例，证明钓鱼岛列屿仅靠其本身资源并不能有效维持人类"永久性定居"，因此，这几个无人居住的蕞尔小岛在海域划界应属零效力。

本书第四章就是要讨论钓鱼岛列屿在东海海床划界中，是否应享有效力的问题。

根据《联合国海洋法公约》第一二一条"岛屿制度"之第三项规定："不能维持人类居住或其本身的经济生活的岩礁，不应有专属经济区或大陆架。"著者认为这条国际法规定可作如下解释：

第一，这个岩礁必须能在相当长期内维持人类居住。

第二，岩礁维持本身经济生活所需资源应限于岩礁本身所产，而不包括其领海内及外地输入的资源。

第三，开发岩礁本身资源必须合于经济原则，其标准应依争端发生时之当地情况认定之。

虽然，钓鱼岛列屿中的钓鱼屿与黄尾屿上有饮水及可耕地，就"维持人类居住"这点而论，似乎也合于此一标准。但此二岛屿如果不自外界输入相当资源，能否以其本身资源维持经济生活，则尚有疑问。因此，严格来说，钓鱼岛列屿应该属于"不能维持人类居住或其本身的经济生活的岩礁"，按新海洋法第一二一条第三项规定，该列屿"不应有专属经济区或大陆架"。

根据以上的分析，著者得出结论认为："就国际法（主要为新海洋法）而言，在东海海床划界中，面积微小，无人居住，距岸甚远，且主权有争执的钓鱼岛列屿，不应具有任何划界效力。"（原书第 156 页）

综上所述，马英九博士这部大作，是以 1982 年通过的《联合国海洋法公约》及其所建立的海洋新秩序为基础，深入地、系统地研究分析钓鱼岛列屿与东海划界问题的关联。著者的结论很简单：由于钓鱼岛列屿面积小、距岸远、资源少、无人居及主权有争执，因此在中、日东海大陆礁层划界中不应具有划界效力。换言之，除 12 海里领海及 12 海里邻接区外，不再享有大陆礁层及专属经济区。如果此一理论获得证实，则不论中日两国最后何国取得钓鱼岛列屿的主权（或甚至维持目前的僵局），东海海床划界的问题即可与钓鱼岛列屿主权问题完全分离。质言之，此二问题彼此完全不相干，既可同时解决，亦可先后解决。

另外，由于中国（大陆与台湾）在海床划界问题上均采取"陆地领土自然延伸原则"，以中国大陆及台湾海岸作为基线来划界，无须利用钓鱼岛列屿的前进地位，所以钓鱼岛列屿在东海划界中可以忽略不计。相反，日本一向主张以"等距原则"（equidistance principle）来划界。根据著者分析，未来钓鱼岛列屿主权问题如何解决，鉴于东海礁层划界问题，已与钓鱼岛列屿主权问题完全分离，中、日任何一方皆不能利用钓鱼岛列屿的前进位置作为确层划界的基点。著者的这一论点，能在新海洋法的各主要法源中找到充分的支持。

四、鞠德源《钓鱼岛正名》举正

（一）引言

鞠德源著《钓鱼岛正名——钓鱼岛列屿的历史主权及国际法渊源》（以下简称鞠著），2006年由北京昆仑出版社出版。全书分四部分：一、钓鱼岛列屿序说；二、日本外务省的所谓"基本见解"；三、钓鱼岛列屿历史主权图证；四、附录。全书共455页，其中第三部分附有大量地图，可谓洋洋大观。通览全书，尤其是地图部分，初步印象觉得作者在前人著述的基础上，确实是做了一些资料搜集工作的。但细读全书之后，发现作者对前人著述，尤其是丘宏达、马英九、吴天颖、郑海麟等人撰写的较有分量的钓鱼岛问题研究论著都没有提及，井上清的名著《"尖阁"列岛——钓鱼诸岛的历史剖析》也仅仅在该书第146页轻描淡写地提了一次（只提到"《尖阁列岛》一书"，未列全名），书后亦未见附有参考书目。书中许多内容与前述几部钓鱼岛问题研究论著相近甚至雷同之处却又显而易见，这不能不引起笔者的怀疑与好奇。于是将鞠著与井上清、吴天颖、郑海麟的著作比对，发现鞠著杂撮改写前人著述而又不注明出处的地方甚多，经仔细核对校读后，笔者发现鞠著有两个较明显的特征，该书的观念来源和基本构思主要受了如下几部书的影响：

（1）史料可靠，解读正确，考证严密，有利于支持中国拥有钓鱼岛列屿主权部分的文字，基本上来源于井上清、吴天颖等前人著述，其中杂撮改写自郑海麟《钓鱼岛列屿之历史与法理研究》（香港明报出版社，1998 年版）一书尤火，但鞠著却只字未提。

（2）引据不当，解读欠妥，考证粗疏，穿凿附会且无助于中国拥有钓鱼岛列屿主权的文字，则大致上以梁嘉彬《琉球及东南诸海岛与中国》一书为底本，再加上鞠氏的主观想象、大胆假设和任意发挥而成。而鞠著引梁嘉彬书，部分有注明出处，部分则没有注明出处。

兹将鞠著的两个特征及其著述渊源（包括史料来源和观念来源）胪举如下。

（二）《山海经》所记不足为据

鞠著第 5 页谓："钓鱼岛列屿，早在春秋战国时代（公元前 770 年至前 222 年）就已经被中国先民海外探察所发现，命名称作'列姑射'……中国古地理文献《山海经·海内北经》记录：'列姑射，在海河州中。'所谓'列姑射'，即指列岛海山"。

在这里，鞠著将《山海经》所记"列姑射"比定为钓鱼岛列屿，但书中并没有引据可靠的文献史料及前人考证成果资佐证，这显然不是严谨治学的态度。古语云："史家著述，务从实录。"鞠著引《山海经》这类属于民间传说的地理知识来证明钓鱼岛主权归属问题，严格说是很不适当的，因而也是不可取的。表明作者缺乏起码的史地考据和国际法的基本知识。按史家陈寅恪先生的考据三法："一曰取地下之实物与纸上之遗文互相释证。二曰取异族之故书与吾国之旧籍互相补正。三曰取外来之观念与固有之材料互相参证。"（见《陈寅恪史学论文选集》第 501 页，上海古籍出版社，1992 年版）鞠氏既无"地下之实物"，又无"纸上之遗文"作参证，仅凭自己的主观臆度穿凿附会，便轻率地断定《山海经》所记"列姑射"即是今之钓鱼岛列屿，这与"海客谈瀛"、"齐东野语"何异？况且《山海经》这类均属传闻性质的地理书，根本就不能作为国际法（"外来之观念"）依据的材料。而论证钓鱼岛主权归属这类极为严肃的问题，恰恰需要的正是适合国际法的材料，也即是可与"外来之观念"相互参证的"固有之材料"。

据笔者所考，现存最早记载钓鱼岛列屿岛名、且可作为与国际法相互参证的史籍，当推明永乐元年（1403）前后成书的《顺风相送》，是书《福建往琉球》条记："正南风，梅花开洋，用乙辰，取小琉球头；用单乙，取钓鱼屿南边；用卯针，取赤坎屿。"（见向达校注《两种海道针经》，中华书局，1961年版）这里的"梅花"，即梅花千户所，位于福建闽江口；"小琉球头"即今台湾岛最北端的基隆屿；"钓鱼屿"即今钓鱼岛列屿之主岛钓鱼岛；"赤坎屿"即今称钓鱼岛列屿中之赤尾屿者。这是目前所发现最早记载钓鱼岛列屿名称的可靠文献。当然，中国人发现、使用和命名钓鱼岛列屿应当早在永乐元年之前（据琉球学之父东恩纳宽惇在《南岛风土记》中指出：清初琉球紫金大夫程顺则所著《指南广义》中的附图，所载钓鱼岛列屿绘图乃是依据1392年前后的闽籍三十六姓移民的航海图）。

必须附带说明的是，鞠著引用《山海经》所记来证明中国人早在春秋战国时代便发现钓鱼岛列屿，以此作为中国"拥有无可争议和不容置疑的专属发现权"的证据，这非但无助于证明中国拥有钓鱼岛列屿主权，反而会产生负面的效果。因为这种以传闻性的地理书为依据再加主观想象、大胆假设且毫无佐证的论据，是完全不适合国际法的；非但国际法庭不可能接受，即使稍具史地常识的学者也无法认同，反会徒增纷扰，节外生枝。因此，研究钓鱼岛列屿问题必须特别小心谨慎，无把握和不可靠的史料最好不要引用，以免授人予柄。令人遗憾的是，鞠氏书中类似这种引据不当、大胆假设、毫无佐证、穿凿附会、妄下断语的例子随处可见。

（三）《隋书》所记"流求国"考证与钓鱼岛主权无关

鞠著第 4 页、第 7 页、第 9 页、第 10 页、第 11 页、第 139 页、第 140 页、第 142 页、第 171 页、第 180 页等十几处的考证文字，不厌其烦地重复论证《隋书·流求国传》所记"流求"为琉球列岛（即今冲绳岛），然后又将福建往"流求国"途中的"高华屿"比定为"钓鱼岛"、"鼊屿"比定为"古米山"（即今久米岛）。此说最早出自梁嘉彬先生。梁氏于 1965 年由台湾东海大学出版的《琉球及东南诸海岛与中国》一书，内有"流求史论正谬"、"古琉球确即瀛洲考释"、"流求辨——敬质'隋代流求为台湾'之论者"等篇，考证《三国志·吴志·孙权传》所记"夷洲"即今之琉球列岛；《隋书·流求国传》所记"流求"亦为琉球列岛而非台湾，其依据是《隋书·流求国传》云："流求国，居海岛之中，当建安郡东，水行五日而至。……至高华屿，又东行二日，至鼊屿，又一日，便至流求。"这里所记的航行日程，与明、清出使琉球册封使录所记航海纪程相近，故推定"流求国"当为琉球列岛而非台湾岛。鞠著从其说，并大量抄录摘引梁书，前述十数处考证文字，即是以梁书为底本，加上自己的大胆发挥而成，部分注明参考梁书，部分则没有注明。不过，必须指出的是，梁嘉彬书并未将"高华屿"比定为"钓鱼屿"，只是不确定地将其比定为"彭嘉屿"或附近一屿（见氏著《琉球及东南诸海岛与中国》，第 130 页），而鞠著则十分确定地将其比定为"钓鱼屿"；至于"鼊屿"，鞠著从梁书将其比定为"古米山"。兹举鞠著第 140 页的一段考证文字为例：

《隋书·流求国传》载称："流求国，居海岛之中，当建安郡（今福建省）东，水行五日而至。……至高华屿，又东行二日，至鼋鼊屿，又一日，便至流求。"按"至高华屿，又东行二日至鼋鼊屿"的日程计算，此"高华屿"恰当钓鱼屿之地。因为钓鱼屿是台湾东北边海中诸岛的中心主岛，是自福州或广东潮州往琉球国必经的重要地理标志，为历来的尤其是明清两代航海者所专门注意之岛，船行至此才转向东北，正常天气，顺流向下再行二日程即至"鼋鼊屿"。此鼋鼊屿即琉球属姑米山（久米岛）之别译，汉字音读 goubi，与琉球语 kumi 或 kume 语音相近。

这段文字摘抄改写自梁嘉彬前揭书第 129～131 页。不过，鞠氏在"此高华屿恰当钓鱼屿之地"后补注云："《中国历史地图集》第五册《（隋）淮南江表诸郡》，误指台湾为'流求'，因而又误指澎湖所属两个岛屿分别为'高华屿'和'鼋鼊屿'，这是由于制图者囿于见闻，误解《隋书·流求传》、《宋史·流求传》及《元史·瑠求传》等史料和轻信日本旧东洋史学者之伪说，以及不甚了解中国历届册使从福建往琉球的海行针路与海岛路程所造成的。"

上述鞠著的考证及批评谭其骧《中国历史地图集》的文字其实是大有问题的。

首先，梁嘉彬认为《隋书·流求国传》所记"流求国"即古琉球（今冲绳岛）一说，在学术界是颇具争议的，且此说不为大多数史地学家所认同。据权威的历史地理学家谭其骧（见氏著《中国历史地图集》，中国地图出版社，1982—1988 年版）、吴壮达（见氏著《琉球与中国》，正中书局，1948 年版）、郭廷以（见氏著《台湾史事概说》，正中书局，1954 年版）、曹永和（见氏著《台湾早期历史研究》，联经出版事业公司，1979 年版）、张崇根（见氏著《台湾历史与高山族文化》，青海人民出版社，1992 年版）

等专家学者考证,《隋书》所记"流求国"即是现在的台湾岛,并非指琉球列岛(今冲绳岛)。特别是张崇根《台湾古称"流求"探源》一文,在前人研究成果的基础上,从台湾名称的源流演变及其历史沿革入手,用大量内容可靠的史料论证《隋书》所记"流求国"即今之台湾,至于冲绳岛本土人则称其岛为"屋其惹"、"倭急拿"或"阿儿奈波",英译即为 Okinawa,也就是"冲绳"两字的日语发音。早在隋唐时期的著作(如《唐大和尚东征传》)便以"阿儿奈波岛"称呼冲绳岛(即琉球列岛),与《隋书》所记"流求国"无涉,在冲绳岛上亦找不到"流求"一词的来源。自元末明初起,随着大批福建移民经"流求国"(台湾岛)迁移至"屋其惹"(冲绳岛),这个"屋其惹"岛上的琉球国才完全替代台湾的古流求国。此说有严谨的史料佐证和学理基础,可信程度极高(关于《隋书》"流求国"即台湾而非冲绳,以及冲绳岛之琉球国取代台湾岛的古"流求国"的源流演变过程,吴壮达《琉球与中国》、曹永和《台湾早期历史研究》等书考证甚详)。

关于"流求"名称的来源,梁嘉彬书谓:"'流求'一名固起源于冲绳而非起源于台湾也,说文:'求、索也''绳、索也'是流求(流中之索)义与冲绳(冲中之绳)通。此为琉球列岛之地形而非台湾之地形,实显而易见。"(见氏著《琉球及东南诸海岛与中国》第 123 页)以此作为《隋书》所记"流求"即今琉球列岛之佐证。张崇根对梁氏此说颇不以为然,撰文辩诘云:"那末,'流求'二字能否解作'海面之绳'呢?梁氏引《说文》'求,索也'为据,因称汉语'流求'义为'流中之索'。此实为望文生义,殊不足取。按:《说文》所谓'求,索也'之'索',是动词,即今所说'思索'、'探索'、'索取'之'索',并非作为名词的绳索之索。成语'吹毛求疵',《后汉书·杜林传》作'吹毛索疵'。《楚辞·离骚》:'路漫漫其修远兮,吾将上下而求索'。朱熹注:'求索,求贤君也。'这二例都是求、索同义，但又不作'绳子'解的最好注脚。"（见氏著《台湾历史与高山族文化》第57页）。

经上述诸家的严谨考证，《隋书》所记"流求国"即今之台湾岛大致成为定论，且为学术界普遍认同；而梁嘉彬的"冲绳说"则不被学术界普遍认同，虽然偶尔也有个别学者沿用梁嘉彬的"冲绳说"，但不属学术界主流的看法。

其次，为达到证明"流求国"即今冲绳岛的预设目的，梁嘉彬将福建往"流求国"沿途所经的"高华屿"比定为"彭嘉屿"、"鼁鼊屿"比定为靠近琉球列岛的"古米山"。而目前学术界普遍认为，高华屿在福建往台湾之间的澎湖列岛。为此，笔者曾多次前往台湾踏访调查，据当地居民和史地学者云：高华屿在澎湖南端，即今称花屿者，鼁鼊屿在澎湖北端，即今称吉贝屿者。盖鼁鼊与吉贝，用闽南语发音相同，又因鼁鼊两字为冷僻古字，书写颇为不便，故澎湖本地人将其化简书写为吉贝，盖取其发音相近是也。另外，据台湾史专家邓孔昭教授和琉球史权威学者陈捷先教授云："高华屿至今确实还在澎湖列岛之中，曾有学生到该岛作实地调查"。至于鼁鼊屿，梁嘉彬书中有些地方又将其写作"奎壁屿"。然据张崇根所考："高华屿、奎壁屿都在澎湖列岛。一般认为高华屿即花屿，笔者从其说；奎壁屿在马公岛上。"（见氏著《台湾四百年前史》第311页，九州岛出版社，2005年版，北京）综合以上诸家之说，高华屿和鼁鼊屿的位置当在澎湖列岛之中，应是可靠的。如果说，文字的解读有牵强附会之可能的话；那么，笔者试举一幅琉球古地图，以作高华屿和鼁鼊屿并非彭嘉屿和古米山之佐证。

（明）郑若曾《郑开阳杂著》卷七之"琉球国图"（1561年绘），在左上方绘有彭胡岛（即今澎湖列岛）、高华屿、鼁鼊屿；在左下方又绘有小琉球（今台湾岛）、鸡笼屿（今基隆屿）、彭家山（即彭嘉屿）、钓鱼屿、古米山；如果高华屿是彭嘉屿（鞠著将其比定为钓鱼屿）、鼋鼊屿是古米山，那么在这幅《琉球国图》中便出现了两个彭嘉屿（或两个钓鱼屿）和两个古米山，由此可证高华屿与彭嘉屿（或钓鱼屿）在不同的方位；鼋鼊屿与古米山亦属两个不同的岛屿。郑氏此图被其后的中、琉、日史地学家反复仿制摹绘，如明万历三十五年（1607）王圻编纂的《三才图绘》所附《琉球国图》即仿自郑氏此图，该图左上方清晰绘有彭胡岛、高英屿、鼋鼊屿，并省去郑图中的纪程文字，同时将高华屿写作高英屿；左下方清晰绘有小琉球、鸡笼屿、彭家山、钓鱼屿、古米山。（此图亦见于鞠著第 138 页）。如按鞠氏将高华（英）屿比定为钓鱼屿、鼋鼊屿比定为古米山，此图便有两个钓鱼屿和两个古米山，这是自相矛盾和说不通的。难道明代的史地学家连这点基本的地理常识都没有吗？据笔者所见，日人秋冈武次郎著《日本地图史》（河出书房，1955 年版，日本东京）亦收有此图，名称改为"琉球国之图"，在图的右上角添加了"东北日本国萨州"字样，左上方用椭圆形绘有彭胡岛、高英屿、鼋鼊屿，并将纪程文字加注在椭圆形外；左下方由下至上分别绘有小琉球、鸡笼屿、彭家山、钓鱼屿、古米山；左下角添注日文"自西南福建梅花所出大洋，顺风七日可到琉球"字样（详见《钓鱼岛列屿之历史与法理研究》第 195、196 页）。

以上三幅《琉球国图》皆明确标出高华（英）屿、鼋鼊屿与彭家山、钓鱼屿、古米山的地理位置，足证高华屿与彭嘉屿（或钓鱼屿）、鼋鼊屿与古米山不属同一个地方，这是明代中、琉、日史地学家的共识。如果说文字可作不同角度的解读的话，那么，地图则直截了当，一目了然，无任意解释之余地。

再次，鞠著从梁嘉彬书，以明、清出使琉球册封使录所记海行针路及航海纪程（如陈侃《使琉球录》、徐葆光《中山传信录》及所附"针路图"、周煌《琉球国志略》等），与《隋书》所记自建安郡（福建）至"流求国"之"水行五日而至"相合，用以证明《隋书》所记"流求国"当属琉球列岛无疑。这种"以后揣前"、"以今释古"，而不是根据可靠史料和具体问题具体分析的考证方法也是不可取的。须知，据可靠的文献记载，福建往琉球（冲绳岛）的航海纪程，至明永乐元年（1403）前后成书的《顺风相送》才有比较准确的海行里程（即"更"数；据笔者所考，明代航海家将一日24小时为十更，一更约合两小时半，大约行程60里，而旧时一里相当于今0.14海里。详参《钓鱼岛列屿之历史与法理研究》第23页）的针路记录。根据该书"序"之末节："永乐元年，奉差前往西洋等国开诏，累次校正针路，牵星图样，海屿水势山形图画"等字样，结合该书《福建往琉球》条所记文字，知明永乐帝派出的使臣对福建往琉球的航路曾作多次（据笔者所考共五次）比较查勘，最后留下由福建直航至琉球国那霸港的针路记录，为明、清册封使所沿用（关于《顺风相送》成书年代及所记针路之考定，可参看向达校注《两种海道针经》，中华书局，1961年版；徐玉虎《明代郑和航海之研究》，台湾学生书局，1976年版及《明代琉球王国对外关系之研究》，1982年版）。在此之前，无论《隋书·东夷列传·流求国》、《宋史·外国列传·流求国》、《元史·外国列传·瑠求》所记福建往"流求国"航海纪程，皆无准确的海行里程针路可言，且大都出自传闻，与大航海时代钦差使臣通过查勘海屿水势山形，参考前人所绘图画并累次校正针路而成的《顺风相送》及《册封使录》所记海行里程针路不可同日而语，更不可作穿凿附会的解读。对此，相信稍受过中西交通史训练的学人皆不会反对。

此外，有必要稍加说明者，鞠著从梁嘉彬书，援引《隋书》所记"流求国"究竟属台湾抑或冲绳这一颇具争议的论题，并且在没有确凿史料佐证下，仅凭自己的大胆想象便将高华屿说成"即钓鱼屿之古名"，类似这种引据不当、解读欠妥、穿凿附会的考证文字，不但毫无说服力，而且也无助于证明中国自古拥有钓鱼岛领土主权，其效果可能会适得其反。自明初中、琉两国开始建立朝贡式外交关系以来，中国发现、命名、使用钓鱼岛的确凿史料多不胜数，并且早于日本数百年，史迹斑斑可考，根本不必要援引那些不确定和有争议且不适合国际法的史料，否则只会徒增纷扰，节外生枝和授人以柄，使中日钓鱼岛之争的问题更加复杂化。

附带一提，鞠氏虽从梁说，但大概没有仔细阅读梁嘉彬《琉球及东南诸海岛与中国》全书，该书第345页《琉球古今见闻考实》一文，梁氏便将钓鱼岛、尖头诸礁、黄尾礁、赤尾礁统称为"尖阁群岛"，归入琉球列岛的第七群岛即先岛群岛之列。这也是梁氏力证《隋书》所记"流求国"为琉球列岛而非台湾岛必然会推出的结论（因高华屿和鼋鼊屿皆为"流求国"附属岛屿之故）。鞠著虽没有引用梁氏这一结论，但该书将本属澎湖列岛的高华屿比定为钓鱼岛，鼋鼊屿比定为久米岛，然后又将"流求国"比定为今冲绳岛而非台湾岛，按其逻辑推论，结论与梁氏应是相同的。这也是鞠著的论题主旨与史料考证之间存有内在矛盾的地方。

（四）关于自福建往琉球针路所记诸岛屿考

在考证自福建往琉球针路所记沿途诸岛屿名称方面，鞠著大量采用他人考证成果而不注明出处。兹引该书中的几段文字为例：

（1）（明）《顺风相送》一书载《福建往琉球（针路）》：小琉球头、彭家山、钓鱼屿、赤坎屿、花瓶屿、木山（即八重山）//（琉球）枯美山、马齿山是麻山、古巴山、赤屿（球名即久米赤岛，今名阿嘉）。（鞠著第11页）

（2）（清）佚名《指南正法》载《福建往琉球针路》：梅花（头）、圭笼长（即鸡笼山）、花矸屿（即花瓶屿）、钓鱼屿、黄尾屿//（琉球）枯美

山（即古米山）、马齿山、濠霸港。（鞠著第 13 页）

（3）林氏针位所记某刻取"久场岛、久米赤岛"，皆为琉球庆良间列岛内之属岛。其久场岛，今仍称此名。最早于十四世纪中叶至十五世纪初成书的《顺风相送》，中文译名为"古巴山"，又译作"古巴山是麻山"，《中山传信录》音译汉字名为"姑巴汛麻"，日文字写作 KUBAJIMA；姑米山东南之赤岛，中国人原称赤屿，又作赤坎，其地与姑米山（今称久米岛）甚近，故主属连称则为姑米赤岛，或称久米赤岛。（鞠著第 31 页）

（4）1877 年日本吞琉灭国的急先锋伊地知贞馨在《冲绳志》一书及该书所附的《琉球诸岛全图》内均把"赤岛"一名改作"阿嘉岛"，至 1885年，这个"赤岛"之名竟然被日本窃土者变异改称为"久米赤岛"，并用"移花接木"之法转移到中琉界沟即"黑水沟"以西，强加在中国台湾附属岛屿东北诸岛东段岛链最东端的赤尾屿（赤屿）头上。（鞠著第 81 页）

（5）自 1885 年日本国密谋用"移花接木"之法，即用混冒岛名"久米赤岛"、"久场岛"、"鱼钓岛"窃取中国赤尾屿（赤屿）、黄尾屿、钓鱼屿之后，琉球庆良间列岛内的行用五百年之久的"赤岛"之名便从日本、琉球各种地图上永远消逝，一律改用"阿嘉"所代替，以掩饰日本盗取中国岛屿之劣迹。（鞠著第 97 页）

（6）琉球国领属海岛名称：久米岛（即姑米山）、座间味岛、渡嘉敷岛（即东西马齿山岛）、阿嘉岛（按：即赤岛，亦名赤屿；"阿嘉岛"一名的出现，潜藏了萨摩人的玄机）、久场岛（即姑巴汛麻山）、庆留间岛（即计罗摩岛）、那霸港。（鞠著第 146 页）

以上几段文字中关于"木山"、"赤屿"、"圭笼长"、"花矸屿"、"古巴山"、"赤岛"、"阿嘉岛"、"久场岛"、"姑巴汛麻"等岛屿的名称及其方位的考定，皆采自郑海麟《钓鱼岛列屿之历史与法理研究》一书（以下简称郑著）。该书第一章《"顺风相送"所记钓鱼岛列屿史实考释》注9"木山"条云：

木山，当指琉球南部之八重山，又称北木山。据徐葆光《中山传信录》云："八重山，一名北木山；……由福建台湾彭家山，用乙辰针至八重山。"……向达校注本"木山"条云："木山在福建海上东涌即东引附近。"查《郑和航海图》、陈伦炯《海国闻见录》"沿海全图"、章巽《古航海图考释》"福建地方图"，东涌附近皆无木山，不知向达之说何所据？（郑著第24页）

同章注21"古巴山"条云：

古巴山，即《指南广义》所记之"姑巴甚麻山"，亦即是今日琉球庆良间列岛之久场岛，为福建往琉球航路上之望山（由古米山至那霸中途）。《指南广义》"琉球归福州"条云："由那霸港用申针放洋，辛酉针一更半，见姑米山并姑巴甚麻山。"知该山距那霸只有一更半路程。古巴山、姑巴甚麻、姑场岛、久场岛，用琉球语发音皆作（Kubashima），故名称常相杂用。姚文栋《琉球地理小志》（照日本明治八年官撰地书译出）记："姑场岛在赤岛之西南三十町余，东西十五町、南北二十町，高九百十六尺。"为庆良间列岛中最高峰。查1970年日本讲谈社版《日本文化地理》卷十七附图"冲绳"之庆良间列岛中最高峰为久场岛，海拔269米。且位于赤岛（即阿嘉岛）之西南，知姑场岛即为久场岛；另伊地知贞馨《冲绳志》之地图第七绘有"Kuba"岛，位于"阿嘉岛"之西南，按即是久场岛。此久场岛绝非今日本政府所称"尖阁列岛"之一的久场岛（即黄尾屿），因前者在钓鱼岛与古米山之间，且海拔为118米；而后者却在古米山与那霸港之间，属庆良间列岛（即东西马齿山），海拔为269米。按东马齿山即今庆良间列岛之渡嘉敷岛。（郑著第26页）

同章注22"赤屿"条云：

赤屿，在古巴山东北，往西马齿山（今座间味岛）途中。亦名赤岛、阿嘉岛，因"赤"的琉球语发音为あか（Aka），音读即为"阿嘉"，属庆良间列岛，海拔193米。大槻文彦《琉球新志》（1873）附图绘有赤岛，位于计罗摩（即庆良间列岛）；1876年日本陆军参谋局绘制的《大日本全图》亦标作"赤岛"；伊地知贞馨《冲绳志》、讲谈社1970年版"冲绳"地图皆作"阿嘉岛"。此处"赤屿"与钓鱼岛列屿之"赤屿"（即赤尾屿）因同在福建往琉球的航线上，故常被混而为一。（郑著第27页）

郑著前揭书第21页有揭穿琉日当局用"移花接木"之法将"久场岛"更名"黄尾屿"之考证文字云：

1969年5月5日，琉球政府在钓鱼岛上立的碑石"八重山尖阁群岛"下列八岛为："鱼钓岛、久场岛、大正岛、南小岛、北小岛、冲之北岩、冲之南岩、飞濑"。将钓鱼岛称为鱼钓岛；黄尾屿称为久场岛；赤尾屿称为大正岛。这样，在日本冲绳县的地图上便有两个久场岛，即"尖阁列岛"的久场岛和庆良间列岛的久场岛。（有心人一眼便可看出琉球政府有意将庆良间列岛之一的久场岛移作为钓鱼岛列屿之一的黄尾屿，从而又将它说成自古即为琉球领地的一部分，这岂不是偷梁换柱、移花接木？）于是，在1970年讲谈社出版的冲绳地图中，又将"尖阁列岛"之一的"久场岛"改为黄尾屿，而庆良间列岛之一的久场岛则沿用旧称。（郑著第29、30页的图四、图五）

同书第三章《明清人杂著所记钓鱼岛列屿史实考释》注26"圭笼长"条、注27"花矸屿"条云：圭笼长即鸡笼。按闽南语中"圭"与"鸡"发音相同；花矸屿即花瓶屿。按闽南语中"矸"即是"瓶"，如酒瓶作酒矸。（郑著第79页）

比较以上两书的文字，不难看出，鞠著实乃撮自郑书并加改写而成。上述郑著关于自福建往琉球针路所记沿途诸岛屿的方位和名称，以及琉日当局用偷梁换柱、移花接木之法更改岛名借以掩人耳目的考证文字，被鞠著当成自己的原创反复使用（鞠著将郑著的考据成果杂撮改写反复使用不下十几处），其手法大致上是以郑著的注释文字为底本，加上自己搜集补添的史料糅合改写扩充成篇。由于杂撮前人著述甚多，通读鞠著全书，感觉文字冗沓，引史杂乱（援引了许多与主题无关且不适合国际法的史料），加上缺乏佐证，不加注明等病，实称不上一部学术著作，只能算作一部有关钓鱼岛问题研究的资料汇编。

除上举文字外，例如鞠著第 21～23 页之《从钓鱼岛列屿岛屿名称变异看日本国窃土扩张之轨迹》部分，基本上是以井上清《"尖阁"列岛——钓鱼诸岛的历史剖析》为底本，旁参郑著第四章《日本人的"鱼钓岛"、"尖阁群岛"名称之来由》，加上自己搜集的一些史料（如王德均等译《海道图说》）扩充编纂而成，但鞠著参采井上和郑著皆不加注明出处。

次如鞠著第 24～32 页之《中国册使关于中琉海上自然疆界说简析》部分，则是参酌吴天颖《甲午战前钓鱼列屿归属考》和郑著第二章《"册封使录"所记钓鱼岛列屿史实考释》，略加自己一些见解改编而成，篇中亦未见注明参考吴著和郑著。内有发挥处，尤为不当。特别是在解释李鼎元《使琉球记》"视海面深黑，天水遥接，岂即所谓黑沟耶！"一语时谓："李鼎元照例遵行了封舟'过沟祭海'的国家制度，不敢怠忽。"鞠氏将"过沟祭海"解释为"国家制度"，实为过度引申的解读。事实上"过沟祭海"只不过是福建往琉球途中的一种航海惯例，如同出海要先拜祭妈祖相同，册封使如此，一般民众也不例外，何来"国家制度"可言？将航海惯例解释为"国家制度"，殊不足取。

再如鞠著第 34～74 页之《日本外务省的所谓"基本见解"》部分，其概念来源亦出自郑著《日本声称拥有钓鱼岛领土权的论据分析》、《美、日旧金山条约与钓鱼岛问题》及《简短的结论》等章节；鞠著第 150～170 页关于福建往琉球针路的许多考证文字，在郑著《"册封使录"所记钓鱼岛列屿史实考释》、《明清人杂著所记钓鱼岛列屿史实考释》等章节内亦可找到，将两书比照校读，不难发现前者摹拟改写后者的斧凿痕迹。类似这种杂撮改写前人著述不加注明之处还有许多，在此就不再一一列举了。

（五）结论

综上所述，通览鞠著全书，笔者认为有些问题和看法还需着重提出，以资钓鱼岛问题研究者参考借鉴。

鞠著在前人著述的基础上，应该说是做了大量的资料搜集工作的。著者利用其在中国第一档案馆工作之便和四出访学的机会，查阅了许多第一手的图书数据，特别是收集了大量与钓鱼岛问题相关的历史地图，虽然这些都是根据前人著述所提供的线索按图索骥，但毕竟在数据搜集方面还是下了一番工夫的。如果鞠氏能在中西交通史和国际法等方面加强专业知识的训练，遵循应有的学术规范，严格运用有利于证明钓鱼岛列屿主权归属中国的图文资料，是不难写出一部有价值的钓鱼岛问题研究专著来的。遗憾的是，鞠氏在学术基础训练方面欠缺，因而无法驾驭钓鱼岛问题研究中所必须面对的许多复杂问题，只能采取摹拟、杂撮、改写前人著述的方法，将搜集的图文数据堆积成篇。此书在体例结构、史实考证和法理诠释方面可以说无创造性，正因为欠缺国际法的专业知识，鞠氏在书中杂引许多与主题无关和不适合国际法的史料，致使文章缺少内在的逻辑联系，给人以牵强附会、枝蔓冗沓之感。不像井上清的著作一气呵成，滔滔雄辩；亦欠缺吴天颖书那种结构严密，条理分明。至于采用前人著述而不加注明，则是鞠著的最大败笔。学术界应引以为鉴。

附录二

《钓鱼岛列屿之历史与
法理研究》书评

一、评郑海麟著《钓鱼岛列屿之历史与法理研究》

陈捷先

郑海麟博士的新著《钓鱼岛列屿之历史与法理研究》（香港明报出版社1998年10月第二版，约22万余字），颇获海内外各界好评，咸认该书征引史料丰富，研究深入彻底，论证公允客观，并为钓鱼岛列屿主权之归属中国，提出了如山的铁证。热情的诗人吟赞他"健笔雄于十万师"，激动的爱国人士则"感谢郑海麟以做学问的方式，捍卫了中国对钓鱼岛的主权！"

我是与中国琉球历史结了缘的人，多年来不但对明清时期中琉关系史做过不少研究，而且也主办过多次关于中琉历史关系的国际会议。最近我仔细阅读了郑书，也认为此书是所有问世的同类书中，内容最完善、范围最广大、体例最新颖、注释最精详、史料最丰富的一部专著。尤其是他以语言学、地理学、地质结构、国际公法等专门学问，做科际整合，再加地图佐证，使得这部书有了"前人所未发，或发之犹未尽"的优长，益增此书的学术价值。

我们知道：在中国东海中部隆起地带，约东经123度20分至124度40分、北纬25度至26度之间，有几座海拔80多米至300多米不等的岛屿，面积约为5.69平方公里，它们被称为钓鱼岛列屿。这些位于台湾与琉球间的小岛屿，本是默默无闻的荒岛，但是自1968年联合国亚洲极东经济委员会（ECAFE）发表钓鱼岛海域蕴藏石油资源之消息后，中国政府乃于1970年年底声明中国对该列屿有领土主权，第二年6月台北方面也发表了对钓鱼岛列屿拥有主权的声明，而日本则公开宣示他们自1895年即实际统治了该岛屿全部，因此钓鱼岛列屿领土主权之争乃表面化了，全世界的华人掀起了波澜壮阔的保钓运动。郑海麟博士为彻底剖析并解决钓鱼岛列屿主权归属问题，发奋收集资料，续余继晷地从事研究，写成了这部巨著。

郑著是一部学术性的论著，不是一般的保钓宣传文字。全书共分三编，上编是从中、琉、日三国以往的古籍中看钓鱼岛列屿的主权归属，中编是就现今法理来探求中日双方有关钓鱼岛列屿争端的是非，下编则是利用作者多年来在海内外辛勤收集到的几十幅珍贵地图，考证钓鱼岛列屿真正属主。纵观全书，郑氏的大成就约有以下数点：

第一，证实钓鱼岛列屿是中国固有领土。郑博士在近两百种有关的古籍资料中，发现了钓鱼岛列屿主权归属的一些真相。例如，在1403年中国人写成的一本名为《顺风相送》的航海报告，明确指出钓鱼岛列屿为中国领海范围内的土地。16世纪中叶，中国沿海倭寇为患至烈，地方官为防倭抗倭，编辑了不少官方文献，其中以郑若曾编的《筹海图编》为明代谈海防的集大成之作。这部书在海防图中将钓鱼岛列屿划入福建海域版图，置于中国海防区域，若非认定是中国领土，地方官员实无防卫的必要，其理至明。又明清两代五百年间，由于中国与琉球有封贡关系，琉球人常来中国进贡，中国大臣也常到琉球行册封典礼，根据这些来往于中琉之间的使节们留下的各种出使琉球记录以及琉球王国编撰的档案集《琉球历代宝案》、琉球华裔家族制作的《久米系族谱》，这可以说明当时人对中琉两国间的边境分界意识得很清楚，而钓鱼岛列屿则是属于中国领海的范围，并且数百年如一日地被使节们用做航海的标识。

另外，在英国人早年所做亚洲航海与测量记录，如《1843年至1846年间萨马伦号航海记录》（*Narrative of the Voyage of HMS Samarang Daring the Years 1843—1846*）等文献中，可以得知日本人关于钓鱼岛列屿的一些知识，最初有从英国人或英国文献中获得的，而英国人对钓鱼岛列屿的若干知识，则又是得自闽南语系的中国人。至于日本人称该列屿为"鱼钓岛"，并非日本人自创，而是取自琉球语中的字形及中国语中的字义综合而成，其琉球语中的字形部分乃是脱胎于中文世界。更重要的是，17世纪的日本与琉球学者、官员也都承认钓鱼岛列屿原系中国领土，如琉球紫金大夫程顺则就说过，他们对于钓鱼岛列屿的知识得自于中国福建籍的移民，显见该列屿不是琉球的领土。1785年日本名家林子平出版的《三国通鉴图说》，则以不同颜色表明不同国籍的领土，如日本用紫色，琉球用茶色，中国用淡红色，钓鱼岛列屿则概用淡红色，与中国本土着色相同，领土意识可谓十分明确。从以上古籍与古图中所发现的几项荦荦大者，足以证明钓鱼岛列屿是中国人最早发现、最早命名、最早使用的，当然这些也足以构成国际法上的"原始权利"了。

第二，证实日本对钓鱼岛列屿的领有权不合国际法原则。15、16世纪时，西欧国家对于无主土地领有的观念是谁发现了新土地，谁就可以领有。不过，到18世纪后，由于殖民主义大兴，无主地几乎被帝国主义者掠夺一空，于是大家又制订了一套"无主地先占"的规则，就是对于一块无主的土地，必先经过调查、确认，透过国家行为对外正式宣示为本国领土，而后施行实际管辖等手续，如此才能得到国际的公认。日本人为划钓鱼岛列屿为其领土，便依循以上国际法先占原则，先于1884年由古贺辰四郎到钓鱼岛列屿勘察踏访，认为是无人之岛。第二年又派军舰"出云丸"做进一步实地调查，确认"并无清国统治所及的迹象"，乃坚信钓鱼岛列屿为"无主之地"。其后日本内阁经过会议，秘密划钓鱼岛列屿入日本版图。从以上这些程序看来，日本之领有钓鱼岛列屿好像是符合国际法规的；不过这些只是日本官方的片面解说，郑书对此有强烈的反驳。郑氏认为"无人地"并非"无主地"，中国是自 15 世纪初年以来最早发现、命名并使用钓鱼岛列屿的国家，绝对享有国际法上的"原始权利"。中国在 16 世纪中期又有海防指挥军官将钓鱼岛列屿划入防倭抗倭的领土范围，正是符合"采取有效控制措施"的国际法本旨。17、18 世纪中国派往琉球的册封使臣，如徐葆光、周煌等人，又不断地在他们写的出使琉球记录一类的专书里强调中琉两国海上疆界，明确地将钓鱼岛列屿划入中国领海范围。这些中国古籍中的文字，无疑是公开的宣示，而且也得到国际社会的认同，不然琉球的官私书档中必有异辞，而 19 世纪后期的英、法、美、西等国地图中也不断将钓鱼岛列屿划为中国领海内的土地。尤其日本人林子平的《三国通鉴图说》也不否认中国领有钓鱼岛列屿的事实。因此，钓鱼岛列屿被日本政府视为"无主土地"绝非真实之事。再说日本政府造出钓鱼岛列屿为"无主之地"之不实借口之后，便进一步命冲绳（琉球王国被日本并吞后改称冲绳县）县令西村捨三派人到钓鱼岛列屿建立标志，以示占有。西村氏查阅史籍之后，发现中国对钓鱼岛列屿确有主权，因而未有行动。最后日本因甲午战争战胜中国，乃于 1895 年内阁会议，秘密将钓鱼岛列屿编入版图。日内阁决议前并未与中国交涉，也未向世界公开宣示，如此的"先占"从国际法角度说根本毫无意义，是不合国际法规的。

第三，证实日本领有钓鱼岛列屿的声明是违反多种近代条约内容的。日本人除了强词夺理地曲解"无主先占"国际法理之外，在 20 世纪 70 年代的中日钓鱼岛列屿争端兴起之后，又以第二次世界大战后与各国所订条约及协议为依据，强调日本领有钓鱼岛列屿是毋庸置疑的事。从 1970 年以琉球政府官方名义发表的《关于尖阁列岛的领土权》、1972 年日本外务省发表的

《关于尖阁列岛的领有权问题》，到 1996 年九十月间美日外相在华盛顿会谈以及日本外务省次官否认中日双方达成搁置共识，一直都在对外宣示钓鱼岛列屿是日本领土不可分割的一部分。美国将琉球交还日本时，也将钓鱼岛列屿一并交还日本，日本解释为钓鱼岛列屿在琉球治地的纬度之内，同时又称钓鱼岛列屿成为日本的领土并非与《马关条约》中的"割让台湾全岛及所有附属各岛屿"条文有关，而是日本的固有领土中就有钓鱼岛。至于钓鱼岛列屿被涵盖在美国托管的琉球区域之内，中国从未表示过任何异议，可见中国也不认为该列岛是台湾的一部分。特别值得注意的是，日本官方文件竟说："中华民国政府及中华人民共和国政府历来所举的历史的、地理的乃至地质的根据等诸点，在国际法上无论任何一点，对于中国的钓鱼岛列屿领有权主张，都不能说是充分有效的论据。"郑海磷博士对于日本提出的以上诸点，都有深入剖析与反驳，兹举重大的几项作为说明：

以 1951 年美日签订的《旧金山和约》来说，根本就没有明文规定钓鱼岛是日本领土之事。即使是条约第三条列出的美军托管琉球地区，其范围也不包含钓鱼岛列屿，因为钓鱼岛列屿并非"旧琉球王朝的势力所及范围"。从 17 世纪到 19 世纪两百多年之间，日本政客兼作家，如新井白石与伊地知真馨等人，在《南岛志》与《冲绳志》等专书中，都没有将钓鱼岛列屿划入琉球王朝的国土范围，而 20 世纪晚期的日本官员却确认钓鱼岛在旧琉球势力范围之内，不知有何根据？

日本政府指称钓鱼岛列屿是在琉球的纬度之内，可能是与 1952 年美军接管琉球时所颁布的琉球领域第六十八号指令有关，该指令详定琉球列屿之地理境界是：北纬 24 度至 28 度、东经 122 度至 133 度之内，钓鱼岛列屿因而被包含其中。美国人如此划界是否合理，是否能被国际法所认可，这些都姑且不论；但是钓鱼岛列屿原不属于旧琉球王朝领土这一事实，绝不能因美军接管时所颁布之指令而有所改变。钓鱼岛列屿既非旧琉球国土，《旧金山和约》当然就不承认它是日本的所谓"领土"，况且1972年美军将琉球归还日本，也只归还行政、立法、司法等管辖权，并未涉及领土主权。美军以经纬度划界是单方面的行为，没有中国的参与协商，更没有提交国际间相关的划界组织审查通过，根本不能具备国际法的效力。

再以《美日安全保障条约》来看，这一条约是美日《旧金山和约》的一个附属条约，《旧金山和约》既然没有明指钓鱼岛列屿是日本领土，这个附约当然也不应该涵盖钓鱼岛列屿为美国保护的范围，可以说钓鱼岛列屿主权归属的问题根本没有在此一条约中提及。不过，郑博士在书中也提醒读者"该两项条约的解释权在美日两国手中，他们可以随时作出修改或重订，因而带有很强的讹诈性质"，这是值得大家注意的。

日本在第二次世界大战后也与台湾海峡两岸的中国人订过条约。先说与台北签订的《中日双边和约》。该约签订于1952年，是在美国人牵引下达成的，约中有关中日领土的规定，大致与《旧金山和约》相同，只是在条文中未详载日本放弃台湾及"所有附属各岛屿"的一切权益的事，因为未记"所有附属各岛屿"等字样，显然就与《马关条约》割让的土地有出入，也使日本声称拥有钓鱼岛列屿主权有了借口。另外，根据《开罗宣言》，蒋介石原来是坚持琉球由中美共管，或由国际共管的，但《中日双边和约》对美国独管琉球没有提出任何异议，就琉球有关事项竟一字未提，更助长了日后日本对琉球的野心。《中日双边和约》是台北方面处于特殊国际环境下，为求自身生存而不得不听命美国所签订的一个失败的条约。

中国政府对于美日《旧金山和约》与《中日双边和约》，"一概是认为非法的，因而也是无效的"。70年代，当美国将琉球交还日本，台北方面被排出联合国之后，中国与日本双方于1972年在北京发表联合声明，日本承认中华人民共和国是中国唯一合法政府，并与台北方面"断交"，当然《中日双边和约》也由此宣告结束。1978年，中、日两国正式签订《中日和平友好条约》，条约中也没有提到钓鱼岛列屿之事。不过当中国副总理邓小平出席条约批准书互换仪式时，在记者招待会上提到中日双方对钓鱼岛列屿的问题"约定不涉及"，并说："这样的问题放一下不要紧，等十年也没有关系。"这就是中国政府日后谈到的"搁置争议"的由来。但是日本政府一再否认有搁置争议之事，坚称钓鱼岛列屿是日本的领土，根本不发生主权纷争的问题，1992年2月，中国发布《中华人民共和国领海及毗连区法》，划钓鱼岛列屿为中国领土，因而又引起日本再次领有钓鱼岛列屿主权的宣示。可见你来我往，争执不休。

郑海麟书中对中日外交发展过程中有关钓鱼岛列屿的问题，写下了他个人的几点看法：① 1972年的中日联合声明虽然失之笼统，但在第三条中明确写出日本政府"坚持遵循《波茨坦公告》第八条的立场"，这就意味着声明已将美日《旧金山和约》与《中日双边和约》中"扶日反共"性质扭转为"反对日本军国主义扩张侵略"性质，使日后钓鱼岛列屿主权之争获得有力依据。② 邓小平"搁置争议"的意见，日本说是中国片面的想法，否认有此共识，正表明日本军国主义领土扩张侵略势力再度抬头高涨，应予注意。③ 中国宣布领海法纯属中国内政，"即使提到钓鱼岛列屿，也是对《马关条约》以来日本非法侵占中国领土的正面清算，完全是符合《开罗宣言》、《波茨坦公告》精神以及1972年中日间'联合声明'条文规定的"。

最后，对于日本声称中国所列举的地理的乃至地质的根据，都对主权主张无任何有效根据的说法，郑博士作了如下的说明："从地理位置来看，钓鱼岛列屿与台湾岛皆处于东中国海的大陆架上，为中国大陆向东南的延伸；从地质构造来看，钓鱼岛列屿属于台湾北部大屯山火山带，而（日本）南西诸岛则属于雾岛火山带。况且南西诸岛与钓鱼岛列屿之间，隔着一道深达 2700 米的东海海槽。因此，钓鱼岛列屿为台湾附属岛屿，不但有历史文献佐证，而且获得现代科学的验证，这是任何逻辑游戏皆不能推翻的。"

　　以上只是郑海麟新著《钓鱼岛列屿之历史与法理研究》一书中的重点大要，由于篇幅所限，其他精彩论述，不能一一列举。总之，郑书是一部知识性极高、学术性极高、历史意义极高、时代意义极高的著作，此书是对学术界的一种贡献，是对社会的一种贡献，也是对国家的一种贡献。我情不自禁地要喊出："欲知钓屿事，应读海麟书。"

二、《钓鱼岛列屿之历史与法理研究》评介

苏吉锐

　　钓鱼岛问题不仅是近年来中日关系史上的焦点，同时也是海外华人所关心的热点问题之一。在海外的华人社会，保卫钓鱼岛已经成为一种群众性的运动。这场运动最初由北美洲的华人于 20 世纪 70 年代初发起，随即为全球华人所响应，及至 1996 年七八月间，日本的右翼团体在钓鱼岛上建立灯塔，激起全球华人的强烈反应，中日钓鱼岛之争的风云再起，海外华人将它称之为第二次保钓运动。

　　为配合保钓运动，海外华人知识分子曾发表过许多意见和文章，甚至出版过一些专书，努力挖掘资料以证明钓鱼岛自古便属于中国领土的一部分，这些文章和专书，对于唤醒全球华人的保钓意识，警惕日本军国主义的再度复活，无疑是很有意义的。然而，由于这些文字目的偏重于制造舆论，故不免有许多情绪化的成分，资料的运用方面也显得不够严谨乃至存在许多错误，因而给日方抓住把柄作为攻击反驳中国拥有钓鱼岛领土主权的口实。有鉴于此，全球华人保钓运动需要一部资料准确、分析透彻、论证严密、可以作为国际法庭上之呈堂证供的学术著作，而 1998 年 8 月由香港明报出版社出版，郑海麟博士著《钓鱼岛列屿之历史与法理研究》一书，便属适合以上要求的一部严谨的学术著作。

郑著《钓鱼岛列屿之历史与法理研究》（以下简称《研究》），全书分上、中、下编。上编为"从中、日史籍看钓鱼岛列屿的主权归属"，共五章；中编为"中日钓鱼岛之争的法理研究"，共四章。以上两编以文字为主，插图为辅，每章后面皆附有大量的脚注，说明其史料的来源与出处，合乎国际间严谨的学术著作的规范。

下编为"钓鱼岛列屿相关地图考释"，共分五个部分：

（1）"钓鱼岛列屿地理构造图解释"

（2）"明清时期中国人所绘钓鱼岛列屿地图"考释

（3）"甲午战前琉球古地图"

（4）"明清时期西洋人所绘钓鱼岛列屿地图"考释

（5）"甲午战后钓鱼岛列屿地图"考释

该编收入与钓鱼岛相关之珍贵地图 53 幅，每幅地图附有详细的文字解说。是编为全书之最精华部分。此外，《研究》还有附录四篇，分别是：

（1）井上清《"尖阁"列岛——钓鱼诸岛的历史剖析》评介

（2）吴天颖《甲午战前钓鱼列屿归属考》评介

（3）陈汝铿《题郑海鳞钓鱼岛论文》

（4）关殊钞《海麟博士近成钓鱼岛专辑赋》

最后附参考书目，列举参考之中国文献 133 种；日本文献 55 种；西洋文献 16 种，可谓洋洋洒洒。全书共 330 余页，都 20 余万言。举凡有关钓鱼岛的历史文献（包括文字与地图）、相关条约以及国际法理，等等，无不应有尽有，涵盖无遗。史料之翔实，解释之准确，分析之精当，论证之严密，方法之新颖，文字之流畅，显出著者的功力非凡，令人耳目为之一新，堪称上乘之作。书中有几个特点是有必要作郑重推介的。

（1）本书首次将钓鱼岛问题提升到学术研究的高度，将它放入中西交通史学科进行审视，运用该学科的知识（如语言学、地理和地质构造学、史料考证学以及国际法原理）对钓鱼岛的主权归属作较全面、深入的考察研究。如上编第一章中，著者通过自己所掌握的中国语、日本语、琉球历史地理及古代航海方面的知识，考证出《顺风相送》所记的"木山"即为今之琉球八重山，"古巴山"即今之琉球庆良间列岛中的"久场岛"；并且合理地得出明代初期我国海船活动之领域，包括东涌、小琉球头（即今基隆屿）、彭家山、钓鱼岛等，皆在福建海域的范围之内，且以东涌为中心（稍后移至梅花所），至钓鱼岛列屿，皆有线路可达（相当于今之福建沿海交通图），有力地证明了我国人民自明初起，便已发现、命名和使用钓鱼岛列屿的历史事实。著者在文中表现出的考证功夫及有关琉球历史地理和航海方面的知识，都是很见功力的。又如第四章，著者通过运用比较语言考证学的方法，结合自己所掌握的琉球语、日本语、英语、中国语方面的福建话（即闽南方言），对 19 世纪以来出现在英国海军志、日本水路志以及中国、琉球典籍中有关钓鱼岛列屿各岛名的不同记载，考证出日本人关于钓鱼岛列屿（日称"鱼钓岛"、"尖阁群岛"）的知识最初得自英国人，而英国人的知识又得自闽语系的中国人。结论认为："钓鱼岛列屿最早实为福建、台湾渔民活动的场所这一事实，大致可成定论。"文中所引的中、日、琉球、英文史料翔实可靠，从而有力地证明钓鱼岛列屿自古即为中国领土不可分割的部分。

（2）在钓鱼岛相关史料考释方面，著者也是下了大工夫的，如在上编的第二、第三章中，著者对中、琉、日现存有关钓鱼岛的历史资料作了详细的诠释，并且还挖掘出一些前人未见或人们不太注意的新材料，正误补缺，钩玄提要，将钓鱼岛问题的研究置于严谨、准确和坚实的资料基础上。例如，古代中国和琉球王国有关边界划分中的海域分界，就是由著者在这里首先提出来的。书中引用了明朝册封使郭汝霖《使琉球录》、谢杰《〈琉球录〉摘要补遗》、夏子阳《使琉球录》之"使事记"中有关清水海域为中国界，黑水海域为琉球界的记载，结合清朝册封使汪楫在《使琉球杂录》中有关赤尾屿与古米山之间的"沟"为"中外之界"的记载，以及周煌《琉球国志略》关于琉球"海西面距黑水沟，与闽海界"的记载，指出"中国与琉球的海域分界线就在黑水沟"，并且"由福建至琉球，必须经过绿色海域而进入黑色海域。黑水沟以西的绿色海洋为福建海域，以东的黑色海洋为琉球海域"（周煌有"东溟，琉地"之语）。最后，著者得出的结论认为："这种海域边界的划分法，是当日中琉官方使节及航海家的共识，明、清册封使录中亦反复提及，这是无法篡改也是无可辩驳的历史事实。"（上编第五章）正因为作者所得出的结论是建立在前述坚实的历史资料的基础上，因而显得非常雄辩有力，为中国拥有钓鱼岛列屿的领土主权提供了确凿的证据。

此外，著者关于郑若曾《筹海图编》的研究，也是极见功力的。首先，著者从版本目录学入手，通过对《筹海图编》之嘉靖四十一年（1562）初刻本与万历印本，天启本及清康熙刻本的互校，同时又将该书与郑若曾的另一部著作《郑开阳杂著》相校读，发现《筹海图编》实乃由郑若曾一手编纂，由总督胡宗宪主持刊刻的一部系统讨论海防的经世之作，从而纠正了许多学者将《筹海图编》视作"胡总宪编纂"之误（如《四库全书总目提要》卷六十九史部地理类中便写着"《筹海图编》十三卷，明胡宗宪撰"；另，日本学者井上清在《"尖阁"列岛——钓鱼诸岛的历史剖析》一书中，也将《筹海图编》作"胡宗宪编纂"）。为什么要花那么大的工夫考证《筹海图编》的版本和作者问题呢？据著者说：此书对中国拥有钓鱼岛列屿的领土主权确实太重要了，因为正是《筹海图编》首次将钓鱼屿、黄毛山（即黄尾屿）、赤屿（即赤尾屿）划入中国福建的行政区域即领土版图的。对于这样一部重要的史籍，作为华人学者，如果连版本和作者是谁都搞不清楚，必然会授日本人以把柄，从而影响自己的学术著作的可信程度。

笔者认为，著者这种严谨的治学态度和实事求是精神，是十分可取的。

（3）本书的第二部分即中编《中日钓鱼岛之争的法理研究》，著者对与钓鱼岛问题相关的一系列条约，如《马关条约》、《旧金山条约》、《中日双边和约》、《中日和平友好条约》等做详细解释时，能够做到准确全面而非断章取义地运用国际法的原理，分析钓鱼岛列屿的历史与现状，弄清其来龙去脉，阐明中国拥有钓鱼岛列屿领土主权的法理依据，就中令笔者印象最为深刻的是针对日本声称钓鱼岛为"无主地"，按国际法有"先占为主"之说的反驳。书中内容如下：

日本最初提出拥有钓鱼岛列屿主权的理由是，该列屿在19世纪80年代之前为无人岛即无主地，然后经日本"发现"（discovery）并划入版图。其证据有四：

① 根据日本人古贺辰四郎在明治十七年（1884）前后的踏访报告，知为无人岛。

② 明治十八年九月二十二日，政府派遣"山云丸"前往实地调查，发现并无清朝管辖形迹，于是确定为"无主地"。

③ 提交阁议讨论通过，由内阁密令冲绳县知事建立国家标志。

④ 明治二十九年（1896）发布第十三号敕令，完成国内法上的编入措施，正式划入版图。

日方的四条"证据"一环扣一环，似乎颇合逻辑。但问题出在19世纪80年代以前，钓鱼岛列屿是否属于"无主地"。因为要适合国际法上的"先占"原则，必须是"无主地"。而国际法定义的"无主地"，是指尚未被人以国家名义占有的土地。无人岛不等于无主地；无主地不必是无人岛，如有土著居住，而为国际社会尚未承认为国家者，一样视为无主地。日方在此把钓鱼岛列屿定义为"无主地",其一是将无人岛等同于"无主地";其二是"发现并无清朝管辖的形迹"(即建立国家标志如地界之类)。

针对日方的"无主地"定义,中方提出反驳,其证据有三:

① 钓鱼岛列屿为中国人最早发现,命名和使用(见 1403 年成书的《顺风相送》),这已构成国际法上的"原始权利"(inchoate title)。

② 钓鱼岛列屿早在明代已划入中国行政管制区域(见 1562 年出版的《筹海图编》),这已适合国际法中关于海岸国的主权是一种"管制"(control)的定义,即已构成对钓鱼岛列屿的领有主权。

③ 中国对钓鱼岛列屿的领土权在 19 世纪 80 年代以前已被国际公认,有日本、法国、英国、美国、西班牙等国家出版的地图为证。(以上内容见本书第 267~268 页)

最后,著者指出:"根据以上三条理由,日方的'无主地'定义不能成立。"笔者认从,以上著者对日方"无主地先占法"之论据的批驳,是有历史事实和国际法理根据,因而也是严正和有力的。

(4)本书的第三部分即下编为《钓鱼岛列屿相关地图考释》,是本书最精彩部分。著者在书中总共用了五十三幅不同时期由世界不同国家所绘制出版的与钓鱼岛列屿相关的地图,证明在 19 世纪 80 年代以前,钓鱼岛列屿为中国领有已获国际社会所公认,该列屿是在甲午战争前后被日本政府以强权占有的。在该编地图考释方面,著者是颇费心思的,在每一幅图下面,皆附有详细的解说文字,清晰明了,查勘比定,附表释图,让人们阅后一目了然,立即便可分辨出钓鱼岛列屿的主权归属,无任何牵强附会之可能,不像文章,可因理解者的不同看法而发生争议。

在这部分"地图考释"里收录的地图,有些是首次使用的珍贵资料,例如日本文化七年(1813)春,由咏归斋主人山田联校修、温其轩藏版的《舆地全图》，是由日本人绘制的一幅现代地图。该图的"小东洋"部分，绘有"支那海"（即中国海）沿岸各岛屿，其中福建与琉球中间南边绘有花瓶山、彭佳山、钓鱼岛、黄尾屿、赤尾屿；北边绘有里麻山、台山、鱼山、凤尾山、南杞山，明显标示为中国领地。琉球方面，西南绘以久米岛为界，极西南绘以与那国岛为界。这幅现代地图基本上是参酌日本人林子平《三国通览图说》（1785）中的《琉球三省并三十六岛之图》而绘（参看本书第186页之林子平图），表明19世纪初的日本地理学家，还是清楚地将钓鱼岛列屿归为中国版图的。著者在这里引用日本对手方面的地图，反证其承认钓鱼岛列屿自古即为中国领地而不属琉球版图，真可以说是"入敌之室，而操敌之戈"，必使日方为之理屈而无法再作狡辩（见《王家俭》）。

最后，本书有"简短的结论"一节，为全书之总结也即是画龙点睛之笔，其中最为精彩的部分要数对日本声称拥有钓鱼岛领土权的另一理由即"经纬线划分法"的反驳。鉴于日本最初提出钓鱼岛为"无主地先占法"的理由不能成立，日本政府近年来已不再提这条论据，转而反复强调钓鱼岛在琉球群岛的经纬线内，属日本领土不可分割的部分，针对日方的这一论证，著者提出如下的反驳：

查日方的经纬线划分法，是根据国际法及国际间有关两国边界划分的惯例，一般有四条标准：

① 地文疆界。一般以自然地理实体作划界标准。

② 天文疆界。界线与地图经纬线吻合。

③ 几何疆界。指从边界线上某一固定点到另一固定点划一直线为界。

④ 人类地理疆界。如民族疆界依民族分布划分，宗教疆界按居民宗教信仰区确认，强权疆界由战争和实力确定等。

根据以上四条标准，日方的论据适合上述天文疆界及几何疆界的划分法，即先划定经纬度范围，然后用几何法切割之。这种划分法似乎也适合国际间的某些标准，但它忽视了最重要的一条，即上述第一项的地文疆界法。这条疆界划分法乃是根据自然和历史的形成作为基准。据此，中方对日方的经纬线划分法提出反驳，理由有四：

① 中琉两国边境早有地方分界。从中国方面看，地界是赤尾屿；从琉球方面看，地界是姑米山（见陈侃、郭汝霖的《使琉球录》）。

② 位于赤尾屿和古米山之间，水深达 2700 米的东海海槽即是中琉两国自然形成的边境分界（见汪楫《使琉球杂录》）。

③ 从地理、地质构造来看，钓鱼岛列屿属东中国浅海大陆架，与隔着东海海槽的琉球列岛自然分离。钓鱼岛列屿属台湾北部大屯山火山带。琉球列岛则属于雾岛火山带。钓鱼岛列屿不属于琉球领土范围。

④ 旧琉球王国的官方历史文献从来没有将钓鱼岛列屿划入领土版图，明治初期琉球废藩置县时划定的冲绳版图经纬度内，亦不包括钓鱼岛列屿。直至 20 世纪 70 年代初，日本官方才解释为包括钓鱼岛列屿。

根据以上四点理由，日方按经纬线划分法将钓鱼岛列屿划入版图，在国际法上无法律效力。（以上内容见本书第 269～270 页）

读罢以上的行文，不能不对著者的学养与雄辩深怀敬意。

三、走出保钓流于情绪的阴影

——郑海麟钓鱼岛研究新著显学术分量

张志业

《钓鱼岛列屿之历史与法理研究》，系郑海麟博士的新著，该书分上、中、下三编，前两编以论文为主，插图为辅，每章后面附有大量注脚，说明其史料来源与出处，下编则为相关地图考释，收入有关钓鱼岛相关地图 53 幅，不但珍贵，而且每幅均附有详细文字说明，可说是全书最精华部分。

除此之外，还有附录四篇，最后附参考书目，中国文献达 127 种，日本文献 55 种，西洋文献 15 种，举凡有关钓鱼岛的历史文献、相关条约以及国际法理等，无不应有尽有，涵盖无遗。

除显示了个人的学术功力，此书还有几个特点：

（1）这本书走出了保钓情绪有余而精细不足的阴影。著者运用语言学、地理学、地质构造学、史料考证学及国际法原理，对钓鱼岛的主权归属作全面、深入的考察研究。

如第一章中，著者通过自己掌握的中文、日文、琉球历史地理及古代航海方面的知识，考证出《顺风相送》所记的"木山"，即为今之琉球八重山，"古巴山"即今之琉球庆良间列岛中的久场岛，合理地证明明代初期我国海船活动之领域，包括东涌、小琉球颈（即今基隆屿）、彭家山、钓鱼岛等，皆在福建海域的范围之内，且以东涌为中心（稍后移至梅花所），至钓鱼岛列屿，皆有针路可达（相当于今之福建沿海交通图），有力论证了中国人自明初起，便已发现、命名和使用钓鱼岛列屿的历史事实。

第四章证明日本人关于钓鱼岛的知识最早得自英国人，而英国人的知识又最早得自闽语系的中国人，此一考证之精细，更是令人叫绝。

（2）挖掘出了一些前人未见或前人不太注意的新材料，起到了正误补缺、钩玄提要的作用。例如，古代中国和琉球王国有关边界划分中的海域分界，就是由著者在这本书中最新提出的。

著者关于郑若曾《筹海图编》研究中提出的新发现，也极见功力。著者通过对《筹海图编》之明嘉靖四十一年（1562）初刻本与万历印本、天启本及康熙刻本的互校，同时又将该书与郑若曾的另一部著作《郑开阳杂著》相校读，发现《筹海图编》实乃由郑若曾一手编纂，由总督胡宗宪主持刊刻的一部系统讨论海防的经世之作，从而纠正了许多学者将《筹海图编》视作"胡总宪编纂"之误。

著者曾对本人解释，《筹海图编》对中国是否拥有钓鱼岛列屿主权有极其重要的作用，因为其首次将钓鱼屿、黄毛山（即黄尾屿）、赤屿（即赤尾屿）划入中国福建的行政区域即领土版图的。对于这样一部重要史籍，华人学者如果连版本及著作者都搞不清楚，必然会授日本人以把柄。

（3）对日本声称拥有钓鱼岛主权法理上的反驳，使人有击中要害的爽快。

因为要适合国际法上的"先占"原则，必须是"无主地"。日本对钓鱼岛主权的最初理由是，该列屿在19世纪80年代前为无人岛，即无主地，后经日本人"发现"并划入版图。其证据主要有四：① 日本人古贺辰四郎在明治十七年（1884）前后踏访报告，知为无人岛；② 次年九月二十二日，日本派遣"出云丸"前往实地调查，发现并无清朝管辖形迹，于是确定为"无主地"；③ 提交阁议讨论通过，由内阁密令冲绳县知事建立国家标志；④ 明治二十九年（1896）发布第十三号敕令，完成国内法上的编入措施，正式划入版图。

著者在反驳时指出，日方的四个"证据"一环扣一环，似乎颇合逻辑，但问题出在 19 世纪 80 年代以前，钓鱼岛是否属于"无主地"。国际法定义的无主地，是指尚未被人以国家名义占有的土地，无人岛并不等于无主地，无主地不必是无人岛，如有土著居住，而为国际社会尚未承认为国家者，一样视为无主地。据此，著者提出反驳证据，主要有三：① 从《顺风相送》一书中考证，钓鱼岛为中国人最早发现、命名和使用，已构成国际法上的"原始权利"（inchoate title）；②《筹海图编》证明，钓鱼岛早在明代已划入中国行政管制区域，这已适合国际法中关于海岸国的主权是一种"管制"（control）的定义，即已构成对钓鱼岛的领有主权；③ 中国对钓鱼岛的领土权在 19 世纪 80 年代以前已被国际公认，著者为此提供了日本、法国、英国、美国、西班牙等国家出版的地图考证。由此，日本关于"无主地先占"的论据无法再成立。

（4）本书收录大量有关钓鱼岛相关地图，可说是精彩之至。书中五十多幅不同时期由不同国家绘制的地图，证明在 19 世纪 80 年代之前，钓鱼岛列屿为中国领有已获国际社会所公认。著者在每幅地图下面都附有详细解说文字，清晰明了，查勘比定，附表释图，让人阅后一目了然，立即可分辨出钓鱼岛列屿的主权归属，无任何牵强附会之可能。由于文章可因理解者的不同看法而发生争执，地图则不存在此类麻烦。

这些地图有些是首次使用的，更显珍贵。如日本文化七年（1813）春，由咏归斋主人山田联校修，温其轩藏版的《舆地全图》，是由日本人绘制的一幅现代地图，该图的"小东洋"部分，绘有"支那海"（即中国海）沿岸各岛屿，其中福建与琉球中间南边绘有花瓶山、彭佳山、钓鱼岛、黄尾屿、赤尾屿；北边绘有黑麻山、台山、鱼山、凤尾山、南杞山，明显标示为中国领地。

问题的要害是，这幅现代地图基本上是参酌日本人林子平《三国通览图说》（1785）中的"琉球三省并三十六岛之图"而绘（林子平的地图也收在此书中），表明19世纪初的日本地理学家还是清楚地将钓鱼岛列屿归于中国版图的。郑海麟以日本人的地图来反证钓鱼岛自古属中国，此举被历史学家王家俭誉为"入敌之室，而操敌之戈"，不能不说是一语中的。

钓鱼岛的地理位置和物产资源，事实上并不能引起军事或政治战略家的重视，其真正的意义是主权的宣示。学术保钓会成为海外华人维护祖国尊严的一大奇观，不能不说是有着微妙的历史意义。郑海麟新著的出版，是对这个历史意义的最好注脚，随着时间的推移，我们应该掂出其中的分量。

四、学术保钓　支援激情

——郑海麟《钓鱼岛》新著评介

秦　梦

钓鱼岛虽只是个弹丸小岛，却是两岸三地、海内外华人社区以至中、日、美政府纠缠难解的心结。主权之争一直未曾停息。近日，研究中日关系史的旅加学者郑海麟新作《钓鱼岛列屿之历史与法理研究》问世，在激情和审慎之间，为学术论著在主权宣示中的作用再添分量。三足鼎立，互为"奥援"。

郑著20余万言，分三编，着重于中日史籍考证以辨析钓鱼岛主权归属。积十多年研究中日关系经验心得，作者用符合国际法标准的历史文献为据，尤以在海外搜集的数十幅有关钓鱼岛的珍贵地图为凭，确证钓鱼岛列屿在甲午战争前已属中国领土，此一事实曾获当时日本、琉球、欧美等国政府认同。他还以国际法理诠释历来与钓鱼岛有关的法规条约，予人以深具现代国际法雄辩和缜密的科学性之感。而对不同年代绘制的钓鱼岛地图，书中也附表释图，注文解说，是非分明。

此外，尚有附录详介当代中日学者有关论著，立论公允，时有新见。书末所列参考书目，也使该书更具学术价值。

与坊间同类书比，郑著具有如下特点：

资料丰富，弥足珍贵。作者专攻中日关系史，曾在日本多间学府任教和研究有年，故得以广览日文资料。其中一些史地图籍和敕令呈文首次披露，它们明确标记钓鱼岛主权本为中国所有。

以图辅文，证据确凿。该书以近四分之一篇幅选登大量历史图籍，既增强了对文字的正确诠释和解读，也奠定了本书在法理凭据层面的坚实分量。

旁涉各科，综合研究。作者自况秉承史学大师陈寅恪治学方法，将钓鱼岛问题研究与语言学、史料考证学、地理学、地质构造学以及国际法原理等学科的知识和方法共冶一炉，综合运用，结论自是胜人一筹。虽与前辈学者如顾颉刚等以民族学、人类学方法治上古史尚有不小距离，但其在方法论上的尝试实属难能可贵。

诠释条约，据理力争。针对日本曲解和滥用某些国际条约的做法，作者运用国际法原理，将有关钓鱼岛的条约法规逐一剖析，缜密推理，据理力驳日方误导和谬论，使该书带有较明显的现代国际法学的科学色彩。

作为"三足"之一，该书的学术分量和价值是显而易见的。而由此引申衍变的其他内涵和影响，现在虽尚言之过早，但也有迹可寻。

五、题郑海麟钓鱼台论文

陈汝铿

健笔雄于十万师，如山铁证指东夷；
读书莫说今无用，此是文章报国时。
丧权从古佞臣多，破碎金瓯唤奈何；
老眼已穿仍北望，何时还我汉山河！
一堂寒柳有渊源，笔底滔滔辄万言（海麟私淑陈寅恪）；
历史讵因强势改，钓台终古属中原。
钓鱼人散剩荒台，忍辱偷安是祸胎；
写出百年家国恨，行间字里有沉哀。
博闻强识媲洪钧，
崛起梅州有异军；
酒畔更添知己感，
忘年交是素心人。

海麟博士正
　　　陈汝铿呈稿
九六年十二月廿三日

353

六、海麟博士近成钓鱼台专辑赋

关殊钞

文章报国岂虚闻，域外栖迟此异军；
乱雨未容迷大道，高风自足扫重云。
魔徒扰攘形终现，笔尽峥嵘意更殷；
尽有强梁妄图霸，西山毕竟剩斜曛。

海麟博士近成钓鱼台专辑　赋此致意

即希　两正

丁丑春　殊钞　呈稿

附录三

钓鱼岛最新动态及其应对之策

一、中日撞船事件的法理分析
及其对策

（一）中日钓鱼岛之争风云再起

据中、日多家媒体报道，2010 年 9 月 7 日上午 10 时 15 分，一艘中国渔船在中日两国有主权争议的钓鱼岛海域（日称尖阁群岛）与日本巡逻船"与那国"号相撞。随后，日本海上保安厅决定以"涉嫌妨碍执行公务"为由，逮捕中国渔船船长，并将其带往石垣市警察署。日本政府高官表示，将中方船长"带到最近的警察机关或检察机构，按照日本的程序加以处理"。

针对这一事件，中国外交部副部长宋涛于 9 月 7 日约见日本驻华大使丹羽宇一郎，就日本海上保安厅巡逻船在钓鱼岛海域非法抓扣中方渔船事件提出严正交涉，要求日方停止非法抓扣行动。另一方面，中国外交部发言人姜瑜在 7 日的例行记者会上也表示，中方已就碰撞事故提出严正交涉，向日方表示了抗议。姜瑜重申了中国拥有钓鱼岛主权的立场，并要求日本巡逻船"不得在钓鱼岛附近海域进行所谓执法活动，更不得采取任何危及中国渔船和人员安全的行为。"姜瑜表示，中国会密切关注事态发展，保留进一步反应的权利。

事件发生的次日（8 日），两岸三地（北京、香港、台北）的保钓人士立即作出积极的反应，纷纷前往日本使领馆表示抗议，要求日方立即放人并就撞船事件作出公开道歉。9 月 11 日，来自内地、香港、澳门、加拿大的保钓人士齐集台北，出席由台湾中华保钓协会主办的"保钓论坛"学术研讨会，商讨保钓抗日对策。会议由中华保钓协会理事长刘源俊教授主持，马英九特发贺电以示支持。出席会议的有第一波老保钓代表林孝信、钱永祥、胡卜凯、郭誉孚、王津平、毛铸伦、梁国雄、区伯权等以及保钓新生代郑海麟、夏万浪、殷必雄、游嘉文、谢梦麟、张钧凯、高宇惠等。代表们联名发表《两岸四地就 9 月 7 日日本撞击中国渔船事件的共同声明》，要求日本停止对中国领土钓鱼岛的侵占，并无条件释放被扣押的船只和人员。会后由台湾中华保钓协会执行长黄锡麟、内地保钓志愿者团队负责人李义强、香港保钓行动委员会主席陈妙德、澳门保钓行动委员会主席伍锡尧、加拿大温哥华保钓大联盟负责人郑海麟共同签署发起筹组《世界华人保钓大同盟》。9 月 13 日，台湾中华保钓协会执行长黄锡麟与协会理事殷必雄乘台湾渔船"感恩 99"号前往钓鱼岛宣示主权，又因日本海上保安厅拦截而被迫返航。日方接二连三的挑衅行为激起全球华人的强烈反应，于是爆发了"9·18"世界各地大城市的反日示威。

（二）日本试图将实际控制转化为法理占有钓鱼岛

由日本海上保安厅扣押中国渔船事件引发的新一波保钓运动，在全球华人社区迅速蔓延，尤其是海峡两岸三地的中国人，站在维护国家民族领土完整的立场，同声谴责日本政府以所谓"国内法"扣押和处置中国渔民的强盗行径。日本政府的所作所为，目的是要落实将钓鱼岛列屿并入其早前宣称的"离岛国有化"政策，也即是将实际控制转化为法理占有钓鱼岛列屿。对于日本政府的这一阴谋，吾人决不可掉以轻心。作为长期关注钓鱼岛问题的研究者，笔者认为有必要将日本政府的这一阴谋及时揭穿并昭告世人。

据 2010 年 8 月 21 日"日本经济新闻"题为："为保护海洋权益，政府将 25 个离岛国有化"的报道：

为保护日本可以单独开发渔业和海底矿物等资源的专属经济区，政府正积极采取将专属经济区测量基点所在地"国有财产化"等保护措施。这些措施的法律依据是此前由国会通过的《低潮线保全及据点设施整备法》。针对在专属经济区划分问题上与日本存在对立的中国等国家，政府将主张日本权益的正当性。

除却无法进行实地调查的竹岛（韩国称"独岛"）和北方四岛之外，所有基点周边海域都将在 2011 年 6 月底之前指定为保全区域。如无国土交通大臣的许可，将不得进行海底采掘等作业。在设有基点的离岛中，25 个全部或者部分土地尚无确定所有者的岛屿将在 2011 年 3 月底之前记入行政财产登记册，成为国有财产。

在中国和台湾目前主张拥有主权的尖阁诸岛中，政府在久场岛和大正岛两岛等设置测量基点，并会在两岛周围设置保全区域，以对抗中台两方的动作。日本最南端的岛屿冲之鸟岛亦将被设定为保全区域。

由于北方四岛、竹岛、尖阁诸岛土地已有确定的国家或个人所有者，因此不包括在"国有化"新政策的对象之中。

日本政府宣布将其周边 25 个离岛"国有化"的决定，尽管没有明指包含钓鱼岛，但它将中国所属的黄尾屿和赤尾屿周围划定为所谓"保全区域"，借以对抗来自中国政府和台湾当局的行动，这也是对中国领土主权的侵犯行为。这种侵犯行为必然导致中日钓鱼岛之争再度升级。纵观日本政府近年来在钓鱼岛问题上的系列举措，一再表明这是政府有预谋的计划。先是通过民间组织在钓鱼岛上建灯塔，其后又炮制出日本政府向其国民"租借"钓鱼岛的事件，接着又通过政府名义接管钓鱼岛灯塔，近日又将黄尾屿和赤尾屿列入日本的"保全区域",并且非法扣押中国渔船和以所谓"国内法"处置中国船长,其最终是要达到从法理上占有钓鱼岛列屿之目的。这套由蚕食到鲸吞钓鱼岛的渐进式计划,背后的策划和主谋无疑是日本政府。

日本政府宣布将黄尾屿、赤尾屿列入日本的"保全区域"和以"国内法"处置被扣押的中国渔船事件表明,日本政府的根本目的是要将实际控制转化为法理占有钓鱼岛。对此,世界各地的华人无不义愤填膺,表示强烈抗议,并且吁请中国政府采取强硬有效的措施阻止日本的侵占行为,保障中国人在钓鱼岛海域行使主权的合法权利免受侵害。

(三) 中国政府应采取有效对策

1. 积极开采钓鱼岛列屿天然资源

钓鱼岛列屿位处东中国海大陆架边缘,为中国东海中部隆起地带,从地质构造体系来看,属于晚近新华夏系,是中国大陆地块向南伸延的部分,中国对该列屿无疑拥有领土主权。积极开采钓鱼诸岛天然资源,属于中国行使主权范围。又据美国总统杜鲁门(Harry S. Truman)于 1945 年 9 月 28 日发表的有关大陆架的一项声明指出:"美国政府认为大陆架之底土及海床所有天然资源,由土地连接国家行使管辖权,是合理及公正的。"据此,中国政府对位处中国海大陆架上的钓鱼岛列屿行使管辖权是合理及公正的。美国当局应遵守杜鲁门的声明,尊重中国政府在钓鱼诸岛的合法权利。另外,根据杜鲁门的该项声明精神,联合国于 1958 年签订了《大陆架公约》(Convention on the Continental Shelf),其中第二条规定:"海岸国有行使发掘大陆架,与利用其天然资源之主权权利。"1982 年通过的《联合国海洋法公约》基本上完全继承了该《大陆架公约》,并进一步完善和发展了大陆架法律制度。钓鱼岛列屿位于中国海大陆架上,中国作为海岸国,毫无疑问拥有钓鱼岛列屿天然资源的主权权利。两岸中国人应积极合作，充分开采钓鱼岛列屿天然资源，行使国际法规定的这项主权权利。

2. 两岸共谋解决中日领土主权纷争

在钓鱼岛领土主权问题上，中国政府和台湾当局应采取统一的口径，即要有一个共同的认识，钓鱼岛列屿是中国固有的领土，在领土主权问题上，中日之间没有商量的余地。同时就钓鱼岛列屿的历史和法理归属，必须有一致的说法，以免给日本方面有可乘之机。在领土主权的大是大非问题上，两岸应从各个方面加强合作。积极运用调查研究获得的历史文献、地理及地质构造的实据，国际法理，循外交途径与日本政府谈判解决，或也可考虑，交国际法庭仲裁，使钓鱼岛列屿领土主权纷争获得最终的司法解决。

二、中日钓鱼岛之争与美国的
亚洲战略部署

（一）中日钓鱼岛之争余波未了

由中日撞船事件引发的钓鱼岛风波，虽因日方于 2010 年 9 月 24 日释放中国船长詹其雄而暂告一段落，但事实上余波未了。据媒体报道：日本"加油日本全国行动委员会"等多个右翼团体于 2010 年 10 月 2 日在东京等近 20 个城市举行所谓"谴责中国侵略尖阁诸岛"的集会及游行示威，这场在日本发起的全国反华游行示威，据说有数千人参加，包括前日本航空自卫队幕僚长田母神俊雄等皆在集会中发表鼓动演讲。示威者抗议首相菅直人政府在钓鱼岛争议中的"外交失败"，要求加强对钓鱼岛附近海域的警备，保证日本渔民在该海域作业的安全等。

在日本国内，除右翼势力外，其他政党、团体和民意代表在钓鱼岛问题上也持续不断地向菅直人政府施加压力。2010 年 10 月 4 日，冲绳县石垣市市长中山义隆与市议员等在东京会见民主党副干事长长妻昭，要求政府加强对附近海域的监视及警备，并称尖阁诸岛是日本领土，希望政府认真以对。除石垣市外，靠近尖阁诸岛的宫古岛市、与那国町、竹富町等地方政府的代表也会见了长妻昭。他们还拜会首相官邸、法务省及国土交通省，并与检讨撞船事件的跨党派"保卫国家主权与国家利益行动议员联盟"举行座谈。日本共产党委员长志位和夫亦于 10 月 4 日上午会晤官房长官仙谷由人时就尖阁诸岛问题表明立场，要求政府应对国际社会与中国理直气壮地主张"日本拥有主权"。

以上就日本官方及民间团体对钓鱼岛问题的立场来看，中日钓鱼岛之争不但余波未了，而且可以预期会持续相当一段时期。

（二）钓鱼岛列屿主权归属中国的有力证据

至于日本当局又是凭什么扣押中国船长詹其雄呢？原来自 1951 年美日签订《旧金山和约》规定琉球群岛交由美国托管后，托管当局即成立"琉球民政府"，并划定所谓"琉球列岛之地理境界"，将北纬 24 度至 28 度、东经 122 度至 133 度的广阔的东海海域划入琉球列岛版图。位于北纬 25 度至 25 度 50 分、东经 123 度 30 分至 123 度 40 分的钓鱼岛列屿被划入其中。与此同时，托管当局还制定《琉球政府章典》，规定外国人要登陆琉球列岛境界中的任何岛屿，必须向琉球民政府提出申请，获准才可登岛（但最长期限不得超过 120 天），否则以非法登陆论处。日本当局从美国托管当局接管琉球列岛后，一仍其旧。

今次日本当局扣押詹其雄船长，依据的就是《琉球政府章典》规定的这条律例。当然，美国托管当局将自古属中国固有领土钓鱼岛列屿单方面划入琉球列岛境界的经纬线内，本身就是非法的和无效的。因此，日本当局以"国内法"处置詹其雄船长也是非法的。因为中国人自古以来祖祖辈辈都可自由来往登陆钓鱼岛列屿。据可靠的琉球历史文献，在日本用武力吞并琉球的一百多年前，英国人要登陆琉球群岛和钓鱼岛列屿、花瓶屿等东中国海沿岸诸岛屿，必须事先向设在福州的琉球馆提交申请，即必须事先获得中国政府（当时琉球为中国属邦）允许后才可登岛。有史为证。

1845 年 6 月，英国军舰"沙马朗"（Samarang）号从琉球国的八重山群岛之与那国岛出发，14 日到达石垣岛。当晚，舰长爱德华打开航海图寻找 Hoapin – San（花瓶山的闽南语发音）以定航向，这次的航海目的是要测量由花瓶山到钓鱼岛列屿的水文地理。15 日，他们来到钓鱼岛，舰长误认为就是 Hoapin – San。次日，前往黄尾屿，舰长以为即是 Tiau – Su（钓鱼屿的闽南语发音）。这次测量的结果，由爱德华舰长写成详细记录，于 1848 年在伦敦出版（Narrative of the Voyage of HMS Samarang During the Years 1843 – 1846. by Captain Sir Edward Balcler；London，1848），这大概是世界上最早对钓鱼岛列屿所作的一份科学调查报告。1855 年，英国海军根据这份记录制成海图出版，收入《台湾与日本间的岛屿及其邻近海岸》（The Islands Between Formosa and Japan with the Adjacent Coast of China；1855）一书。（参看井上清《"尖阁"列岛——钓鱼岛群岛的历史剖析》第 69 – 74 页，日本第三书馆 1996 年 10 月出版）。

有关英国军舰沙马朗号前往八重山及钓鱼岛列屿测量水文地理之事，笔者在琉球第一部编年史《球阳》卷二十一中找到旁证。据《球阳》记载，沙马朗号舰长为登岛测量之事曾通过英国驻福州使馆领事李太郭特向琉球国中山王驻福州琉球馆翻译官（在闽存留通事魏学贤）提交申请文书，请求魏学贤将申请文书提交福建布政司转详都抚两院，允准后始得前往测量。现将其译述如下：

尚育王十一年（1845）五月初二日，一艘异国船在与那国岛的祖纳村洋面出现，大船放下舢板，乘载 13 人前来古保良浜。初三日至初五日，有五人上岸来到山野间到处巡看，然后插上白旗，用望远镜视察四方，至黄昏始回舢板寝宿。初六日，有异人 11 名，华人一名，座驾舢板上岸。时有与那国岛人，其人曾学官话（即中国语——笔者注）者，问其来历，据华人口称，该船为大英国之船只，全船人数200员。（此记事用阴历，如换算成阳历，则与沙马朗号航海记录的日期相合，知即为该舰无疑——笔者注）

上述英国海军档案史料和琉球国正史，可为中国自古拥有钓鱼岛列屿领土主权提供三点证据：

日本武力吞并琉球以前，英国人登陆钓鱼岛列屿必须通过福州的琉球馆向福建海防官（即布政司及都、抚两院）提交申请（即必须征得中国政府的同意），而不是直接向那霸的琉球国中山王府提交申请，其主权意含十分明确。

从英国军舰爱德华舰长使用的海图来看，钓鱼岛列屿的名称全用闽南语发音的中国命名，可见发现、命名和使用这些岛屿的"原始权利"应是中国人而不是日本人。

从英国军舰所请导航为华人而不是日本人这点来看，足证中国人与钓鱼岛列屿渊源深厚且熟悉这一带的地形。

（三）《美日安保条约》与钓鱼岛列屿无关

就中日撞船事件引发的钓鱼岛主权争端而论，日本政府为何有恃无恐，不顾中国政府的再三警告，一意孤行地采取强硬态度，坚持要以所谓的"国内法"处置中国船长詹其雄。究其缘由，背后实因为有《美日安保条约》撑腰。据东京多家媒体报道，针对不断升温的中日钓鱼岛冲突，美国政府一方面做出姿态要求中日双方保持克制，通过谈判解决争端；另一方面又反复强调，《美日安保条约》适用于钓鱼诸岛。对此，美国国务卿希拉里还公开表示，钓鱼诸岛与琉球列岛一起在1972年归还日本之后，就一直处于日本政府的行政管辖之下，而1960年签署的《美日安保条约》第五款规定，这个条约适用于"日本政府行政管辖的所有地区"。另外，据日本共同社于

2010 年 10 月 12 日发自越南河内的报道说："正在越南出席东协防长扩大会议的日本防卫大臣北泽俊美，今天与美国国防部长盖茨举行会谈，两人就钓鱼岛属于美日安保防卫范围进行再确认。"不过，美国官方一再表示，虽然《美日安保条约》适用于钓鱼岛群岛，但有关该群岛的最终主权归属，美国政府不持立场，美国期待主张拥有主权的各方能以和平方式化解分歧。

对于美国政府官员的上述言论，日本政府官员亦作出高调应和，指称"美方也认为尖阁群岛在日本施政权下，因此适用于《日美安保条约》"。同时还表示，"依据安保条约，奥巴马总统对日本有包括核威慑力在内的防卫承诺"。可见日本政府在钓鱼岛问题上坚持强硬态度，背后的支撑就是《美日安保条约》。

按美、日官员的说法，似乎 1960 年签署的《美日安保条约》有明文规定钓鱼岛群岛属该条约涵盖范围，实际上并无此事。查《美日安保条约》共五条，其中第一条规定："在《和平条约》生效的同时，经日本国许可、美国接受，美国的陆、海、空军有在日本国内及其领海驻扎的权利，因这些军队有助于维持远东国际和平与安全。并且，当外部武力攻击危及日本国的安全以及镇压由一或二个外国干涉、煽动而引起在日本国的大规模内乱及骚扰时，日本国政府有理由明确请求美国驻军之援助。"

上引第一条为《日本国与美国之间的安全保障条约》（简称《美日安保条约》）的主要内容，其余四条为第一条的附加及解释条款。该条约正文用英语、日语作成，由美、日双方于 1951 年 9 月 8 日在美国旧金山签字，1960 年再度修订确认。很明显，《美日安保条约》是附属在《旧金山和约》之下，并与该条约同时生效的。因此，欲明了《美日安保条约》是否适用于钓鱼岛群岛，首先又必须弄清楚《旧金山和约》中是否有明文规定钓鱼岛群岛属日本的领土。查 1951 年签署的《旧金山和约》全文共七章 27 条，正文用英语、法语、西班牙语、日语作成，在条约上签字的国家包括荷兰、法国、澳大利亚、加拿大、美国、日本等49个国家（中国被排除在外），其中第二章"领域"部分涉及中日疆界问题，明确规定："日本国业已放弃对于台湾及澎湖列岛以及南沙群岛、西沙群岛之一切权利、权利名义与要求。"同章第三条（南西诸岛及南方诸岛）部分又规定："日本国对于美国向联合国所作任何将北纬29度以南之南西诸岛（包括琉球群岛及大东群岛），孀妇岩以南之南方诸岛（包括小笠原群岛、西表岛及琉璜列岛），及冲之鸟岛与南鸟岛，置于托管制度之下，而以美国为其唯一管理当局之建议，将予同意，在提出此项建议并就此项建议采取确定性之行动以前，美国有权对此等岛屿之领土（包括水域）暨其居民，包括此等岛屿之领水，行使一切行政、立法、司法及管辖之权力。"

以上条约于1951年9月8日签字，次年4月28日生效。但根据以上条约，并无涉及钓鱼岛群岛或"尖阁群岛"。当年，日本政府对该条约作了极为详细的"解说"，其中在解释该"条约第三条的地域"时，明确指出："历史上的北纬29度以南的南西群岛，大体是指旧琉球王朝的势力所及范围"（见东京每日新闻社刊《对日平和条约》，1952年5月），其中亦无涉及钓鱼诸岛。这一"解说"清楚地表明，《旧金山和约》规定交由美军托管的范围，不含钓鱼岛群岛，因为大家知道，钓鱼岛群岛并非"旧琉球王朝的势力所及范围"。相反，有大量史籍证明，钓鱼岛群岛属旧中国明、清王朝的势力所及范围（包括旧中国的明、清王朝《册封使录》、琉球王朝的《琉球历代宝案》、日本林子平著《三国通览图说》，皆有大量史料证明钓鱼岛列屿属中国领土）。对此，日本政府当局也是清楚的。

既然《旧金山和约》无涉钓鱼岛群岛，《美日安保条约》无疑不适用于钓鱼岛群岛。日本声称拥有对钓鱼岛群岛的主权，如按《旧金山和约》规定，必须有足够充分的证据证明钓鱼岛群岛自古以来即属于"旧琉球王朝的势力所及范围"。否则，日本声称拥有该群岛主权在国际法上不能成立。至于美国官员指称《美日安保条约》适用于钓鱼岛群岛，则是对条约过度引申和不熟悉历史的结果。美、日官员必须对自己不负责任的发言作出澄清。

（四）从钓鱼岛事件看美国的亚洲战略部署

据前述日本共同社发自越南河内的报道，美日防长会谈内容还包括："为确保包括钓鱼岛海域在内的东海稳定，北泽与盖茨就根据美日安保条约共同应对达成共识，并确认有必要加强与周边国家的合作。"如将美日防长会谈内容，结合前段时期爆发的中日钓鱼岛风波，不难看出这是美国重返亚洲的战略部署的一环，而这一战略部署的核心即是实施对华围堵，具体又可分为三大战略组成部分：一是对华地缘军事战略，二是对华政治外交战略，三是对华经贸战略。其中对华经贸战略是为了配合对华政治外交战略，而对华政治外交战略则是为了配合对华地缘军事战略。三大战略组成部分紧密配合，相辅相成，中心目标即是实现对华围堵。

从地缘政治的角度来看，自从苏联解体后，美国的全球体系的战略部署即开始一步一步将重心转移至亚洲，将目标锁定日渐崛起的中国。其经营方略：一方面巩固原有的由黄海、东海到南海，包括韩国、日本、台湾、菲律宾这条岛链；另一方面又通过挑拨东南亚国家与中国的矛盾和拉印（度）抗中的策略，形成一个"环中国"战略包围圈（有关"环中国"战略概念的阐释，可参看杨志诚：《从"环苏联"过渡到"环中国"的战略转移》，载《海峡评论》第238期），目的就是要锁住中国，不使蛟龙出海、黄祸蔓延（即所谓"中国威胁论"）。这一"环中国"包围圈自美国从中东撤军后即开始成形，且已成环环相扣的态势。中国如欲实现"蛟龙出海"，最有可能是从台湾到琉球这条岛链的最薄弱环节突围。今次的中日钓鱼岛风波，实是美国为了测试中国底牌和考验台湾而布的一个局。而前些时期美国在黄海和南海举行的军事演习，以及不久前在东海与日本举行的联合夺岛军演，目的都是为了加强其"环中国"战略包围圈。

诚如《星岛日报》2010 年 10 月 14 日题为《美国防长谈话暗冲中国》的报道指出："面对中国在南海的实力不断增强，美国国防部长盖茨连续两天在越南发表谈话，表示美国不会退出亚洲，而且要更积极参与。若干美国媒体指出，尽管盖茨通篇没有提及中国，但显然是冲着中国而来。"

据媒体透露，"东盟加八"国防部长会议刚刚结束，盖茨 13 日离开河内，前往比利时的布鲁塞尔。而盖茨在河内国立大学的第一场演说和在国防部长会议的第二场演讲都是强调美国的亚洲战略部署的重要性。尤其是第二天的谈话比第一天更为具体，更具针对性，因而华盛顿邮报等媒体分析指出，盖茨的谈话显然是冲着中国而来。另有媒体说，盖茨是借着这篇谈话"显示美国支持那些被中国威吓的小国"。同时，盖茨暗示解放军的现代化及扩张应该透明化。

此外，根据美国国防部发布的新闻稿，盖茨在 12 日国防部长会议上表示，美国是太平洋国家，也是亚洲地区既存的强权；"多年来如此，未来也会如此"。同时又指出，美国的历史和未来，与亚太国家交织在一起，因此必须共同面对各种安全上的挑战。

他说，关于南海争议，美国立场一向明确，即"我们的国家利益在于自由航行、经济发展及贸易不受干扰以及尊重国际法"。他说，如何适切使用海事领域，如何适切出入等，"我们相信，惯常的国际法——例如《联合国海洋法公约》——提供了清晰的方向"。

盖茨还表示，美国一直使用这些权利，也支持其他各国使用这些权利，

"这些做法不会改变";而且美国与盟邦、伙伴在这个区域的各项操演、活动也不会改变。他说,美国在南海的各项活动不但是例行的,也是至关重要的,借以"证明我们对区域的承诺",也借以"维系和平与安定,促进航行自由"。他进一步指出,这些活动之所以重要,因为可以建立强固的合作机制,以进一步因应共同面临的各种安全挑战。面对各种挑战,需要各方重申各种承诺,而挑战同时也是机会,"美国期待参与"。盖茨并且呼吁区域各方"建立坚强的互信与自信",并进一步透明化,以确保"各国的力量不是针对区域内的其他国家,而是为了共同的目的"。

盖茨在河内国立大学演说时则表示,美国将留驻亚洲,又说美国要继续与亚洲国家交往,"我们要做积极的参与者,不仅仅在经济和政治事务上,也包括国防和安全事务"。

盖茨以上两次演讲反复强调美国在亚洲的现行做法不会改变,尤其是"演习、作业一切照旧"。其战略目标无疑就是针对中国,同时也清楚地表明了美国在亚洲的立场,并且试图告诫中国,勿触碰美国利益。由此可见钓鱼岛撞船事件只不过是美国为其重返亚洲而部署的一步棋,意图即是要实施其对华围堵的战略目标。

三、驳日本外务省的"尖阁见解"

据《星岛日报》2010 年 10 月 15 日消息，日本右翼团体计划动员 3000 人，于 16 日下午包围中国驻日本大使馆，抗议中国侵入日本领土尖阁群岛（即中方称钓鱼岛）。这次名为"包围中国大使馆"的行动，由日本保守派人物田母神俊雄、前众议院议员西村真悟以及支持台独的前台湾国策顾问黄文雄等人发起。为配合民间的反华行动，日本外务省在其网站上增加了中文版的《关于尖阁诸岛领有权的基本见解》（简称"尖阁见解"），强调日本在中方所称的钓鱼岛问题上的立场。然而，这份"尖阁见解"究竟说了些什么？也即是日本声称拥有钓鱼岛主权的理据是什么？笔者认为有必要对其进行认真分析和据理辩驳。兹将"尖阁见解"的主要内容抄录如下：

自 1885 年之后，日本政府透过冲绳县当局等各种途径再三前往尖阁群岛进行了实地调查，慎重确认该地不仅为一无人岛，而且没有受清国管治过的痕迹之后，于 1895 年 1 月 14 日，通过了在当地建立标识桩的内阁会议决定，正式划入我国领土版图之内。

自此以后历史上，尖阁群岛一贯构成我国领土南西群岛的一部分，并且不包含在根据 1895 年 5 月生效的《马关条约》第二条由清国割让给我国的台湾及澎湖列岛之内。因此，在旧金山和平条约中，我国根据该条约的第二条所放弃的领土之内并不包括尖阁群岛；该群岛是根据该条约第三条，作为南西群岛的一部分交由美国管治；并被包括在于 1971 年 6 月 17 日，根据日本与美国之间签署的有关琉球群岛及大东群岛的协议（归还冲绳协议），将管治权归还于我国的地域之内。以上的事实，足以明确地显示尖阁群岛作为我国领土的地位。

此外，中国对根据旧金山和平条约第三条，交由美国管治的区域内包括尖阁群岛在内此一事实，从未提出过任何异议，这就显示中国显然并没有把该群岛视作台湾的一部分。中华人民共和国政府也好，台湾当局也好，都是到了1970年下半年，开发东中国海大陆架石油的动向表面化之后，才首次提出尖阁群岛的领有权问题。而且，中华人民共和国政府及台湾当局曾经举出过作为各类所谓历史上、地理上、地质上的证据等各项论据，都不能够足以成为在国际法上证实中国对尖阁群岛领有权的有效论据。

上述"见解"的要点可概括为四个部分：

（1）自1885年之后，日本政府经多次调查，发现钓鱼岛列屿为无人岛，并且属无主地，于是经阁议划入日本领土版图（即按国际法上的无主地"先占"原则）。

（2）钓鱼岛列屿不包括在1895年5月生效的《马关条约》第二条由清朝割让给日本的台湾及澎湖列岛之内。

（3）因此，日本根据1952年4月生效的《旧金山和约》第二条宣布放弃台湾及澎湖列岛的领土之内并不包括钓鱼岛列屿。

（4）中国对根据《旧金山和约》第三条交由美国管治的区域（即琉球列岛境界）内包括钓鱼岛列屿在内的事实从未提出过任何异议，显示中国并没有将该群岛视作台湾的一部分。因此，该群岛无疑属日本的领土。

以上日本外务省"尖阁见解"的四条论据一环扣一环，似乎颇合逻辑。其中第一条又是其余三条的纲领和关键，即日本政府认定钓鱼岛列屿在1885年之前为无人岛且属"无主地"，因此实行"先占"。钓鱼岛列屿属无人岛固然不假，事实上，该列屿因无足够的可供人类生存的经济资源，至今仍属无人岛。但问题出在 19 世纪 80 年代之前，该列屿是否属于"无主地"？因为要适合国际法上的"先占"原则，必须是无主地。而国际法定义的无主地，是指尚未被人以国家名义占有的土地。无人岛不等于无主地；无主地不必是无人岛，如有土著居住，而为国际社会尚未承认为国家者，一样视为无主地。日本政府在此把钓鱼岛列屿定义为"无主地"，其一是将无人岛等同于"无主地"，其二是发现"没有受清国管治过的痕迹"（即建立国家标志如地界之类）。

针对日方的"无主地"定义，笔者提出反驳，其证据有三：

（1）钓鱼岛列屿为中国人最早发现、命名和使用（见诸 1403 年前后成书的《顺风相送》、1534 年陈侃著《使琉球录》等书），这已构成国际法上的"原始权利"（Inchoate title）。

（2）钓鱼岛列屿早在明代已划入中国行政管制区域（见 1562 年由郑若曾编撰、胡宗宪主持出版的《筹海图编》），这已适合国际法中关于海岸国的主权是一种"管制"（Control）的定义，即已构成对钓鱼岛列屿的领有主权。

（3）中国对钓鱼岛列屿的领土权在 19 世纪 80 年代以前已被国际公认，有日本、琉球、中国、法国、英国、美国、西班牙等国家出版的史籍和地图为证（如日本林子平的《三国通览图说》及附《琉球三省并三十六岛之图》；琉球中山王国编年史《球阳》；中国明、清出使琉球的《册封使录》等）。

根据以上三条理由，日方关于钓鱼岛列屿属"无主地"的定义不能成立，自然也就不适合国际法中的"先占"原则。因此，日本政府声称钓鱼岛列屿已于 1895 年 1 月 14 日通过的内阁会议决定将其划入日本领土版图之内的论据，在国际法上亦属无效。至于日方论据的第二、第三部分，其意图是要论证钓鱼岛列屿并不在台湾附属岛屿之内。在这里，日方采取负面表述的方式。即《马关条约》第二条规定割让台湾及澎湖列岛并未提及钓鱼岛列屿，因此，该列屿并不是台湾附属岛屿，而属琉球南西群岛的一部分；所以，《旧金山和约》第二条规定放弃台湾及澎湖列岛等领土，亦不包括钓鱼岛列屿。日方的这种推论，在逻辑上似乎并无悖理，但仔细推究，这种推论并不能成立。理由如下：

其一，《马关条约》第二条第二款规定割让"台湾全岛及所有附属各岛屿"，第三款规定割让"澎湖列岛"。条款中虽未提及钓鱼岛列屿，但并不能推出该列屿不是台湾附属岛屿而属南西群岛的一部分。因为条款中"台湾及所有附属各岛屿"所涵盖的许多岛屿都没有提及，如接近台湾本岛的兰屿、琉球屿、花瓶屿、彭佳屿等。难道能说这些岛屿都不是台湾附属岛屿吗？

其二，钓鱼岛列屿由于台湾渔民经常出没作业的关系，习惯上将该列屿视为台湾附属岛屿，这是一种历史的自然形成，对于这种地理概念的历史形成，中日的文献资料皆有反映。如明朝嘉靖帝派遣的"宣谕日本国"的特使郑舜功所撰《日本一鉴》（1564）便记有"钓鱼屿，小东（即台湾——笔者注）小屿也"；又如清康熙六十一年（1722）巡视台湾御使黄叔璥撰《台海使槎录》卷二《武备》条云"台湾山后大洋北，有山名钓鱼岛，可泊大船十余"。以上史料皆是钓鱼岛为台湾附属岛屿的有力证据。日方这种不是建立在历史数据基础上而采用负面表述的逻辑推论，是站不住脚的。

日方论据的第四部分涉及《旧金山和约》与钓鱼岛列屿的关系。即根据《和约》第三条规定，琉球群岛交由美国托管。1952 年 2 月 29 日，接管琉球的美军司令部颁布了有关琉球领域之第六十八号指令（即《琉球政府章典》

第一章第一条），划定琉球群岛的范围包括从北纬 24 度至 28 度、东经 122 度至 133 度之内的诸岛屿，而钓鱼岛、黄尾屿、赤尾屿正好在此经纬度范围内。1953 年 12 月 25 日，美国托管当局又以琉球民政府的名义发布《琉球列岛的地理境界》，将这一单方面划定的琉球地界"国内法"化。

由于美国琉球民政府所划定的"琉球地界"的经纬度内并没有提到钓鱼岛列屿，而当时的中国政府亦不清楚该"琉球地界"包括哪些岛屿，因而没有表示任何意见（由于《旧金山和约》没有中国政府的参加，故中国政府向来不承认其具法律效力。因此，美托管当局单方面划定的"琉球地界"自然不被中国政府承认），但这并不能导出"显示中国显然并没有把该群岛（即钓鱼岛列屿——笔者注）视作台湾的一部分"之结论。因为根据中国、日本和琉球的官方历史文献，从来没有将钓鱼岛列屿归入琉球群岛范围，明治初期琉球废藩置县时划定的冲绳版图经纬线内，亦不包括钓鱼岛列屿。相反，有大量历史文献证明钓鱼岛列屿属中国而不属琉球。事实上，中琉两国疆境早已有地方分界。从中国方面看，地界是赤尾屿；从琉球方面看，地界是古米山（见陈侃、郭汝霖的《使琉球录》）；况且，位于赤尾屿和古米山（即久米岛）之间，横亘着一道水深达 2700 米的东海海槽，成为中琉两国自然形成的边境分界（这是明清时期中琉两国官方和民间的共识），位于东中国海浅海大陆架上的钓鱼岛列屿，向来被视为中国领土，旧琉球王国亦从未提出异议。

概括而论，美国托管当局于 1952 年单方面将钓鱼岛列屿划入"琉球地界"，随后又于 1972 年将其"归还"日本，这种私相授受他人领土的行为，当然不能构成日本拥有钓鱼岛列屿领土主权的法理依据，同时也必然会遭到中国政府和全球华人的反对。

附

一、琉球政府立法院　决议第十二号

尖阁列岛的石油资源，最近突然引起举世瞩目，正当县民准备大力开发的时候，忽闻中华民国政府竟授权美利坚合众国的 Gulf 公司开采，并称尖阁列岛为中国所有，县民无不震惊。查尖阁列岛原属八重山石垣市字登野城的行政区域。设在该市的古贺商店，战前一直在该列岛经营伐木和捕鱼事业。是故我国对该列岛的领有权不容置疑。

因此，本院请求立刻部署阻止中华民国错误的主张。谨决议如上。

1970 年 8 月 31 日 琉球政府立法院

二、琉球政府立法院　决议第十三号

1970 年 8 月 31 日琉球政府立法院通过附纸所记《关于请求防卫尖阁列岛领土权决议》。

本院坚决请求本土政府（琉球政府）实施上开县民决议，并请美利坚合众国从中对中华民国强力折冲。谨决议如上。

1970 年 8 月 31 日 琉球政府立法院

三、琉球政府"关于尖阁列岛的领土权"声明

琉球政府立法院以尖阁列岛为我国固有领土，身为日本国民及冲绳县民，绝不能容忍别国的侵犯，故此采决《关于防卫尖阁列岛领土权决议案》。

众所周知，最近尖阁列岛海底发现石油，世界石油企业莫不奔走相告。集中注意于该列岛。据悉台湾的国民政府曾授予美国 Gulf 公司矿业开采权，

并以大陆礁层公约为依据。主张尖阁列岛为该政府所有。如此分明蓄意侵害我国领土主权，不能不加追究。

关于琉球列岛的范围，美利坚合众国基本统治法关于管理琉球列岛的行政命令，规定"美利坚合众国根据对日和约第三条所指，有管辖琉球列岛及其领海之行政权"（本命令所指"琉球列岛"，乃北纬 29 度以南的南西诸岛，并不包括和约同条约所定美国让给日本奄美群岛上一切权利在内）。亦即包括：28°N、124°40′E，24°N、122°E，24°N、133°E，27°N、131°50′E，27°N、128°18′E，28°18′N、128°18′E 诸点连线（线）区城内诸岛、小岛、环礁、岩礁和领海。（美国琉球民政府第二十七号布告）

历史上，自 14 世纪后叶即知有尖阁列岛的存在。在 1372—1866 的 500 年间，因琉球中山王朝和中国的朝贡册封关系，朝贡船、册封船频频往来中国大陆福州和那霸之间。尖阁列岛位于此类船只航路之间，而列岛中钓鱼岛及其附近小岛、岩岛，因有岩石突出，是为理想的航海标志。故此，历代册封使录如《中山传信录》、《琉球园志录》、《指南广义》及其附图、《中山世鉴》之类，都有间隔列岛各岛名称的记载。

诸岛虽有钓鱼岛、黄尾屿、赤尾屿诸名称，但在冲绳，有人分别叫钓鱼岛、黄尾屿为 Yukun、Kubashima。而赤尾屿因距久米岛近，故又叫久米赤岛。此外，也有人叫久场岛做 Tiau su 岛，鱼钓岛为和平山。据此可知，尖阁列岛各岛之名称，虽被多种历史文献记载，其名称皆因人而异。直到明治二十八年（1895），尖阁列岛并非属于任何国家所有。换言之，该列岛是国际法上无主之地。

14 世纪以来，琉球和中国有关尖阁列岛的文献，没有一种表明尖阁列岛是其国领土。这类文献无非把列岛当作航海标志，仅在航海日志和航海图中，约略提示，或是咏叹旅情的汉诗中，为方便计，给尖阁列岛取上一个名称罢了。

（冲绳）本土的文献，有林子平的《三国通览图说》，林氏书中虽提及钓鱼岛、黄尾屿、赤尾屿为中国领土，不过，林子平心知肚明，《三国通览图说》的原典依据，就是（中国人编纂的）《中山传信录》。

他的《图说》是拼凑《传信录》内《琉球三十六岛之图》和《航海图》而成的。《三十六岛之图》并没有把钓鱼岛、黄尾（屿）等当作琉球领土，因此林氏就机械式地把列岛另外设色，以别于中国领土。不过，即使在《传信录》的《航海图》中，也找不出证据，说明列岛属于中国所有。《航海图》这种东西，到底不过为航路方便而作，并非因有领土意识而作的。

琉球王国在明治五年（1872），改称琉球藩；明治七年，直隶于内务省。明治十二年改称琉球县。在明治十四年刊行，十六年改订，内务省地理局编纂的《大日本府县分割图》，尖阁列岛已在没有附录名称下划入。直至明治十年代前半期（1877—1882），尖阁列岛还是无人岛。大约在明治十七年前后，古贺辰四郎才开始以钓鱼岛、久场岛等地为中心。采集阿呆鸟羽毛、绵毛、玳瑁、贝类等。为了适应事态变迁，冲绳县知事于明治十八年九月二十二日，开始向内务卿呈报建立国家标志，及派遣"出云丸"，作实地调查事宜。

明治二十六（1893）年十一月，冲绳县知事以同样理由，再度向内务外务两大臣呈述该列岛应为冲绳县所辖，及设立标志事宜。是故，内务大臣于明治二十七年十二月二十七日征询外务大臣意见，谓拟提出阁议讨论，而外务大臣并无异议。明治二十八年一月十四日，阁议遂正式批准、位处八重山群岛西北的鱼钓岛及久场岛为冲绳县所辖。且于该月二十一日发出指令，传达阁议决定，并密令该岛知事建立标志。

明治二九年四月一日，基于阁议决定，借发布第十三号敕令到冲绳施行之便，我国对该列岛已完成了国内法上的编入措施。第十三号所指的"八重山诸岛"，据冲绳知县解释，理应包括尖阁列岛，故在划分地方行政区域时，将该列岛编入八重山郡。把列岛编入八重山郡的措施，并非纯是地方行政区域划分编入，且亦是国内法编入领土的措置。

明治二十八年一月的阁议决定，将尖阁列岛编入日本版图范围，仅言及鱼钓岛和久场岛。尖阁列岛中的南小岛、北小岛、海面北岩、南岩、叫做飞漱的岩礁（又叫久米赤岛）等小岛和岩岛，全都不在阁议决定之内。然而，在国际法上，除久米赤岛外，我国对其他小岛及岩岛，当然已表明了领有的意义。

由于久米赤岛与最近的久场岛之距离，也有 50 海里之谱，其领有意义的表明，必须与前述诸岛分别看待。前述的阁议决定，既然包括鱼钓岛和久场岛，但不知何故并未言及久米赤岛。不过，冲绳县知事在明治十八年至二三年的呈文中，提到鱼钓岛和久场岛时，往往言及久米赤岛。查明治二八年的阁议决定，系县知事呈文原案的照准。而该呈文并无言及久米赤岛应为冲绳县所辖。大概这是唯一的理由，因此阁议决定并未包括久米赤岛。

在汇集有关鱼钓岛和久场岛编入始末公函的《日本外交文书》中，也收录关于视久米赤岛的编入为理所当然的文献。谨此追溯尖阁列岛的编入始末如上。

至第二次世界大战为止，开设八重山石垣市字大川的古贺商店，向来把尖阁列岛视为私有土地，经营伐木和捕鱼事业。因此，在行政区域上，尖阁列岛亦属石垣市的一部分，不容置疑。具体而言，尖阁列岛的南小岛，坐落石垣市字登野城南小岛二三九〇番地，面积为三二町七反三亩一步，系属古贺喜次所有。此外，该氏所有土地包括：字登野城北小岛二三九一番地之二六町一反步，和字登野城鱼钓岛二三九二番地八八町一反三亩十步。属于官地的有；字登野城大正岛二三九四番地四町一反七亩四步。以上所述，都有公簿记录在案。

吾人绝不容许国府漠视如此昭彰事实。主张拥有该列岛领有权，拟趁冲绳目下形势，阴谋略取日本领土。遗憾的是：琉球政府本身并无外交权，唯望政府和美国政府与中华民国交涉。兹决议请求两政府采取行动。

为保存我国国土，冒渎恳请政府与美利坚政府早日和中华民国政府举行强力折冲。

四、"尖阁列岛分明是日本领土"——日本外务省官式见解

○ 明治十八年（1885）以来，政府再三慎重派员赴尖阁列岛作实地调查，确认该列岛不但是无人岛，且无清朝管辖形迹。因此，于明治二十八年一月四日。阁议决定在该列岛设立标志，正式编入我国版图。

○ 该列岛向来是构成我国领土南西诸岛的一部分，而根据明治二十八年五月生效的《马关条约》第二条，该列岛并不在清朝割让给我国的台湾、澎湖诸岛之内。

○ 因此，《旧金山和约》第二条并未把尖阁列岛当作我国放弃的领土，而该和约第三条又把该列岛当作南西诸岛的一部分，置于美国管理之下。据去年（1971）6 月 17 日签署的《返还冲绳协定》，该列岛亦在返还地域之内。

○ 对《旧金山和约》把该列岛置于美国管理地域内的事实，中国从未提出任何异议，因此，中国显然没有把该列岛当作台湾的一部分。

近两年来，关于尖阁列岛归属问题，中国和国民政府屡次发表官式及非官式的领有主张。本月三日（1972 年 3 月 3 日），中国代表安致远在纽约联

合国总部举行的海底和平利用委员会上，就该列岛的领有权，与小木曾大使激烈争论。

因此，我国也特地改变客气态度，认为目前已经到达改变政府见解以遍示海内外的阶段。故特发表官式见解如上。

四、亟需加强对钓鱼岛问题的研究

自从 2010 年 9 月 7 日中日双方在钓鱼岛海域发生"撞船"事件以来，日本官方为达到将钓鱼岛列屿由实际控制转化为法理占有之目的，做了一系列的动作。先是将中国籍船长詹其雄扣留并声称要按日本的"国内法"处理（基于中国方面的强大压力被迫释放詹）；随后，为配合右翼势力的反华行动，日本外务省在网站上增加了中文版《关于尖阁群岛领有权的基本见解》（简称"尖阁见解"）一文，强调日本在法理上拥有"尖阁群岛"（中方所称钓鱼岛列屿）的立场。该文出笼后，笔者旋即在 2010 年 10 月 18 日出版的《星岛日报》发表《驳日本外务省的"尖阁见解"》，该文发表后，旋即被香港、台湾和大陆的多方网站和杂志转发。2011 年 1 月 13 日出版的《人民日报》刊登了由清华大学当代国际关系研究院副院长刘江永教授写的驳日本外务省的"尖阁见解"的文章，读后不胜欣喜，深感吾道不孤。这篇题为《从历史事实看钓鱼岛主权归属》的长文，由《人民日报》整版刊出，具有相当的权威性。正因如此，该文刊出不到一周，海内外的中文主流媒体皆全文转发，可见其传播之速和影响之大。

刘江永教授《从历史事实看钓鱼岛主权归属》一文，用丰富的历史典籍作铺垫，以适合国际法的史料为依据，论证钓鱼岛自古归属中国，有力地驳斥了日本外务省"尖阁见解"中声称拥有钓鱼岛主权的歪理，同时也驳斥了日本一些政要坚称钓鱼岛"是日本固有领土，不存在领土问题"的立场。从文章看来，刘教授应是学国际政治和国际法出身的，故其在行文中能运用适合国际法的材料来论证自己的观点，这也是刘文比时下坊间流传的林林总总有关钓鱼岛的文章要高明的地方。不过，细读刘文，发现其所引用的历史典籍大部分是第二手甚至有些是第三手的，尽管刘文引用的几部前人论著皆是目前学术界公认较具权威性的著作，但疏漏之处仍然在所难免。由于刘文发表在颇具权威性的人民日报，不能不加以论列。

查刘文征引前人专著，按出版的时间顺序为：

（1）井上清：《"尖阁"列岛鱼钓诸屿的历史解明》（日本现代评论社，1972 年 10 月），刘文计引用该书两处。

（2）吴天颖：《甲午战前钓鱼列屿归属考》（中国社会文献出版社，北京，1994 年 8 月），刘文计引用该书两处。

（3）郑海麟：《钓鱼岛列屿之历史与法理研究》（明报出版社有限公司，香港，1997 年版应是 1998 年之笔误），刘文计引用该书四处，另引用该书但未注明出处者亦有四处，合计引用共八处。

（4）鞠德源：《钓鱼岛正名》，（昆仑出版社，北京，2006 年 1 月版），刘文计引用该书两处。

上述刘文所引井上清的书，由于出版年代较早，很多历史典籍还未整理重版，故不容易看到，加上井上先生又是日本学者。据笔者核对，其所引明、清出使琉球《册封使录》，大都转引自台湾学者（杨仲揆先生等）的著作，将引文与原典相校，脱漏之处不少。比如郭汝霖所著《使琉球录》，井上书写作《重编使琉球录》，事实上并无此书，刘文引井上书，一仍其误。另，刘文引鞠德源著《钓鱼岛正名》第 11 页、140 页提到："在中国的历史文献中，公元 610 年《隋书·琉求国传》中记载赴琉球所经由的高华屿即钓鱼屿",这段文字也是大有可商之处的。首先,史籍原典应是《隋书·东夷列传·琉求国》;其次,《隋书》所记"琉球国",据权威历史地理学家谭其骧(见氏著《中国历史地图集》中国地图出版社,1982—1988 年版)、吴壮达(见氏著《琉球与中国》正中书局,1948 年版)、张崇根(见氏著《台湾历史与高山族文化》青海人民出版社,1992 年版)等教授考证即是现在的台湾岛,并非指琉球列岛(即今之冲绳岛)。特别是张崇根教授撰写的《台湾古称"流求"探源》一文,在前人研究成果的基础上,从台湾名称演变的历史沿革入手,用大量丰富可靠的史料论证《隋书》所记"流求国"即今之台湾,而冲绳本土人称其岛为"屋其惹"或"倭急拿",英译即为 Oki-nawa,此说有严谨的史料佐证和学理基础,令人信服。至此,《隋书》所记"流求国"即今之台湾岛大致成为定论,这点学界已有公论。虽然梁嘉彬先生认为《隋书》所记"琉球国"乃属琉球列岛即今之冲绳岛(见氏著《琉球及东南诸海岛与中国》,台湾私立东海大学,1965 年版),但不获学界普遍认同(鞠德源书即引自梁嘉彬说再加上自己的大胆想象)。再次,将高华屿比定为钓鱼岛更属毫无佐证的大胆假设。目前学术界普遍认为,高华屿在福建往台湾之间的澎湖列岛。据台湾史专家邓孔昭教授和琉球史权威学者陈捷先教授云,将高华屿比定为钓鱼岛是大有问题的,因高华屿至今还在澎湖列岛中。据张崇根所考:"高华屿、奎壁屿都在澎湖列岛。一般认为高华屿即花屿,笔者从其说;奎壁屿在马公岛"。(见氏著《台湾四百年前史》第311 页,九州岛出版社,2005 年版)刘文在引用这些史料时未加查证考辨,毫无疑问有损文章的权威性。尤其该文是与日本官方论战性质,在引用史料方面应格外小心严谨。因此,笔者建议中国学者在撰写有关钓鱼岛问题的文章引用史料时,最好查明史籍原典,参考学界公认的较可靠的学术成果。这也是笔者对中国内地学者的一点善意的建言。

在这里，笔者向中国大陆学者郑重推介丘宏达教授写的两篇钓鱼岛研究论文：

（1）《日本对于钓鱼岛列屿主权问题的论据分析》（载香港《明报月刊》第 75 期，1972 年 3 月）；

（2）《中国对于钓鱼岛列屿主权的论据分析》（载香港《明报月刊》第 78 期，1972 年 6 月）。

上述丘教授的两篇论文，无论从历史典籍还是国际法理的角度来看，皆属钓鱼岛问题研究的经典之作。遗憾的是，内地学者出版的许多钓鱼岛论著都没有提到它。

综上所述，刘江永教授《从历史事实看钓鱼岛主权归属》一文，虽在征引史料方面存在一些可商之处，然瑕不掩瑜。特别是文章的第四部分驳斥日本政府所谓中方曾承认钓鱼岛属日的说法时提出的三点论证，有理有力有据，且为前人所未道，可以说是作者对钓鱼岛问题研究的一项贡献。

附：刘江永《从历史事实看钓鱼岛主权归属》

2011 年 1 月 13 日　　来源：人民日报

钓鱼岛及其附属岛屿自古以来是中国的固有领土。日本政府罔顾这一事实，至今仍坚持 1972 年 3 月外务省发表的所谓《我国关于尖阁诸岛（即中国钓鱼岛及其附属岛屿——笔者注）领有权的基本见解》。基于这一陈旧而荒唐的"基本见解"，日方在钓鱼岛问题上采取的强硬立场导致中日关系恶化、民众对立情绪上升。为防止领土争议继续对中日战略互惠关系造成干扰，有必要追根溯源，澄清钓鱼岛主权归属的历史经纬。

日本政府的所谓"基本见解"是："自 1885 年以来，日本政府通过冲绳县当局等途径再三实地调查，慎重确认尖阁诸岛不仅为无人岛，而且没有受到清朝统治的痕迹。在此基础上，于 1895 年 1 月 14 日，在内阁会议上决定在岛上建立标桩，以正式列入我国领土。"（1972 年 3 月 8 日"外务省关于尖阁列岛领有权问题的基本见解"，日本外务省中国课（处）监修：《日中关系基本数据集 1970—1992》，东京，财团法人霞山会发行，1993 年 11 月 20 日，第 73 页。中文版见日本国驻中国大使馆网站）这就是日本有关这些岛屿领土主张的所谓基本"依据"。这等于承认，在 1885 年以前日本政府没有调查更没有占有过钓鱼岛及其附属岛屿。那么，在此之前，钓鱼岛及其附属岛屿究竟属于哪个国家？是不是无主地？谈及钓鱼岛主权归属，首先必须澄清这些问题。

大量古代权威文献证明，在 1895 年日本利用甲午战争之机窃取钓鱼岛之前，中国至少已先于日本 500 多年发现、认识并实际利用了这些岛屿。冲绳在 1879 年被日本正式吞并之前为"琉球国"，曾是接受中国册封的海上独立王国，根本不是日本领土。1895 年之前，琉球乃至被日本吞并后的冲绳都只有 36 岛而从未包括钓鱼岛。中国与琉球之间的国界线在赤尾屿和久米岛之间。这是中国、琉球、日本三国历史文献中的一致看法。

（一）中国明清时期的历史记载

据记载，早自 1372 年开始，明太祖便派杨载作为册封使出使琉球，琉球的中山王也遣其弟随杨载入明，朝贡受封。明帝赐闽人 36 姓善操舟者赴琉球，以利往来朝贡（《大清一统志》，1744 年，第 280 卷）。此后，历代册封使留下许多关于钓鱼岛及其附属岛屿不属于琉球而属于中国的历史记录。对此，古代琉球人也是认同的。

在中国的历史文献中，公元 610 年《隋书·流求国传》中记载赴琉球所经由的高华屿即钓鱼岛。（鞠德源著：《钓鱼岛正名》，北京，昆仑出版社，2006 年 1 月版，第 11 页、140 页）一般认为，最早记载钓鱼岛名称之一的是明朝永乐元年，即 1403 年《顺风相送》一书。书中使用的名称为"钓鱼屿"和"赤坎屿"，即今天的钓鱼岛、赤尾屿。（据考证，《顺风相送》是现存最早记载钓鱼岛的史籍之一，英国牛津大学波德林（Bodleian）图书馆存有该书的誊抄本。见郑海麟："《顺风相送》所载钓鱼岛列屿史实考释"，《钓鱼岛列屿之历史与法理研究》，明报出版社有限公司，香港，1997 年版，第 14 - 27 页）这证明钓鱼岛及其附属岛屿最迟是在 1372—1403 年之间即被中国赴琉球的册封使船最先发现，并作为海上航行的标志予以利用。（吴天颖：《甲午战前钓鱼列屿归属考》，中国社会文献出版社，北京，1994 年 8 月，第 25 - 28 页）

1534 年，明朝第十一次册封使陈侃与前来迎接的琉球人一起乘船赴琉球，并在《使琉球录》中明确记载："过平嘉山，过钓鱼屿，过黄毛屿，过赤屿，目不暇接。……见古米山，乃属琉球者，夷人鼓舞于舟，喜达于家。"（陈侃：《使琉球录》，明嘉靖十三年（1534），北京，中国国家图书馆分馆善本馆藏书，第25页）"古米山"又称"姑米山"、"古米岛"，即现在冲绳的久米岛；"夷人"指当时船上的琉球人。这表明，当时的琉球人认为过了钓鱼岛列屿，到达古米岛（久米岛）后才算回到自己的国家，而钓鱼屿、黄毛屿（黄尾屿）、赤屿（赤尾屿）等则不属于琉球。

1561年，册封使郭汝霖所著《重编使琉球录》中有以下记载："闰五月初一日，过钓鱼屿。初三日，至赤屿焉。赤屿者，界琉球地方山也。再一日之风，即可望姑米山（久米岛）矣。"（郭汝霖：《重编使琉球录》，明嘉靖四十年（1561），台湾银行经济研究室编印《使琉球录三种》，台北，1970年12月出版，第73～76页）这段话更清楚地证实，当时中国已将钓鱼岛及其附属岛屿中最靠近琉球的赤尾屿作为与琉球分界的标志。

1556年，郑舜功奉命赴日考察半年后撰写了《日本一鉴》一书。该书"万里长歌"篇中明确记载了钓鱼岛属于台湾："取小东岛之鸡笼山，……约至十更，取钓鱼屿。……自梅花渡澎湖，之小东，至琉球，到日本，……钓鱼屿小东小屿也。"（转引自郑海麟：《钓鱼岛列屿之历史与法理研究》，明报出版社有限公司，香港，1997年版，第60页）所谓"小东"，即当时对台湾的一种称呼。这说明，中国当时已认定钓鱼岛等岛屿是台湾的附属岛屿。

清朝时期，中国与琉球的界线在钓鱼岛附属岛屿赤尾屿南面海槽一带，已成为中国航海家的基本常识。清朝第二次册封使汪楫1683年赴琉球，翌年写下《使琉球杂录》。该书记载了他途经钓鱼岛、赤尾屿后为避海难而祭祀时，船上人告诉他船所经过的海槽（当时称"过郊"或"过沟"）即"中外之界也"（汪楫：《使琉球杂录》，康熙二十三年（1684），北京，中国国家图书馆分馆善本馆藏书）。

当时对日本及琉球影响最大的，堪称是清康熙册封副使徐葆光（1719年赴琉）所著《中山传信录》。该书引述琉球权威学者程顺则《指南广义》一书中的论述指出，赴琉球的海上航路是：由闽安镇出五虎门，取鸡笼头，经花瓶屿、彭家山、钓鱼岛、黄尾屿、赤尾屿，取姑米山（琉球西南方界上镇山）、马齿岛，入琉球那霸港。（徐葆光：《中山传信录》，康熙五十八年（1719），北京，中国国家图书馆分馆善本馆藏书，《国家图书馆藏琉球数据汇编》中册，第36页。该书中三次提到钓鱼岛，两次提到钓鱼屿）中国古代的"镇山"原指主山。所谓"界上镇山"，可理解为琉球那霸西南海上边界的主岛。这是将姑米山作为中琉之间分界标志的又一可靠佐证。

尤其值得注意的是，早在明代，钓鱼岛就已被作为中国领土列入中国的海上防区。当时，倭寇十分猖獗，经常伙同中国当地海盗骚扰中国浙江、福建沿海一带。1561年，明朝抗倭名将胡宗宪与郑若曾编纂的《筹海图编》一书中的"沿海山沙图"、1621年茅元仪绘制出版的中国海防图《武备志·海防二·福建沿海山沙图》等，都将"钓鱼屿"、"黄尾山"和"赤屿"纳入其中，视为抵御倭寇骚扰浙闽的海上前沿。

（二）古代琉球王国和日本的文献记载

琉球王府权威史书琉球宰相向象贤监修的《琉球国中山世鉴》（1650），转引陈侃"见古米山，乃属琉球者"之说，认定赤尾屿及其以西岛屿非琉球领土。1708年，琉球大学者程顺则在《指南广义》一书中也称，姑米山（久米岛）为"琉球西南方界上镇山"。而琉球学者1950年出版的《南岛风土记》一书指山，程顺则所著《指南广义》中的附图，是根据1392年明朝选派福建 36 姓赴琉移民时的航海图绘制的。（〔日〕东恩纳宽惇：《南岛风土记》，冲绳文化协会，冲绳，昭和二十五年（1950）三月版，第 455 页）这证明，中国册封使船发现和利用钓鱼岛早于琉球人。至迟在 18 世纪初，中、琉两国便认定双方海上边界在久米岛和赤尾屿之间。

日本最早有钓鱼岛记载的书面材料当属 1785 年林子平所著《三国通览图说》的附图"琉球三省并三十六岛之图"，其中钓鱼岛等岛屿的着色与中国大陆相同，并未包括在琉球范围内。1876 年日本陆军参谋局绘制的《大日本全图》、1873 年大槻文彦出版的《琉球新志》一书所附《琉球诸岛全图》等，均不含钓鱼岛及其附属岛屿。（转引自郑海麟：《钓鱼岛列屿之历史与法理研究》，明报出版社有限公司，香港，1997 年版，第 126 – 128 页）

日本官方关于冲绳地理最早的权威著作是 1877 年出版的《冲绳志》。该书作者系 1875 年受明治政府委派到琉球推行"废藩立县"的官员伊地知贞馨。他在冲绳全岛名称和附图中均未提到钓鱼岛或"尖阁诸岛"（〔日〕伊地知贞馨：《冲绳志》，1877 年，美国哈佛大学燕京图书馆日文部藏书）。

即便在 1879 年日本吞并琉球并将其称为"冲绳县"后，也没有改变上述界限。直到 1895 年之前，冲绳只有 36 岛，其中根本不包括钓鱼岛及其附属岛屿。

1880 年，清政府与明治政府就琉球归属谈判时，中日双方确认，琉球总共 36 岛，其中未包括钓鱼岛及其附属岛屿。1880 年 10 月 7 日，日方向中方提交的正式文件《宫古八重山两岛考略》及所附地图中均无钓鱼岛或"尖阁诸岛"。（〔日〕田中敬一编：《琉球事件记录》（一），详见鞠德源：《日本国窃土源流钓鱼列屿主权辨》上册，首都师范大学出版社，北京，2001年 5 月版，第 102 ~ 104 页）这是一个非常重要的历史事实，充分证明钓鱼岛及其附属岛屿绝非琉球的一部分，更不是所谓日本的固有领土。

日本已故著名历史学家、京都大学教授井上清经过查阅历史文献，在专著《"尖阁"列岛钓鱼岛的历史解析》中指出：明治时代（1868）以前，在日本和琉球，离开中国文献而言及钓鱼岛的文献，实际上一个也找不到。钓鱼岛在日本染指之前并非无主地（〔日〕井上清：《"尖阁"列岛鱼钓诸屿的历史解明》，日本现代评论社，1972 年 10 月，第 14 页）。他强调，"钓鱼岛等岛屿最迟从明代起便是中国领土。这一事实不仅是中国人，就连琉球人、日本人也都确实承认"。（〔日〕井上清：《"尖阁"列岛鱼钓诸屿的历史解明》，日本现代评论社，1972 年 10 月，第 58 页）

（三）日本窃取钓鱼岛前后的史实与国际法解释

日本方面称，1884 年日本福冈人古贺辰四郎"发现"黄尾屿有大量信天翁栖息，羽毛可销往欧洲，便于 1885 年请求冲绳县令允许其开拓，并在岛上竖立标记，上写"黄尾岛古贺开垦"。日本政府以此为据，称钓鱼岛是"无土地"，是由日本人先占的，而非甲午战争时从中国夺取的。其实不然，因当时日本政府根本没敢立即批准。1885 年日本明治政府反复调查后已知钓鱼岛及其附属岛屿并非无主地，而属中国，故未敢轻举妄动。

直到 1895 年 1 月 14 日才乘甲午战争得势之机，抢在《马关条约》谈判前先行窃取了觊觎已久的钓鱼岛。中国在不平等条约《马关条约》中被迫将"台湾全岛及所有附属各岛屿"割让给日本，其中自然包括钓鱼岛。古贺辰四郎 1896 年才获准登岛开发，而同年日本"关于冲绳县郡构成之敕令"中尚未提及钓鱼岛。因而日本政府的所谓"先占"根本不成立。

1943 年《开罗宣言》明确规定："日本所窃取于中国之领土，例如满洲、台湾、澎湖群岛等，归还中华民国。日本亦将被逐出于其以暴力和贪欲所获取之所有土地。"《波茨坦公告》第八条规定："开罗宣言之条件必将实施，而日本之主权必将限于本州岛、北海道、九州岛、四国及吾人所决定其他小岛之内。"〔王绳祖、何春超、吴世民编选：《国际关系史资料选编》（17世纪中叶至1945年），法律出版社，北京，1988年版，第859、876页〕根据这些国际法文件，日本此前窃取的包括台湾在内的中国领土都应归还中国。日本既已接受《波茨坦公告》，钓鱼岛等岛屿连同台湾一起在法理上已归还中国。（吴天颖：《甲午战前钓鱼列屿归属考》，中国社会文献出版社，北京，1994年8月，第8页）

欲盖弥彰的是，日本政府"基本见解"主张："该列岛历史上一直是我国领土西南诸岛的组成部分，不包括在根据明治二十八年生效的下关条约（即《马关条约》）接受割让的台湾及澎湖诸岛之内。"（〔日〕1972年3月8日"外务省关于尖阁列岛领有权问题的基本见解"，日本外务省中国课（处）监修：《日中关系基本数据集1970—1992》，东京，财团法人霞山会发行，1993年11月20日，第73页）然而，日方没有证据也无法证明前半句话。《马关条约》第二条规定，中国割让"台湾全岛及所有附属各岛屿"。〔王绳祖、何春超、吴世民编选：《国际关系史资料选编》（17世纪中叶至1945年），法律出版社，北京，1988年版，第290页〕钓鱼岛及其附属岛屿便包括在其中，只不过如同花瓶屿等其他台湾附属岛屿一样，未在条约中一一列举而已。

日本政府"基本见解"称："尖阁列岛也未包括在根据《旧金山和约》第二条日本放弃的领土之中，而是根据第三条作为南西诸岛的一部分置于美国的行政管理之下，包括在根据去年（1971）6月17日签署的日美有关琉球诸岛及大东岛协议归还我国施政权的地域之中。""美国将托管地区交给日本后，其自然是日本的领土。"外务省认为，"尖阁诸岛包含在根据《旧金山和约》第三条由美国施政的地区，中国并未对这一事实提出任何异议，这表明中国并没有认为尖阁诸岛为台湾的一部分"，"只是到 1970 年后半期，东海大陆架石油开发动向浮出水面后，才首次提出尖阁诸岛领有权问题"。（〔日〕1972 年 3 月 8 日"外务省关于尖阁列岛领有权问题的基本见解"，日本外务省中国课（处）监修：《日中关系基本数据集 1970—1992》，东京，财团法人霞山会发行，1993 年 1 月 20 日，第 73 页）

这显然不符合事实。《旧金山和约》草案刚一出笼，时任中国外交部长周恩来便发表声明指出："如果没有中华人民共和国的参加，无论其内容和结果如何，中国人民政府一概认为是非法的，因而也是无效的。"

1951 年日本政府曾就《旧金山和约》第三条的地理概念所做解释为，"历史上的北纬 29 度以南的西南群岛，大体是指旧琉球王的势力所及范围"（〔日〕每日新闻社《对日和平条约》，东京，1952 年，第 36 页。转引自郑海麟：《钓鱼岛列屿之历史与法理研究》，明报出版社有限公司，香港，1997 年版，第 154、155 页）。然而，旧琉球王从未把钓鱼岛列屿作为琉球的一部分，所以仅按经纬度划定领土归属是行不通的。

1971 年 10 月，美国政府表示："把原从日本取得的对这些岛屿的行政权归还给日本，毫不损害有关主权的主张。美国既不能给日本增加在它们将这些岛屿行政权移交给我们之前所拥有的法律权利，也不能因为归还给日本行政权而削弱其他要求者的权利。……对此等岛屿的任何争议的要求均为当事者所应彼此解决的事项。"（〔美〕参议院外交关系委员会听证会第九十二届国会记录，1971 年 10 月 27—29 日，第 91 页）同年美国参议院批准"归还冲绳协议"时，美国国务院发表声明称：尽管美国将该群岛的管辖权交还日本，但是在中日双方对群岛对抗性的领土主张中，美国将采取中立立场，不偏向于争端中的任何一方。直到 2010 年 8 月 16 日，美国国务院发言人克劳利仍就钓鱼岛主权归属问题表示："美国的政策是长期的，从未改变。美国在钓鱼岛最终主权归属问题上没有立场。我们期待各方通过和平方式解决这个问题。"

（四）所谓中方曾承认钓鱼岛属日的说法不成立

综上可见，日本政府关于钓鱼岛主权归属的所谓"基本见解"完全背离了基本史实，纯属自欺欺人。目前，与其相比更具有欺骗性的是，日本还有三种企图证明中国曾经承认钓鱼岛属日本的欺人之谈：

一是 1920 年中国驻长崎领事颁发给日方搭救中国渔民的"感谢状"提及"八重山郡尖阁列岛内和洋岛（即钓鱼岛）"。然而，日本殖民统治台湾时期的这类所谓"证据"其实都不足为据。二是 1958 年中国出版的《世界地图集》中把"尖阁诸岛"划在冲绳范围。不过，这版地图的扉页上已注明：部分中国国界是根据抗日战争前申报地图绘制。在 1956 年中国出版的《世界分国图》中，冲绳并不包括钓鱼岛。三是 1953 年 1 月 8 日《人民日报》登载的文章称琉球群岛包括"尖阁诸岛"。经查，该文是一篇编译自日文材料的无署名"资料"。文中"嘉手纳"被按日文发音翻译为"卡台那（译音）"，即是证明。（《琉球群岛人民反对美国占领的斗争》，见《人民日报》1953 年 1 月 8 日第 4 版）故该根据不能代表中国政府有关钓鱼岛归属的立场。

目前，日本一些政要坚称，钓鱼岛"是日本固有领土，不存在领土问题"。但不容否认的是，中日双方都坚持对钓鱼岛拥有主权，所以领土争议是客观存在的现实。包括美国在内，国际社会并不认同日本政要的上述说法，而普遍希望中日两国根据国际法，通过和平谈判解决争议。这就需要中日双方的诚意与智慧。笔者认为，这个问题如果暂时解决不了，从中日战略互惠关系大局出发，"搁置争议、共同开发"也许仍不失为一种合理的选择。

参考书目

中国文献

1. 《顺风相送》，收入向达校注《两种海道针经》，中华书局 1961 年版。

2. 《指南正法》，收入向达校注《两种海道针经》，中华书局 1961 年版。

3. 陈侃《使琉球录》，收入《使琉球录三种》，台湾文献丛刊第 287 种。

4. 萧崇业《使琉球录》，收入《使琉球录三种》，台湾文献丛刊第 287 种。

5. 夏子阳《使琉球录》，收入《使琉球录三种》，台湾文献丛刊第 287 种。

6. 郭汝霖《使琉球录》，见萧崇业《使琉球录》。

7. 高澄《操舟记》，见萧崇业《使琉球录》"造舟"篇。

8. 谢杰《〈琉球绿〉撮要补遗》，见夏子阳《使琉球录》"附旧《使录》"。

9. 谢杰《日东交市记》，见夏子阳《使琉球录》"附旧《使录》"。

10. 张学礼《使琉球记》。

11. 张学礼《中山纪略》。

12. 汪楫《册封疏抄》。

13. 汪楫《使琉球杂录》。

14. 汪楫《中山沿革志》。

15. 徐葆光《中山传信录》。

16. 周煌《琉球国志略》。

17. 李鼎元《使琉球记》。

18. 齐鲲《续琉球国志》。

19. 赵新《续琉球国志略》。

20. 潘相《琉球入学闻见录》。

21. 姚文栋《琉球小志并补遗》（译述）收入《清代琉球纪录续辑》，1972年版。

22. 《隋书·东夷列传·流求国》。

23. 杜佑《通典·边防·琉球》。

24. 郑樵《通志·四夷传·东夷·流求》。

25. 乐史《太平寰宇记·四夷·东夷·流求国》。

26. 李昉《太平御览·四夷部·东夷·流求》。

27. 赵汝适《诸藩志·志国·流求国》。

28. 马端临《文献通考·四裔考·琉球》。

29. 《宋史·外国列传·流求国》。

30. 汪大渊《岛夷志略》，苏继庼校释，中华书局1981年版。

31. 《元史·外国列传·琉求》。

32. 《新元史·外国传·琉求》。

33. 张燮《东西洋考》，中华书局1981年版。

34. 费信《星槎胜览·琉球国》。

35. 《大明一统志·外夷·流球国》。

36. 《明史稿·外国列传·琉球》。

37. 郑若曾《郑开阳杂著》。

38. 郑若曾《筹海图编》。

39. 郑舜功《日本一鉴》。

40. 茅元仪《武备志·占度载·琉球》。

41. 茅瑞征《皇明象胥录》。

42. 《郑和航海图》，见茅元仪《武备志》卷二百四十。

43. 《潜确居类书·区宇部·四夷·东南夷·琉球》。

44. 施永图《武备秘书》。

45. 黄叔璥《台海使槎录》，台湾文献丛刊第4种，1957年版。

46. 陈伦炯《海国闻见录》，台湾文献丛刊第26种，1958年版。

47. 严从简《殊域周咨录》卷之四"琉球国部分"，台湾中华文史丛书本。

48. 徐继畬《瀛环考略》（抄本），台湾学生书局1975年版。

49. 徐继畬《瀛环志略》，清道光三十年刻本，台湾华文书局1958年影印本。

50. 《流求与鸡笼山》，台湾文献丛刊第196种，1964年版。

51. 桂山义树《琉球事略》，收入《清代琉球纪录续辑》，台湾银行1972年版。

52. 《皇朝中外一统舆图》，同治二年镌，湖北抚署景桓楼藏版。

53. 王锡祺《小方壶斋舆地丛钞》。

54. 《同治朝筹办夷务始末》。

55. 《清光绪朝中日交涉史料》。

56. 李鸿章《李文忠公全书》。

57. 温廷敬《茶阳三家文钞》。

58. 罗惇曧《中日兵事本末》。

59. 王芸生《六十年来中国与日本》。

60. 左舜生《中国近百年史资料》。

61. 台湾"中研院"近代史所编《清季中日韩关系史料》。

62. 吴晗《朝鲜李朝实录中的中国史料》。

63. 汪向荣、夏应元《中日关系史资料汇编》，中华书局 1984 年版。

64. 东亚同文会《对支回顾录》（中译本）。

65. 信夫清三郎《日本外交史》（中译本）。

66. 中日条约研究会《中日条约全辑》。

67. 宋漱石《琉球归属问题》，台北，中央文物供应社，1954 年版。

68. 褚德新、梁德《中外约章汇要》，黑龙江人民出版社 1991 年版。

69. 张篷舟《近五十年中国与日本》，四川人民出版社 1990 年版。

70. 黄遵宪《日本国志》，光绪二十年羊城富文斋刻本。

71. 黄遵宪《人境庐诗草笺注》，上海古籍出版社 1981 年版。

72. 郑海麟《黄遵宪与近代中国》，三联书店 1988 年版。

73. 汪向荣《中日关系史文献论考》，岳麓书社，1985 年版。

74. 梁嘉彬《琉球及东南诸海岛与中国》，台湾东海大学 1965 年版。

75. 《台湾府舆图纂要》，台湾文献丛刊第 181 种，台湾银行 1963 年版。

76. 徐玉虎《明代郑和航海图之研究》，台湾学生书局 1976 年版。

77. 徐玉虎《明代琉球王国对外关系之研究》，台湾学生书局 1982 年版。

78. 赤岭守《光绪初年琉球与中日两国之关系》，1983 年台湾大学油印本。

79. 中国文化学院史学研究所《琉球历史地理之研究》，1971 年油印本。

80. 杨仲揆《琉球古今谈——兼论钓鱼岛问题》，台湾商务印书馆 1990 年版。

81. 陈正祥《台湾地志》，台湾南天书局 1993 年版。

82. 章巽《古航海图考释》，海洋出版社 1980 年版。

83. 魏源《海国图志》，光绪丁亥（1887）刻本。

84. 王家俭《魏源对西方的认识及其海防思想》，台湾大立出版社 1984 年版。

85. 陈寅恪《陈寅恪史学论文选集》，上海古籍出版社 1992 年版。

86. 韩振华《我国南海诸岛史料汇编》，东方出版社 1988 年版。

87. 李则芬《中日关系史》，台湾中华书局 1970 年版。

88. 苏振申《中日关系史事年表》，台湾华冈出版有限公司 1977 年版。

89. 司马桑敦《中日关系二十五年》，台湾联经出版事业公司 1978 年版。

90. 张道行《中外条约综论》，台湾五洲出版社 1969 年版。

91. 张暄《当代中日关系四十年》，时事出版社 1993 年。

92. 吴学文等《中日关系——1945 至 1994》，时事出版社 1995 年版。

93. 杜蘅之《国际法》，台湾文星书店 1966 年版。

94. 依田憙家《日本帝国主义和中国》（中译本），北京大学出版社 1989
    年版。

95. 《钓鱼岛事件真相》，香港七十年代杂志社 1971 年版。

96. 《钓鱼岛列屿问题》，台湾海外出版社 1971 年版。

97. 《中日韩合作开发海洋资源问题之研究——兼谈钓鱼岛列屿主权问题》，
    台湾日本自由新闻社 1971 年版。

98. 《钓鱼岛风云》，台湾云天出版社 1971 年版。

99. 《钓鱼岛问题资料选辑》，香港友联研究所 1972 年版。

100. 井上清《关于钓鱼列岛的历史和归属问题》（中译本），香港四海出版
     社 1972 年版。

101. 井上清《钓鱼岛列屿》（中译本），台海海山印刷厂 1973 年版。

102. 井上清《钓鱼列岛的历史和主权问题》（中译本），香港七十年代杂志
     社 1973 年版。

103. 《钓鱼诸岛资料》，香港明报出版社 1979 年版。

104. 邵玉铭《风云的年代——保钓运动及留学生涯之回忆》，台湾联经出版

事业公司 1991 年版。

105.《钓鱼岛——中国的领土》，香港明报出版社 1996 年版。

106. 吴天颖《甲午战前钓鱼列屿归属考——兼质日本奥原敏雄诸教授》，社会科学文献出版社 1994 年版。

107. 杨仲揆《中国·琉球·钓鱼岛》，香港友联出版社 1972 年版。

108. 魏敬中《福建通志》，道光十五年刻本。

109. 姚文枏《江防海防策》。

110. 丁文江等《中国分省新图》，1936 年申报馆印。

111. 武昌亚新地舆学社印行《中国形势交通详图》，1949 年出版。

112. 顾颉刚等《中国历史地图集》，地图出版社 1955 年版。

113.《世界地图集》，地图出版社 1978 年版。

114. 郭沫若《中国史稿地图集》，中国地图出版社 1990 年版。

115. 国家地震局地质研究所《中华人民共和国地震构造图》，地图出版社 1979 年版。

116.“内政部地政司”（台湾）《中华民国台湾区地图集》，1981 年版。

117. 张海鹏《中国近代史稿地图集》，地图出版社 1984 年版。

118. 中国地质科学院地质力学研究所《中华人民共和国及其毗邻海区构造体系图》，地图出版社 1984 年版。

119. 国家地震局《中国历史地震图集》（清时期），地图出版社 1990 年版。

120. 许雪姬、吴密察《先民的足迹——古地图话台湾沧桑史》，台湾南天书局 1991 年版。

121.《中国地图集》，中国地图出版社产 1994 年。

122. 周子亚《国际公法》，知识出版社 1981 年。

123. 盛愉、魏家驹《国际法新领域简论》，吉林人民出版社 1984 年版。

124. 《奥本海国际法》，商务印书馆 1981 年版。

125. 王铁崖、田如萱《国际法资料选编》，法律出版社 1982 年版。

126. 李家善《国际法学史新论》，法律出版社 1987 年版。

127. 王铁崖等《联合国基本文件集》，中国政法大学出版社 1991 年版。

128. 王铁崖等《奥本海国际法》第一卷第一分册（第九版），中国大百科全书出版社 1995 年版。

129. 董霖《国际公法与国际组织》，台湾商务印书馆，1993 年版。

130. 丘宏达《现代国际法》，台湾三民书局 1995 年版。

131. 丘宏达、陈纯一《现代国际法参考文件》，台湾三民书局 1996 年版。

132. 马英九《从新海洋法论钓鱼岛列屿与东海划界问题》，台湾正中书局 1986 年版。

133. 陈捷先《清代台湾方志研究》，台湾学生书局 1996 年版。

134. 陈捷先《东亚古方志学探论》，台湾联经出版事业公司 1998 年版。

135. 王晓波《尚未完成的历史——保钓二十五年》，台湾海峡学术出版社 1996 年版。

136. 黄兆强《钓鱼岛列屿之历史发展与法律地位》，台湾东吴大学 2004 年版。

137. 郑海麟《中日钓鱼岛之争与东海划界问题——海外保钓十年纪录》，台湾海峡学术出版社 2007 年版。

138. 春雷系列编辑委员会《峥嵘岁月　壮志未酬》，台湾海峡学术出版社 2010 年版。

139. 林田富《钓鱼岛列屿主权归属之研究》，五南图书出版有限公司 1999 年版。

140. 郑海麟《从历史与国际法看钓鱼岛主权归属》，海峡学术出版社 2003

年版。

141. 鞠德源《钓鱼岛正名》昆仑出版社 2006 年版。

142. 龙村倪《钓鱼岛列屿与东海春晓油田》，台湾大风出版社 2008 年版。

143. 张钧凯《马英九与保钓运动——兼论马政府时期的钓鱼岛问题》，台湾文英堂出版社 2010 年版。

144. 郑海麟《台湾问题与中日关系论集》，海峡学术出版社 2005 年版。

145. 李庆新《明代海外贸易制度》，社会科学文献出版社 2007 年版。

146. 张星烺《中西交通史料汇编》，中华书局 2003 年版。

147. 方豪《中西交通史》，华冈出版有限公司 1997 年版。

148. 冯承钧《中国南洋交通史》，中华书局 1957 年版。

149. 冯承钧《西域南海史地考证论著汇辑》，中华书局 1957 年版。

150. 本官泰彦《日中文化交流史》，胡锡年译，商务印书馆 1980 年版。

151. 张崇根《台湾历史与高山族文化》，青海人民出版社 1992 年版。

152. 向达《郑和航海图》，收入中外交通史籍丛刊第一种，中华书局 2000 年版。

153. 谭其骧《中国历史地图集》，中国地图出版社 1982—1988 年版。

154. 吴壮达《琉球与中国》，正中书局 1948 年版。

155. 郭廷以《台湾史事概说》，正中书局 1954 年版。

156. 曹永和《台湾早期历史研究》，联经出版事业公司 1979 年版。

157. 张崇根《台湾四百年前史》，九州出版社 2005 年版。

158. 王铁崖等《奥本海国际法》第一卷第二分册（第九版），中国大百科全书出版社 1998 年版。

琉球文献（含日文）

1. 向象贤《中山世鉴》（1650 年）。

2. 蔡铎《中山世谱》（1701 年）。

3. 蔡温《球阳》（1754 年），桑江克英译注，三一书房 1971 年版。

4. 《历代宝案》二十四册（1424—1867 年）。

5. 杨亮功等《琉球历代宝案选录》，台湾开明书店 1975 年版。

6. 程顺则《指南广义》（1708 年）。

7. 蔡大鼎《闽山游草》（1873 年）。

8. 蔡大鼎《北上杂记》（1884 年）。

9. 新井白石《南岛志》（1719 年）。

10. 林子平《三国通览图说》（1785 年）。

11. 大槻文彦《琉球新志》（1873 年），国书刊行会 1973 年重刻本。

12. 伊地知贞馨《冲绳志》（1877 年），国书刊行会 1973 年重刻本。

13. 琉球史料研究会《琉球史料》（1958—1960 年）。

14. 冈仓古志郎等《资料冲绳问题》，劳动旬报社 1969 年版。

15. 琉球政府《冲绳县史》，国书刊行会 1989 年版。

16. 新屋敷幸繁《新讲冲绳一千年史》，雄山阁 1971 年版。

17. 伊波普猷《古琉球》，琉球新报社 1942 年版。

18. 伊波普猷等《琉球史料丛书》，名取书店 1931—1932 年版。

19. 东恩纳宽惇《南岛风土记》，冲绳文化协会 1950 年版。

20. 东恩纳宽惇《琉球の历史》，日本历史新书增补版，至文堂 1988 年刊。

21. 石野瑛《琉球大观》，武相学园 1959 年版。

22. 《日本の文化地理》第十七卷《熊本·宫崎·鹿儿岛·冲绳》，讲谈社 1970 年版。

23. 新里惠二《冲绳文化论丛》（历史编），平凡社 1972 年版。

24. 冲绳历史研究会《冲绳の历史》（最近代编），冲绳教育 1984 年版。

25. 野口铁郎《中国と琉球》，开明书院 1977 年版。

26. 地方史研究协议会《琉球·冲绳——その历史と日本史像》，雄山阁 1987 年版。

27. 赤岭诚纪《大航海时代の琉球》，冲绳タイムス社 1988 年版。

28. 秋冈武次郎《日本地图史》，河出书房 1955 年版。

29. 中村拓《御朱印船航海图》，原书房 1979 年版。

30. 船越昭生《锁国日本にきた"康熙图"の地理学史的研究》，法政大学出版局 1986 年版。

31. うんのかずたか《ちぢのしね》，雄松堂 1985 年版。

32. 松本雅明《琉球孤にちける国家の形成》，弘生书林 1986 年版。

33. 高林秀雄《领海制度の研究》（第三版），有信堂高文社 1987 年版。

34. 每日新闻社《对日平和条约》，每日新闻社刊 1952 年版。

35. 渡边洋三等《日美安保条约全书》，劳动旬报社 1968 年版。

36. 斋藤真等《战后日美关系资料》，日本评论社 1970 年版。

37. 高野雄一《日本の领土》，东京大学出版会 1962 年版。

38. 鹿岛平和研究所《日本外交史》（第 3 卷），鹿岛研究所出版会 1970 年版。

39. 织田武雄《地图の历史——日本篇》，讲谈社 1974 年版。

40. 大田胜洪、朱健荣《原典中国现代史》（外交），岩波书店 1995 年版。

41. 安藤正士、小竹一彰《原典中国现代史》（日中关系），岩波书店 1994

年版。

42. 南方同胞援护会机关志《冲绳》季刊，1971 年第 56 期《尖阁列岛特集》；1972 年第 63 期《尖阁列岛特集第二集》。

43. 高桥庄五郎《尖阁列岛ノート》，日本青年出版社 1979 年版。

44. 绿间荣《尖阁列岛》，冲绳ひるぎ社 1984 年版。

45. 井上清《"尖阁"列岛——钓鱼诸岛の史的解明》，现代评论社 1972 年版。

46. 井上清《"尖阁"列岛——钓鱼诸岛の史的解明》，第三书馆 1996 年版。

47. 冲绳テレビ放送《よみがえる战前の冲绳》，冲绳 1995 年版。

48. 栗田元次《日本古版地图集成》，博多成象堂 1932 年版。

49. 日本地图学会《新修日本地图》，日本地图学会 1956 年版。

50. 浅香辛雄《日本地图帖》，国际地学协会 1984 年版。

51. 宫城荣昌《冲绳历史地图》（历史编），柏书房 1983 年版。

52. 韩国图书馆学研究会《韩国古地图》，三和印刷社 1977 年版。

53. 日本外务省《日本外交文书》，第十至二十三卷。

54. 伊藤博文《秘书类纂》之叁"琉球事件原委"。

55. 申叔舟《海东诸国记》，1471 年刻（韩国）。

56. 喜里喜行《清末中琉日关系史の研究》，京都大学学术出版社 2003 年版。

西文书目

1. *American Journal of International Law*. Vol. 3（1909）.

2. *American Journal of International Law*. Vol. 22（1928）.

3. *American Journal of International Law.* Vol. 26 (1932).

4. *American Journal of International Law.* Vol. 54 (1960).

5. *American Journal of International Law.* Vol. 52 (1958).

6. *American Journal of International Law.* Vol. 40 (1946).

7. *American Journal of International Law.* Vol. 39 (1945).

8. Brierby, *Outlook for Internation Law* (1944).

9. Brierly, *Law of Nation* (1955).

10. Charles Rousseau, *Droit international Public* (1953).

11. Herbert Briggs, *Law of Nations Cases, Documents, and Notes* (1952).

12. Jessup, *Law of Territorial Waters and Maritime Jurisdiction* (1927).

13. Lindley, *Acquisition and Government of Backward Territory in International Law* (1926).

14. Oppenheim – Lauterpacht, *International Law* (1955).

15. Svarlien, *An International to the Law of Nations* (1955).

16. Oppenheim – LauterPacht, *International Law* (1992).

后　记

　　自从大学时代选择中日关系作为主攻方向以来，计也有近30个年头了。特别是在日本京都大学、东京大学、东洋文库前后四年的访问研究中，广泛地披览了日本方面的图书资料，尤其对中日关系史和钓鱼岛列屿问题的历史文献，曾作过较认真的研究。同时，在各方友好及各大图书馆友人的大力支持和协助下，搜得钓鱼岛列屿相关之珍贵历史地图数十幅，有力地证明钓鱼岛列屿在甲午战前属中国领土，且为中、日、琉及欧美各国人士所认同。钓鱼岛列屿是日本明治政府于甲午战争前后以强权占据并将其秘密划入领土版图的。由于日本的行为在当时并未引起中国和国际社会的注意，因此为日后的中日钓鱼岛列屿之争留下了隐患。作为中日关系史的研究者，笔者认为有责任将这一史实弄清楚并原原本本地告知世人。

　　1996年7月以来，中日钓鱼岛列屿之争风云再起，笔者在温哥华各社团及热心人士的支持和鼓励下，全心投入钓鱼岛列屿问题研究，爬梳史籍，考释地图，埋头著述两年，写成《钓鱼岛列屿之历史与法理研究》20余万言。余虽不敏，然自知此乃千秋之大业，不朽之盛事，故属稿之际，无时不战战兢兢，取前贤之著述作圭臬，以《史》《汉》之笔法为楷模。书成，循读数过，虽觉对钓鱼岛列屿之历史地理及相关法理有所论述，但未能深入探索中日钓鱼岛列屿之争背后隐藏着的许多错综复杂的问题。文章得失，寸心自知。

　　书成之后，出乎意料的是，社会各界反应颇为热烈，不少学者撰文评介，有谓"健笔雄于十万师"者，咸认该书之出版，以学术保钓的立场，为祖国做了一件有意义的事。尽管如此，笔者认为有关钓鱼岛问题还须作进一步的研究，特别是与钓鱼岛列屿主权归属相关的东海划界问题，更是成为中日关系之焦点。于是，笔者认为有必要将前书增订补充，其中有几点个人意见特作说明如下。

（1）本书试图将钓鱼岛列屿问题的研究提升到科学的高度，将它放入中西交通史学科进行研究，运用该学科的知识（如语言学、地理学、史料考证学、地质构造学以及国际法原理）对钓鱼岛列屿的主权归属作较全面深入的考察研究，以上仅就钓鱼岛列屿问题研究的方法论而言。

（2）在钓鱼岛列屿史料考释方面，尽量挖掘前人未见的新材料，并且对中、琉、日现存有关钓鱼岛列屿的历史资料作详细的诠释，正误补缺，钩玄提要，力求将研究谨严化、准确化，为钓鱼岛列屿的主权归属提供有力的证据。

（3）在钓鱼岛列屿相关条约的解释方面，力求准确全面而非断章取义地运用国际法的原理，分析钓鱼岛列屿的历史与现状，弄清其来龙去脉，阐明中国拥有钓鱼岛列屿领土主权的法理依据。

（4）在钓鱼岛列屿相关地图考释方面，力求解说详尽，清晰明了，查勘比定，附表释图，让世人阅后即可作出钓鱼岛列屿主权归属的正确判断。

（5）由于中日钓鱼岛列屿之争，连带牵出东海划界问题，中华民族有识之士，不能不慎重对待。有鉴于此，笔者自知日后还需进一步下工夫，对中日钓鱼岛列屿之争及东海划界问题作更深入的研究，对原有的研究成果不断修补增订，写成一部对日交涉有理有利有节兼更具说服力的专著。

古语云：虽不能至，心向往之。又曰：史家著述，务求记实。余虽不敢以史家自况，然自忖还是能秉承史法、竭尽全力的。至于成败利钝，只能由后人去评说了。是为记。

郑海麟
2013 年 1 月于香港中文大学亚太研究所